D1750527

KIENAST VOGT
**PARKS UND FRIEDHÖFE
PARKS AND CEMETERIES**

Dieter Kienast

Photos
Christian Vogt

KIENAST VOGT
**PARKS UND FRIEDHÖFE
PARKS AND CEMETERIES**

Birkhäuser – Verlag für Architektur
Basel · Boston · Berlin

Editorial	7	Editorial	7
Leerstellen		Voids	
Walter Prigge und Kai Vöckler	9	Walter Prigge and Kai Vöckler	9
Die Natur der Sache – Stadtlandschaften		The nature of things – urban landscapes	
Dieter Kienast	15	Dieter Kienast	15
Stadtpark Wettingen	26	Urban park in Wettingen	26
Kurpark Bad Zurzach	38	Spa gardens in Bad Zurzach	38
Stadtpark St. Gallen	50	Urban park in St. Gallen	50
Moabiter Werder Berlin	64	Moabiter Werder in Berlin	64
Günthersburgpark und GrünGürtel Frankfurt	70	Günthersburgpark and GrünGürtel Frankfurt	70
Expo 2000 und Messegelände Hannover	80	Expo 2000 Hanover and fair grounds	80
Dornröschen am Mechtenberg	98	Sleeping Beauty at Mechtenberg	98
Seeufergestaltung Triechter Sursee	106	Triechter lakeshore design in Sursee	106
Parklandschaft Barnim Berlin	110	Park landscape Barnim in Berlin	110
Kurpark Bad Münder	114	Bad Münder spa gardens	114
Landschaftsgestaltung Kronsberg Hannover	126	Landscape design for Kronsberg in Hanover	126
Tate Modern London	132	Tate Modern London	132
Dreissigacker Süd Meiningen	144	Dreissigacker Süd in Meiningen	144
Seeufer Spiez	148	The Spiez shoreline	148
Wuhlepark Berlin	152	Wuhlepark in Berlin	152
Conrad Gessner Park Zürich Oerlikon	156	Conrad Gessner Park in Zurich-Oerlikon	156
Dreihundertdreiunddreißig Eichen für Dreieich	162	Three hundred and thirty-three oaks for Dreieich	162
Freibad Bad Allenmoos Zürich	166	Bad Allenmoos open-air swimming facility in Zurich	166
Internationale Gartenschau 2000 Steiermark, Graz	176	International Garden Show 2000 Styria, Graz	176
Töölönlahtipark Helsinki	200	Töölönlahti park in Helsinki	200
Stockalper Schloßgarten Brig	206	Stockalper palace gardens in Brig	206
Flughafen Tempelhof Berlin	218	Tempelhof Airport in Berlin	218
Museumspark Mouans-Sartoux	226	Mouans-Sartoux museum park	226

Ausbau des Friedhofs Liebefels in Baden	232	Extension of Liebefels cemetery in Baden	232
Friedhofserweiterung Baden-Rütihof	244	Baden-Rütihof cemetery extension	244
Friedhofserweiterung Bad Ragaz	256	Bad Ragaz cemetery extension	256
Erweiterung des Friedhofs Witikon Zürich	258	Extension of the Witikon cemetery in Zurich	258
Friedhof Fürstenwald Chur	262	Fürstenwald cemetery in Chur	262
Friedhof Oberreut Karlsruhe	274	Oberreut cemetery in Karlsruhe	274
Projektdaten	280	Project data	280
Werkverzeichnis	282	Works	282
Wettbewerbe	289	Competitions	289
Vorträge	290	Lectures	290
Jury-Tätigkeit	292	Jury member	292
Zusammenarbeit mit Architekten und Künstlern	294	Collaboration with architects and artists	294
Mitarbeiter	295	Collaborators	295
Bibliographie	296	Bibliography	296

He leapt the fence and saw
that all nature was a garden.

Er übersprang den Zaun und sah,
daß die ganze Welt ein Garten ist.

Horace Walpole

Editorial

Walpole rühmt die Überwindung des Zaunes und findet, daß jenseits der Grenzen und Schranken die Welt als Garten erst beginnt.

Der dritte und abschliessende Band zum Gesamtwerk folgt Dieter Kienast beim Überwinden von Grenzen, immer auf der Suche nach dem besonderen Ort oder besser, der Besonderheit eines jeden Ortes und stellt mit Park und Friedhof weitere Schaffensabschnitte vor.

Wie auch schon für «Kienast Vogt Aussenräume – Open Spaces» ist das Konzept zu diesem Band noch bis 1998 von Dieter Kienast erarbeitet worden.

Parkanlagen und Gärten – die gestaltete Natur, die sich durch stete Veränderung erneuert – waren zu jeder Zeit Symbole für Luxus, Reichtum und auch der Lustbarkeit. Der Park, der in ökologische und sozialkulturelle Anforderungen eingebunden ist, muß vielfältige Nutzungsmöglichkeiten bieten. Wir suchen an diesem Ort Heiterkeit, Spiel, Sport und Erholung. Dabei müssen die gestalterischen Eingriffe oftmals auch gegen die erwarteten Vorstellungen von Struktur und Aussehen einer geplanten Natur symbiotisch ineinander greifen.

Beim Gang durch den Park wollen wir Lebenslust und -freude erfahren und auch die Assoziation einer auf Zeit gewonnenen Freiheit inmitten unserer urbanen Umgebung erleben. Und können wir den Blick über die Begrenzung des Parks hinausgehen lassen, «über den Zaun springen», dann verbinden sich das Drinnen und Draußen und unsere Welt wird größer.

«Der Friedhof, der sich unauffällig der Landschaft unterordnet, wird zum Idealbild. Der Stockholmer Waldfriedhof von Asplund und Lewerentz ist das nachzuahmende Beispiel,» schrieb Dieter Kienast 1990. Der Gedanke an den Friedhof assoziiert Fragen an das Wichtigste im Menschen. Lebendig war und ist zu jeder Zeit der Wunsch, dem Verstorbenen einen Platz zuzuweisen. Das kann ein Reihen-, Urnen- oder anonymes Grab sein, das Erinnern findet sich in vielfältigen Varianten. Oftmals lassen aber die Berücksichtigung aller Notwendigkeiten, der pragmatischen Bedürfnisse, geprägt durch Tradition, Religion, ökologische und hygienische Ansprüche, schnell einmal den ei-

Editorial

Walpole lauds overcoming the fence, discovers untamed nature and finds that the world as a garden really begins beyond the boundaries and barriers.

The third and final volume of the lifetime work of Dieter Kienast traces his transcending of borders, his constant search of the special place, or rather, the special nature of a place; its theme of parks and cemeteries presents further aspects of his creative work.

As was the case in «Kienast Vogt Aussenräume – Open Spaces», Dieter Kienast worked on the concept for this volume until 1998.

Parks and gardens – designed nature renewing itself through continuous change – have always been symbols of luxury and wealth, and also of jollity. The park, which has to fulfil ecological, social and cultural criteria, needs to cater for a wide variety of different forms of use. This is a place where we seek merriment, games and play, sport and recreation. In consequence, design interventions often have to overlap symbiotically in a way which is contrary to the anticipated conceptions of the structure and appearance of planned nature.

Walking through the park, we want to experience zest for life and joie de vivre, and also the sense of freedom for a brief period in the midst of our urban surroundings. And if we direct our gaze beyond the boundaries of the park, "leap the fence", then inside and outside merge, and our world becomes larger.

"The cemetery that unobtrusively subordinates itself to the landscape becomes an ideal image. The Stockholm woodland cemetery of Asplund and Lewerentz is the example to be emulated," Dieter Kienast wrote in 1990. The connotations of the cemetery address questions fundamental to humankind. The desire to give the dead a resting place has always been strong. This may take the form of an individual grave, an urn or an anonymous grave; the ways of remembering have many faces. However, considerations that have to be paid to all necessities and pragmatic needs, – shaped by tradition, religion, ecological and hygienic considerations – result in the underlying reasons for these essential places and endeavours soon being forgotten:

gentlichen Beweggrund dieser notwendigen Anlagen und Bemühungen vergessen: Es ist der Ort der Toten.
Der Blick über die Friedhofsmauer hinaus gibt aber auch Hoffnung auf das Leben, das auf der anderen Seite der Mauer seinen Gang nimmt.

Dank Frau Karoline Mueller-Stahl und Herrn Dr. Robert Steiger vom Birkhäuser Verlag, der Autoren und der großzügigen Sponsoren konnte auch der dritte und abschliessende Band zu Dieter Kienasts Gesamtwerk realisiert werden.

Erika Kienast-Lüder, März 2001

This is the place of the dead. The view beyond the cemetery walls also constitutes hope in life continuing to take its course on the other side of the wall.

It is thanks to Ms. Karoline Mueller-Stahl and Dr. Robert Steiger of Birkhäuser Verlag, as well as to the generous sponsors and authors that it was possible to realise the third and final volume of the lifetime work of Dieter Kienast.

Erika Kienast-Lüder, March 2001

Leerstellen

Unsere schöne Welt –
wie ein geratewohl hingeschütteter Haufen

Heraklit

Alles ist heute Landschaft. Ob es sich dabei um Natur, Kultur oder Stadt handelt, spielt kaum eine Rolle. In kleinerem Maßstab finden wir den Park in jeder möglichen Form: Naturpark, Freizeitpark, Gewerbepark, Entsorgungspark... Entscheidend sind Überschaubarkeit und Bildfähigkeit. Das ist nicht immer selbstverständlich, wie das Beispiel der Atommülldeponie zeigt. Der Einsatz von Landschaft scheint unbegrenzt, sie kann alles metaphorisch umhüllen und dem Gewöhnlichen Glanz verleihen. Sie ist die Leerstelle, in die alles hineinprojeziert wird – es bedarf nur der richtigen Einstellung. Dann lassen sich selbst der zeitgenössischen Industrieregion und der suburbanen Agglomeration landschaftliche Reize abgewinnen.

Konsumlandschaft

Landschaft wird nicht vorgefunden, sie ist das Produkt einer Wahrnehmungsleistung. Der Blick auf die Landschaft wurde in den vergangenen Jahrhunderten durch die Künste geformt. Heute begegnen uns täglich auf Plakaten und in Zeitschriften, im Kino oder im Fernsehen die werbestrategisch inszenierten Landschaftsbilder. Als verinnerlichte Vorstellungsbilder prägen sie die Landschaftserfahrung, unser subjektives Erleben von Landschaft vor Ort findet innerhalb dieser vorgefertigten Erwartungsmuster statt. Die Realität hat sich den medial vorgeprägten Blickweisen anzupassen – denn als Natur gilt nur noch, was photographiert oder gefilmt wird. In den Reiseprospekten lassen sich die Bilder finden, die diesen Blick präformieren – die touristischen Orte haben sich ihnen gestalterisch anzupassen.

Diese Inszenierung von Landschaft nimmt weniger reale Orte zum Vorbild, sondern bezieht sich auf synthetische, aus der Bilderwelt der Werbung oder des Kinofilms bekannte Landschaften. Ein treffendes Beispiel ist die vermutlich erfolgreich-

Voids

The most beautiful world
is like a heap of rubble tossed down in confusion

Heraclites

Today everything is landscape. Whether it is a question of nature, culture or city scarcely matters. On a small scale, we find the park in every conceivable form: country park, amusement park, technology park, nuclear waste park... What counts is comprehensibility and visual impact. This cannot always be taken for granted as the example of the nuclear waste dump illustrates. The use of landscape seems to be without limits, landscape can envelop everything metaphorically and give a touch of splendour to the mundane. It is the void into which everything is projected – all that is needed is the right attitude. Then even contemporary industrial regions and urban sprawl have their attractions.

Landscape as consumption

Landscape is not just there, it is the product of an act of perception. Awareness of landscape was formed by the arts in earlier centuries. Today, we are daily confronted with landscape images staged by advertising agencies whenever we pass by a billboard, open a magazine, go to the cinema or turn the television on. As internalised images, they shape our experience of landscape, the way we subjectively experience the landscape we see is determined by our preconceived expectations. Reality is expected to conform to these media-conditioned ways of seeing – nature is only deemed to be what was worthy of a film or a photograph. Travel brochures are full of the pictures that preshape this way of seeing – and tourist destinations are expected to fulfil these expectations.

The presentation of landscape makes ever less use of authentic places, but instead increasingly resorts to synthetic landscapes from the world of advertising or cinema. A perfect example is what was probably one of the most successful adver-

ste Werbekampagne der letzten Zeit: Marlboro Country. Marlboro Country ist eine fiktive Landschaft, synthetisiert aus der nordamerikanischen Seen- oder Prärielandschaft und einer Wüstenlandschaft. Letztere ist durch die mediale Vermittlung ebenfalls wohlbekannt: Es war der Filmregisseur John Ford, der dieses Stück trostloser Wüstenlandschaft in seinen Spielfilmen als Monument Valley zum Ursprungsort des amerikanischen Cowboy-Mythos werden ließ.

Die Werbekampagne profitiert davon, daß sie an diese Bildtradition anknüpfen kann. Marlboro Country stellt die Kopie einer symbolischen Landschaft dar, der das Original abhanden gekommen ist. Um die Originale zu erleben, bietet Marlboro-Reisen CD-Rom und Video an. Wem das nicht reicht, der kann die Landschaft in unterschiedlichen Posen erleben, die Marlboro-Reisen im Pauschalangebot anbietet. Es sind die Identifikationsmuster vom Cowboy oder Biker, die vom Film vorgeprägt wurden: Hier garantiert die Pose die Authentizität des Landschaftserlebnisses.

Atmosphärische Räume

Atmosphären sind schwer zu fassen. Sie umhüllen Körper und Dinge und breiten sich in Räumen aus, lassen sich jedoch nicht dingfest machen. Sie sind mehr oder weniger ortsbezogen. Anders als Körper oder Dinge ist die Atmosphäre eines Ortes allerdings nie an einer bestimmten Stelle zu lokalisieren. Unter den Bedingungen einer modernen, technisierten Umwelt ist interessant, inwieweit sich Atmosphären von Orten ablösen und auf diese wieder zurückwirken können. Das gilt insbesondere für solche Räume, die durch ihre Gestaltung, Einrichtung oder Ausstattung darauf abzielen, aus sich selbst heraus eine Atmosphäre zu produzieren. Kennzeichnen lassen sich diese atmosphärischen Räume durch ihre «merkwürdige, gleichsam ortlose Absetzbewegung von der Umgebung.» (Fredric Jameson)

Ein Beispiel dafür sind Center Parcs. Center Parc materialisiert die medial geprägte Vorstellung einer «Tropenlandschaft» in einem zentralen Kuppelbau. Die offensichtliche Künstlichkeit dieser fiktiven Landschaft widerspricht der Vorstellung von der Originalität und Authentizität des Landschaftserlebnisses. Allerdings ist auch die traditionelle Landschaftserfahrung eine konstruktive Wahrnehmungsleistung, etwas Selbstfabriziertes, «was es vorher nicht gab und das plötzlich da ist» (Michel Fou-

tising campaigns of recent years: Marlboro Country. Marlboro Country is a fictitious landscape, a synthesis of the lakes and prairie country of North America and desert. The latter is also well known as a media backdrop: it was film director John Ford who made this desolate desert landscape the birthplace of the myth of the American cowboy in the form of Monument Valley.

The advertising campaign profits from being able to take up the theme of this visual tradition. Marlboro Country is the copy of a symbolic landscape which has mislaid the original. Marlboro Travel offers CD-ROMs and videos to provide an experience of the original. And those for whom this is not enough can experience this country in the different guises that Marlboro Travel offers as a package. These are in the form of the role models of the cowboy or the biker that were preshaped by cinema: the pose guarantees the authenticity of the landscape experience.

Atmospheric spaces

Atmospheres are difficult to understand. They envelop bodies and things, and spread through space, but cannot be defined. They are more or less linked with a specific place. However, unlike bodies and things, the atmosphere of a place can never be pinpointed. Given the conditions of a modern, mechanised environment, it is interesting to see how atmospheres are able to detach themselves from places and can react on them again. This is particularly true of those spaces which in terms of their design, arrangement or facilities are intended to generate an atmosphere of their own accord. An atmospheric space of this kind can be characterised by its "peculiar and placeless dissociation... from its neighborhood" (Fredric Jameson).

Center Parcs are a good example. A Center Parc manifests the media notion of a "tropical landscape" under a central dome. The obvious artificial nature of this fake landscape is in conflict with the notion of genuineness and authenticity of the landscape experience. However, the traditional experience of landscape is also a constructive act of perception, something self-fabricated, "which did not exist previously and was suddenly there" (Michel Foucault). It also has the quality of fictitiousness, it can scarcely be characterised as either true or false.

It should be remembered that landscape is a particular point of view, a part of nature, which is transformed into land-

cault). Auch ihr haftet das Fiktive an, sie läßt sich kaum als wahr oder falsch qualifizieren.

Hier sei daran erinnert, daß Landschaft ein bestimmter Ausschnitt ist, Teil der Natur, der sich in Landschaft verwandelt, wenn er sich der ästhetischen Erfahrung erschließt. Das, was das Nebeneinander natürlicher Erscheinungen zu einer Landschaft zusammenfaßt und also einheitsstiftend wirkt, ist nach Georg Simmel die Stimmung. Landschaft ist Stimmungsbild. Diese Stimmungsbilder können arrangiert werden.

Es ist das Künstliche, Unechte und Äußerliche dieser Ferienwelt, was sie attraktiv macht. Niemand täuscht sich darüber. Hier geht es auch nicht um Muße und Betrachtung, sondern Spaß und Spiel bestimmen das Programm. Die synthetische Landschaft produziert einen Stimmungsraum, eine Atmosphäre, die die Personen umhüllt und sie auf die Erlebnisse einstimmt. Die einmalige und an den jeweiligen Ort gebundene Stimmung der Landschaft wird zur reproduzierbaren Atmosphäre. Dieser atmosphärische Raum eines inszenierten Erlebnisses kann sich überall dort lokalisieren, wo eine Nachfrage besteht.

Im Center Parc ist alles vortrefflich geregelt, überschaubar und vermeintlich beherrschbar. Medial vorgeprägte Verhaltensmuster können reibungslos ausgelebt und als Entlastung erfahren werden. Der Hektik des Alltagslebens soll kein Raum gegeben werden. Außerhalb der Freizeitwelt herrscht ein durch die Informations- und Kommunikationstechnologien etablierter, auf Gleichzeitigkeit zielender Zeitmodus, dem sich scheinbar nichts mehr entziehen kann. An dieser Stelle setzen die synthetischen, abgeschlossenen Freizeiträume an. In ihnen scheint die Zeit endlos gedehnt. Diese atmosphärischen Räume erhalten ihre Bedeutung nicht als Orte im geographischen Raum, sondern als Ruhestationen im Zeitstrom. Sie entlasten von den Zumutungen des modernen Lebens, erfüllen eine Kompensationsfunktion und produzieren ein Gefühl subjektiven Aufgehobenseins.

Der fiktive Realismus der Center Parcs hat eine paradoxe Wirkung. Die imitierte Landschaft gewinnt ihre abstrakte Identität einerseits aus ihrer Anschlußfähigkeit an eine heterogene internationale Bilder- und Zeichenwelt, andererseits durch ihre sekundäre Homogenität. Sie zeichnet sich durch Dichte und Geschlossenheit aus, im Unterschied zum alltäglichen Erfahrungs-

scape once it opens itself to aesthetic experience. According to Georg Simmel, what brings the juxtaposition of natural phenomena together to form a landscape, thereby giving it unity, is atmosphere. Landscape is an atmospheric picture. These atmospheric pictures can be composed.

What makes such a holiday world attractive is its artificial, fake, superficial nature. It does not fool anybody. After all, this is not about rest and contemplation, but about having fun and enjoyment. The synthetic landscape sets the mood and creates atmospheric space which envelops its visitors and attunes them to what they are supposed to experience. The special quality of a landscape, bound to a specific place, becomes a reproducible atmosphere; the unique experience becomes a staged one. This atmospheric space of a staged experience can be created wherever demand exists.

Everything is perfectly organised at a Center Parc, easy to understand and supposedly controllable. Behaviour patterns preconditioned by the media can become reality and experienced as relief from the hectic pace of daily life. A mode of time – seemingly inescapable – established by the information and communications technologies, designed to achieve simultaneity, rules outside this world of recreation. This is the point of departure of the synthetic, self-contained recreation spaces. Time seems to have been extended endlessly here. These atmospheric spaces do not achieve their meaning as places in geographical space, but as resting stations in the flow of time. They provide relief from the demands of modern life, serve as compensation, and produce a feeling of subjective security.

The fake realism of Center Parcs has a paradox effect. The imitation landscape acquires its abstract identity from its ability to relate to a heterogeneous world of internationally understood images and signs, but also from its secondary homogeneity. It is marked by density and enclosure, as opposed to the world experienced daily by its visitors. It is for this reason that Center Parcs can be more easily understood if they are seen in their context. They are not only intended to blot out everyday life and surroundings, but are also to be experienced as a whole. This becomes evident in the context of travel to a Center Parc by car. The journey is along a motorway, lined by shopping centres, green areas, family homes, arable land, warehouses and the remains of woods – through a transurban region, in which the

raum des Besuchers. Daher lassen sich Center Parcs auch besser verstehen, wenn sie in ihrem Kontext betrachtet werden. Sie sollen nicht nur Alltag und Umgebung ausblenden, sondern einheitlich erlebt werden. Im Kontrast zu der Anreise mit dem Auto wird dieses deutlich. Die Anfahrt erfolgt auf der Autobahn, entlang von Einkaufszentren, Grünzonen, Eigenheimen, Ackerflächen, Lagerhallen und Restwäldern: durch eine transurbane Region, in der die Durchmischung ländlicher und städtischer Strukturen einen neuen, entstrukturierten Raum hat entstehen lassen, der nur noch zerstreut erfaßt wird. Das Konglomerat aus urbanen und ländlichen Elementen ist nicht mehr bildfähig, es entzieht sich der Überschaubarkeit und nimmt keine Gestalt an. Zugleich ist es jedoch zu gleichförmig um naturgleich – etwa als eine neue «urbane Wildnis» – betrachtet zu werden. Dagegen bietet Center Parc ein überschaubares Ganzes, das von seinem Umraum isoliert ist und stabilisierend wirkt. Entscheidend ist, daß in dieser Sphäre ein Beschäftigungsprogramm der Sinne angeboten wird: Geborgenheit und Vollbeschäftigung lautet das Versprechen, welches man sich gegenseitig gibt.

Park-Plätze

In der transitorischen Zone der suburbanen Agglomeration sind Zentrum und Peripherie nicht mehr zu unterscheiden. Der Prozeß der Transformation von Stadt und Land ist nicht abgeschlossen und auf ein Bild, einen Punkt oder eine Phase beschränkt. Er läßt keine symbolische Identifizierung zu, ermöglicht jedoch unterschiedliche und wechselnde Sinnzuschreibungen. In dieser transurbanen Region, in der sich globale und lokale Infrastrukturen vernetzen, können Orte dynamische Raumbeziehungen eingehen, in denen sich materielle und immaterielle Räume punktuell und temporär überblenden. Stellenweise verdichten sie sich zu Polytopen, in denen sich unterschiedliche Raumbezüge überlagern. Die Indoor-Räume der Vergnügungsparks, Hotels, Appartementhäuser und Einkaufszentren, die mitsamt ihren angelagerten Gewerbe- und Wohngebieten an ein globales Informations- und Kommunikationsnetz angeschlossen sind, sind solche Orte der Überlagerung virtueller und architektonischer Räume.

Dazwischen die Orte des Übergangs, die keinen eigenen Charakter annehmen, die unbestimmt und unbedeutend bleiben. Diese Resträume werden zur gestalterischen Herausforde-

mixture of rural and urban structures leads to creation of a new destructured space that can only be comprehended in fragments. The conglomeration of urban and rural elements no longer has any visual connotations, it eludes comprehensibility and has no form. At the same time, it is too uniform to be seen as resembling nature – for example as a kind of new "urban wilderness". In contrast, a Center Parc presents itself as a compact whole, isolated from its surroundings and providing the semblance of stability. What matters is that this sphere gives the senses plenty to do: a feeling of well-being and having plenty to do are promised by both sides mutually.

Park spaces

Centre and periphery are indistinguishable in the transitory zone of the suburban conglomeration. The process of transformation from city to country is not brought to completion and defined by a picture, a point or a phase. It does not permit symbolic identification, but allows differing and changing meanings. This transurban region, marked by the networking of global and local infrastructures, is where places of dynamic spatial relationships are found, where material and immaterial spaces overlap at specific times and locations. In places, they condense into polytopes in which different spatial relationships overlap. The indoor spaces of amusement parks, hotels, apartment buildings and shopping malls which, together with their adjacent industrial and residential areas, are linked to a global information and communication network, are such places where virtual and architectural space overlap.

What lie in-between are transition places that acquire no character of their own, but remain without either definition or meaning. These left-over spaces are a challenge in terms of design, and here landscape takes on a special significance. In the transurban region, vegetation and infrastructure, streets and woods create context, as Rem Koolhaas demonstrates taking the example of Atlanta, the prototype of deurbanism: "Landscaping carries authority... A thick tapestry of idyll accomodates each architectural appearance and forms its only context; the vegetal is replacing the urban: a panorama of seamless artificiality that sometimes seems like another interior, a fluid collective domain." The landscape keeps together everything that has fallen apart, on the edge it replaces the centre, becomes the converse

rung und der Landschaft kommt dabei eine besondere Bedeutung zu. Denn in der transurbanen Region sind Pflanzenwuchs und Infrastruktur, Straßen und Wälder kontextbildend, wie Rem Koolhaas am Beispiel von Atlanta, dem Prototyp des Desurbanismus zeigt : «Diese Landschaft hat Autorität... Ein dichter grüner idyllischer Teppich umgibt alles, was hier entsteht, und wird zu dessen einzigem Kontext. Das Pflanzliche verdrängt das Urbane, ein Panorama endloser Künstlichkeit dehnt sich aus... ein Interieur besonderer Art, wie ein fließender kollektiver Raum... ». Die Landschaft hält zusammen, was auseinandergefallen ist, sie ersetzt in der Peripherie das Zentrum, wird zur umgekehrten Stadtmitte. Es sind «klar definierte Straßen, präzis gesetzte Plätze, Parkanlagen und Gärten», die «das Gegengewicht zu den Bauten» in der Peripherie bilden, wie Dieter Kienast schreibt, sie «werden beiläufig wahrgenommen oder wachsen zu Identität stiftenden Orten heran», denn «Platz und Park sind prädestinierte Orte des öffentlichen Lebens».

Aber was ist eine öffentliche Landschaft? Sicherlich nicht die von Rem Koolhaas stilisierte Hyperidylle oder die verplanten Parks, die heute nur noch durch Re-Inszenierung öffentlichen Charakter annehmen. Es könnten vielmehr die relativ beliebigen, weder eindeutig öffentlich noch privat definierten Teilräume wie Grünstreifen, Parkplätze, Haltestellen oder Brachflächen sein, die eben unbedeutend sind (und bleiben). Durch ihre Unbestimmtheit ermöglichen sie Aneignungsprozesse, die sie beispielsweise zu spontanen Treffpunkten umwandeln. Auf diese Weise bilden sie eine wandelbare Identität aus, die nur temporär stabil ist. Für solche ungeplanten öffentlichen Räume ist eine Taktik der Gestaltung gefragt, die unterhalb des Bedeutenden bleibt, an deren Oberfläche keine Identität abzulesen ist – oder durch überlagerte Nutzung verschwimmt, wie beim Park-Platz.

Leerstellen

Mit der suburbanen Fragmentierung und Partikularisierung zerfällt der Raum in eine Folge von Brüchen, in ein Feld von Teilen, welches jedes seine eigene Leere beinhaltet. Hier finden sich die «bodenlosen Punkte der Stille», zwischen Unregelmäßigkeit, Wechsel, Vorgleiten, Nichtschritthalten, Zusammenstößen von Dingen und Angelegenheiten, was bereits Robert Musil als Urbanität charakterisierte. Die von ihm beschriebenen Punkte lassen sich auch als Leerstellen begreifen, als Lücken zwischen dem

city centre. It is "clearly defined streets, precisely placed squares, parks and gardens" that form "the counterbalance to the buildings" on the edge, as Dieter Kienast wrote, they "are perceived incidentally or develop into places that take on new identities", as after all, "the square and the park are predestined to be areas of public life".

But what is public landscape? Definitely not the hyperidyll stylised by Rem Koolhaas or the badly planned parks that today only acquire a public nature by being re-staged. Rather, it could be the relatively arbitrary pieces of land such as strips of green, parking areas, bus stops, or fallow areas that are neither clearly public nor private, that are (and remain) insignificant. Their lack of definition enables them to undergo appropriation processes that, for example, turn them into spontaneous meeting places. In this way, they form a changeable identity that is only temporarily stable. What such unplanned public spaces need is a design tactic that remains below the level of the meaningful, on the surface of which no identity can be read – or blurs as a result of overlapping use, as in the case of the park space.

Voids

With suburban fragmentation and particularisation, the space disintegrates into a series of pieces, into a field of parts each having its own void. This is the place of the "groundless points of silence", between irregularity, change, advancing, not keeping up, the clash of things and affairs that Robert Musil characterised as urbanism. The points he describes can also be conceived as voids, as gaps between the appearance and disappearance of a place in various spatial contexts. This spatial and temporal "between" becomes the fixed point of a dynamised space. A new type of landscape experience reveals itself here – the prototype was described by the American writer Don DeLillo: "With us all the way had been Sullivan's three-antenna marine-band hi-fi portable radio, a never-ending squall of disc-jockey babytalk, commercials for death, upstate bluegrass Jesus, and as we drove through the cloverleaf bedlams and past the morbid grey towns I perceived that all was in harmony, the stunned land feeding the convulsive radio, every acre of the night bursting with a kinetic unity, the logic beyond delirium". Careful observation of this perception shows that experience of the incomprehensible, whose only constant quality would ap-

Erscheinen und Verschwinden eines Ortes in unterschiedlichen Raumbezügen. Das räumliche und zeitliche Dazwischen wird dann zum Fixpunkt eines dynamisierten Raumes. Hier enthüllt sich ein neuer Typus von Landschaftserfahrung – die prototypische Version liefert der amerikanische Schriftsteller Don DeLillo: «Immer mit dabei war Sullivans mit drei Antennen bestücktes tragbares Hi-Fi-Radio mit Seefunkwelle, ein nie endender Schwall von Diskjockey-Babygeplapper, Werbung für den Tod, Bluegrass-Jesus aus dem Norden, und während wir durch das Kleeblattchaos der Autobahnkreuze und an den morbiden grauen Städten vorbeifuhren, erkannte ich, daß alles im Einklang war, das benommene Land, das das konvulsivische Radio fütterte, jedes Stück nächtlichen Raums, der vor kinetischer Ballung schier platzte, die Logik hinter dem Delirium.» Schenkt man dieser Wahrnehmung Aufmerksamkeit, dann führt die Erfahrung des Unfaßlichen, dessen einzige feste Größe das Chaos zu sein scheint, zu einem veränderten Verhältnis zur Umwelt. Die dezentrierte Welt scheint nicht mehr verfügbar, ihre beunruhigende Fremdheit läßt es nicht zu, sie als Umwelt auf den Menschen alleine zu beziehen. In den dezentrierten Räumen werden die Teile in keinem anderen Zusammenhang mehr erfahren, als dem, daß sie zufällig gleichzeitig da sind. Die Dinge begegnen uns dann als eine Serie disparater Objekte. Verflüchtigte sich im Landschaftsbild die Besonderheit und Materialität der Dinge, so können sie hier ihre Singularität zurückgewinnen und sich der Kontrolle entziehen.

An diesem Punkt kann eine Gestaltung ansetzen, die die von ihr geschaffenen Dinge als Prototypen begreift, die dem Beiläufigen entrissen werden und die ihre Unverfügbarkeit ausspielen, ohne bedeutend zu werden. Hieran ließe sich eine Gegenbewegung zur Beschleunigung, Flexibilisierung, Delokalisierung festmachen. Das ganze Geheimnis des Glücks eines Betrachters liegt dann, so Francis Ponge, «in seiner Weigerung, das Eindringen der Dinge in seine Persönlichkeit als ein Übel anzusehen».

Walter Prigge und Kai Vöckler

pear to be chaos, leads to a changed relationship to the environment. The decentered world no longer seems to be accessible, its disquieting strangeness does not allow it to be viewed in relationship to the individual alone. In this decentralised space, the parts are connected in no other way than by that fact that they are present at the same time. Things then appear to us as a series of disparate objects. Whereas their special nature and materiality were lost in the landscape, here they regain their uniqueness and elude control.

This is the starting point for design which conceives the things it creates as prototypes, torn from the incidental, acting out their autonomy, without taking on meaning. This could be the beginning of a countermovement to acceleration, flexibilisation, delocalisation. The whole secret of the beholder's happiness then lies, according to Francis Ponge, "in his refusal to view the intrusion of things into his personality as an evil".

Walter Prigge and Kai Vöckler

Daidalos, «Konstruierte Atmosphären». Heft 68 /1998
Michel Foucault, Der Mensch ist ein Erfahrungstier. Gespräch mit Ducio Trombadori, Frankfurt a.M. 1996
Dieter Kienast, Stadt und Natur. In: archithese Heft 4 /1997
Rem Koolhaas, Atlanta – eine Lesart. In: Bauwelt Heft 24 / StadtBauwelt Heft 130/1996
Don DeLillo, Americana, 1972 (Reinbek 1995)
Robert Musil, Der Mann ohne Eigenschaften, Hamburg 1952
Francis Ponge, Einführung in den Kieselstein, Frankfurt a.M. 1986

Die Natur der Sache – Stadtlandschaften

Die Mehrdeutigkeit des Titels ist programmatisch. Sie kennen alle die Redewendung «es liegt in der Natur der Sache». Wir meinen damit etwas Selbstverständliches, etwas, was in der Sache selbst liegt, mehr noch etwas, das mit dem Ursprung einer Sache zusammengehört wie Licht und Schatten. Diese Redewendung in Zusammenhang mit Stadt-Landschaft gebracht ist richtig und falsch, selbstverständlich und mißverständlich zugleich. Richtig, so könnte man sagen, weil es einen aktuellen Zustand – die Verschmelzung von Stadt und Land – beschreibt oder weil wir das Wortpaar verwenden, wie wir ‹Sitzlandschaft› oder ‹politische Landschaft› sagen; falsch, weil Stadt und Landschaft von ihrer Natur her polare Gegensätzlichkeiten sind. Sicher oder gesichert erscheint nur – wenn wir von der Natur der Stadt reden –, daß nichts mehr sicher ist, daß eine verbindliche Konvention darüber fehlt. Die Natur der Stadt ist für diesen ein Kanarienvogel, für jenen der Schrebergarten und den dritten das Naturschutzgebiet. Während meiner Lehrzeit als Gärtner meinten die Leute, es müsse wunderbar sein, jeden Tag mit Natürlichem zu arbeiten, weil sie nichts wußten von Massenkulturen, künstlicher Verdunkelung und Belichtung oder von chemischen Wachstumsverzögerungsmitteln. Ähnliches erlebe ich heute. Gärten zu planen, so wird mir versichert, müsse einem Schöpfungsakt gleichen, wie wir ihn vom unvollendeten Projekt des ersten Gartens Eden kennen. «Zwischen Arkadien und Restfläche» heißt eine Ausstellung, die ich für die Architekturgalerie in Luzern realisiert habe. Dort wird unsere alltägliche Arbeit etwas nüchterner eingegrenzt. Die Zeiten, in denen wir – Lancelot Brown gleich – der idealisierten Natur durch riesige Gärten und Parkanlagen in reiner Zweckfreiheit und dafür um so größerer Sinnerfülltheit Gestalt verliehen, sind endgültig vorbei. Ein Teil der Krise rezenter Gartenarchitektur beruht wohl auf der Tatsache, daß wir entsetzlich zweckbestimmt sind und die Sinnfrage der bewährten Obhut der Altphilologen überlassen. Heute grenzt sich auch die Natur der Sache Stadtlandschaft zwischen Restfläche und Arkadien ein.

Arkadien, die liebliche altgriechische Landschaft, ist der Schauplatz des glückseligen und idyllischen Landlebens, in dem

The nature of things – urban landscapes

The ambivalence of the title is programmatic. Everyone knows the saying "it is the nature of things". What is meant is something self-evident, something lying in the nature of the thing itself, even something that is part of the origin of a thing, such as light and shadow. Put in the context of city-landscape, this saying is both right and wrong, both self-evident and ambiguous. Right, it could be said, because it describes an ongoing state – the merging of city and countryside, or because we use the pair of words in the way that we say "seating landscape" or "political landscape"; wrong because city and land are a contradiction in terms. All that seems to be certain or definite is, when we speak of the nature of the city, that there is nothing that is still certain, that no binding convention exists. One person sees the nature of the city in a budgerigar, the next in an allotment and the third in a conservation area. During my apprenticeship as a gardener, people told me it must be wonderful to work with natural things every day, as they knew nothing about mass cultivation, artificial darkening and exposure to light or chemical growth-inhibiting agents. I experience similar attitudes today. I am told that planning a garden must be tantamount to an act of creation, as we know from the incomplete project of the original Garden of Eden. "Between Arcadia and the Left-overs" is the name of an exhibition that I realised for the Architekturgalerie in Lucerne. This exhibition is a somewhat sober presentation of our day-to-day work. The times in which we – following in the footsteps of Lancelot Brown – provided idealised nature with form in pure absence of purpose and all the more meaning in the guise of vast gardens and parks are finally over. Part of the crisis of modern garden architecture is probably due to the fact that we are entirely guided by functional aspects and leave the question as to meaning in the safe hands of classical philologists. Today, definition of the nature of urban landscape lies between left-overs and Arcadia.

Arcadia, the pastoral landscape of Ancient Greece, is the scene of blissful and idyllic country life where poets and shepherds live in peaceful harmony with one another and nature, where sheep graze on rich pasture, where mares and their foals

der Dichter und Hirte in friedlicher Harmonie mit sich und der Natur lebt, seine Schafe auf saftigen Auen weidet, Pferdemutter und Fohlen in Eintracht die besten Kräuter und Gräser abfressen. Auf der anderen Seite steht die Restfläche, das, was übriggeblieben ist von der ökonomischen und utilitären Verwertung; aus Planung und Alltagsgebrauch entstandene, zufällige Orte, mit denen offenbar niemand etwas anzufangen weiß. Doch halt, waren da nicht die Fachleute, die uns auch noch den letzten Quadratmeter als ökologische Ausgleichsfläche verkaufen, die das Unplanbare in die rechtsgültige Zonenordnung einfließen lassen wollen, während sich die Poesie der letzten spitzwinkligen Eisenbahngärten im pflanzensoziologisch wenig überraschenden Beifußgestrüpp aufgelöst hat?

Trotz Heinrich von Kleists «von hinten wieder offenem Paradies» wissen wir, daß eben dieses Paradies immer am anderen Ort und zur anderen Zeit gewesen ist und wir uns deshalb vorerst noch mit seinen Ersatzformen begnügen müssen. Wenn wir das Begriffspaar Arkadien und Restflächen dialektisch betrachten, wäre die aus der These und Antithese erwachsene Synthese – die uns bekanntlich zu einer Erkenntnis höherer Art führt – nichts anderes als der Garten. Und den Garten wiederum können wir als Vorhof, als Schwelle zum Paradies oder als Stellvertreter autochthoner Natur betrachten. Er ist nicht reine Kultur, weil das Natürliche notwendiger Bestandteil ist, wie er auch nicht reine Natur sein kann, weil der tätige Mensch so ausgeschlossen wäre und er damit sein Wesensmerkmal verloren hätte. Zwischen Arkadien und Restflächen meint also die Ränder, zwischen denen oszillierend wir uns im Planungsalltag bewegen. Einmal näher bei Arkadien, dann wieder hart an der Grenze der Restfläche, leisten wir Arbeit, deren Themen und Inhalte sich vom eigentlichen Garten auch zu übergreifenden städtebaulichen Dimensionen ausgeweitet haben. Unser Arbeitsfeld bezeichnen wir mit Landschaftsarchitektur, wie es die internationale Gepflogenheit will, oder lieber noch mit dem altväterlich einengend erscheinenden Begriff Gartenarchitektur, deren Charakter nach unserer Auffassung aber synthetischer, das heißt, zusammenfassender Natur ist.

Auf der Suche nach Konzeptionen für eine neue Qualität des öffentlichen und privaten Außenraumes stoßen wir zunächst auf ein gleichermaßen berufstypisches und gesellschaftliches Phänomen der Stadtfeindlichkeit. In unseren Köpfen gei-

peacefully eat the choicest herbs and grasses. This is in sharp contrast to the "left-overs", the remnants of economic and functional exploitation, the accidental by-products of planning and every-day use that nobody seems to know what to do with. But wait a moment, weren't there experts wanting to sell us the very last square metre as an ecological compensation area, wanting to make what could not be planned part of legally binding zoning, while, at the same time, the poetry of the angular gardens bordering the railway lines has given way to an undergrowth of mugwort that is hardly surprising in terms of plant sociologies?

Despite Heinrich von Kleist's "re-entry of Paradise through the back door", we know that this Paradise was always in another time and place and that, for the time being, we have to be content with its substitute forms. If we look at the pair of concepts – Arcadia and left-overs – didactically, the synthesis arising from this thesis and antithesis – which, as we know, leads to realisation of a higher kind – could only be a garden. And, in turn, we can see this garden as a forecourt, as a threshold to paradise or as a representative of autochthone nature. It is not pure culture, as natural elements are indispensable, nor can it be nature pure as this would exclude human beings as protagonists and the garden would have forfeited its essential features. To put it another way, between Arcadia and the left-overs is a question of the edges along which we oscillate in the day-to-day work of planning. Sometimes even approaching Arcadia, but then again not far removed from the hard reality of the left-overs – this is the field of our work, its themes and contents having moved on from the garden as such to general dimensions of urban design. We call our field of work landscape architecture, in line with internationally accepted terminology, but would prefer to give it the seemingly restricting, old-fashioned name of garden architecture, the character of which is, in our opinion, of a more synthetic, i.e. unifying nature.

In our search to find ideas for a new quality of public and private outside space, we initially encountered the phenomenon of urban hostility, which is both typical of our profession and of society. The ideal of the compact, medieval city still haunts us. As ideal and reality are so far apart, the regard in which the old city is held is accompanied by an ever more manifest hostility towards the new city. The latter appears to be the sum of social,

stert immer noch das Idealbild der kompakten mittelalterlichen Stadt. Weil Idealbild und Wirklichkeit weit auseinander klaffen, wächst aus der Wertschätzung der alten Stadt eine immer deutlicher zutage tretende Feindseligkeit gegenüber der neuen Stadt. Sie scheint als Summe gesellschaftlicher, ökologischer und gestalterischer Übel. Verkehr, Lärm, Umweltbelastung, Menschenmassen, Drogen, Geld und Verbrechen sind offenbar untrennbar mit der Stadt verbunden. Städter bleiben die, die den Wegzug aus ökonomischen oder gesellschaftlichen Abhängigkeiten und Zwängen nicht schaffen – soziale Randgruppen, Studenten, Singles, einige Intellektuelle und Künstler. Und dabei bleiben – neben den tatsächlich existierenden Übeln – die hohen Qualitäten der Stadt auf der Strecke. Das dichte Mit- und Nebeneinander, die Heterogenität der Stadt und ihrer Bewohner widersprechen offenbar dem Wunschbild einer heilen Welt. Ideologie, meint Heide Berndt, sei die Unterteilung in das städtische Böse und das ländliche Gute. Ein belegendes Beispiel dazu: In einem kürzlich erschienenen Bericht über die Häufigkeit von Selbsttötungen las ich, daß die prozentuale Häufigkeit an Selbsttötungen nicht etwa in der Stadt liegt, sondern auf dem Land, allen voran im Kanton Appenzell – sonst mehr bekannt als Metapher heiler Schweizer Welt mit saftigen Wiesen, malerischen Dörfern und Kuhglockengeläut.

Franz Hohler, Kabarettist und Schriftsteller, liefert in seiner «Rückeroberung» die literarische Beschreibung der zeitgemäßen und weitverbreiteten Stadtfeindlichkeit. Sein Programm und Sehnsuchtsbild zur Lösung des Übelstandes liegt in der Auflösung der Stadt durch eine aggressive, bald einmal übermächtig werdende Natur. Adler, Wölfe und Bären, Schlingpflanzen, Bäume und Wald verwandeln die Metropole in eine Kulturruine, wie sie uns bereits Asterix und Obelix in der «Trabantenstadt» bildhaft vorführten. Nicht minder apokalyptisch ist die von Stefan Wackwitz aufgezeichnete Vision von Tokyo.

«Gerade, indem die Weltstadt die Natur so weit von sich entfernt, wie es hier in Tokyo geschehen ist, hat sie ein Urtümliches zu ihr neu hervorgebracht. Ich stelle mir Naturreligionen der Zukunft vor, die sich in den Slums der bis dahin fünfzig oder hundert Millionen umfassenden Städte ausbreiten werden und in denen Vorstellungen darüber eine wichtige Rolle spielen, was in den Zonen der Reichen vor sich geht – hinter den Asbestbetonmauern, dem Minengürtel, dem Stacheldraht, den auf Ring-

ecological and design evils. Traffic, noise, environmental pollution, throngs of people, narcotics, money and crime are evidently an inseparable part of the city. Those still living in cities are those who have not managed to leave due to economic or social constraints – marginal groups, students, singles, some intellectuals and artists. But, apart from the evils that genuinely exist, the undoubted qualities of the city also fall by the wayside. The population density, the heterogeneity of the city and its inhabitants clearly contradict the notion of an ideal world. According to Heide Berndt, ideology is the distinction between the evil city and the good countryside. To quote an example: A report published recently on the frequency of suicides stated that the number of suicides in terms of percentage was not in urban areas but in rural areas and, in particular, in the canton of Appenzell – a canton otherwise associated with "perfect" Switzerland – lush meadows, picturesque villages and cowbells.

Franz Hohler, a cabaret artist and writer, has provided a literary description of the widespread modern phenomenon of hostility to the city in "Rückeroberung" (Re-conquest). His programme and ideal for removing urban evils lies in dissolution of the city by nature that is aggressive and threatens to become all-powerful. Eagles, wolves and bears, creepers, trees and forests transform the metropolis into a cultural ruin, just as Asterix and Obelix already illustrated graphically in the "Satellite City". Hardly less apocalyptic is the vision of Tokyo described by Stefan Wackwitz. "By removing nature so far from itself, as is the case here in Tokyo, the big city has brought forth something fundamental to itself. I imagine primitive religions of the future spreading through the slums of the cities that by then have fifty to one hundred million inhabitants and where an important role is played by notions of what goes on in the rich zones – behind the asebetos concrete walls, the belt of mines, the barbed wire, the guards in their armoured cars patrolling the perimeter roads. Perhaps, delegations of the poor will be let in from time to time and, escorted by heavily armed police, taken to the gardens and vineyards, to the meadows and through the woods with their pristine lakes in order to combat the superstitions prevailing in the vast areas of corrugated iron huts by 'seeing for themselves'. But on their return, these delegations will tell of angels and sirens they claim to have seen and whom they promised with tears in their eyes to diligently continue making human sacri-

straßen patrouillierenden Spähpanzertrupps. Manchmal wird man vielleicht Delegationen der Armen dorthin entlassen und von schwer bewaffneten Polizisten in die Gärten und Weinberge, auf die Wiesen, durch die Wälder mit den klaren Seen führen, um den Aberglauben in den weiten Wellblechhüttenebenen durch den Augenschein zu bekämpfen. Aber diese Delegationen werden nach der Rückkehr von Engeln und Sirenen erzählen, die sie dort gesehen haben wollen und die sie mit Tränen in den Augen beschworen hätten, mit den Menschenopfern gewißenhaft so lange fortzufahren, bis ihnen der Ausbruch aus dem Gefängnis gelungen sei und sie kämen, ihre Getreuen ins Paradies heimzuführen.»

Seit einiger Zeit kennen wir ein weniger drastisches Kompensationsprogramm für die, die noch nicht aufs Land gezogen sind, die Stadtflucht. Am Wochenende geht es ins Gebirge oder an den See und während der Ferien in die Wüste, zu den Eskimos nach Grönland oder in das hintere Amazonasbecken, um sich während der anschließenden elf Monate auf die nächste Naturerfahrung vorzubereiten und, mehr oder weniger betroffen, die neuesten Hiobsbotschaften von Ozonloch, Gewässervergiftung und Waldsterben hinzunehmen.

Die Stadtfeindlichkeit des Berufsstandes der Landschaftsarchitekten läßt sich auf den verschiedensten Ebenen nachweisen. Erhellend ist dabei die Lektüre berufsständischer Stellungnahmen zu städtebaulichen Fragestellungen, der Besuch von Gartenbauausstellungen oder Umfragen bei Studienanfängern der Fachrichtung Landespflege. Zwar hat man erkannt, daß mit der Anlage verkehrsfreier Innenstädte ein neues Arbeitsfeld entstanden ist, aber auch hier, wie im Park und Garten, gilt die einfache Gleichung: je mehr grün, desto besser. Wenn ein Baum gut ist, sind zwei Bäume doppelt, hundert Bäume hundertfach gut. Bauten, Häuser und Straßen werden als potentielle oder reale Feinde des Außenraumes aufgefaßt, denen man primär mit Biomasse entgegenzutreten hat. Und so liefert der Berufsstand emsig das Know-how zu Franz Hohlers Rückeroberung.

In unserer hochtechnisierten Welt ist das Interesse an unseren Außenräumen markant angestiegen. Die verschiedensten gestaltenden Berufszweige – Architekten, Bildhauer, Ingenieure – haben die Wertschätzung und Bedeutung des freien Raumes erkannt. Nachdem die Problematik der städtebaulichen Definition durch die Figur (das Gebäude) erkannt wurde, wird nun ge-

fices until they succeeded in breaking out of prison and leading the faithful to paradise."

A less drastic compensation programme for those who have not yet moved to the country has been in circulation for some time – getting away from the city. The destination of weekend trips is the mountains, a lake and, during holiday periods, the desert, a trip to the Eskimos of Greenland or even to the more inaccessible parts of the Amazon Basin, after which it is back to the city for the next eleven months, during which one has the time to prepare oneself for the next nature experience and to take in, with more or less consternation, the latest in bad news about the ozone hole, contamination of waterways and dying woods.

Hostility to the city on the part of landscape architects can be seen on very different levels. It is illuminating to read professional opinions on questions of urban design, as is a visit to a horticultural exhibition, or surveys asked of students embarking on a course of study in land stewardship. While it has been recognised that creation of traffic-free inner-city areas has given rise to a new field of work, here too, the simple equation of the more green the better also applies, just as it does in parks and gardens. If one tree is good, two trees are twice as good, one hundred trees are one hundred times as good. Buildings, houses and streets are perceived as potential or real enemies of outside space, and are primarily to be counteracted by biomass. It is in this way that our profession industriously provides the know-how for Franz Hohler's re-conquest.

Interest in open space has grown perceptibly in our high-technology world. The various branches of our profession concerned with design – architects, sculptors, engineers – have recognised the value and significance of open space. Now that the problems associated with defining space in terms of the figure (the building) have been recognised, the question being studied concerns the extent to which the ground (open space) is suitable for providing a sustainable guideline for urban design. Yet, recognition that the pair of opposites "figure and ground" are inseparably linked with each other is not exactly new nor is the notion that ideas on the reflection of our relationship to nature as well as on design questions can be gained from the design and understanding of open space (in other words, streets, squares, gardens, and parks) is not exactly new. Laugier wrote in 1753: "Someone who understands how to draw a park will have

prüft, wieweit sich der Grund (der Außenraum) für eine nachhaltige Leitlinie städtebaulichen Denkens eignet. Dabei ist die Feststellung, daß das Gegensatzpaar «Figur» und «Grund» untrennbar miteinander verflochten ist und, daß aus der Gestalt und Konzeption des Außenraumes (anders gesagt Straße, Platz, Garten, Park) sowohl Anregungen zur Reflexion unseres Verhältnisses zur Natur als auch zu gestalterischen Fragestellungen zu gewinnen sind, nicht gerade neu. So vermerkt Laugier 1753: «wer einen Park wohl zu zeichnen versteht, wird auch ohne Mühe den Plan zeichnen, nach dem eine Stadt nach Ausdehnung und Lage gebaut werden soll. Man braucht Plätze, Kreuzungen umd Straßen. Man braucht Regelmäßiges und Bizarres, Entsprechungen und Gegensätze, Zufälligkeiten, die Abwechslung ins Bild bringen, eine große Ordnung in den Einzelheiten, im ganzen Verwirrung, Durcheinander, Tumult.»

Rowe und Koetter bezeichnen in «Collage City» den Garten als die Kritik der Stadt, aus dessen Kenntnis suggestive Kraft erwachse. Koolhaas geht in seinem Projekt für Melun-Sénart davon aus, daß primär der städtische Außenraum planerisch definiert werden muß, während die Baustruktur eine untergeordnete Rolle spielt. Und bei der in Zürich soeben erschienenen Bau- und Zonenordnung ging es im wesentlichen um die einfache, aber kaum lösbare Frage nach dem richtigen Verhältnis von Innen und Außen, von Figur und Grund. Zweierlei Zukunftsängste standen sich dabei gegenüber: die Angst vor dem wirtschaftlich-gesellschaftlichen Ruin und die Angst vor dem ökologischen Kollaps.

Stadt und Landschaft sind am Ende des zwanzigsten Jahrhunderts mehr in der Begrifflichkeit und weniger in der Wirklichkeit existent. Die Stadt überzieht die Landschaft als Folge ökonomischer und gesellschaftlicher Veränderungen. Stadt und Land sind zusammengewachsen. Die Frage nach der nutzungsmäßigen Zusammensetzung und dem Aussehen der Bebauung auf dem Lande – der ländlichen Stadt – wird aktuell. Wieviele Gebäude brauchen wir, wieviel Außenraum ist notwendig, wie wird mit der vorhandenen Situation umgegangen, werden neue unberührte Flecken gesucht oder an sogenannten «kaputten» Orten «weitergestrickt»? Sind die neuerdings angepriesenen «Pedestrian Pockets», die so verdächtig einer kleinbürgerlichen Idealstadt in Miniformat gleichen, eine gültige neue Form der Land-Stadt?

no difficulty in drawing the plan of the area and location upon which a city is to be built. What is needed is squares, cross-roads, and streets. Regular and bizarre features are necessary, equivalents and contradictions, accidental aspects providing variety, order in the details, in all confusion, uproar and tumult". In "Collage City" Rowe and Koetter describe the garden as criticism of the city and its understanding as the source of a suggestive force. In his project for Melun-Sénart, Rem Koolhaas proceeds on the assumption that it is primarily urban outside space that needs to be defined in terms of planning, whereas building structures play a subordinate role. In the case of the building and zoning regulations for Zurich that have just recently come into force, it was essentially a matter of the simple, yet virtually insoluble question of the right relationship between inside and outside, between figure and ground. Two fears for the future faced each other: fear of economic and social ruin and fear of ecological collapse.

City and countryside exist more as abstract concepts than in reality at the end of the twentieth century. The city is encroaching on the countryside as the consequence of economic and social change. City and country have knitted. The question as to composition in terms of use and the appearance of development in the country – the rural city – is of increasing relevance. How many buildings do we need, how much outside space is necessary, how is the existing situation to be approached, are new "unspoilt" areas required or should we repair the so-called "ruined" places? Are the pedestrian pockets that of late have received so much praise, which are so suspiciously like an ideal mini-format, lower-middle-class town, the valid new form of the country-city?

On the other hand, the urban metropolis is, as a consequence of the exodus from the cities, exposed to the threat of re-conquest, of a misconception of urban conversion in ecological terms. A misconception if – as is so often the case – the focus is entirely on greening facades and roofs, transforming urban green areas into nature reservations. While ecology does mean construction, maintenance, use and materiality of urban outside space for people, plants and animals, the questions that seem to be of greater significance are those relating to building density, forms of use and their mix, materiality, utilities, infrastructure, traffic and transportation.

Die städtische Metropole andererseits ist, infolge der Stadtflucht der Bedrohung der Rückeroberung, einem falsch verstandenen ökologischen Stadtumbau, ausgesetzt. Falsch verstanden dann, wenn – wie so häufig – damit lediglich die Fassaden- und Dachbegrünung, die Umwandlung städtischer Grünanlagen in Naturreservate, ins Visier genommen wird. Ökologie heißt zwar Bau, Unterhalt, Gebrauch und Materialität des städtischen Außenraumes für Mensch, Pflanze und Tier, aber zwingender noch erscheinen Fragen nach Gebäudedichte, Nutzungen und deren Mischung, Materialität, Ver- und Entsorgung, Infrastruktur und Verkehr. Ökologischer Stadtumbau muß, soll er wirksam werden, vom ganzheitlichen Denken ausgehen und nicht von kleinen, zufälligen Einzelheiten. Außenräume, Gärten und Parkanlagen haben eine Vermittlerrolle, sie tragen sowohl das Naturhafte als auch das Kulturhafte oder Gesellschaftliche in sich. Damit sie diese Vermittlerrolle erfüllen können, erscheint es notwendig, sie vom angehäuften Ballast überzogener Heilserwartung und ideologischer Überfrachtung zu befreien und gleichzeitig ihre Möglichkeiten und Chancen nicht unter den Scheffel zu stellen. Die nachfolgenden Gedanken und Ausführungen sind Resultate unserer täglichen Arbeit und Diskussionen im Büro. Sie sind weder vollständig noch abgeschlossen – neugierig erkunden wir weiterhin die Brache nach Gewöhnlichem und Kuriosem, nach Althergebrachtem und aufregend Neuem.

1. Unser Interesse gilt der Stadt und ihren Bewohnern. Sie ist kein monolithisches Gebilde mehr. Tausendfach zergliedert, fraktioniert, verdichtet und ausufernd, geschäftig und öde. Der Gründerzeitblock steht neben dem vollklimatisierten Hochhaus, die Kirche hinter dem Einkaufszentrum, der Secondhandshop neben der Nobelgalerie. Die Stadtbewohner sind ein kaleidoskopartiges Gemisch von Jung und Alt, Gastarbeitern und Alteingesessenen, Geistlichen und Junkies, Managern und Ökofreaks. Standes- und Rollenverhalten werden bestätigt oder, mehr noch, aufgebrochen: Opa trägt einen Walkman, auf der Gasse spielt ein Jugendlicher Beethoven, der Vierzigjährige in Bluejeans und Turnschuhen, die Fünfzehnjährige top gestylt; der Stadtrat fährt Velo und der Postbeamte BMW. Die Heterogenität der Stadt und ihrer Bewohner verlangt nach einer zeitgemäßen Aktion und Reaktion im Außenraum, die sich der Fiktion einer einheitlich durchgrünten Stadt verweigert.

Ecological urban redesign must, if it is to be effective, be based on an integrated approach and not on small, chance details. Open spaces, gardens and parks have a mediating role; they are expression of both natural aspects as well as cultural and social aspects. To enable them to fulfil this role, it would appear necessary to rid them of the accumulated ballast of exaggerated healing properties and ideological overloading, without hiding their possibilities and chances under a bushel. The following thoughts and remarks are results of our day-to-day work and discussions at our office. They are not complete in any sense of the word – it is with curiosity that we continue to explore the unused, looking for the ordinary and the unusual, the traditional and the challengingly new.

1. What interests us is the city and its inhabitants. No longer monolithic, it is dissected, fractionated, densified, and bursting at the seams, busy and desolate. The perimeter block dating from the heyday of industrialisation stands next to the fully air-conditioned high-rise, the church is located behind the shopping centre, the second-hand shop is next to the exclusive gallery. City inhabitants are a kaleidoscopic mixture of young and old, migrant workers and people whose families have been there for generations, clergymen and junkies, managers and eco-freaks. Professional and behavioural roles are confirmed or, even more important, called into question: grandpa has a Walkman, a youngster is playing Beethoven in the alley, the forty-year-old wears jeans and tennis shoes, the fifteen-year-old is styled to perfection, the town councillor rides a bicycle, the postman drives a BMW. The heterogeneity of the city and its inhabitants calls for modern action and reaction in outside space in a way that denies the fiction of a uniformly leafy city.

2. We see our work as being a search for nature in a city whose colours are not only green but also grey. Nature in the city means trees, hedges, lawns, as well as permeable surfaces, expansive squares, the austere canal, the high wall, the open spaces affording fresh air and providing vistas, the centre and the edge.

3. The old contradiction in terms "city and country" has been resolved, edges have become blurred, city and country have become one. We assume that it is not possible to contain either the city or the countryside. Yet the possibility of reading and experiencing the world is based on the principle of dissimi-

2. Unsere Arbeit ist die Suche nach einer Natur der Stadt, deren Farbe nicht nur grün, sondern auch grau ist. Natur der Stadt heißt Baum, Hecke, Rasen, aber auch wasserdurchlässiger Belag, weiter Platz, der strenge Kanal, die hohe Mauer, die offen gehaltene Frischluft- oder Sichtachse, das Zentrum und der Rand.

3. Das alte Gegensatzpaar «Stadt und Land» hat sich aufgelöst, die Grenzen sind verwischt, Stadt und Land sind eins geworden. Wir gehen davon aus, daß weder der Rückbau der Stadt noch derjenige der Landschaft möglich ist. Die Lesbarkeit, die Erlebbarkeit der Welt beruht aber auf dem Prinzip der Ungleichheit. Zukünftige Aufgabe in dieser Gleichzeitigkeit von Stadt und Land ist deshalb, das weitere Verschleifen der inneren Grenzen und Brücken zu verhindern. Sie müssen wieder sichtbar, aufgedeckt, analytisch und sinnlich erfahrbar werden.

4. Die Stadt mit ihren Außenräumen ist als Ganzes nicht planbar. Wir vertrauen auf mosaikartige Eingriffe in der Hoffnung, daß aus ihnen Bedeutung und Erlebbarkeit für den speziellen Ort, aber auch für das Ganze entstehen kann.

5. Unsere besondere Aufmerksamkeit gilt den zahllosen Unorten, die durch Ressortplanung und -gestaltung entstanden sind. Städtebauliche und damit auch gartenarchitektonische Interventionen erscheinen uns gerade an der Peripherie, diesen ungeliebten Rasenflächen der Metropole, von wesentlicher Bedeutung.

6. Wir verstehen Gartenarchitektur als Ausdruck des Zeitgeistes. Ihre Grundlagen sind die aktuellen sozialen, kulturellen und ökologischen Ereignisse, die wiederum nur in ihrem geschichtlichen Kontext verstanden werden können. Um zunächst bei der eigenen Profession zu bleiben, heißt dies, die Auseinandersetzung mit den wichtigsten Themen der Gartenkunst oder besser der Gartenkultur, in der neben den großen höfischen auch diejenige der einfachen Leute enthalten sind. Die Zusammenarbeit mit unseren Schwesterdisziplinen wie Architektur, Ingenieurwesen und Bildhauerei ist uns weniger Notwendigkeit denn Selbstverständlichkeit – aus der gemeinsamen Arbeit wächst beiderseitige Innovation.

Wenn wir Gartenarchitektur als Auseinandersetzung mit den aktuellen Zeitereignissen verstehen, heißt dies auch Einbezug des weiteren kulturellen Umfeldes. Gemeint sind damit Film und Video, Philosophie und Literatur, Musik oder Werbung. Wir

larity. For this reason, our future work is, given the simultaneity of city and country, to prevent further blurring of internal boundaries and bridges. They need to be made visible again, revealed, experienced analytically and by the senses.

4. The city and its open spaces cannot be planned as an undivided whole. We place our trust in mosaic-like interventions in the hope that this will give both the particular place and the whole meaning and readability.

5. The innumerable disgraces that have come into being as a result of planning and design on the part of public authorities are a particular focus of our attention. Urban, and by the same logic, garden architectural interventions seem to us to be of particular significance on the periphery, those unloved areas of grass on the urban fringe.

6. We understand garden architecture as an expression of the zeitgeist. The underpinnings of this architecture are the current social, cultural, and ecological occurrences which, in turn, can only be understood in their historical context. To use the terminology of our profession, this means critical discourse with the most important themes of garden art, or to be more precise, garden culture, which includes not only prestigious gardens but also those of ordinary people. We see collaboration with our sister disciplines such as architecture, engineering, and sculpture not so much as a matter of necessity, but far more as something that goes without saying – our collaboration is the breeding ground for innovation that is of mutual benefit.

If we understand garden architecture as a discourse with current events, this also means incorporation of an extended cultural environment. What is meant are cinema and video, philosophy and literature, music and advertising. We listen to Bach and Schönberg, to Laurie Anderson, as well as to Pink Floyd and Philip Glass, become engrossed in the works of Sol Le Witt and Walter de Maria. We not only find reflections on nature and garden themes in Goethe's "Elective Affinities" or Stifter's "Indian Summer", but also in Ernst Bloch's "Verfremdung" ("Estrangement"), in Peter Handke's "Lehre der Sainte Victoire" ("Another Lesson of Sainte Victoire") or Sennet's "Civitas". In "Mon Oncle", Jacques Tati takes us from his lovingly tended roof garden via urban wasteland to the curious garden of his brother-in-law, while in the "Draughtsman's Contract" Peter Greenaway provides a lesson in garden art and its social conditions.

Stadtpark Wettingen

Der öffentliche Garten

Bei der Gestaltung des Stadtparks wird an die Konzeption des Volksparks zu Beginn des 20. Jahrhunderts angeknüpft. Diese zielt auf eine einfache und markante Raumbildung, die mit ihrer Ausstattung intensive, spielerische und sportliche Aktivitäten ermöglicht. Der Park entwickelte sich so vom Ort des sonntäglichen Lustwandelns zu einem Ort alltäglichen Gebrauchs und zur aktiven Erholung.

Die Einfachheit und Kraft der wenigen eingesetzten Elemente im Stadtpark Wettingen bestimmt die Raumfolge und Stimmung des zentral im Siedlungsgebiet und direkt neben dem Rathaus gelegenen Areals, das vorher als Fußballplatz genutzt wurde. Während für die gleichzeitig an anderer Stelle errichtete Sportanlage viel Geld bereitgestellt wurde, standen für den Stadtpark nur knapp bemessene Finanzierungsmittel zur Verfügung. Wir nahmen dies weniger als unangenehme Einschränkung, sondern vielmehr als Leitlinie zum sorgsamen Umgang mit dem Bestand und sparsamen Einsatz der gartenarchitektonischen Interventionen.

Die vorhandene Ebene mit dem Grasteil des ehemaligen Fußballfeldes wurde unverändert belassen. Dem Wunsch nach einer Rodelgelegenheit ist mit geometrisch geformten Erdhügeln entsprochen worden, die im Dialog zum sichtbaren «Lägernrucken» stehen. Auf den Erdhügeln entwickelt sich langsam eine Magerwiese. Die Hügel werden so auf verschiedenen Ebenen «lesbar». Durch die geometrische Ausformung wird das Artefakt deutlich, die naturnahe Vegetation überlagert die künstliche Hügelgestaltung und stellt unter Beweis, daß naturnahe Vegetation nicht auf eine naturalisierende Topographie angewiesen ist.

Der Parkwald bildet den raumdefinierenden Abschluß, das Gegenüber zum Rathaus. Unter dem forstmäßig angepflanzten Mischwald entwickelt sich in Übereinstimmung mit Standort und Nutzung eine Waldbodenvegetation. Aus dem Schatten und der Kühle des Wäldchens tritt der Besucher auf den hellen, zentralen Platz. Das runde Wasser- und Planschbecken liegt im Schnittpunkt der Rathaus- und Parkachse. Auf Blumenbeete

Urban park in Wettingen

The public garden

The design of the urban park is based on the concept of the "Volkspark" as it existed at the beginning of the 20th century. This was a design aimed at achieving simple and distinctive space, with facilities permitting intensive use, play and sports activities. The park was transformed from a place for Sunday walks to a place of daily use and active recreation.

The simplicity and expressiveness of the few elements used in the Wettingen Urban Park determine the spatial sequence and atmosphere of this area – a site which once served as a football pitch – located in the centre of the settlement directly adjacent to the town hall. Whereas substantial amounts of money were made available for the sports facilities built elsewhere, only modest sums were set aside for the urban park. We conceived this not so much as an unwelcome restriction, but more as a guideline for a conservative approach to existing stocks and sparing use of interventions in the garden architecture.

The existing level consisting of the grass area of the former football pitch was not changed. The desire for a toboggan run was realised in the form of geometrical mounds forming a dialogue with the visible "Lägernrucken". A poor-nutrient meadow is developing slowly on the hillocks, making them "readable" on a number of different levels. The artefact is given definition by its geometrical shape, the semi-natural vegetation covering the artificial hill design is proof that semi-natural vegetation does not depend upon naturalising topography.

The park's wood provides spatial definition, forming the counterpoint to the town hall. Woodland floor vegetation reflecting location and use is developing under the mixed wood that has been planted as a forest. Visitors emerging from the shade and cool of the small wood arrive at the light, central area. The circular pool and wading area lies at the intersection of the town hall and park axes. Flowerbeds were dispensed with and, instead, columns of climbing roses and clematis placed at the main entrance. Hedges framing areas set aside for play and games complete the park, making this an inviting place for recreational activities.

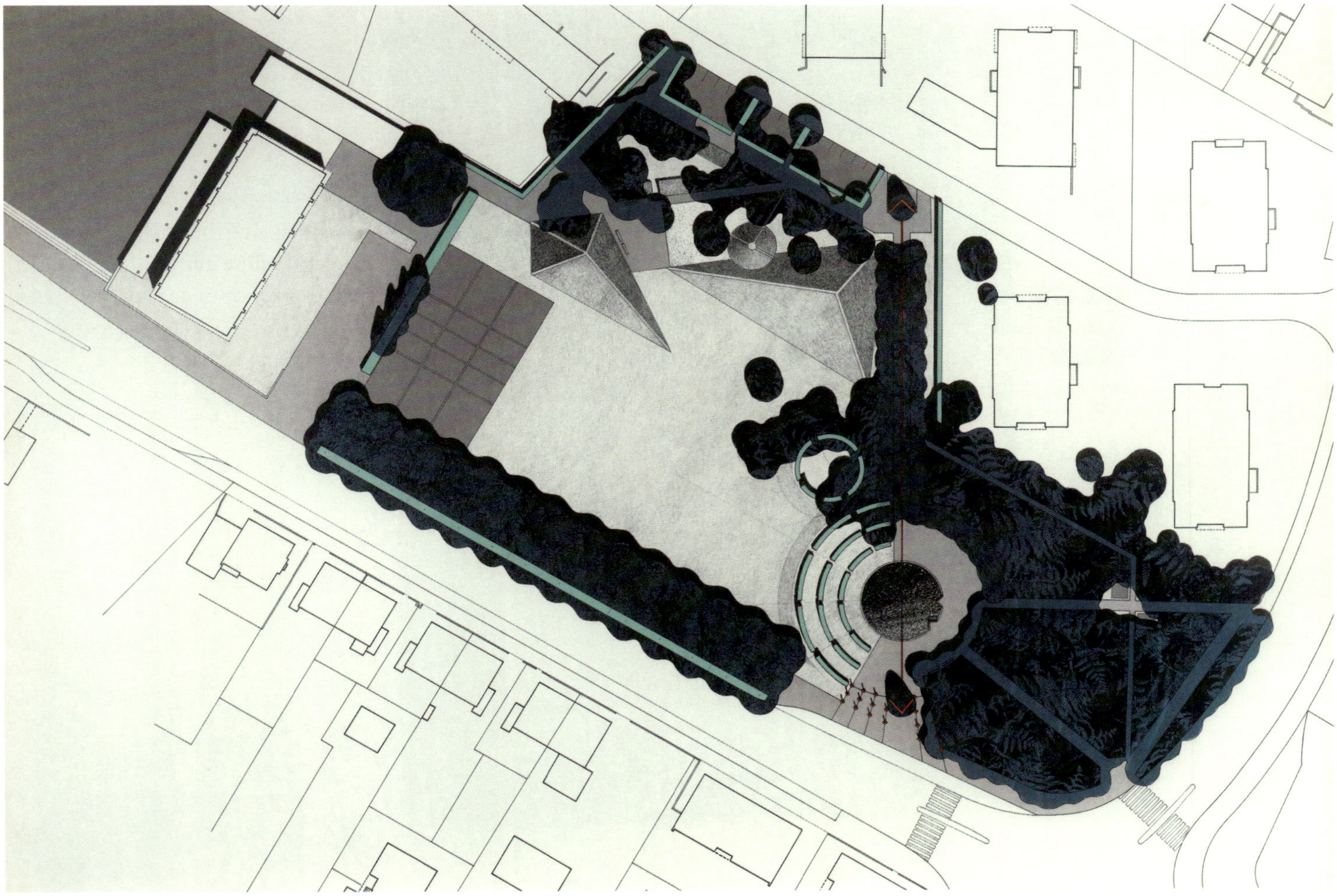

wurde verzichtet. Anstelle dessen wurden beim Haupteingang Pflanzsäulen mit Kletterrosen und Clematis plaziert. Hecken gegen die Spielwiese bilden den räumlichen Abschluß und reizen zum Spiel.

Eine dreistämmige Lindenallee entlang dem Gehweg grenzt den Park gegen die Straße ab. Eine Pappelschicht vor dem Rathaus verhindert den direkten Sichtkontakt. Es war unser Bestreben, einen alterungsfähigen, einfachen Stadtpark zu gestalten, der vielfältige Nutzungen ermöglicht. Der Beginn war wenig ermutigend: Bereits beim Bau wurde in Zeitungsartikeln die Unbrauchbarkeit der Hügel prophezeit und eine naturalisierende Ausformung verlangt. Fehlende Blumenfülle wurde ebenso beklagt wie die Baumalleen und Hecken Mißfallen erregten.

Nach 15jährigem Gebrauch haben sich die anfänglichen Aufregungen gelegt. Der Park hat sich dem Alltagsgebrauch geöffnet und ist, trotz einigen unnötigen nachträglichen Applikationen, zu einem einprägsamen Ort im diffusen Siedlungsraum geworden.

Dieter Kienast

A three-row avenue of lime trees along the paths separates the park from the road. A direct view of the town hall is obscured by the poplar trees planted in front of it. It was our aim to design a simple urban park capable of aging and useable for a wide variety of purposes. The beginnings of the project were not very encouraging. During the building phase, newspaper articles were published predicting that the hillocks would be unusable and calling for a naturalising approach. The lack of extensive flowerbeds was criticised as were the avenue of trees and the hedges.

The park has now been in existence for fifteen years and initial scepticism forgotten. The park is a place available for day-to-day use and has, despite a few superfluous subsequent additions, become a distinctive place in a diffuse settlement area.

Dieter Kienast

Hecken bilden den räumlichen Abschluß gegen die Spielwiese.

The grassy areas intended for games and play are framed by hedges.

Die geometrisch geformten Erdhügel stehen im Dialog zum Lägernrucken.

The geometrical earth-mounds address the Lägernrucken.

Im Schnittpunkt der Rathaus- und Parkachse liegt das runde Wasserbecken.

The circular pool is at the intersection of the town hall and parks axes.

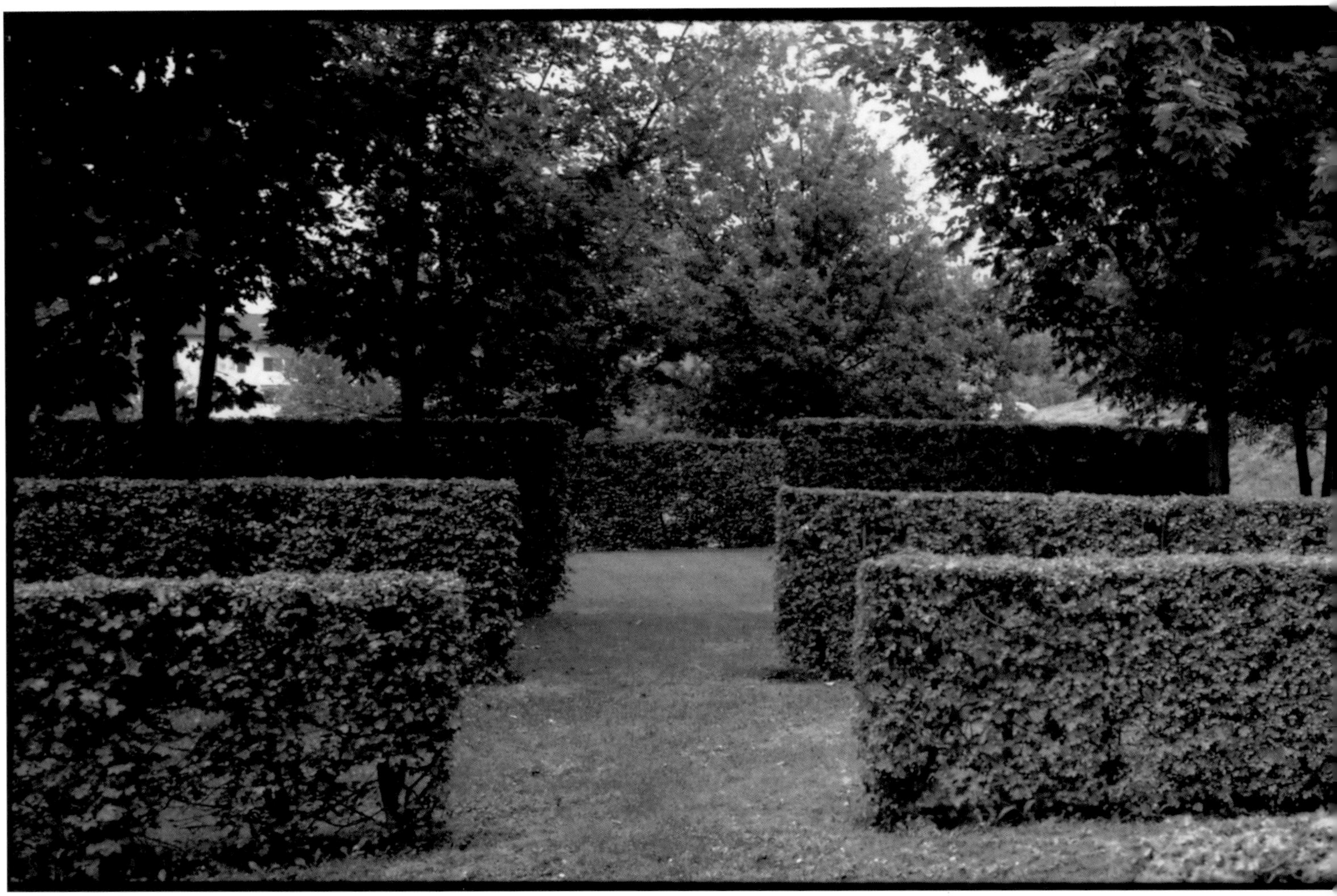

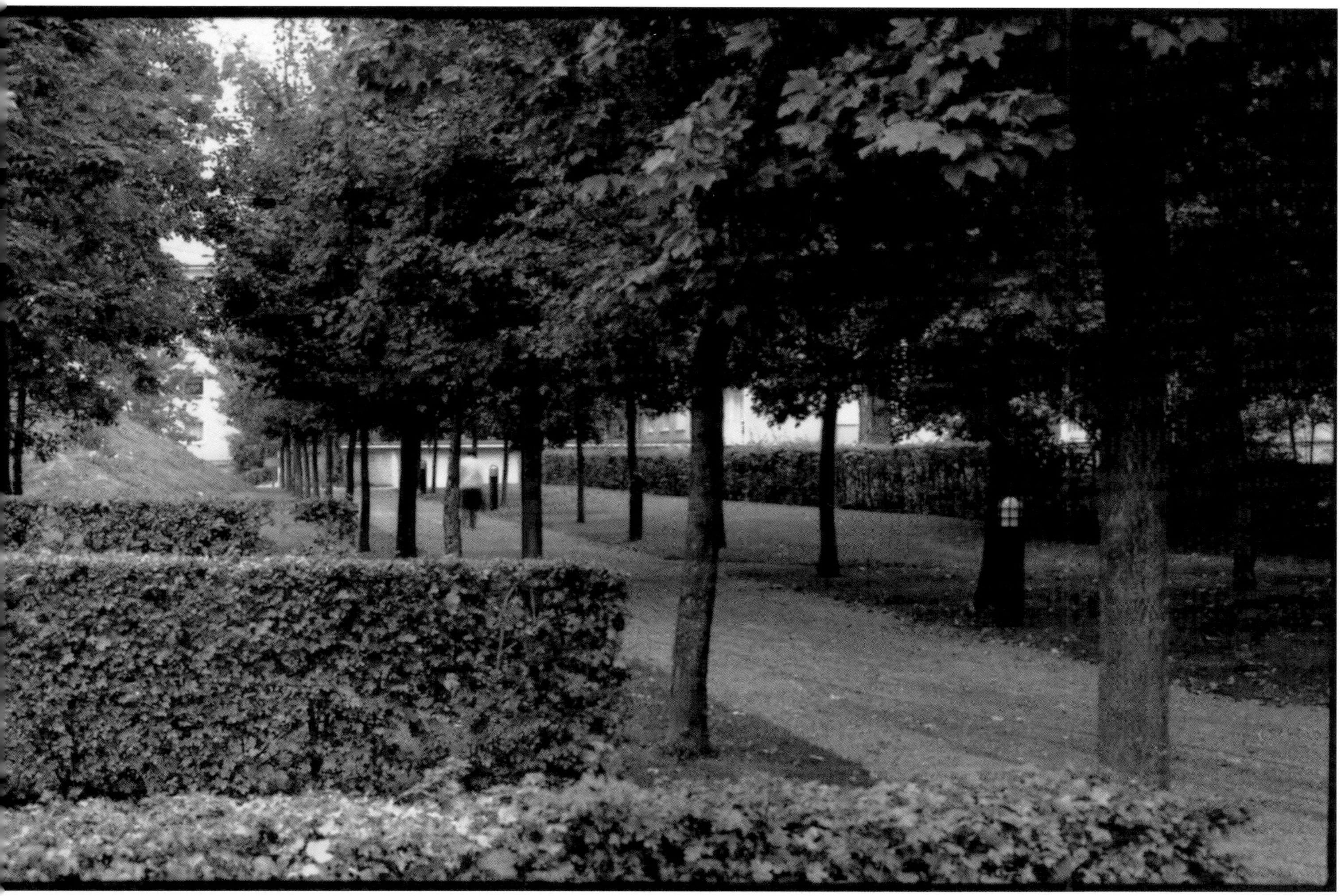

Kletterrosen und Clematis an Pflanzsäulen sind die wenigen blühenden Aspekte in dieser Hecken- und Waldlandschaft.

Climbing roses and clematis around columns are the few flowering aspects in this hedge and woodland landscape.

37

Obstwiese und vorhandene Gebäude

Die Wiese wird mit jungen Obstbäumen angepflanzt. Der Bezug zu den Gärten und Fleckenhäusern wird durch die noch vorhandenen Obstbäume, die Übernahme alter Grenzen, die Verlängerung bestehender Wege und die Erhaltung der alten Bauten aufgezeigt.

Parkwald

Die Verbindungen zwischen Kurzentrum und Fleckenhäusern sollen neben dem Wegesystem durch einen räumlich stark ausgeprägten Abschluß des Parkes auf der Nord- und Südseite visualisiert werden. Es sind zwei größere Waldpartien vorgesehen, die ein engmaschiges Fußwegenetz aufweisen. Im weiteren schaffen die Waldstücke eine optische Grenze zum Parkplatz auf der Südseite und zum geplanten Einkaufszentrum im Norden.

Gartenhöfe

Als Kontrast zum sehr einfach gehaltenen übrigen Parkgebiet ist in Anlehnung an das Kurzentrum eine intensiv gestaltete Zone mit sechs Gartenhöfen geplant: In dieser kleinräumigen Gartenstruktur können speziell gärtnerische Elemente und Themen aufgenommen und dargestellt werden wie: Rasen-Clematishof, Staudenhof, Heckenhof. Die Fortführung der vorhandenen Pergolastruktur beidseits der Straße schafft eine optische Einengung der Straße und verbindet Badgebäude mit Kurpark.

Wiese, Bach, Wasserfläche

Die vorgeschlagene Neugestaltung des Baches und der Wasserfläche soll nachdrücklich auf diesen wechselnden Umgang mit dem Gewässer hinweisen. Das Zutagetreten und Verschwinden des Wassers soll Ereignis werden, die Ufer, einmal vegetationsbewachsen, zweimal vegetationslos als Kanal ausgebildet, erinnern an den stattgefundenen Artefakt. Die zentrale Wiesenfläche ist verbindendes Element und schafft freien Raum. Die einzelstehende Pappel zeichnet einen speziellen Ort aus, kontrastiert die Ebene und läßt sie größer erscheinen.

Dieter Kienast

---

ing fruit trees, adherence to old boundaries, extension of existing paths, and preservation of the old buildings.

Park woodland

The links between the spa centre and the town houses are to be given visual emphasis by the system of paths, as well as by a strong spatial definition of the boundaries of the park on the northern and southern sides. Two extensive areas of woodland with a dense network of paths are envisaged. These stretches of woodland also form an optical boundary to the car park to the south and the planned shopping centre to the north.

Garden courtyards

A zone of intensive design with six garden courtyards adjacent to the spa centre is planned as a contrast to the simple design of the rest of the park. These small-scale garden structures are intended to incorporate and present special horticultural elements and themes such as the lawn and clematis courtyard, the shrub courtyard, the hedge courtyard. Continuation of the existing arbour on both sides of the road creates an optical narrowing of the road and links the building with the spa gardens.

Meadow, stream, water area

The proposed redesign of the stream and water area is intended to be an emphatic reference to this variable approach to stretches of water. The appearance and disappearance of the water is to be staged as an event, the banks, one with dense vegetation, the other devoid of vegetation in the form of a canal, are reminiscent of the artefact. The central meadow is the linking element and provides open space. The solitaire poplar tree marks a special place, is in contrast to the plain, making it seem larger.

Dieter Kienast

Two large woodland areas with a dense network of paths link the spa centre and the town houses.

Das Zutagetreten und Verschwinden des Wassers soll zum Ereignis werden.
Die Ufer sind teils vegetationsbewachsen oder vegetationslos belassen.

The emergence and disappearance of the water is intended as an event.
Some parts of the banks have vegetation, other are bare.

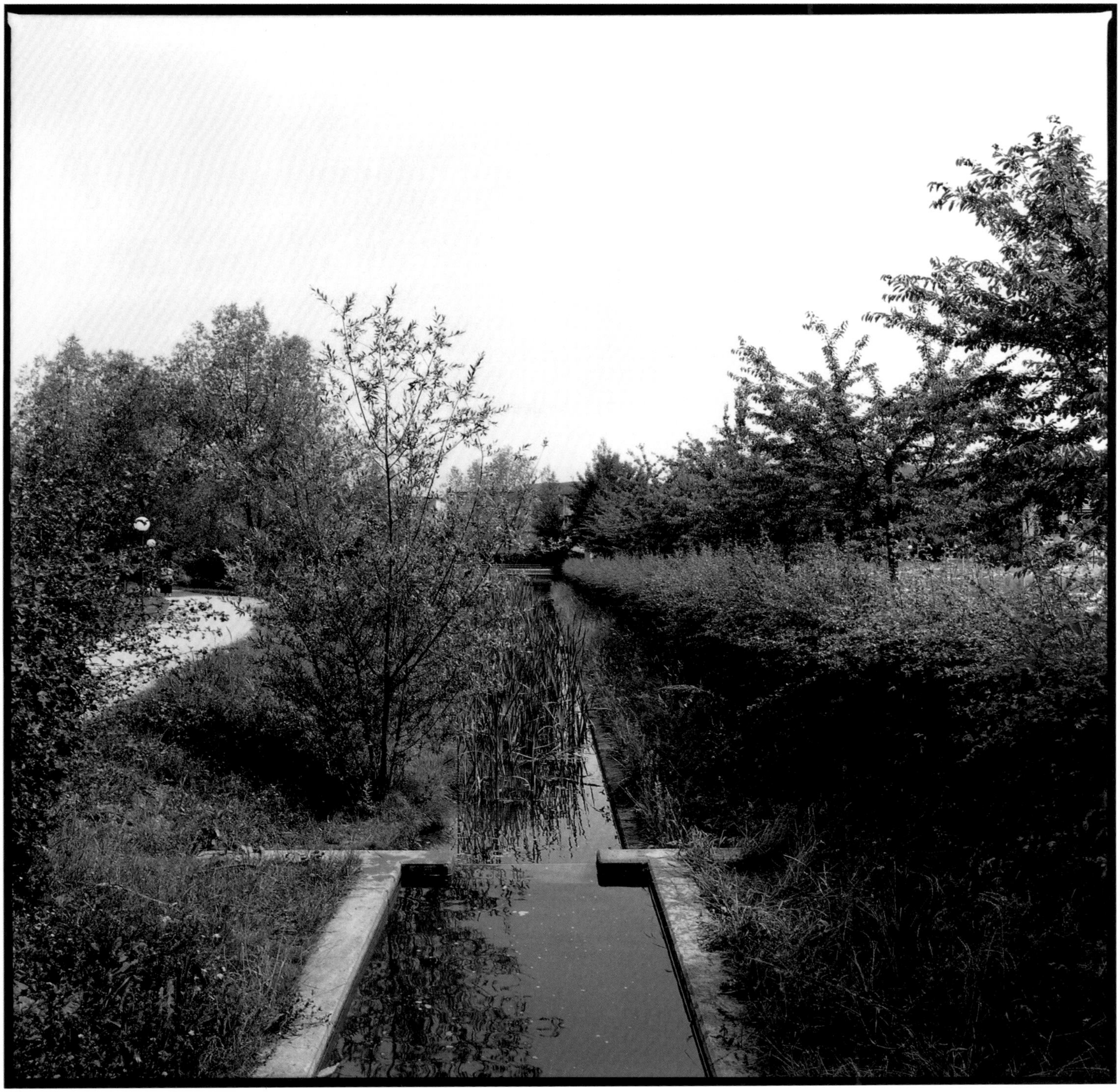

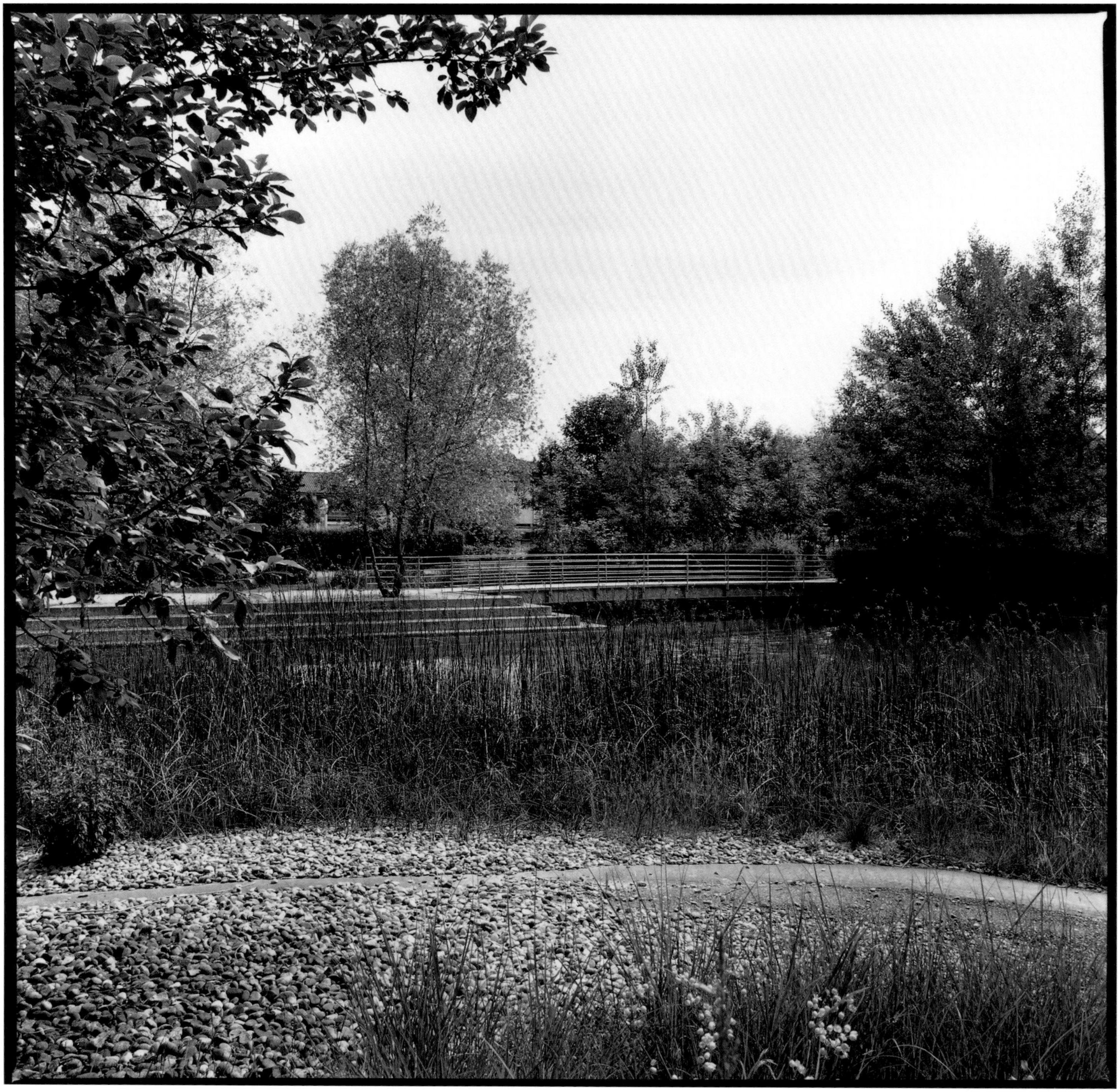

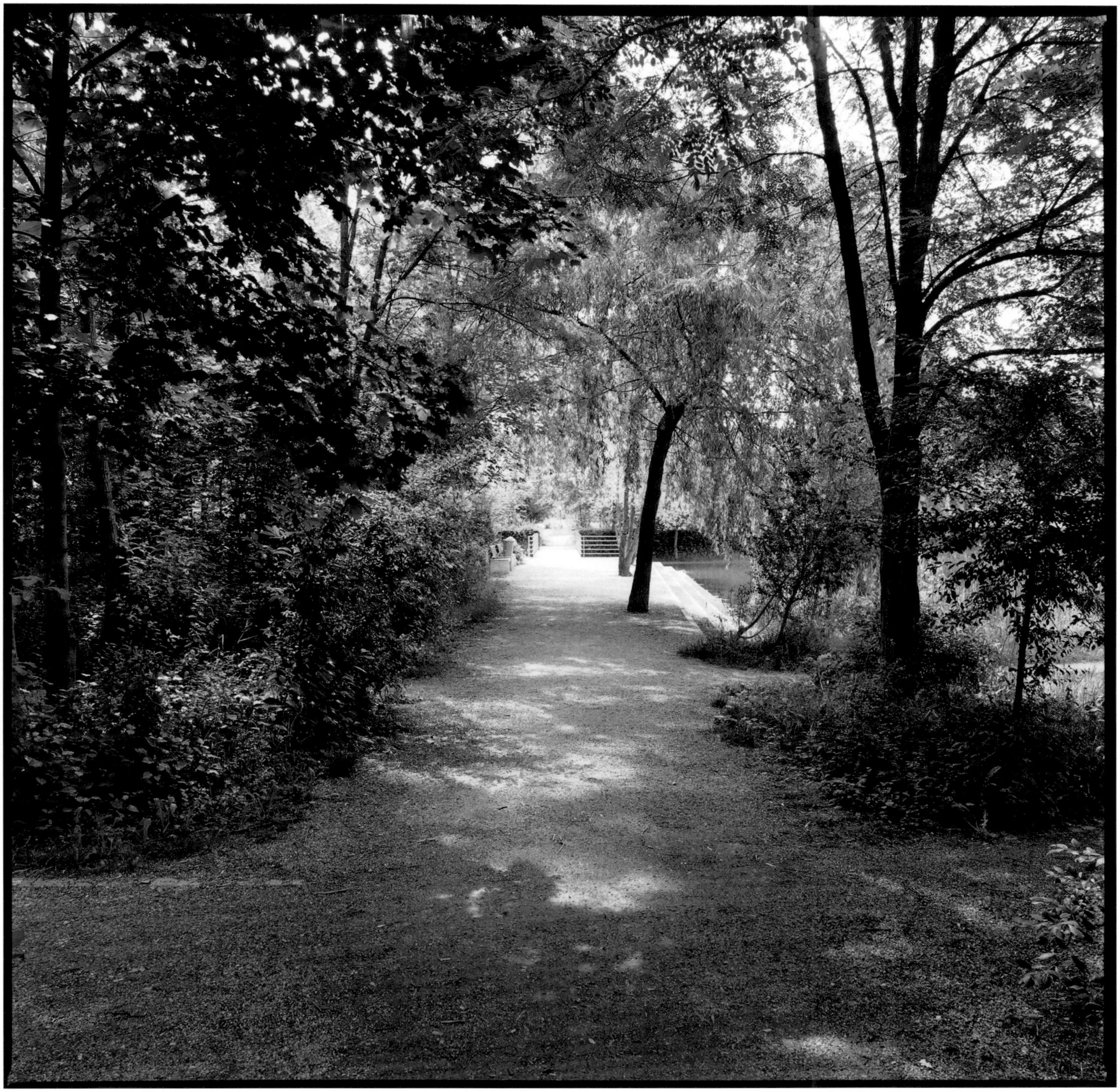

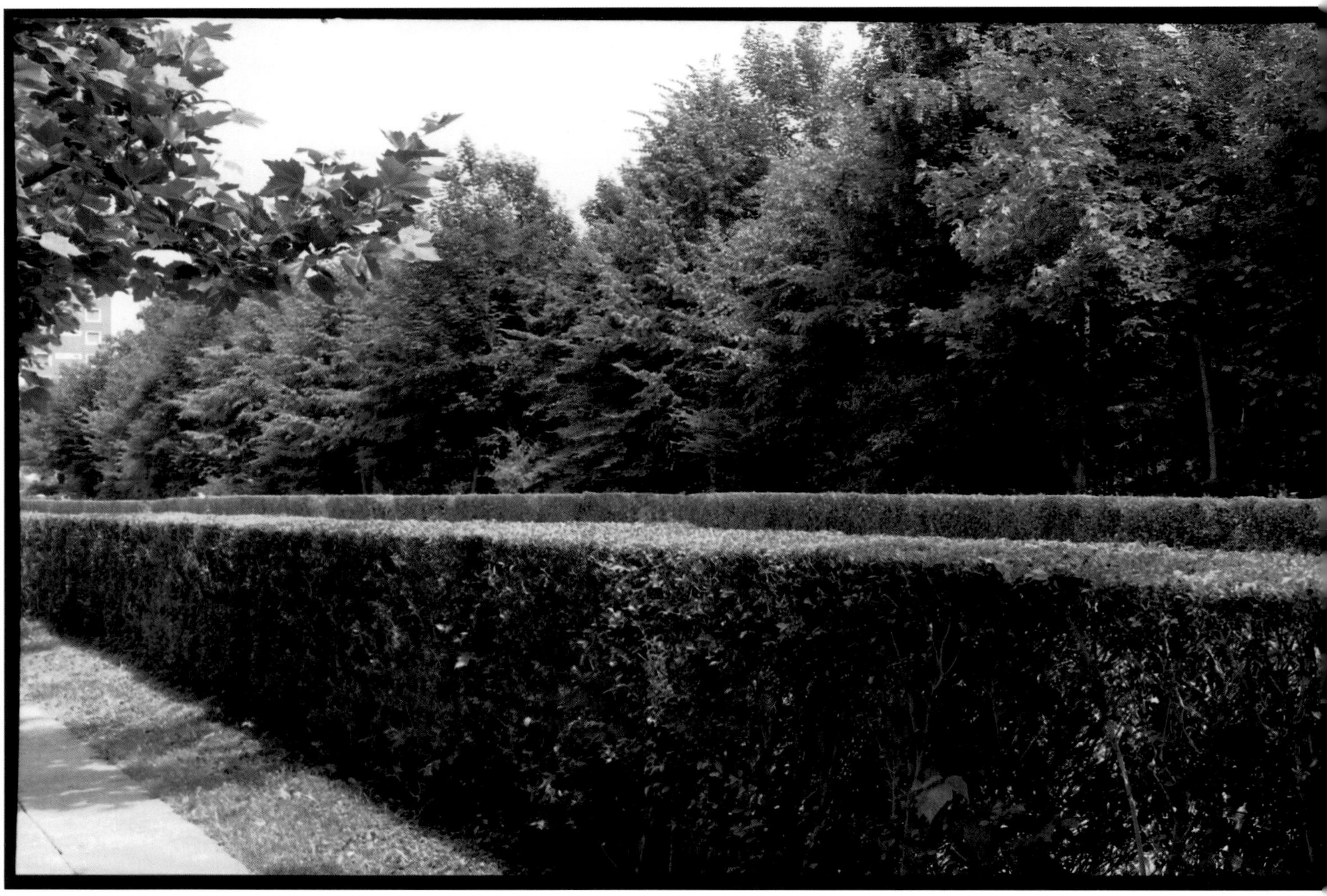

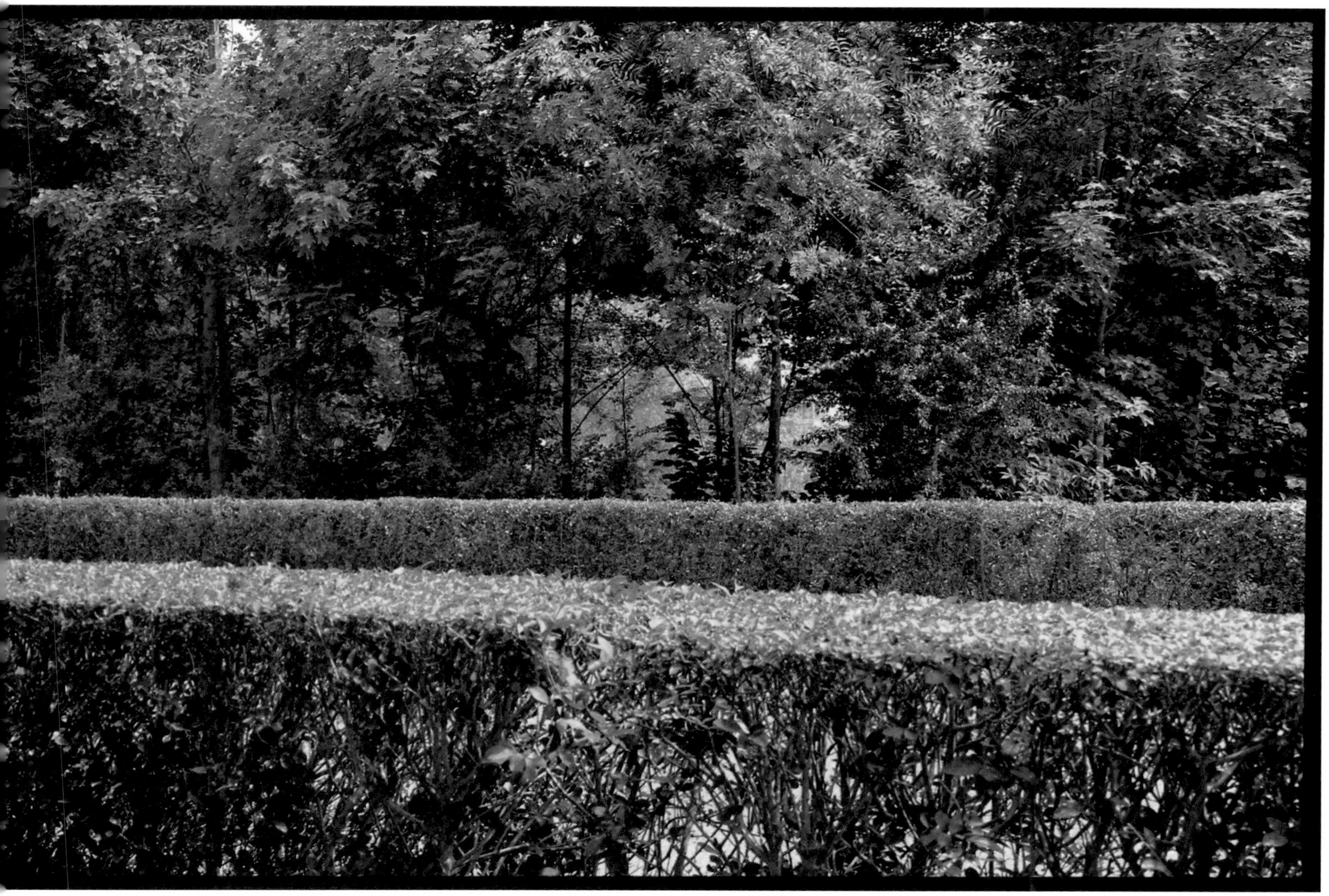

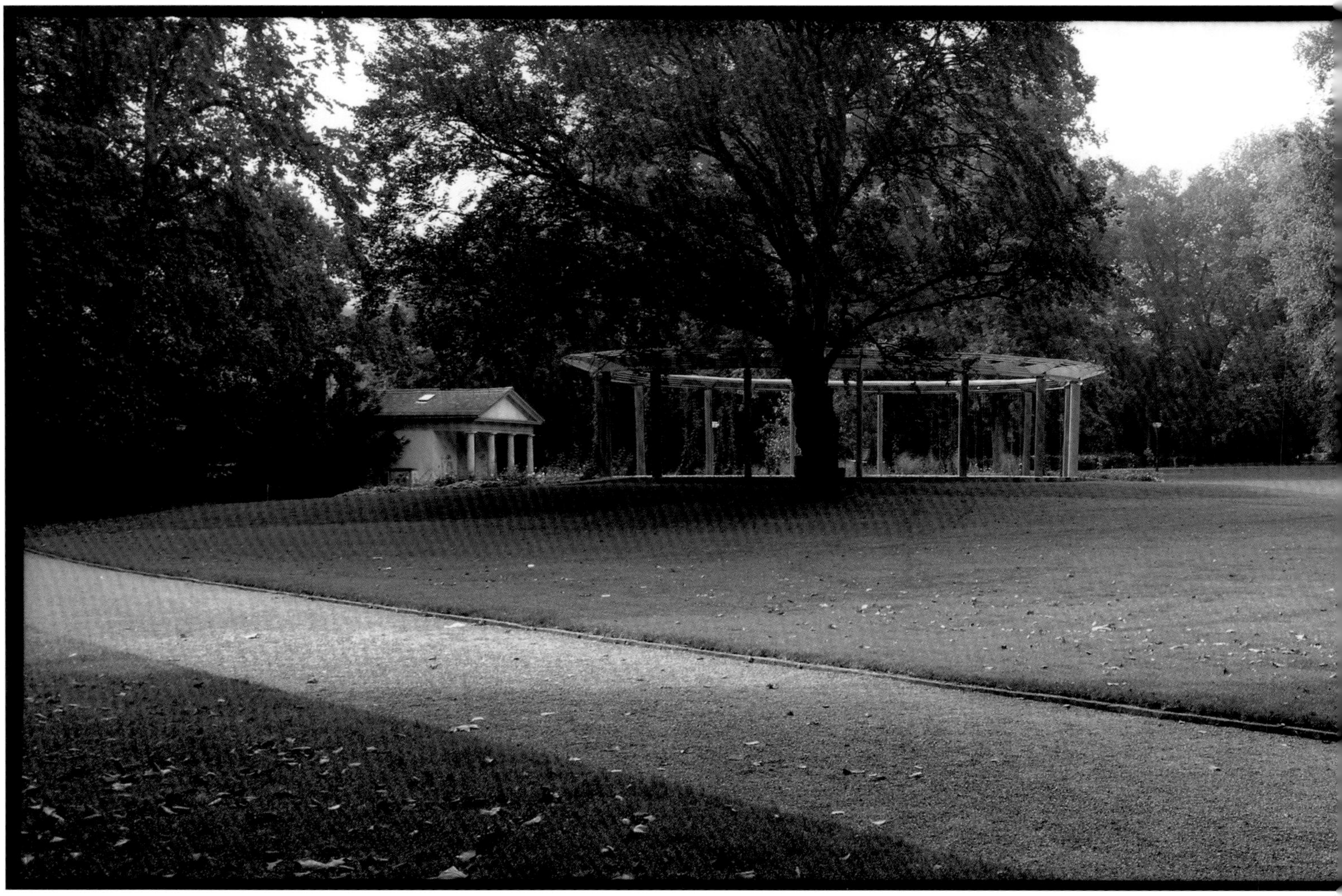

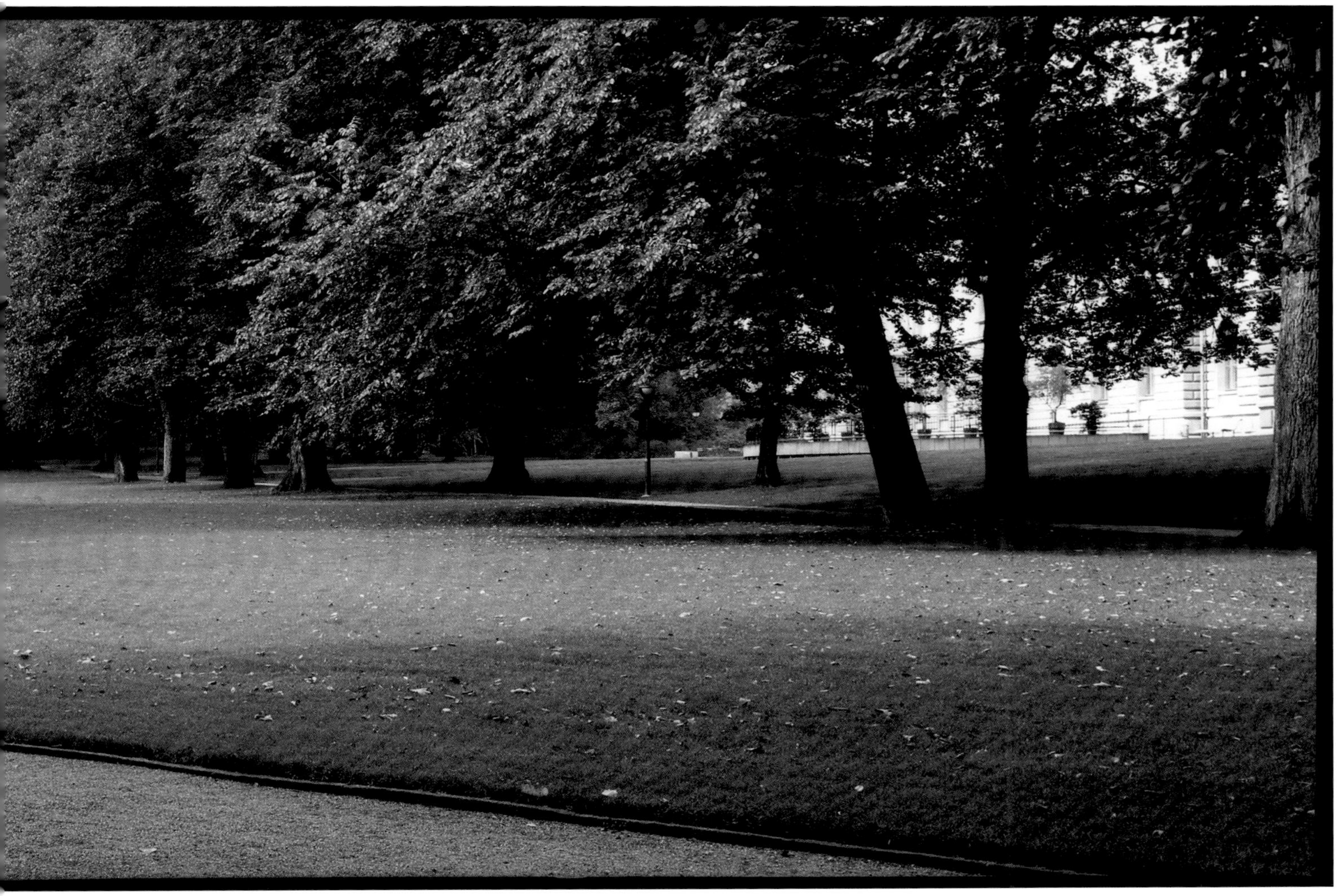

Die Rotunde, das Rosenrondell, eine Holz-Metallkonstruktion, die von nach außen geneigten Betonsäulen getragen wird, betont neu das Zentrale des Platzes.

The rose rotunda, a structure of wood and metal supported by concrete pillars inclined outwards provice the square with new emphasis.

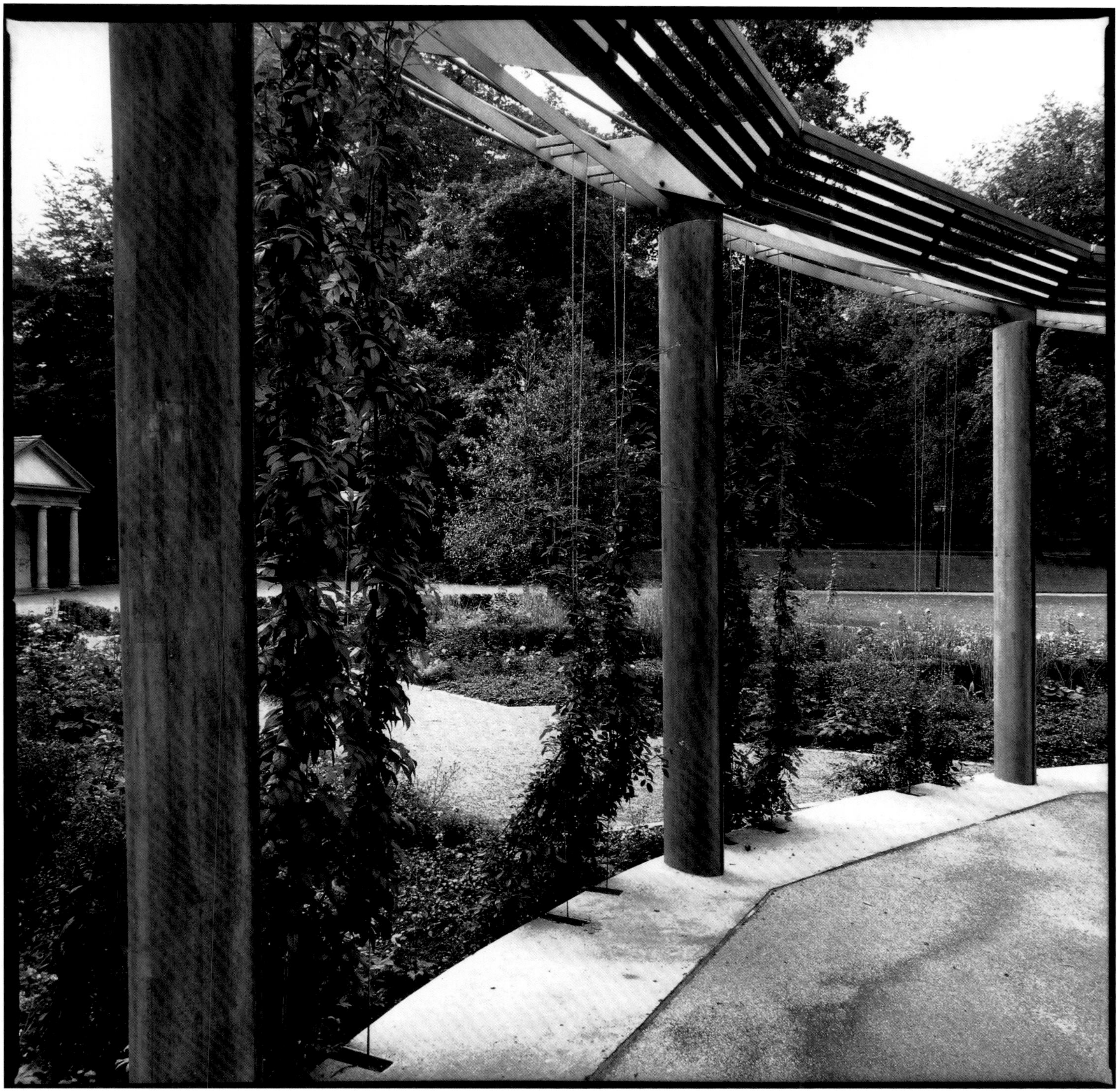

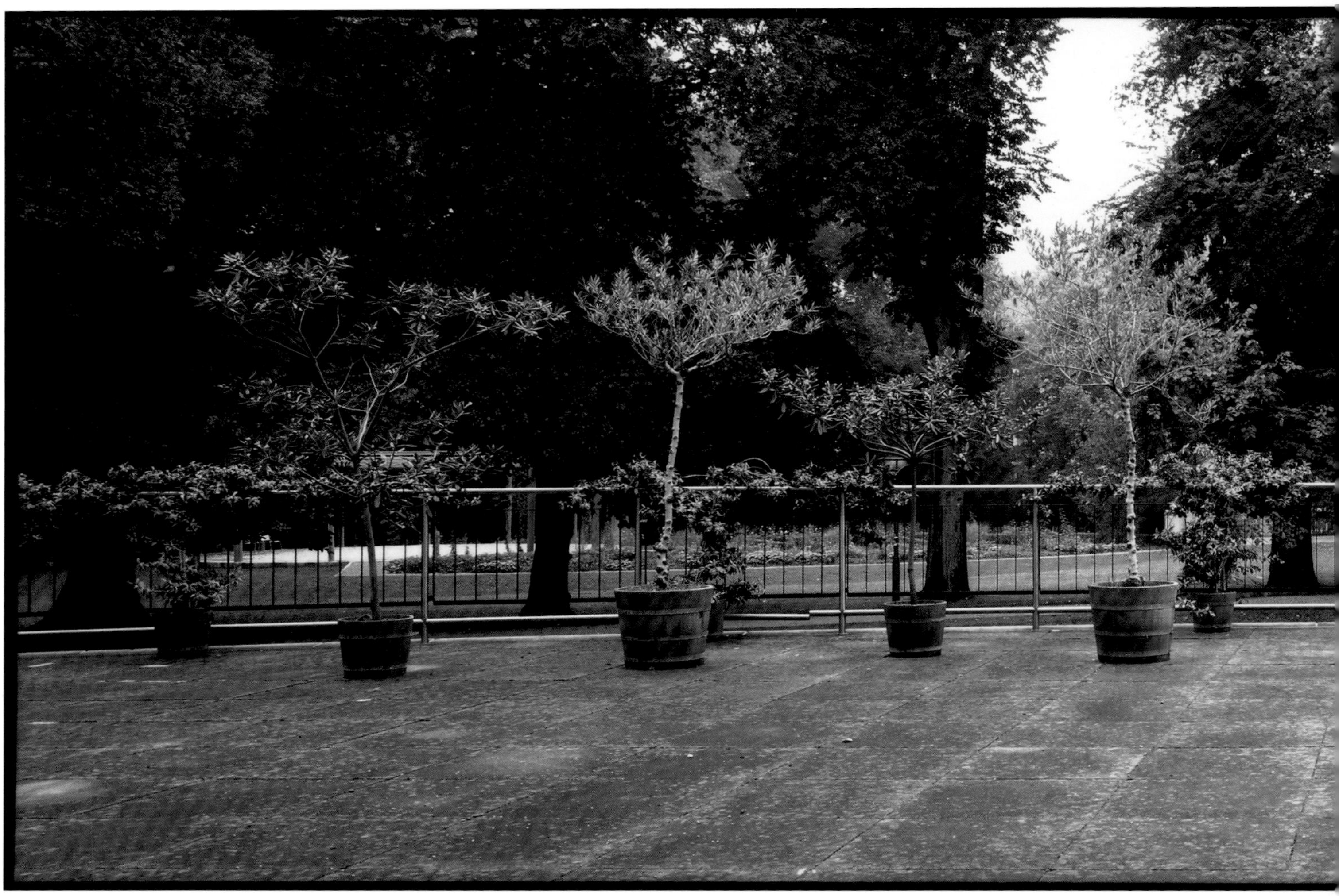

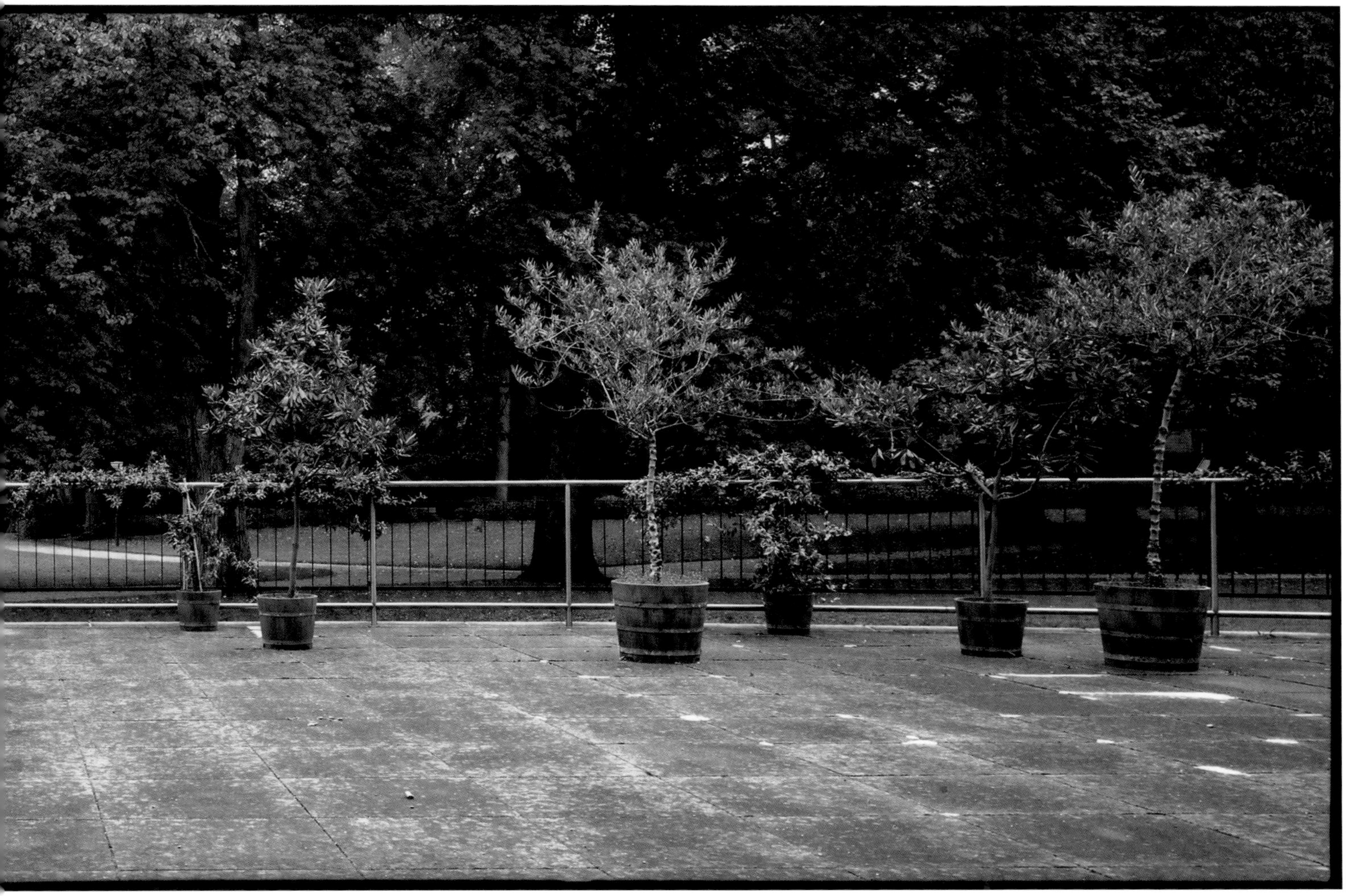

Der Ausstellungsbereich, der innerhalb des Parks eine besondere Attraktion
darstellt, wird durch Hecken und Baumalleen räumlich begrenzt.

The exhibition area, forming a special attraction within the park, is given spatial definition by hedges and avenues of trees.

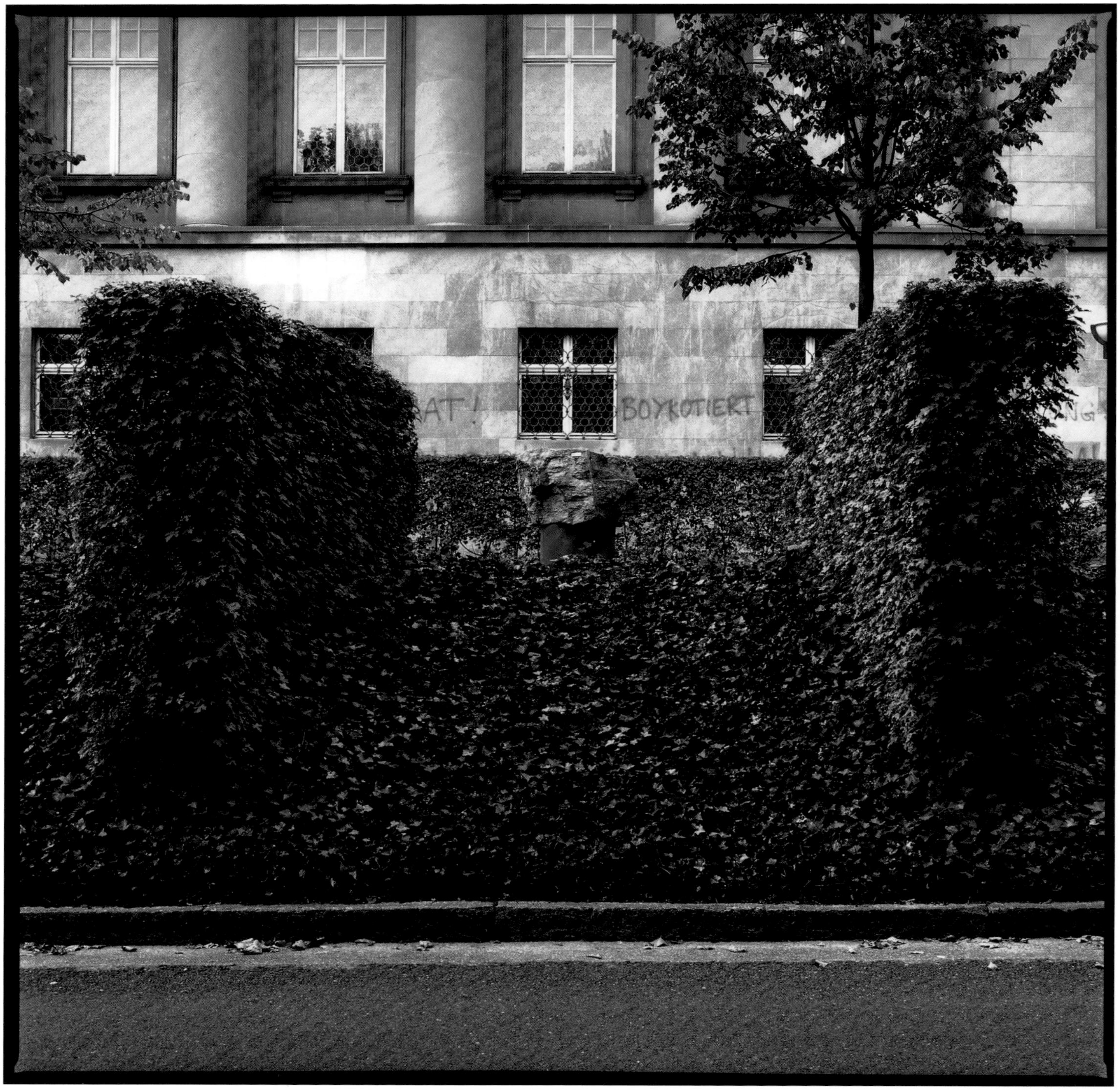
BOYKOTIERT

Die Ausstellungsstücke der Findlingssammlung sind neu zusammengestellt. In einer Reihe, auf Betonsockeln plaziert, zeigen sie wieder ihre skulpturale Ausdruckskraft.

The exhibits in the collection of erratics have been rearranged. Placed on concrete plinths, they again reveal their sculptural qualities of expression.

Moabiter Werder Berlin

Ein neuer Park

Der Moabiter Werder, im Zentrum vom zusammengewachsenen Berlin gelegen, war Gegenstand eines städtebaulichen Wettbewerbs, dessen Ergebnis die generelle Strukturierung des Geländes mit Wohnbebauung, Schule und Parkanlage festgelegt hat.

Aus den Bruchstücken von Geschichte, Ort und Gebrauch wird eine Parkanlage entwickelt, deren Form Dispersität vorgibt, deren Inhalt jedoch Gesamtheitlichkeit einhält.

Die Entwicklung des Moabiter Werders ist der Versuch zur Verwirklichung eines aneigenbaren, bedeutungs- und stimmungsvollen Freiraumes für den einzelnen, für die Gruppe, für die Berliner insgesamt. Dabei können die Konflikte und Widersprüche, die sich aus den unterschiedlichen Ansprüchen und Vorstellungen ergeben, nicht gelöst, sondern lediglich offengelegt und streitbar gemacht werden: dem Wunsch nach privat verfügbarem Raum steht der Anspruch der Öffentlichkeit gegenüber, und das gartenkünstlerische Werk widerspricht scheinbar dem Willen zur Eigengestaltung Betroffener.

Vorgelegt wird ein Konzept, das Geschichtlichkeit in allen Facetten aufdeckt: Vergangenheit – Gegenwart – Zukunft. Dabei liefert die Vergangenheit Elemente, Spuren und Ansätze für die Gegenwart, die gewertet, vorbehaltlos übernommen, präzisiert, weiterentwickelt, neu interpretiert oder negiert werden.

Veränderte gesellschaftliche Wertschätzung wird zur Diskussion gestellt. Güterbahnhof und Gewerbe galten als unschön und mußten mit raschwachsendem, banalem «Grün» abgedeckt werden. Dreißig Jahre später wird dieses Grün, zusammen mit seiner Ruderalvegetation, als absolut schützenswert erklärt. Die Behandlung des «Sacro Bosco» thematisiert diesen Gesinnungswandel in Sachen «Natur». Durch Mauern, Hecken und Zäune bodeneben völlig unzugänglich gemacht, ermöglicht es der abgehobene Steg, den Wald zu durchqueren und dabei den Diskurs von Natur und Kultur zu führen.

Im Bahngarten werden die zufällig übriggebliebenen Reste der Vegetations- und Baustruktur wegleitend für die formale und inhaltliche Weiterentwicklung des Areals. Die Wegbreite

Moabiter Werder in Berlin

A new park in Berlin

Moabiter Werder island, located at the centre of Berlin when it grew together, was the subject matter of a town-planning competition, the result of which stipulated the general structuring of the terrain with residential buildings, a school and a park. A park is being developed from the fragments of history, locality and custom, the form of which dictates dispersion, the content of which, however, observes totality.

The development of Moabiter Werder island is an attempt to realise an acquirable, significant and atmospheric open space for the individual, for the group, for Berliners as a whole. In this connection, the conflicts and contradictions resulting from the various claims and concepts cannot be resolved, but just pointed out and activated: the desire for private space is confronted by the demands of public access and the horticultural work apparently contradicts the will for a design of one's own by the parties affected.

What is presented is a concept which reveals the historicity in all its facettes: past – present – future. In this connection, the past supplies elements, traces and approaches for the present which are assessed – adopted without reservation, stated more precisely, further developed, reinterpreted or rejected.

Changed social esteem is discussed. A goods depot, business and industry were regarded as unattractive and had to be covered with rapidly growing, commonplace "green". Thirty years later, this green, together with its ruderal vegetation, is declared to be absolutely worthy of protection. The treatment of the "Sacro Bosco" takes this change in attitude in questions of "nature" as its topic. Made completely inaccessible at ground level by walls, hedges and fences, the raised footbridge makes it possible to cross the forest and conduct the discussion between nature and cultivation in this connection.

In the railway garden, the remains of the vegetation and building structure left over by chance become the guiding aspects for the further development of the site with respect to form and content. The path width is equivalent to the width of the track, the path routing traces the old structure. The plateau

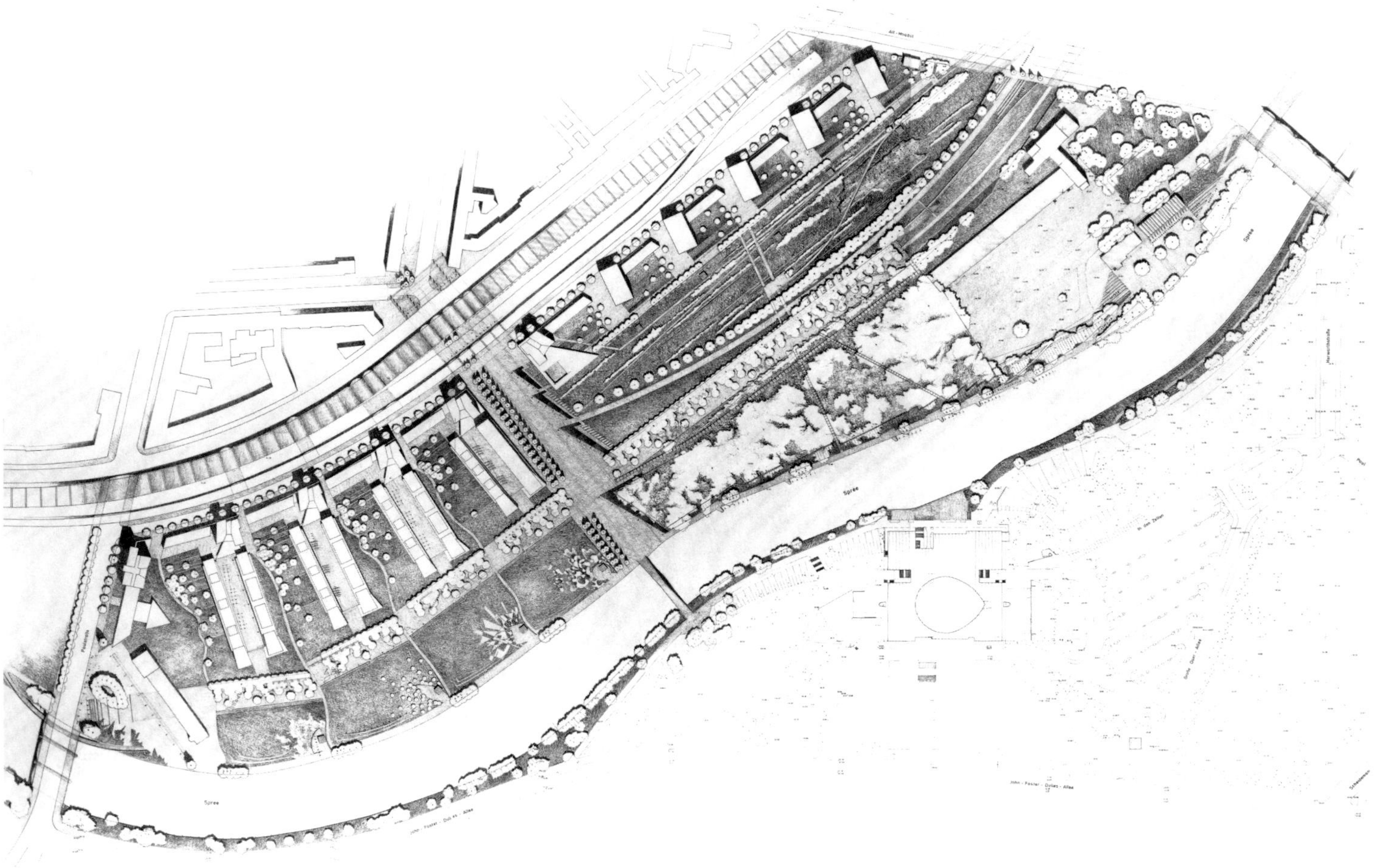

entspricht der Geleisebreite, die Wegführung zeichnet die alte Struktur nach. Das Plateau mit besonders schützenswerter Ruderalvegetation wird nicht abgetragen, die offenbare Künstlichkeit des Nichtabtrages (trotz Bodenkontamination) wird durch die orthogonal versetzten Keramikquader noch verstärkt. Die Erdschnitte sind die imaginären Bremsspuren der Güterzüge, die Aufdeckung der Nutzungsgeschichte, das Geheimnis und die Wertschätzung des Erdbodens – aber auch einfaches Spielelement, Wassersammler und künstlerischer Eingriff. Bahnhofsnamen, Wörter, Gedichte oder Kurzgeschichten, eingelassen in die Seitenwände, liefern Denkanstöße, rufen Erinnerungen wach, projektieren Bilder, wecken Gefühle, verleiten zum Weiterschreiben oder Übersprayen.

Die Haupterschließung erfolgt längsseits über Baumzug und Kastanienbogen, letzterer in labilem Gleichgewicht an den Baumzug anstoßend. Mit diesem wird das ambivalente Verhältnis zur Siegessäule offengelegt. Zunächst in seiner Hauptrichtung darauf orientiert, knickt er in zwei Segmenten ab und konzentriert sich wieder auf den Moabiter Werder und seinen Haupteingang West. Der Baumzug ist Ort der räumlichen und sozialen Verbindung. Baumart, Baumformation und Belag sind weich und vielfältig differenziert, während auf dem Spreeplatz die klar gestaltete Struktur, die Härte des Bodens und der Mauern, die Prägnanz der Pappeln das langgezogene Zentrum markieren. Dieses versammelt und verteilt gleichzeitig, der «Sacro Bosco» stößt – durch die Mauer gestärkt – mächtig ins Zentrum vor.

Der Gang entlang der Spree ist Kontinuum, das durch Trauerweiden und Sitzplätze einen leichten Rhythmus erhält. Flanierend erleben wir den trägen Fluß, freuen oder ärgern uns über das gärtnerische Feuerwerk am Rand der Spreewiesen, ergründen Sinn, Bedeutung oder Qualität der Skulpturen, lauschen den Vögeln im «Heiligen Wald», schnaufen die Rampe hoch zum Orangerie-Restaurant und setzen uns durstig hin.

Sitzend reflektieren wir nochmals das Gesehene und Erlebte. Unsere Gedanken ordnend, erkennen wir unterschiedliche, motivische Schwerpunkte: den wechselvollen Umgang mit Natur und ihren Ersatzformen, den objektbezogenen Maßstabswechsel – Mikrokosmos und Makrokosmos, Strenge und Verspieltheit, sich überlagernde Gebrauchsfähigkeit, die Gleichzeitigkeit von Alt und Neu, die Eingebundenheit von Kunst in

with its ruderal vegetation particularly worthy of preservation is not removed, the obvious artificiality of non-removal (despite soil contamination) is further emphasised by the orthogonally arranged ceramic blocks. The cuts in the earth are the imaginary brakemarks left by goods trains, the uncovering of the history of the previous use, the history and the esteem of the soil – but also a simple playful element, water collector and artistic intervention. Station names, words, poems or short stories, set in the side walls, provide food for thought, arouse memories, provoke images, awaken feelings, encourage one to continue writing or spray it over.

The main access is made on the longitudinal side by means of the line of trees and chestnut arch, the latter touching against the line of trees in delicate balance. By means of this, the ambivalent relationship to the Victory Column becomes apparent. Initially oriented towards it in its main direction, it bends away in two segments and concentrates once again on Moabit Werder island and its main west entrance. The line of trees is the place of spatial and social link. The tree type, tree formation and covering are differentiated in a diverse manner, while in the Spree square the clearly designed structure, the hardness of the ground and the walls, the succinctness of the poplars mark the long drawn-out centre. This collects and distributes simultaneously, "Sacro Bosco" penetrates powerfully into the centre – strengthened by the wall.

The walk along the Spree is a continuum, given a slight rhythm by weeping willows and seating areas. Strolling along, we experience the sluggish river, enjoy or are annoyed by the gardening fireworks along the edge of the Spree meadows, seek the sense, meaning or quality of the sculptures, listen to the birds in the "sacred forest", puff up the ramp to the Orangerie Restaurant and sit down thirstily there. Sitting we reflect once again on what we have seen and experienced. Ordering our thoughts, we recognise differing main points of emphasis of motif. The varied way of dealing with nature and its substitute forms, the change of scale in relation to the object – microcosm and macrocosm, sternness and fancifulness, overlapping usability, the simultaneity of old and new, the inclusion of art in nature, of nature in art and, in addition, at the same time, the all encompassing general topic which we would like to circumscribe with the words multi-layered, ambivalence or ambiguous readability.

Natur, von Natur in Kunst und darüber gleichsam das allumfassende Generalthema, das wir mit den Worten Mehrschichtigkeit, Ambivalenz oder mehrdeutiger Lesbarkeit umschreiben wollen.

Dieses wird nicht nur im erlebten Park, sondern bereits auf den Plänen manifest. Aus der Distanz betrachtet, signalisiert der eine Plan Übersichtlichkeit, die aus der Nähe labyrinthische Geheimnisse offenbart, während der andere Plan die Originalgröße 1:1 von Mauerinschrift und Keramikwand darstellt und den Grundriß 1:200 des Spreeplatzes überlagert. Aus Distanz leicht verwirrend, zeigt der Plan erst beim Nähertreten Kontur.

Wir durchqueren nochmals den «Sacro Bosco» – diese Insel des scheinbar Natürlichen inmitten von Künstlichkeit – auf einem Steg: ein Topos, der im Naturschutzgebiet bereits zum Klassiker geworden ist, und entdecken neben der außergewöhnlichen Ruderalvegetation und seinen Bewohnern – Nachtigall und Schmetterling – die Gewöhnlichkeit ihrer künstlerisch vergrößerten Artgenossen. Im lauen Abendwind der Wirklichkeit verspüren wir den Hauch von Unwirklichkeit, von Fata Morgana oder Poesie. Das vor uns hergehende Kind hat die Spielgefährten von «Alice im Wunderland» entdeckt. Der walkman-bestückte Jugendliche vermutet einen Werbegag der Naturschutzbehörde, der ernsthafte Wissenschafter empört sich über den Eingriff ins schutzwürdige Habitat und überlegt gleichzeitig, ob der Adonisbläuling – Lysandra bellargus – farblich richtig dargestellt ist.

Von außen betrachtet, erkennen wir in «Sacro Bosco» das Dampfermotiv der klassischen Moderne, beladen mit dem Stückgut Natur, sich kraftvoll flußabwärts bewegend. Die konkav gewölbten Bordwände sind mit farbigen Keramikstücken überzogen, die Gangway hinaufgehend, lesen wir – von weitem nur als Struktur erkennbar, in corbusiesker Schrift die in Beton eingelassenen botanischen und deutschen Namen aller am 1. August 1991 vorkommenden Pflanzen des «Sacro Bosco».

Immer noch bleibt der Baumzug Ort der sozialen und räumlichen Verbindung, sein stockendes Abknicken wendet sich diesmal dem Spreeufer zu. Seine südliche Begrenzung zu den Wiesen mäandriert, der Blick geht über Sitzmauern und Stufen hin zum geglätteten Spreeufer, zu den drei Sitzplätzen mit gartenkünstlerischen Leckerbissen. Zum Tiergarten Lennés hinüberschauend, wird die Frage nach Epoche und Stil, Original und Nachahmung, nach Assoziativem, nach Spielerischem oder Erhabenem, nach der Gleichzeitigkeit von Gestern und Heute aktuell.

This becomes apparent, not only in the park as actually experienced, but even in the plans. Seen from a distance, one plan indicates clarity, revealing labyrinthian secrets when seen close-up, while the other plan shows the wall inscription and tiled wall in real size 1:1, superimposing the Spree square ground plan on a scale of 1:200. Slightly confusing from a distance, the plan only shows contours when one comes closer.

We cross the "Sacro Bosco" once again – this island of the apparently natural in the midst of artificiality – on a footbridge. A topos which has already become a classic in the nature conservation area, and discover, in addition to the unusual ruderal vegetation and its inhabitants – nightingale and butterfly – the commonness of the artificially enlarged creatures of the same species as them. In the mild evening wind of reality, we feel a breath of irreality, of fata morgana or poetry. The child running in front of us has discovered the playmates of "Alice in Wonderland". The youth with his walkman presumes some advertising trick by the nature conservation authority, the serious scientist is annoyed by the interference with a habitat worthy of protection and at the same time wonders whether the Lysandra bellargus is depicted in the correct colour.

Seen from outside, we recognise in the "Sacro Bosco" the steamer motive of the classical modern, laden with a piece of nature, moving powerfully downstream. The concave curved sides are covered with coloured pieces of ceramics, going up the gangway we read – at a distance only recognisable as a structure, set in Corbusiersque script in the concrete the botanical Latin and German names of all the plants to be found in the "Sacro Bosco" on August 1, 1991.

The row of trees still remains the social and spatial link, its faltering bend this time turns towards the Spree. Its southern border along the meadows meanders, the view goes out over the seating walls and steps to the flattened Spree embankment, to the three seating niches with horticultural delicacies. Looking over to Lenné's Tiergarten, the question arises about epoch and style, original and copy, about the associative, playfulness or sublimity, the simultaneousness of yesterday and today.

Sport and play overlay the artificial landscape or are its natural companions. Giulietta Masina climbs up the tree, sits happily on the fork of the branch and throws stones at the backs of those passing below. The architecturally impressive wall on the

Sport und Spiel überlagern die Kunstlandschaft oder sind ihre selbstverständlichen Begleiter. Giulietta Masina klettert den Baum hoch, setzt sich vergnügt in die Astgabel und spickt dem Untendurchgehenden Steinchen in den Rücken. Die architektonisch beeindruckende Wand an der Alt-Moabiter-Abfahrtsrampe wird zum Treffpunkt anwohnender Free-Climber, während auf der anderen Rampenseite der «Wellenfußball» geprobt wird. Vielleicht aber bleibt die intensive Nutzung aus. Wir wundern uns nur noch über die leichte Differenzierung der flach gemähten Rasenwellen und lernen dabei, daß nicht nur der Gebrauch, sondern auch die Verlassenheit, das wenig Beachtete in unserer so nützlichkeitsorientierten Gesellschaft Beachtung verdient.

Am Spreeplatz kontrastieren die scheinbar zufällig hingelegten Wasserbecken, die langen Bänke und Heckenbogen die klare Struktur der Versickerungsbänder. Aufstehend erblicken wir nochmals den trägen Fluß und gehen auf schmalen Wegen durch den Bahngarten. Durch die mächtige Eisenbahnunterführung verlassen wir den Moabiter Werder. Beinahe gespenstisch schimmert der helle Naturstein, fünf Lichtflecke zerteilen das Halbdunkel. Ins Licht tretend blicken wir noch einmal zurück – ist nicht gerade Alfred Hitchcock vorbeigegangen?

Dieter Kienast

Alt-Moabit departure ramp becomes the meeting point for free climbers from the neighbourhood, while on the other side of the ramp "wave football" is being tried out. But perhaps the intensive use will fail to materialise. We are still surprised just by the slight differences in the flat mown turf waves and learn in this connection that it is not just use, but also desertedness, the little noticed in our so utility-oriented society which deserves notice.

On the Spree square, the apparently chance layout of pools, the long benches and hedge arches contrast with the clear structure of the seepage strips. Standing up, we look once again across the sluggish river and go along narrow paths through the railway garden. We leave Moabit Werder island through the massive tunnel under the railway. The bright natural stone shines in an almost ghostly manner, five spots of light divide up the semi-darkness. Coming out into the light, we look back once again – wasn't that Alfred Hitchcock going past?

Dieter Kienast

69

Günthersburgpark und GrünGürtel Frankfurt

Günthersburgpark

Wegleitend für die Neugestaltung des Parkes sind die Geschichte des Ortes, veränderte Nutzungsbestimmungen, ökologische Erfordernisse und die aktuelle Gestaltgebung. Ausgehend vom bestehenden Landschaftsgarten des 19. Jahrhunderts, wird ein neuer Parkteil entwickelt. Dieser übernimmt Elemente und Strukturen des alten Teiles, variiert sie in rezenter Form und Konzeption und zeigt neue Inhalte und Schwerpunkte. Alter und neuer Teil werden so zu einer Einheit, ohne ihre zeitgemäße Eigenständigkeit zu verleugnen.

Die Intention des alten Parkteiles ist die idealisierte Landschaft, in der «Stadt» als störend empfunden und deshalb ausgegrenzt wird. Der neue Parkteil lebt mit und von den Widersprüchen unserer Zeit. Die Sehnsucht nach Natürlichem, nach Sonnenbaden, Ruhe und Geborgenheit wechselt mit der Freude an der Geselligkeit, des heiteren Spiels, der Hektik des Stadtalltags und der selbst auferlegten Trimmdichbemühungen. Der neue Parkteil akzeptiert die Stadt, anstelle ihrer Ausgrenzung wird Eingebundenheit angestrebt. Brüche, Widersprüche und Konflikte können mit planerischen Mitteln nicht gelöst, sondern lediglich offengelegt werden. Anstelle heiler Parkwelt eine Alltagswelt, in der gelacht und geweint, diskutiert, geliebt und gehaßt, gespielt und ausgeruht, nachgedacht wird.

Gang durch den Park

Vom alten Park herkommend vermitteln der bestehende Weg mit den Rosenbögen und die locker verteilten Parkbäume zum neuen Park. Durch den Teilabbruch der Mauer entlang der Weidenbornerstraße wird der Blick frei auf die weiten, sanft modellierten Rasenwellen, die erst an der Gewächshauskante brechen. An den erweiterten Freiflächen einer Kindertagesstätte vorbei gelangen wir zur Obstbaumwiese. Im Halbschatten der Pergola sitzend, erkennen wir verwundert die Verlängerung in der Vegetation. Die im vorletzten Jahr geometrisch gepflanzten Primelquadrate haben an Strenge verloren. Durch Versamung bedingt, haben sie mit der langsamen, aber kontinuierlichen Eroberung der Rasenflächen begonnen.

Günthersburgpark and GrünGürtel Frankfurt

Günthersburgpark

The principal considerations for the redesign of the park are its history, changes in use, ecological requirements, and present design practice. The existing 19th-century landscape garden is taken as the point of departure to develop a new part of the park. It takes over elements and structures of the old part, varies these in a modern form and design, and expresses new contents and focuses. The result is unity of old and new parts, without either part losing its authenticity.

The intention of the old part of the park is the idealised landscape, where the "city" is seen as a disruptive feature and, for this reason, excluded. The new part of the park lives with and on the contradictions of our time. The desire for experiencing nature, sunbathing, peace and quiet and a feeling of well-being alternates with enjoyment of social intercourse, games and play, the hustle and bustle of everyday city life, and self-imposed efforts to keep fit. The new part of the park accepts the city, addresses instead of excluding it. Discontinuities, contradictions and conflicts cannot be resolved by means of planning, but only revealed. Instead of an ideal park world, a world of everyday life, a place to laugh and cry, discuss, love and hate, play and rest, contemplate.

A walk through the park

Approached from the old park, the existing path with its rose-covered pergola arch and groups of trees form the transition to the new park. Removal of part of the wall along Weidenborner Straße provides a view across the gently undulating expanse of grass that extends to the edge of the hothouses. Passing the extended outdoor space of a children's day centre, we arrive at the orchard. Sitting in the partial shade of the arbour, we wonder at the developments that have taken place in the vegetation. The squares of primulas planted two years earlier have lost their clear geometrical definition. As self-seeders, they have begun the slow but continuous process of taking over the areas of grass.

The "secret" park woodland forms a contrast to the open grass area – the hothouses act as a precise dividing line. The

71

Im Kontrast zur offenen Rasenfläche – die Gewächshäuser wirken als präzise Trennlinie – steht der geheimnisvolle Parkwald. Das moderne Gärtnerhaus hat sich in die efeuberankte, neue Günthersburg verwandelt, die sich in der dunklen Wasserfläche des Seerosenweihers spiegelt. Der Waldboden ist mit einer Holzschnitzelschicht belegt, die intensive Nutzung erlaubt. Fällt diese aus, so entwickelt sich in Abhängigkeit von Gebrauch, Boden und Licht die Krautschicht. In versteckten Lichtungen warten Überraschungen oder einfache Spielelemente auf ihre Entdeckung. In den zwei mauergefaßten Höfen geniessen wir – von der Sonne beschienen oder ins neblige Grau eines Novembermorgens gehüllt – die größtmögliche Parkruhe.

Auf der Westseite, in Nachbarschaft zu den Wohnbauten, finden sich vielfältig ausgestaltete Spielbereiche, Turngeräte, Sand- und Matschplätze. In den beiden Eingangshöfen an der Wetteraustraße wird wechselvoller Umgang mit gärtnerischer Natur sichtbar. Auf der einen Seite das fernöstlich anmutende Bambusfeld, auf der anderen Seite die phantasievoll geformten Topiarys. Gegenüber, am Rand des alten Parkes, betrachtet «der Stier» diese befremdliche Szenerie.

Unter den Rosenbögen hindurch treten wir in die miniaturisierte Landschaft des Subtropengewächshauses ein. Vom Duft des Jasmins im überlangen Haus leicht betäubt, steigen wir die Treppen im Burghaus hoch. Zuoberst auf der Terrasse ist plötzlich überwältigende Übersicht. Unter uns die Dächer der Gewächshäuser, die Palmen, der Park und dahinter der collagenhafte Wechsel von Häusermeer und Wolkenkratzer, Fluß und Wald: Frankfurt.

Dieter Kienast

modern gardener's house has been transformed into the ivy-covered, new Günthersburg and is reflected in the dark water surface of the lily pond. The floor of the wood is covered by a layer of wood chippings, permitting intensive use. Where this layer is absent, ground cover develops depending on use, soil type, and light factors. Surprises and simple elements for play are waiting to be discovered in unexpected clearings. Two walled courtyards are places to enjoy the wonderfully restful atmosphere of the park – either in warm sunshine or in the misty grey of a November morning.

A variety of areas for games and play, climbing equipment, sand pits, and places for water play are located on the western side, in the vicinity of the apartment buildings. There are variations on a garden theme in the two entrance areas on Wetteraustraße – the field of bamboo reminiscent of the Far East on the one side and the eccentric topiaries on the other side. "The Bull" observes this disconcerting scenery from the opposite side, namely on the edge of the old park.

Passing under the rose-covered pergola arch, we enter the miniaturised landscape of the subtropical hothouse. Somewhat overcome by the heady scent of jasmine in the elongated building, we ascend the steps to the Burghaus. Arriving at the terrace, we find ourselves suddenly confronted with a magnificent view. Below us, the roofs of the hothouses, the palms trees, the park, and beyond the collage-like intermingling of a sea of houses and skyscrapers, river and woods: Frankfurt.

Dieter Kienast

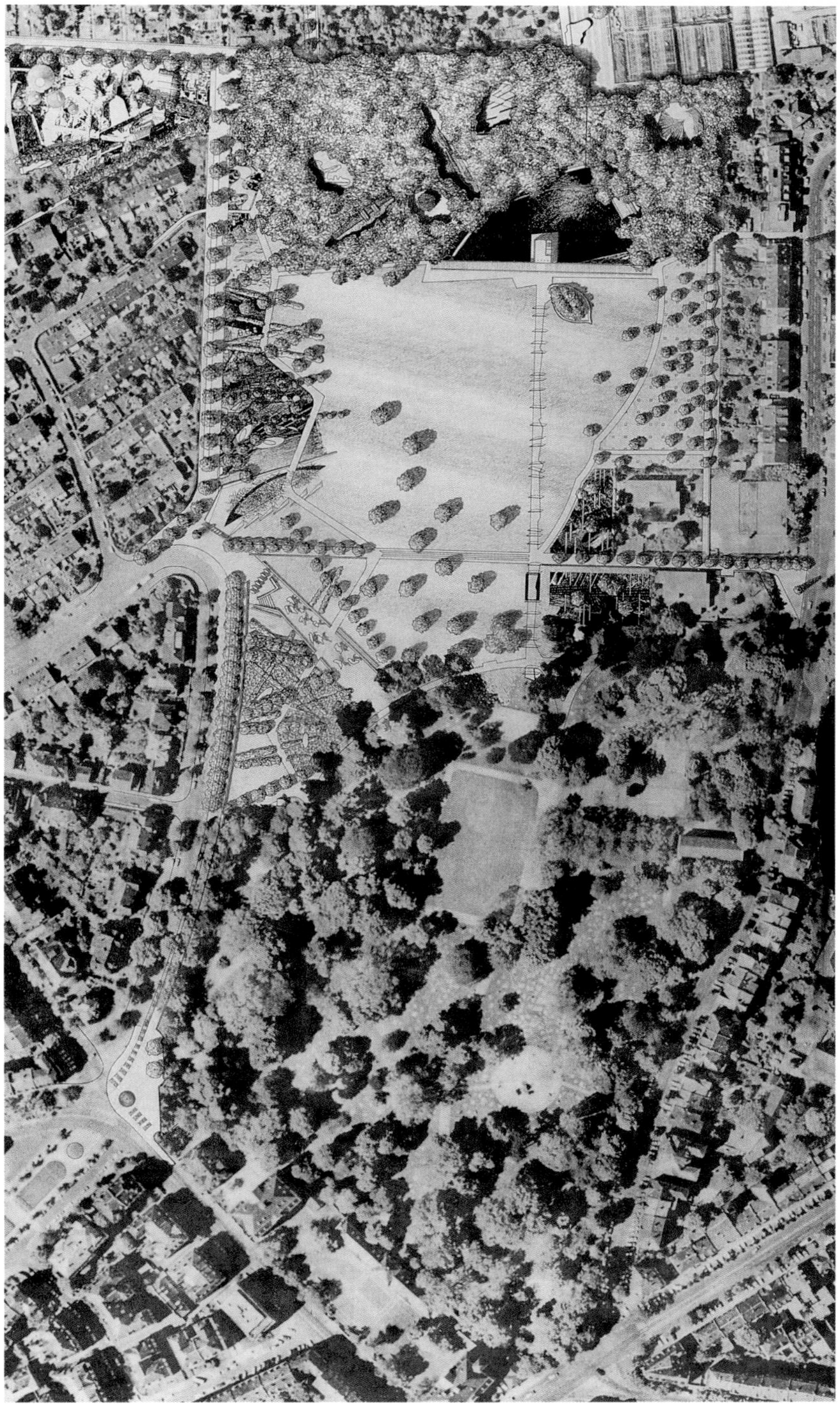

74

BAMBUSEINGANG

SCHNITT-ANSICHT B-B 1:100

SCHNITT-ANSICHT C-C 1:100

ROSENBOGENWEG

ERWEITERUNG GUNTHERSBURGPARK FRANKFURT AM MAIN 1991

Wie kann ein bestimmter Zweck Raum werden, in welchen Formen und welchem Material. Architektonische Phantasie wäre demnach das Vermögen, den Raum zu zwecken den Raum zu artikulieren; Formen nach Zwecken errichten. Umgekehrt kann der Raum der Zwecken und zeigt das Gefühl von ihm nur das mehr sein als das zum Zweckmässige, wo Phantasie in die Zweckmässigkeit sich versenkt.

Theodor W. Adorno

UEBERLEGUNGEN ZUM PARKKONZEPT

Wegleitend für die Neugestaltung des Parkes ist die Geschichte des Ortes, die veränderten Nutzungsbestimmungen, ökologischen Erfordernisse und aktuelle Gestaltgebung.
Ausgehend vom bestehenden Landschaftsgarten des 19. Jahrhunderts wird ein neuer Parkteil entwickelt. Dieser überlebt Elemente und Strukturen des alten Teiles, variiert sie in neuester Form und Konzeption und zeigt neue Inhalte und Schwerpunkte. Alter und neuer Teil werden so zu einer Einheit, ohne ihre zeitgemässe Eigenständigkeit zu verleugnen.
Die Intention des alten Parkteiles ist die idealisierte Landschaft, in der Stadt als störend empfunden und deshalb ausgegrenzt wird. Der neue Parkteil lebt mit und von den Widersprüchen unserer Zeit. Die Sehnsucht nach Natürlichem, nach Sonnenbaden, Ruhe und Gedörrgheit wechselt mit der Freude an der Geselligkeit, der Hektik des Stadtalltags und der selbstinszenierten Trimdich-Bemühungen. Das neue Parkkonzept akzeptiert die Stadt, anstelle ihrer Ausgrenzung wird die Eingebundenheit angestrebt.
Brüche, Widersprüche und zu erwartende Konflikte können mit planerischen Mitteln nicht gelöst, sondern lediglich offengelegt werden. Anstelle der heilen Welt eine lebenswerte Alltagswelt, in der gelacht und geweint, gesungen, diskutiert, geliebt und gehasst, gespielt und ausgeruht, nachgedacht wird.

GANG DURCH DEN PARK

Vom alten Park-Westseite, vermittelt der bestehende Weg mit seinen **Rosenbögen** und die locker verteilten **Parkbäume** zum neuen Parkteil. Durch den Teilabbruch der Mauern entlang der Waldschmidtstrasse wird der Blick frei auf die weiten, sanft modellierten **Rasenwellen**, die erst an der Gewächshausreihe brechen. An den erweiterten Kitafreiflächen der **Pergola** sitzend, verwandelt sie zur **Obstbaumwiese**. Im Halbschatten der **Pergola** sitzend, erkennen wir die Veränderung in der Vegetation. Die vorletztes Jahr geometrisch gepflanzten **Primelquadrate** haben an Strenge verloren. Durch Verwasung bedingt haben sie mit der langsamen, aber kontinuierlichen Eroberung der umliegenden Rasenflächen begonnen.

Im Kontrast zur offenen Rasenfläche - die Gewächshäuser als präzise Trennlinie wirkend - steht der geheimnisvolle, verwunschene **Parkwald**. Das moderne Gärtnerhaus hat sich in die efeuberankte, neue **Günthersburg** verwandelt. Sie spiegelt sich in der dunklen Wasserfläche des **Seerosenweihers**. Der Waldboden ist mit einer Holzschnitzelschicht belegt, die intensive Nutzung erlaubt. Fällt diese aus, so entwickelt sich in Abhängigkeit von Gebrauch, Boden und Licht die Krautschicht. In versteckten **Lichtungen** warten Ueberraschungen. Kostbarkeiten oder einfache Spielelemente auf ihre Entdeckung. In den zwei ausgestalteten **Höfen** geniessen wir von der Sonne beschienen oder ins nebliges Grau eines Novembermorgens gehüllt - die grauenmögliche Ruitrauke.

Auf der Park-Westseite, in unmittelbarer Nachbarschaft zu den Wohnbauten, finden sich vielfältig ausgestattete **Spielplätze**, **Turngeräte**, **Sand- und Matschplätze**. In den beiden **Parkeingangshöfen** an der Wetteraustrasse wird unser wechselvoller Umgang mit gärtnerischer Natur thematisiert. Auf der einen Seite die fern-erdnähnlich anmutende **Bambusfeld**, auf der anderen Seite die merkwürdig gefolterten **Topiary's**. Gesenüber, an Rand des alten Parkes, betrachtet "Der **Stier**" diese befremdliche Szenerie.

Unter den Rosenbögen hindurch treten wir in die miniaturisierte Landschaft des Subtropengewächshauses ein. Vom Duft in überlagern **Haus des Jasmins** leicht betäubt, steigen wir die Treppen ins **Burghaus** hoch. Durch das Fenster entdecken wir ein Schwanenpaar auf dem Weiher. Tuoberst auf der **Terrasse** ist plötzlich übermächtige Uebersicht. Unter die Dächer der Gewächshäuser, die Palmen, der Park und dahinter der collagierende Wechsel von Häusermeer und Wolkenkratzer, Fluss und Wald - **Frankfurt**

ERWEITERUNG GUNTHERSBURGPARK 1992 ERLAUTERUNGEN

GrünGürtel – Hafenbruch und Mainpromenade

Den wohl schwierigsten Bereich der GrünGürtel-Planung, den Osthafen, entwickelt das Team Kienast in Bändern entlang der Mainuferzone als eine visuelle Verknüpfung von der Luxemburger Allee zum Hafenbruch, wobei auf eine funktionale Wegeverbindung ausdrücklich verzichtet wird. Den «Hafenbruch» prägt spontane Vegetation. Die Hafenpromenade entsteht durch «Aufräumen» und Terrassieren der Mainuferböschung, durch einen Schutz gegenüber der Straße sowie die besondere Betonung des Hafenpromenadenkopfes unter Aufnahme vorhandener Motive. Die Pappelreihen sind vorhanden. Eine weitere Ebene bilden Einzelpunkte – wie der Duftgarten – die eine Metamorphose der Erlebnisfähigkeit des als Hafen genutzten Gebietes bewirken können. Das Obergutachtergremium empfiehlt, die sezierenden Eingriffe unter Beibehaltung der Hafennutzung weiter zu verfolgen.

«Im Planungsgebiet Osthafen muß das Stadtbekenntnis auch die Akzeptanz und Wertschätzung eines Bereiches miteinschließen, der die Farbe Grau trägt und diese nach unserer Auffassung auch weiterhin tragen soll. Der GrünGürtel hat eine graue Schnalle. Der Osthafen zeigt zwei Gesichter. Das eine ist kraftvoll pulsierender Betrieb, voller Hektik, Lärm und Gestank; sein Komplementär am Abend und Wochenende – die ausgestorbene Straße, der jetzt nutzlose Kran, der streunende Köter – ist die ruhige Öde einer Geisterstadt. Wir folgern daraus, daß der Osthafen einerseits wichtiger Arbeitsplatz ist, andererseits ideales Biotop für den Stadtneurotiker. Das Konzept ‹Stadtneurotiker› baut auf der Dualität von Betriebshektik und Verlassenheit auf und meint: einerseits Erhaltung der bisherigen Gewerbe- und Industrienutzung im Bereich Güterbahnhof und Hafenanlage, unter der Annahme weiterer Verdichtung und Intensivierung; andererseits die Verweigerung nützlichkeitsorientierter Freizeiteinrichtungen.» (Zitat Dieter Kienast)

Tom Koenigs

GrünGürtel – Hafenbruch and River Main Promenade

The Kienast team is developing what is probably the most difficult part of the GrünGürtel (Green Belt) planning, the East Docks, in strips along the banks of the River Main as a visual link between Luxemburger Allee and the Hafenbruch, whereby a functional system of routes was deliberately not chosen. The "Hafenbruch" is characterised by spontaneous vegetation. The promenade is to be created by clearing the Main embankment and building terraces, by protecting it from the road, as well as special emphasis of the gateway to the promenade and incorporation of existing motifs. The rows of poplars already exist. A further level is formed by individual points – such as the fragrance garden – capable of achieving a metamorphosis of the way of experiencing the area used as docks. The senior committee reviewing the development recommends continuing the dissective interventions while retaining the dockland function.

"In the East Dock's planning area the city's self-conception must also include the acceptance and high regard for an area which bears the colour grey and, in our view, should continue to do so. The Green Belt has a grey buckle. The East Docks have two faces. One is their pulsating daytime operations, full of hustle and bustle, noise and smell; their evening and weekend face – deserted streets, idle cranes, a stray dog – is that of the tranquil wasteland of a ghost town. From this, we conclude that the East Docks are, on the one hand, an important place of employment and, on the other hand, an ideal biotope for urban neurotics. The concept of the urban neurotic is based on the duality of the hectic pace of working life and desolateness, and advocates preservation of the existing industrial and commercial functions in the area of the goods station and the docklands, with the acceptance of greater density and more intensive use and, on the other hand, rejection of recreational facilities defined in terms of their usefulness." (Quote Dieter Kienast)

Tom Koenigs

Expo 2000 und Messegelände Hannover

Der Poet
Mensch, Natur und Technik sollten im Mittelpunkt der Begegnungen mitten in Europa, mitten in Deutschland stehen.

Am Abend des neuen Millenniums waren die Schaffer am Werk: Stadtplaner, Szenographen, Architekten, Landschaftsarchitekten versuchten Ordnung, Poesie und Phantasie in Erfahrung zu bringen, zu artikulieren: die «Exposition» war eine Werkstatt der Ideen, ein Ort der Sehnsüchte, der Träume.

Dieter Kienast war Motor, Mentor und gleichzeitig Acteur.

Mit seinem Grünfingerkonzept waren die Grünräume frühzeitig Bestandteil und zugleich Gerüst des Expogeländes, hier konnten die Grünräume zu Exponaten entwickelt werden.

Er hat als Gestalter der Allee der Vereinigten Bäume, des Erdgartens, der Parkwelle und des Exposés die Grünräume im Westgelände zu eigenständigen Exponaten entworfen und gebaut.

Die Allee der Vereinigten Bäume wurde zum Symbol der Begegnung der Kulturen, verschiedene Gattungen aus der ganzen Welt stehen Seite an Seite, leben am Tag, in der Nacht, bei Regen und bei Sonne nebeneinander. Menschen aus allen Kontinenten, die dieses Gelände in den Sommermonaten der Weltausstellung in Besitz genommen hatten, spiegelten diese Geste wieder.

Die Allee ist gleichzeitig ein Bindeglied zwischen dem Westgelände und der Plaza. Erdgarten und Parkwelle geben die ästhetischen Elemente von Dieter Kienast wieder, Kunst und Grünräume sind eins, die Erdkegel sind Symbole und zugleich Bezugs- und Anziehungspunkt. Die Parkwelle mit der Heckengeometrie ist Ausdruck der Natur, künstlich und natürlich zugleich.

Dieter Kienasts Landschaftsarchitekturverständnis war und ist richtungsweisend in Europa und bleibt Inspiration für Ideen und Gestaltung.

Kamel Louafi

Expo 2000 Hanover and fair grounds

The poet
Humankind, nature and technology were to be the focus of encounters in the heart of Europe, in the heart of Germany.

On the eve of the new millennium, creative forces were at work: town planners, scenographers, architects, landscape architects sought to find out about and articulate order, poetry and fantasy: the "exposition" was a workshop of ideas, a place of longing, of dreams.

Dieter Kienast was the driving force, the mentor, and also a protagonist.

With his "green fingers" concept, the green areas became an integral part and also the framework of the Expo site; it was possible to develop the areas of vegetation into exhibits themselves. As the designer of the Avenue of United Trees, the Earth Garden, the Park Wave and the Exposé, he devised and built the green areas of the western site to create independent exhibits.

The Avenue of United Trees became the symbol of the meeting of cultures, different species of trees from all over the world stand side by side, live next to each other by day, by night, in the rain and the sun. People from all continents, who came to this site during the summer months of Expo, were a reflection of this gesture.

The avenue is also a structuring element between the western site and the plaza. The Earth Garden and the Park Wave portray the aesthetic elements espoused by Dieter Kienas: art and green space are one, the earth mounds are symbols, as well as being points of reference, and a source of attraction. The Park Wave with its geometrical hedges is an expression of nature both artificial and natural.

Dieter Kienast's conception of landscape architecture was and still is pointing the way ahead in Europe and remains an inspiration for ideas and design.

Kamel Louafi

Masterplan Expo 2000 Hannover

Die Grün- und Freiflächen sind von zentraler Bedeutung für das Weltausstellungsgelände. Ihre Gestaltung wurde entwickelt aus dem übergeordneten Freiflächenkonzept des Masterplans von 1994, der ein Netz aus rechtwinklig angeordneten, grünen Bändern vorsieht, die sich fingerartig zwischen die Ausstellungsbereiche schieben. Durch diese Anordnung wird das Gelände in überschaubare Teilbereiche gegliedert und eine in sich schlüssige Sequenz von Bauvolumen und offenen Freibereichen geschaffen. Gestalterische Zielsetzung waren offene Grünräume, die frei von Einbauten oder Gebäuden sind. Vorhandene Gebäude sollten in die Landschaftsgestaltung integriert werden.

Die Allee der Vereinigten Bäume

Die Allee der Vereinigten Bäume ist die grüne Verbindung zwischen den beiden Geländebereichen. Über eine Distanz von 900 Metern führt sie vom Eingang West direkt bis zur Expo-Plaza. Die Pflanzungen wurden bereits über ein Jahr vor der Expo 2000 abgeschlossen, um den Bäumen Zeit zur Entwicklung zu geben. Entstanden ist ein «Baumgarten» mit insgesamt 460 Bäumen aus 273 Gattungen. Auf einer Gesamtbreite von 26 Metern sind die Bäume in vier parallelen, zueinander versetzten Reihen angeordnet. Pflanzlücken schaffen unterschiedliche Raumsequenzen, die die Allee als Antipode zu einer regelmäßigen, barocken Allee erscheinen lassen. Abends wird die Allee von im Boden eingelassenen Scheinwerfern illuminiert, wodurch ein zusätzlicher Reiz geschaffen wird. Das Nebeneinander einheimischer und fremdländischer Baumarten ist Metapher für die Möglichkeit eines friedlichen Miteinanders unterschiedlichster Menschen.

Die Parkwelle

Mit ihrer stark modellierten Topographie erstreckt sich die Parkwelle entlang des Pavillongeländes West und wird auf der Ostseite begrenzt von verschiedenen Hallen. Im Süden lehnt sich die Bepflanzung aus dichtstehenden Eichen, Buchen und Mammutbäumen an die angrenzende Allee der Vereinigten Bäume an. Während eines leichten Anstiegs lichten sich die Bäume und der Besucher erreicht einen von Tulpenbäumen umgebenen, kiesbedeckten Platz. Die höchste Erhebung der Parkwelle wird

Master plan Expo 2000 Hannover

The areas of vegetation and open space are of paramount importance for the grounds of the world's fair. Their design was developed from the superordinate open space concept of the 1994 master plan, which envisages a network of strips of green linked at right angles and extending like fingers between the individual exhibition areas. This arrangement divides the grounds into clearly defined sub-sections, creating a consistent sequence of building volumes and open outside areas. The aim of the design was to create open areas of vegetation without any installations or buildings. Existing buildings were to be integrated into the landscape design.

The Avenue of United Trees

The Avenue of United Trees provides a leafy link between the two parts of the grounds. From the west entrance, it extends over a distance of 900 metres to the Expo Plaza. Planting was completed over one year before Expo 2000 opened to allow the trees time to grow. The result is a "garden of trees" with a total of 460 trees representing 273 species. The trees have been planted in four parallel, staggered rows across a total breadth of 26 metres. Unplanted spaces create differing spatial sequences, giving the avenue an appearance antipodean to a regular, baroque avenue. The avenue is illuminated at night by spotlights set in the ground, giving it additional appeal. The juxtaposition of native and non-native species is a metaphor for the possibility of peaceful co-existence of very different people.

The Park Wave

With its undulating topography, the Park Wave extends along the west pavilion grounds and is bounded on the eastern side by halls 21, 24, and 25. To the south, the vegetation of closely planted oaks, beeches and sequoias is a reference to the adjacent Avenue of United Trees. The trees thin out along a slightly ascending incline and the visitor arrives at a gravel-covered plaza surrounded by tulip trees. The highest elevation in the Park Wave is marked by a grove of birch trees. A lake framed by American oaks lies hidden at the lowest point in the north. The approximately three-hectare Park Wave is defined by embankments extending along its entire length.

Fotos: Marc Schwarz

Der Erdgarten, ein in sich geschlossener Raum, stellt inmitten der Messebetriebsamkeit eine Insel der Ruhe dar.

The Earth Garden, a self-contained area, is an island of tranquility in the midst of the fair's hustle and bustle.

Fotos: Marc Schwarz

In stark modellierter Topographie verläuft die Rasenwelle rechtwinklig zur großen Allee.

The Park Wave is at right angles to the main avenue in the undulating topography.

durch einen Birkenwald markiert. An der tiefsten Stelle im Norden versteckt sich ein von amerikanischen Eichen eingefaßter See. Auf ihrer gesamten Länge ist die etwa drei Hektar große Parkwelle von Böschungen eingefaßt.

Der Erdgarten

Der von Hainbuchen gesäumte Erdgarten erstreckt sich westlich des Hallenkomplexes 14 bis 17 zwischen der Allee der Vereinigten Bäume und der Nordallee. Der Erdgarten ist in drei unterschiedliche Bereiche gegliedert. Im Süden bilden Zierobsthecken in geometrischen Grundformen kleine, geschlossene Räume. Im mittleren Bereich um den bestehenden Krupp-Pavillon, der während der Weltausstellung als Jugendtreff genutzt wird, stehen kastenförmig geschnittene Roßkastanien in einem regelmäßigen Raster. Einen markanten Blickpunkt bilden im nördlichen Bereich fünf bis zwölf Meter hohe, rasenbewachsene Erdkegel, die dem Erdgarten seinen Namen geben. Der Erdgarten ist ein in sich abgeschlossener Raum, der inmitten der Betriebsamkeit eine Insel der Ruhe darstellt.

Der Expo-See und das Expo-Dach

Eingerahmt von der Parkwelle, dem Erdgarten und der Allee der Vereinigten Bäume, bildet der 43 000 Quadratmeter große Expo-See einen stimmungsvollen Veranstaltungsbereich für bis zu 10000 Besucher. Beispielsweise fand hier während der Weltausstellung allabendlich das «Flambée» statt. Auf dem Platz um den Hermesturm entstand eine Grachten- und Pontonlandschaft, die von der weltweit größten Holzdachkonstruktion überdacht wird. Das Großdach der Architekten Herzog & Partner besteht aus zehn 40 x 40 Meter großen Holzschirmen, die unabhängig voneinander stehend zu einer Gesamtfläche von 16 000 Quadratmetern zusammengesetzt wurden.

Dieter Kienast

The Earth Garden

The Earth Garden, bounded by hornbeams, extends to the west of the complex made up of halls 14 to 17 between the Avenue of United Trees and the North Avenue. The Earth Garden is divided up into three different areas. Hedges of small ornamental fruit trees in basic geometrical shapes form small self-contained spaces. Horse chestnut trees clipped in box shapes stand in a regular grid in the central area around the existing Krupp Pavilion, used as a youth meeting place during Expo. Five to twelve-metre-high, grass-covered mounds of earth that have given the Earth Garden its name provide a striking focal point in the northern area. The Earth Garden is a self-contained area and an island of tranquility in the midst of the surrounding hustle and bustle.

The Expo Lake and the Expo Roof

Framed by the Park Wave, the Earth Garden and the Avenue of United Trees, the 43,000-square-metre Expo Lake is an exciting event area for up to 10,000 visitors. For example, the regular evening event "Flambée" took place here during the world's fair. A canal and pontoon landscape was created on the plaza around the Hermes Tower and is covered by the largest wooden roof structure in the world. The monumental roof, designed by the architects Herzog & Partner, consists of ten 40 x 40-metre wooden canopies which, standing independently of each other, span an overall area of 16,000 square metres.

Dieter Kienast

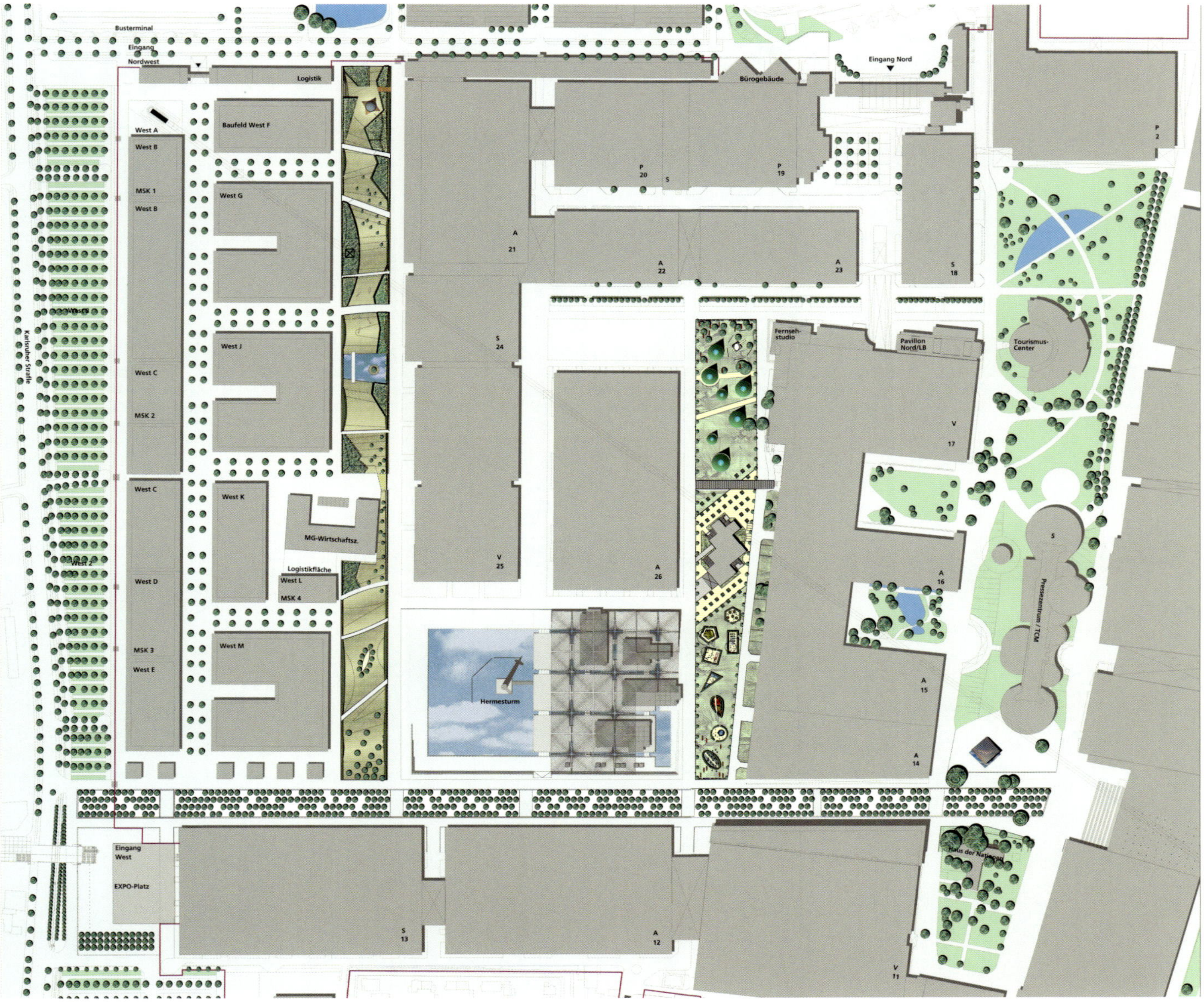
Busterminal
Eingang
Nordwest
Logistik
Baufeld West F
West A
West B
MSK 1
West B
West G
West J
West C
MSK 2
West C
West K
MG-Wirtschaftsz.
Logistikfläche
West L
MSK 4
West D
West 2
MSK 3
West E
West M
Karlsruher Straße
Eingang
West
EXPO-Platz
Eingang Nord
Bürogebäude
P
20
S
P
19
P
2
A
21
A
22
A
23
S
18
S
24
Fernseh-
studio
Pavillon
Nord/LB
Tourismus-
Center
V
17
V
25
A
26
S
A
16
Pressezentrum / TCM
Hermesturm
A
15
A
14
Haus der Nationen
S
13
A
12
V
11

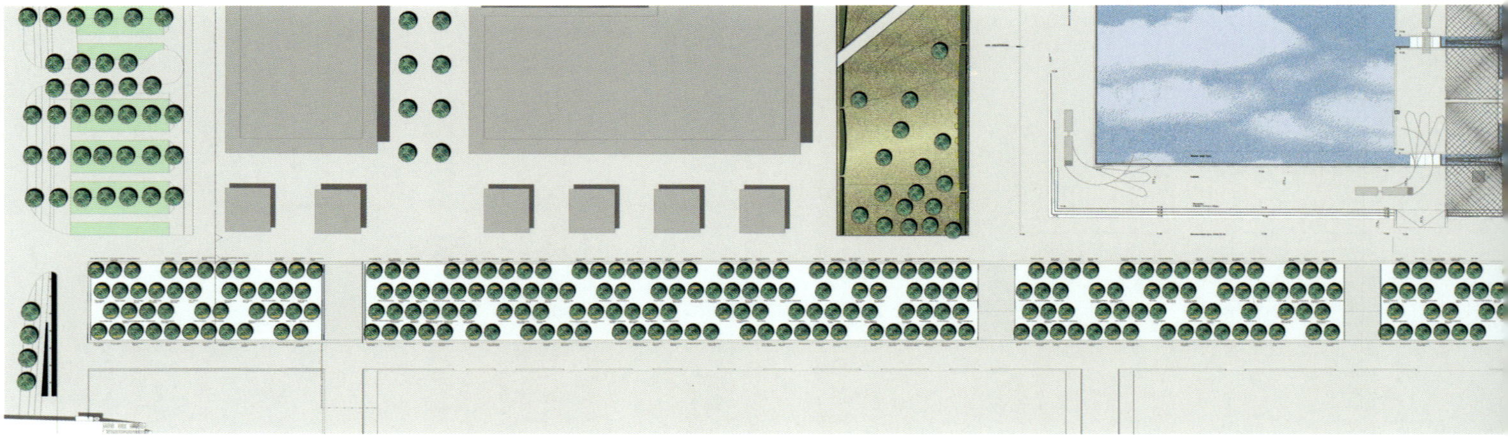

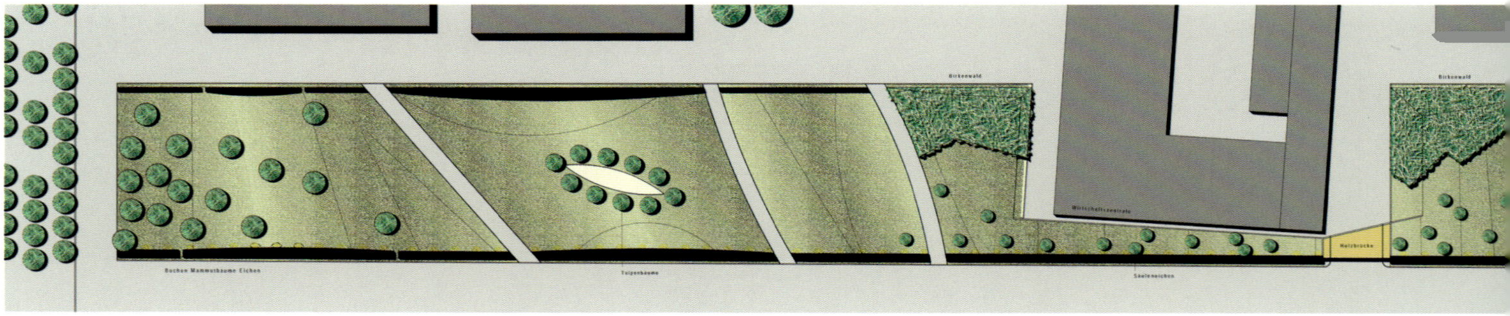
Birkenwald
Birkenwald
Wirtschaftszentrale
Holzbrücke
Buchen Mammutbaume Eichen
Tulpenbaume
Säuleneichen

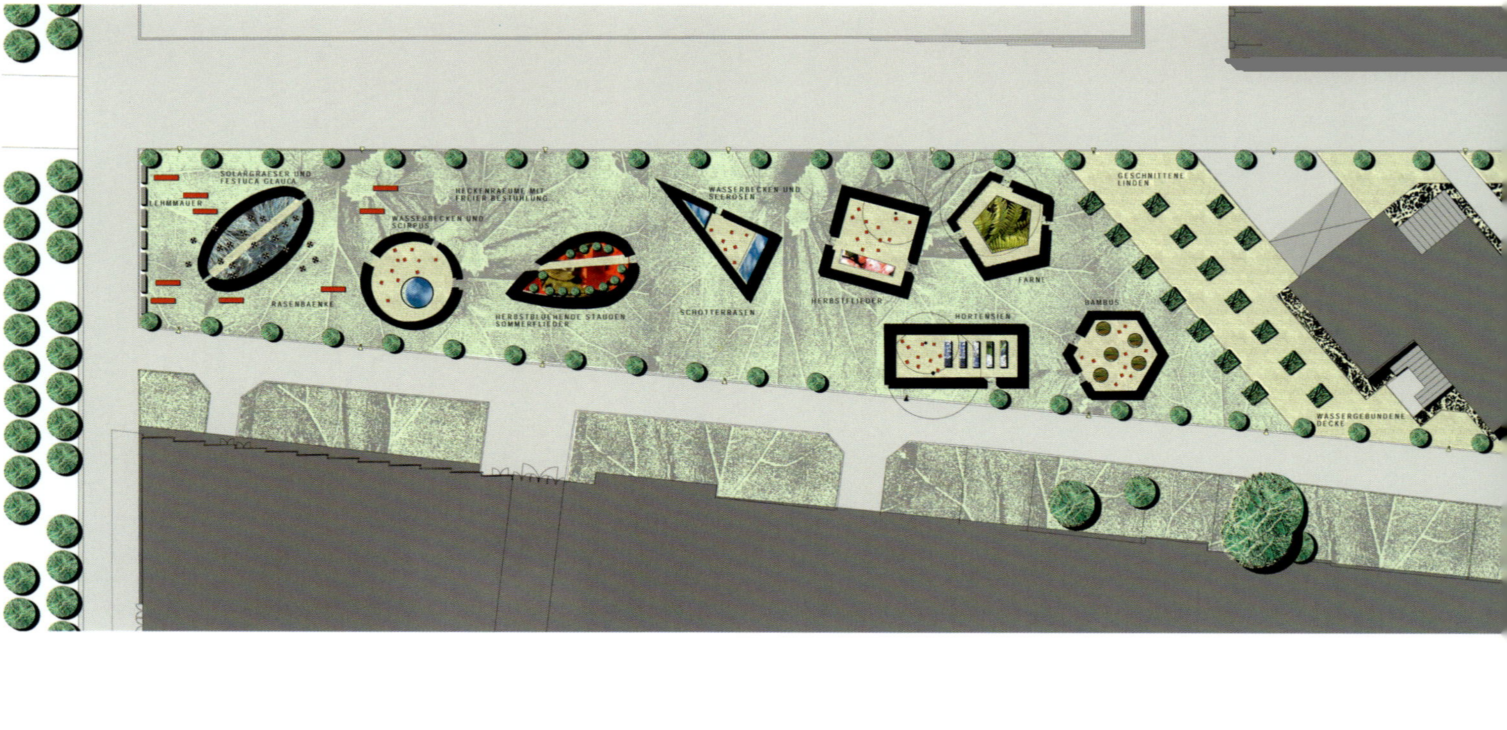
SOLARGRAESER UND
FESTUCA GLAUCA
LEHMMAUER
RASENBAENKE
HECKENRAEUME MIT
FREIER BESTUHLUNG
WASSERBECKEN UND
SCIRPUS
HERBSTBLUEHENDE STAUDEN
SOMMERFLIEDER
WASSERBECKEN UND
SEEROSEN
SCHOTTERRASEN
HERBSTFLIEDER
FARNE
HORTENSIEN
BAMBUS
GESCHNITTENE
LINDEN
WASSERGEBUNDENE
DECKE

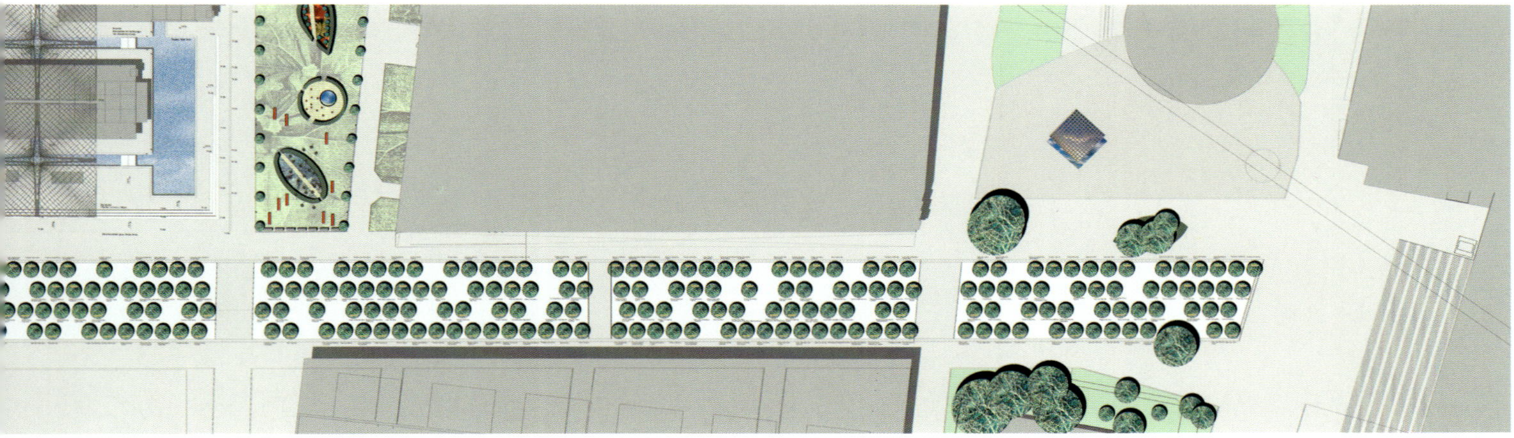

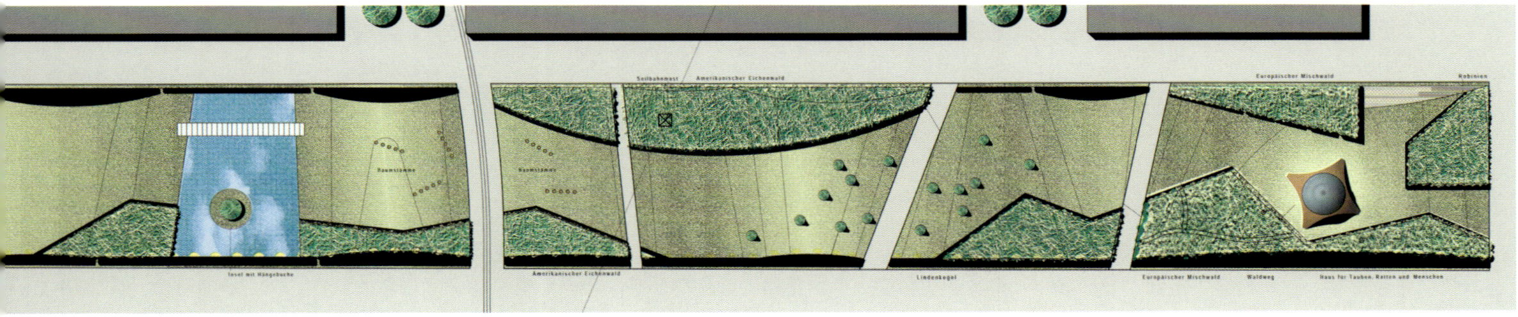
Seilbahnmast
Amerikanischer Eichenwald
Europäischer Mischwald
Robinien
Baumstämme
Baumstämme
Insel mit Hängebuche
Amerikanischer Eichenwald
Lindenkegel
Europäischer Mischwald
Waldweg
Haus für Tauben, Ratten und Menschen

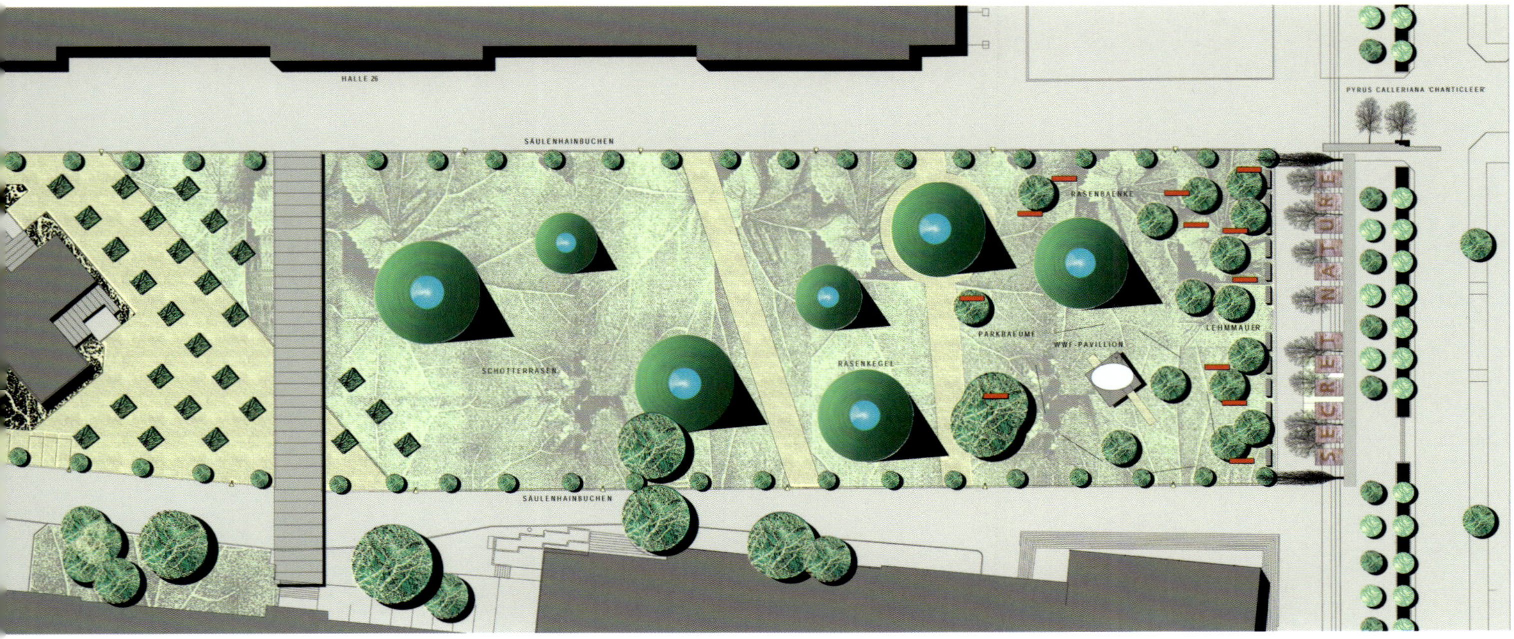
HALLE 26
SÄULENHAINBUCHEN
RASENBAENKE
PARKBAEUME
WWF-PAVILLION
LEHMMAUER
SCHOTTERRASEN
RASENKEGEL
SÄULENHAINBUCHEN
PYRUS CALLERIANA 'CHANTICLEER'
SECRET NATURE

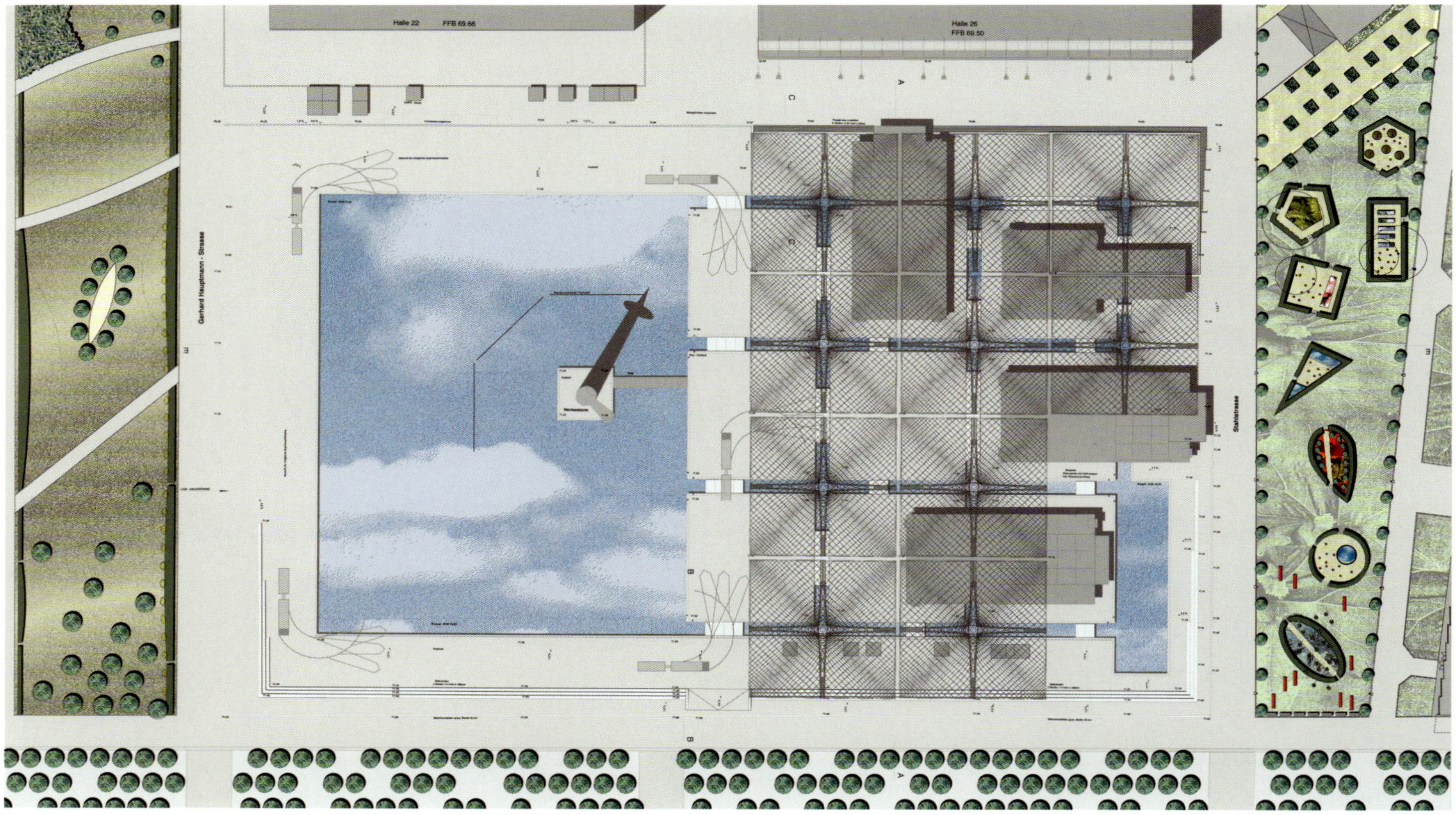

89

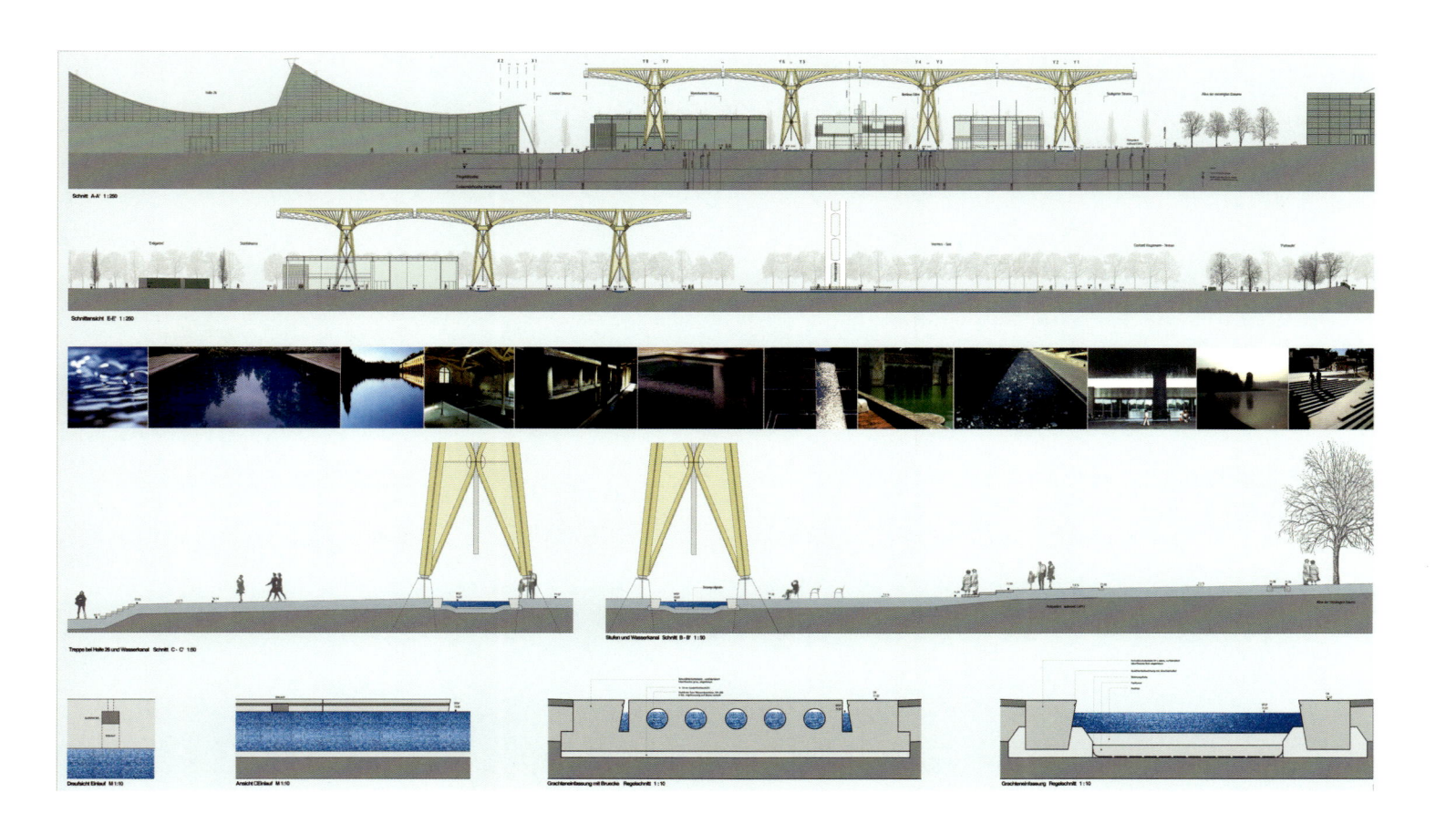

90

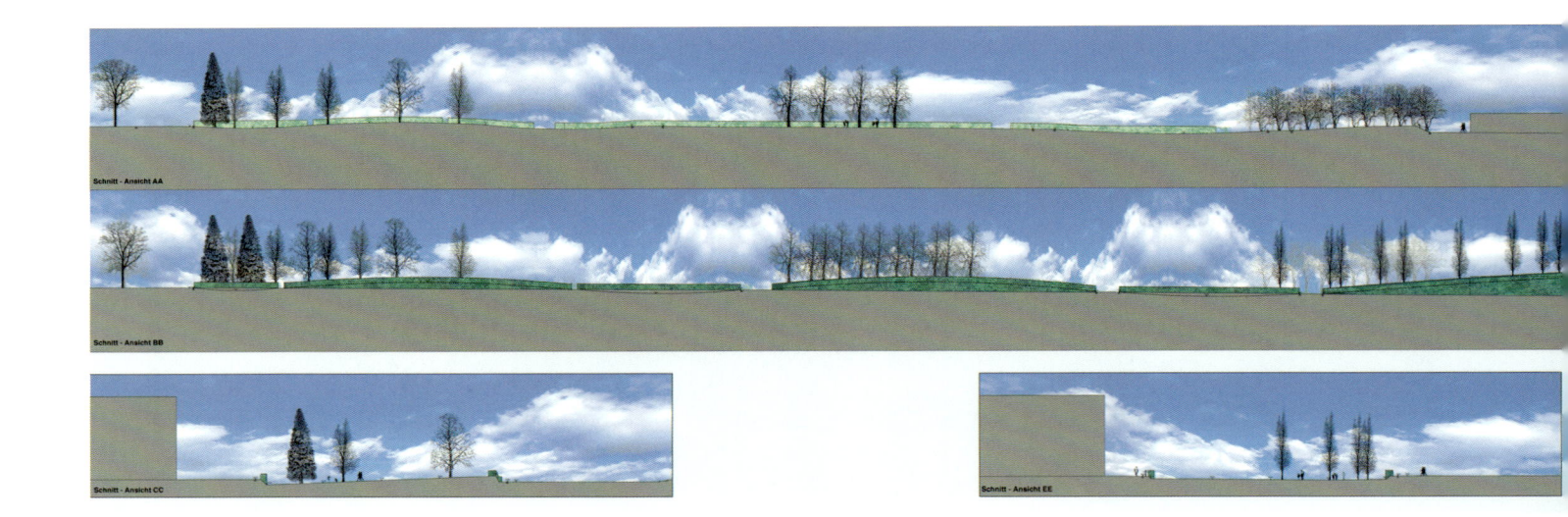

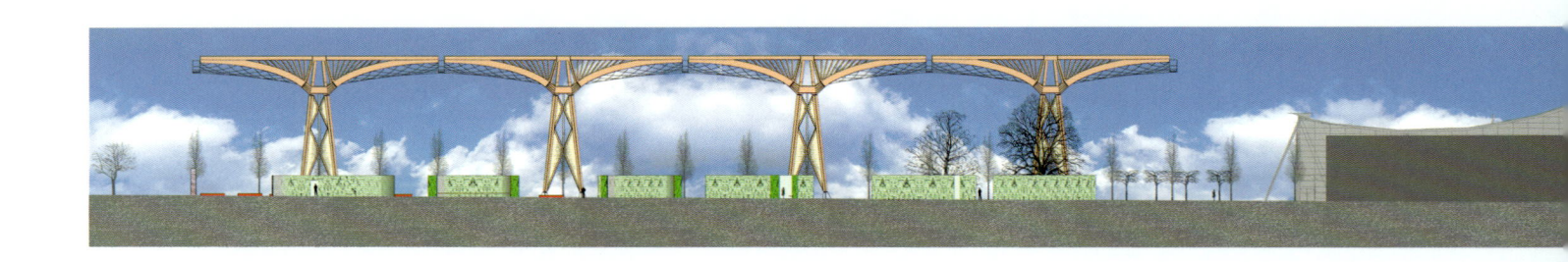

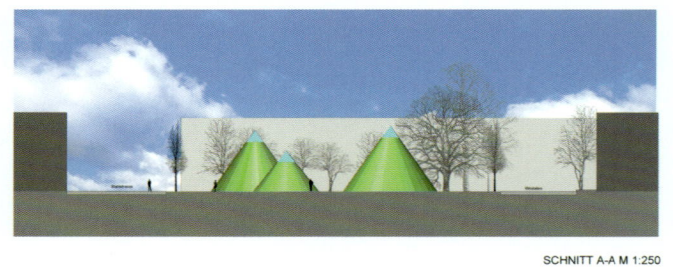

SCHNITT B-B M 1:250

SCHNITT A-A M 1:250

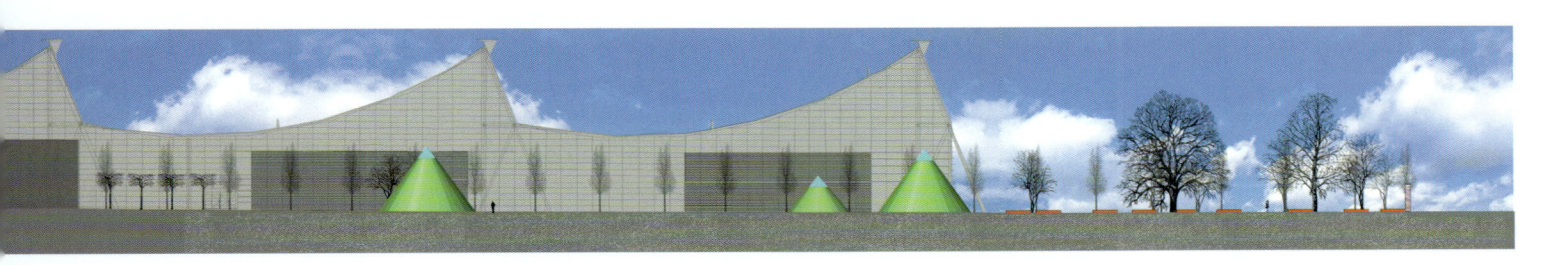

SCHNITT C-C M 1:250

PERSPEKTIVE HECKENRÄUME

PERSPEKTIVE RASENKEGEL

Die «Allee der Vereinigten Bäume»

Sophie, Kurfürstin von Hannover, übersiedelte 1680 von Osnabrück nach Hannover. Herrenhausen wurde ihr Leben. Sie plante die Erweiterung und Ausgestaltung des Herrenhäuser Gartens zu einem «großen Garten» gemeinsam mit dem Gärtner Martin Charbonnier und mit dem Bildhauer Pieter von Empthausen, der Skulpturen der griechischen Sage für das Gartenparterre schuf. Die Bauarbeiten wurden 1714 abgeschlossen und in ganz Europa – neben Versailles und Vaux le Vicomte – gepriesen als «Grand jardin de la Leine». Die barocke Gartenanlage ist bis heute erhalten. Dabei nehmen die großen Alleen einen breiten Bedeutungsraum ein.

Jahrhundertelang wurde die ungestaltete, agrarische Landschaft mittels Alleen messbar gemacht. Dabei haben die Alleen – weithin ins Zentrum der Macht führend – die Funktion der Lesbarkeit, der Hierarchisierung, sichtbar gemacht. Sie zeigen ein immergleiches Anordnungsmuster von regelmäßigen Abständen und gleicher Baumartenwahl. Lakaienhaft begleiten sie die Straßen und haben dadurch das absolutistische System über die Landschaft gelegt. Am Beispiel der Herrenhäuser Allee wird dies besonders deutlich sichtbar. Mit dem «Großen Garten», dem Georgengarten und der großen Allee war eine künstliche Welt geschaffen, die Natur als Herrschaftsinstrument ausgewiesen, subsumierter Gebrauchsgegenstand. Trotz ihrer Liebe zur Gartengestaltung wird Sophie die kilometerlange Allee nur als räumliches Gebilde gewertet haben. Begleitet vom Pferdeschweißgeruch war die Allee – mit Bäumen immer der gleichen Art und mit gleichem Pflanzabstand – nur der Weg zum Ziel: dem Schloß.

Die «Allee der Vereinigten Bäume» auf dem Messe- und Expo 2000-Gelände ist als eine Alternative zu dem historischen Bild der herkömmlichen Allee zu verstehen. Mit den unregelmäßigen Abständen und den unterschiedlichen Baumsorten und -arten – vier parallele Baumreihen aus 273 Baumarten und -sorten – wird die Allee nicht mehr nur zum schnellstmöglichen Durchgangsort und Ordnungsinstrument, sondern zeigt sich als Rückgrat einer «dominierenden Raumkonzeption» (Dieter Kienast) auf dem Hannoveraner Messegelände, verbindet den West- und Ostteil, wird zum Verteiler und Aufenthaltsort.

Indem die Baumarten und -sorten permanent wechseln, soll die Aufmerksamkeit geschärft auf das Individuum des Einzelbaumes mit seiner unterschiedlichen Wuchs- und Grünform

"Avenue of United Trees"

Sophie, Electoress of Hanover, moved from Hanover to Osnabrück in 1680. Herrenhausen became the centre of her life. She planned the extension and design of the Herrenhaus Gardens to create a "Grand Garden" with the assistance of the gardener Martin Charbonnier and the sculptor Pieter von Empthausen, who created sculptures of Greek myths for the garden parterre.

Building work was completed in 1714 and the result was lauded across Europe as "Grand jardin de la Leine" in the same breath as Versailles and Vaux le Vicomte. The baroque garden is still in existence, with the large avenues continuing to play a significant role. The undesigned, agricultural countryside was given structure by means of avenues. These avenues – largely leading to the centre of power- revealed the function of readibility, of hierarchy. The avenues have a repetitive pattern of regular spacing and same choice of types of tree. They line the roads in a subordinate way, thereby imposing an absolutist system on the landscape.

This is particularly revealed by the example of the Herrenhausen Avenue. The "Grand Garden" the Georgian Garden and the "Grand Avenue made up an artificial world, nature as an instrument to demonstrate power, a subsumed commodity. Despite her love of garden design, Sophie probably only saw the one-kilometre-long avenue as a spatial structure. Enveloped by the smell of horse sweat, the avenue – with its trees of one and the same kind, planted at equal intervals – was always only a means to an end, namely the palace.

The "Avenue of United Trees" at the fair site of Expo 2000 is to be understood as an alternative to the historical conception of the traditional avenue. With its irregular spacing and different kinds and species of trees – namely four parallel rows of trees made up of 273 kinds and species of trees - the avenue is not merely the most direct means of access and structure, but also reveals itself as the backbone of a "dominating spatial design" (Dieter Kienast) at the site of the Hanover Expo fair, creating a link between its eastern and western sections and functioning as a junction and lobby area.

The concept of ever-changing kinds and species of trees is designed to draw attention to the nature of the individual tree with its varying forms of growth and foliage. The "Avenue of

gelenkt werden. Die «Allee der Vereinigten Bäume» stellt den Versuch dar, das Arboretum des 19. Jahrhunderts in neuer Form zu fassen. Dennoch, die Scharen der Expo-Besucher – und später dann die Messegäste –, die teils lautlos auf dem Peoplemover durch die Allee gleiten, werden der differenten Narturerscheinung ebensowenig Aufmerksamkeit schenken wie der «großen Allee» zu Sophies Zeiten zuteil wurde. Die Beachtung der Natur wird durch das Ziel, welches auf dem Weg erreicht werden soll, konkurrenziert: Aufmerksamkeit wird der Besucher nur gerade den Pavillons widmen.

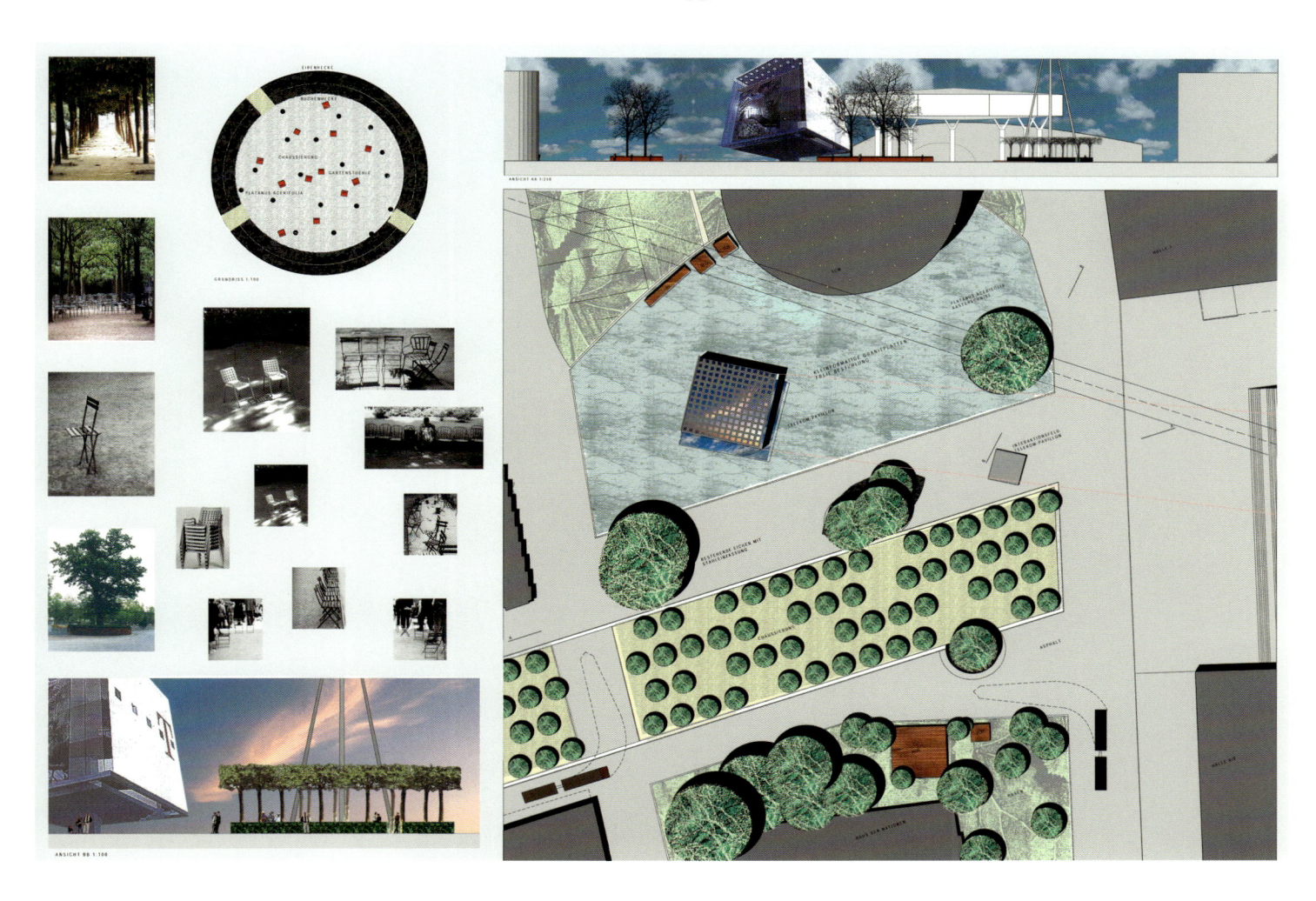

Erika Kienast

United Trees" is to be seen as an attempt to redefine the arboretum of the 19th century. Yet, despite this, the crowds of Expo visitors – and later on the fair visitors –, who in many cases will glide along the avenue noiselessly on the peoplemover, will pay as little attention to this expression of nature as was reaped by the "Grand Avenue" during Sophie's times. The contemplation of nature coincides with the destination of the path. The visitor's attention tends to be focussed on the pavilions.

Erika Kienast

Über eine Distanz von 900 Metern führt die Allee vom Eingang West direkt bis zur Expo Plaza.

The avenue extends over 900 metres from the west entrance directly to the Expo Plaza.

Die Allee der Vereinigten Bäume ist die grüne Verbindung zwischen den beiden Geländebereichen. Sie bildet das Rückgrat des Freiraumkonzeptes.

The Avenue of United Trees is the leafy link between the two parts of the site. It forms the backbone of the open space concept.

Baumliste Hauptallee
List of trees, main avenue

Abies concolor
Abies nordmanniana
Acer 'Olmstedt'
Acer 'Royal red'
Acer campestre
Acer campestre 'Elsrijk'
Acer cappadocicum 'Rubrum'
Acer ginnala
Acer negundo
Acer platanoides
Acer platanoides 'Cleveland'
Acer platanoides 'Columnare'
Acer platanoides 'Deborah'
Acer platanoides 'Emerald queen'
Acer platanoides 'Faassens black'
Acer platanoides 'Globosum'
Acer platanoides 'Olmsted'
Acer platanoides 'Reitenbachii'
Acer platanoides 'Schwedleri'
Acer platanoides 'Summershade'
Acer pseudoplatanus
Acer pseudoplatanus 'Atropurpurea'
Acer pseudoplatanus 'Bruchem'
Acer pseudoplatanus 'Erectum'
Acer pseudoplatanus 'Leopoldii'
Acer pseudoplatanus 'Negenia'
Acer pseudoplatanus 'Purpurascens'
Acer pseudoplatanus 'Rotterdam'
Acer pseudoplatanus 'Spaethii'
Acer rubrum
Acer rubrum 'Armstrong'
Acer rubrum 'Red sunset
Acer rubrum 'Scanlon'
Acer rubrum 'Select'
Acer rubrum 'Tilford'
Acer saccharinum
Acer saccharinum 'Pyramidalis'
Acer saccharinum 'Wieri'
Acer saccharum

Acer zoeschense 'Annae'
Aesculus carnea
Aesculus carnea 'Briotii'
Aesculus flava
Aesculus flava 'Vestita'
Aesculus hippocastanum
Aesculus hippocastanum 'Baumannii'
Aesculus hippocastanum 'Globosum'
Aesculus hippocastanum 'Pyramidalis'
Aesculus Plantierensis
Ailanthus altissima
Alnus cordata
Alnus glutinosa
Alnus incana
Alnus incana 'Aurea'
Alnus incana 'Laciniata'
Alnus spaethii
Betula ermanii
Betula nigra
Betula pendula
Betula pendula 'Laciniata'
Betula pendula 'Tristis'
Betula pendula 'Youngii'
Betula utilis
Betula utilis 'Jacquemontii'
Carpinus betulus
Carpinus betulus 'Fastigiata'
Carpinus betulus 'Purpurea'
Carpinus betulus 'Quercifolia'
Castanea sativa
Castanea sativa 'Argenteovariegata'
Castanea sativa 'De lyon'
Castanea sativa 'Variegata'
Catalpa bignonioides
Catalpa bignonioides 'Nana'
Catalpa erubescens 'Purpurea'
Catalpa speciosa
Cedrus atlantica 'Glauca pendula'
Cedrus atlantica 'Glauca'
Cedrus deodora
Cedrus libani
Celtis australis

Cercidiphyllum japonicum
Chamaecyparis lawsoniana 'Alumii'
Chamaecyparis lawsoniana 'Spec'
Chamaecyparis lawsoniana 'Stewartii'
Chamaecyparis nootkatensis 'Pendula'
Cornus controversa
Corylus colurna
Crataegus lavallei
Crataegus mon. 'Stricta'
Cryptomeria japonica
Fagus engleriana
Fagus orientalis
Fagus sylvatica
Fagus sylvatica 'Aspleni folia'
Fagus sylvatica 'Atropunicea'
Fagus sylvatica 'Black swan'
Fagus sylvatica 'Caroliniana'
Fagus sylvatica 'Cochleata'
Fagus sylvatica 'Cristata'
Fagus sylvatica 'Dawyck'
Fagus sylvatica 'Pendula'
Fagus sylvatica 'Purpurea pendula'
Fagus sylvatica 'Purpurea tricolor'
Fagus sylvatica 'Purpurea'
Fagus sylvatica 'Querci folia'
Fagus sylvatica 'Riversii'
Fagus sylvatica 'Rohanii'
Fagus sylvatica 'Rotundi folia'
Fagus sylvatica 'Viride variegata'
Fagus sylvatica 'Zlatia'
Fraxinus americana
Fraxinus excelsior
Fraxinus excelsior 'Altena'
Fraxinus excelsior 'Diversifolia'
Fraxinus excelsior 'Geesink'
Fraxinus excelsior 'Jaspidea'
Fraxinus excelsior 'Westhofs glorie'
Fraxinus ornus
Fraxinus oxycarpa 'Raywood'
Fraxinus pensylvanica 'Zunder'
Ginkgo biloba
Gleditsia triacanthos

Gleditsia triacanthos 'Inermis'
Gleditsia triacanthos 'Shademaster'
Gleditsia triacanthos 'Skyline'
Gleditsia triacanthos 'Sunburs'
Gymnocladus dioicus
Ilex aquifolium 'pyramidalis'
Juglans nigra
Juglans regia
Koelreutheria paniculata
Laburnum waterereri 'Vossii'
Larix decidua
Larix kaempferi
Liquidambar styraciflua
Liriodendron tulipifera
Maackia amurensis
Magnolia kobus
Malus 'Professor Sprenger'
Malus coronaria 'Charlottae'
Malus floribunda
Malus john downie
Malus sylvestris
Metasequoia glyptostroboides
Morus alba
Nothofagus antractica
Parrotia persica
Paulownia tomentosa
Phellodendron amurense
Picea abies
Picea abies 'Alba'
Picea abies 'Nordmanniana'
Picea pungens 'Koster'
Pinus contorta
Pinus flexilis 'Glauca'
Pinus nigra austriaca
Pinus nigra ssp. nigra
Pinus peuce
Pinus ponderosa
Pinus silvestris
Pinus silvestris 'Typ Norwegen'
Pinus strobus
Pinus wallchiana
Platanus acerifolia

Platanus acerifolia 'Digitata'
Platanus acerifolia 'Tremonia'
Platanus orientalis
Populus berolinensis
Populus canescens
Populus canescens 'Heidemij'
Populus canescens 'Marilandica'
Populus canescens 'Robusta'
Populus canescens 'Tower'
Populus euramericana 'Robusta'
Populus lasiocarpa
Populus nigra
Populus nigra italica
Populus pyramdialis
Populus simonii
Populus simonii fastigiata
Populus tremula
Prunus avium
Prunus avium plena
Prunus cerasifer hollywood
Prunus cerasifera 'Nigra'
Prunus fruticosa 'Globosa'
Prunus fruticosa nana
Prunus hillieri spire
Prunus lustianica
Prunus maackii amber beauty
Prunus padus
Prunus padus 'Watereri'
Prunus pandora
Prunus sargentii
Prunus sargentii 'Accolade'
Prunus serrulata 'Amanogawa'
Prunus serrulata 'Jo-Nioi'
Prunus serrulata 'Kanzan'
Prunus serrulata 'Pink Perfection'
Prunus serrulata 'Schmittii'
Prunus serrulata 'Shirofugen'
Prunus umineko
Prunus yedoensis
Pseudotsuga menziessii var. caesia
Pterocarya fraxinifolia
Pyrus calleryana 'Chanticleer'

Pyrus canescens
Pyrus communis 'Beech Hill'
Pyrus serrulata
Quercus castaneifolia 'Greenspire'
Quercus cerris
Quercus coccinea
Quercus frainetto
Quercus ilex
Quercus imbricaria
Quercus palustris
Quercus pendula
Quercus petraea
Quercus pubescens
Quercus robur
Quercus robur 'Fastigata Koster'
Quercus robur 'Fastigiata'
Quercus rubra
Quercus rubra 'Select'
Robinia pseudoacacia 'Umbraculifera'
Robinia pseudoacacia
Robinia pseudoacacia 'Appalachia'
Robinia pseudoacacia 'Bessoniana'
Robinia pseudoacacia 'Casque rouge'
Robinia pseudoacacia 'Monophylla'
Robinia pseudoacacia 'Nyserie'
Robinia pseudoacacia 'Semperflorens'
Robinia pseudoacacia 'Unifoliola'
Salix 'Chermesina'
Salix alba
Salix alba 'Belders'
Salix alba 'Liempde'
Salix alba 'Tristis'
Salix matsudana 'Tortuosa'
Seqoiadendron giganteum
Sophora japonica
Sophora japonica 'Regent
Sorbus aria 'Magnifca'
Sorbus aucuparia
Sorbus aucuparia 'Rossica major'
Sorbus aucuparia 'Xanthucarpa'
Sorbus decora
Sorbus intermedia

Sorbus intermedia 'Brouwers'
Sorbus serotina
Sorbus thuringiaca 'Fastigiata'
Sterculia paniculata
Taxodium distichum
Taxus baccata
Thuja occidentalis
Thuja occidentalis 'Columna'
Thuja plicata 'Aurescens'
Thuja plicata 'Excelsa'
Tilia americana
Tilia americana 'Nova'
Tilia cordata
Tilia cordata 'Erecta'
Tilia cordata 'Greenspire'
Tilia cordata 'Rancho'
Tilia cordata 'Select'
Tilia cordata 'Sheridan'
Tilia cordata 'Van Pelt'
Tilia de hollandia
Tilia euchlora
Tilia flavescens 'Glenleven'
Tilia glenleven
Tilia hybrida 'Argentea'
Tilia intermedia
Tilia intermedia 'Pallida'
Tilia mongolica
Tilia pallida
Tilia pallida typ lappen
Tilia petiolaris
Tilia platyphylla
Tilia platyphyllos 'Corallina'
Tilia platyphyllos 'Fastigiata'
Tilia platyphyllos 'Orebro'
Tilia platyphyllos 'Rubra'
Tilia tomentosa
Tilia tomentosa 'Brabant'
Tilia tomentosa Doornik
Tilia tomentosa Rheinland
Tilia vulgaris
Tilia vulgaris 'Pallida'
Tsuga canadensis

Ulmus campestris (carpenifolia)
Ulmus clusius
Ulmus dodoens
Ulmus glabra
Ulmus groeneveld
Ulmus holl. 'Commelin'
Ulmus hybride 'Lobel'
Ulmus lobel
Zelkova serrata

Dornröschen am Mechtenberg

Die Geschichte der Landschaft am und um den Mechtenberg wird von intensivster Bodennutzung bestimmt. Zum Besonderen wird das Gebiet einerseits durch den Mechtenberg – eine der wenigen natürlichen topographischen Erhebungen in dieser Gegend – und andererseits durch die Ideen unterschiedlichster Planer, die im Sommer 1992 anläßlich des Mechtenberg-Seminares zusammen kamen. Zur ortsüblichen Nutzung durch die Landwirtschaft sind der unterirdische Bergbau und die oberirdischen Deponien hinzugekommen, die wiederum – soweit möglich – ackerbaulich genutzt werden. Der Boden ist abgesackt, die Deponien sind mehr oder weniger stark durch Giftstoffe belastet. Dank seiner Steilhänge ist der oberste Teil des Mechtenberges von der landwirtschaftlichen Nutzung ausgenommen. Bismarckturm und Extensivvegetation prädestinieren diesen Bereich zum beliebten Naherholungsgbiet.

Das Prinzip «Dornröschen» will in dieser allgegenwärtigen Vorstellung von Nützlichkeit der Landschaft ein gegenteiliges Zeichen setzen. Anstelle von Zweckbestimmtheit tritt Sinnerfülltheit, anstelle von Hektik tritt Ruhe, anstelle des Säen-Ernten-Rhythmus das langsame, ungestörte Wachsen der Natur. Begrenzte Landflächen werden jeglicher Bewirtschaftung entzogen.

«Dornröschen» wurde durch die vergiftete Spindel in einen jahrzehntelangen Schlaf versetzt und von einem Prinzen wachgeküßt. Ebenso gewährt das Prinzip «Dornröschen» der Natur im abgegrenzten Bereich Ungestörtheit für die nächsten Jahrzehnte.

Die Mechtenbergkuppe ist Ausgangspunkt der analytischen und konzeptionellen Überlegungen und steht für das Prinzip «Dornröschen». Beim Bau des Bismarckdenkmals wurde ein geometrischer Bereich mit Weißdornhecken eingefaßt und gegen die Landwirtschaftsflächen abgegrenzt. In diesem Quadrat hat sich die Vegetation neunzig Jahre lang zu einem Wald entwickelt, in dem das Bismarckdenkmal langsam «versunken» ist. Brombeeren haben im Laufe der Zeit die Weißdornhecken überwachsen und lassen nur einige wenige Eingänge in der Waldkuppel frei.

Sleeping Beauty at Mechtenberg

The history of the countryside on and around the Mechtenberg hill has been shaped by intensive land utilisation. What gives the place its special character is, on the one hand, Mechtenberg itself – one of the few natural topographical elevations – and, on the other hand, the ideas created by planners of very different persuasions in the summer of 1992 during the Mechtenberg Seminar. The agricultural use typical of the area was augmented by underground mining and above-ground dumps, which, in turn, are – as far as possible – used for agricultural purposes. The soil has subsided, the dumps are contamiated with toxic waste to a greater or lesser degree. The upper part of the Mechtenberg hill is too steep to be used for agricultural purposes. The Bismarck Tower and extensive vegetation have predestined this area as a popular recreational place.

The "Sleeping Beauty" principle aims to set a contrary example to the prevelant notion of the usefulness of the countryside. Usefulness is replaced by meaning, hustle and bustle by tranquility, the rhythm of sowing and harvesting by the slow, undisturbed growth of nature. Limited areas are deprived of any form of agricultural use.

"Sleeping Beauty" pricked her finger on a poisoned spinning wheel and slept for 100 years until she was kissed awake by a prince. The "Sleeping Beauty" principle is intended to give nature in the defined area "peace and quiet" in the decades to come.

The Mechtenberg dome forms the point of departure of analytical and conceptional considerations and stands for the "Sleeping Beauty" principle. When the Bismarck Monument was built, a geometrical area was enclosed by a hedge of whitethorn and separated from the agricultural areas. The vegetation in this square has developed into a wood in the course of the last ninety years and, in turn, the Bismarck Monument has gradually "sunk". Over time, the whitethorn hedges have become overgrown with blackberries, with the result that only very few paths leading to the hilltop dome.

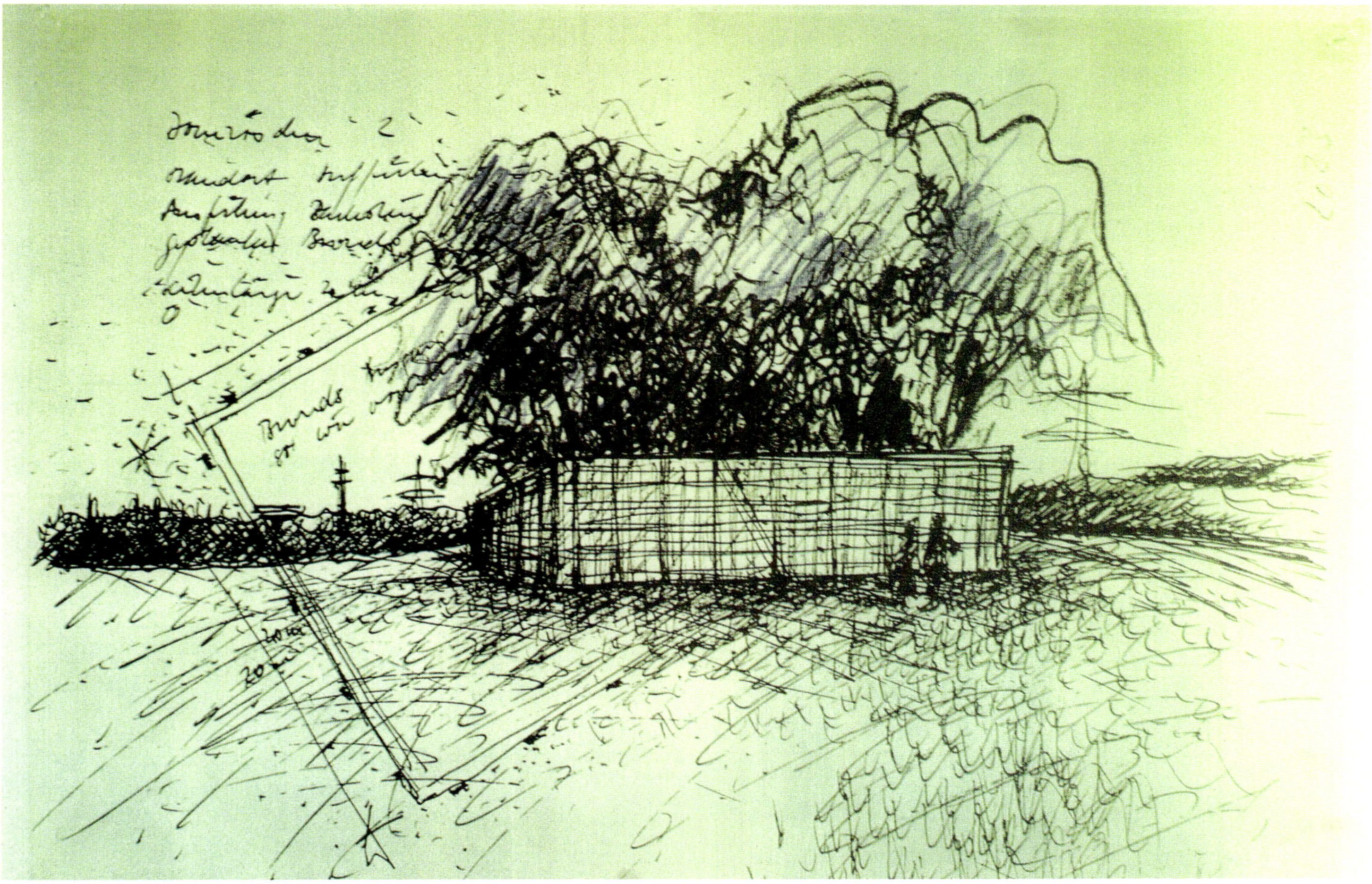

Dornröschengarten

Im Bereich des Planungsgebietes Mechtenberg werden acht Dornröschengärten an ausgezeichneten Orten angelegt. Die Bedeutung und Wirkung der Dornröschengärten ist vielschichtig. Zunächst wird der Ort seiner utilitären Nutzung entzogen. Durch den Menschen nicht mehr betreubar, entwickelt sich in Übereinstimmung mit dem Standort eine vielfältige Vegetation, die wiederum zum Habitat für unterschiedlichste Tierpopulationen wird. Für den Spaziergänger werden die Dornröschengärten wegen ihrer speziellen Ausformung zum Topos, zu unverwechselbaren Landmarken, aber auch zum Bedeutungsträger unseres veränderten Umganges mit Landschaft und Natur. Durch die Serie der im ganzen Gebiet verteilten Gärten wird der Zusammenhang des vielfältig fraktionierten Geländes mit seinem natürlichen und sinnstiftenden Zentrum Mechtenberg manifest.

Die Ausformung der Dornröschengärten variiert das Konzept der Mechtenbergkuppe. Ausgehend von einem Quadrat mit 15 Metern Seitenlänge wird ein Baumstammraster von 2,5 Metern vorgesehen. Das Zentrum ist und bleibt ein vom Menschen unberührbarer Ort. Der Rand des Baumstammquadrates wird durch eine dichte, zweischichtige Rosen- bzw. Fliederhecke gebildet. Zu jedem Baumstamm wird ein junger Baum (Weißdorn, Feldahorn und Eiche) gepflanzt. Im Lauf der Jahre wird die Vegetationsschicht zum Waldstück heranwachsen; die den jungen Baumbestand schützenden Baumstämme werden verfaulen, die Rosen-Fliederhecken werden locker und lassen die Entdeckung des «inneren» Dornröschengartens zu.

Mechtenbergkuppe

Wegen der Steilheit der westlichen und südlichen Hänge wurde die landwirtschaftliche Nutzung aufgegeben. Die Sukzession der Vegetation führt zum Wald, etwa die Hälfte der Flächen sind bereits mit Sträuchern und Bäumen bestockt. Aus landschaftsgestalterischer und ökologischer Sicht erscheint es zwingend, daß die charakteristisch bewaldete Hügelkuppe mit dem «eingeschlossenen» Bismarckdenkmal nicht in eine unmittelbar anschliessende Hangbewaldung übergeht.

Deshalb sollen die noch vorhandenen Wiesen gemäht bzw. von Gehölzen freigehalten werden, so daß der Bestockungsanteil im bisherigen Umfang bestehen bleibt. Die Hügelkuppe soll

Sleeping Beauty Garden

Eight "Sleeping Beauty Gardens" are to be created at selected places within the Mechtenberg planning area. The meaning and effect of the "Sleeping Beauty Gardens" are complex. As a first step, the place is to be deprived of its utlitarian use. Escaping human care, a diversity of vegetation is developing in harmony with the location – vegetation which will become the habitat of a wide range of animal populations. People taking walks will appreciate the "Sleeping Beauty Gardens" on account of their design to form a topos, unmistakable landmarks, as well as their testimony to our changed approach to landscape and nature. The series of the gardens distributed throughout the area manifests the cohesion of the widely fractionated area with its natural and formative centre of Mechtenberg.

The form of the "Sleeping Beauty Gardens" is a variation on the theme of the Mechtenberg hilltop. A 2.5-metre by 2.5-metre grid of tree trunks is envisaged on the basis of a square 15 metres by 15 metres. The centre is and shall remain to be a place to which people have no access. The edge of the square of tree trunks is formed by a dense, double hedge of rose bushes and lilacs. A young tree (whitethorn, maple, oak) is to be planted adjacent to every tree trunk. The vegetation will grow to become a piece of woodland over the years: the tree trunks protecting the fledgling tree population will rot, the hedge of roses and lilacs will become intertwined, permitting discovery of the inner "Sleeping Beauty Garden".

Mechtenberg hilltop

Agricultural use was abandoned on account of the steepness of the west and south slopes. The succession of vegetation has resulted in a wood; approximately one half of the area is already populated with bushes and trees. From the point of view of landscape design and for ecological considerations, it would seem to make sense that the typically wooded hilltop with the "enclosed" Bismarck Monument does not simply become part of a directly adjacent wooded slope.

It is for this reason that the meadows still in existence are to be mown and kept free of undergrowth, to enable the existing stocks to remain to their present extent. Careful means should be chosen to give the hilltop spatial definition so that the original intention of a clearly defined highest point can be experienced.

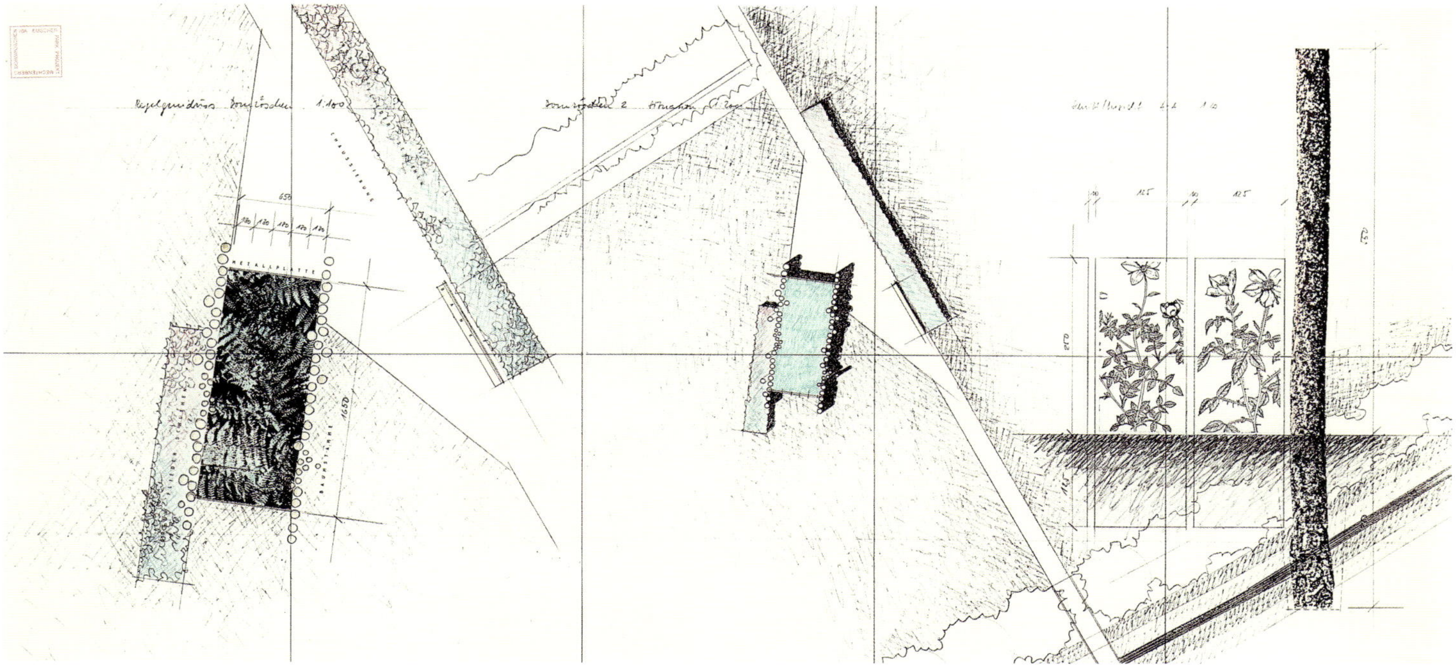

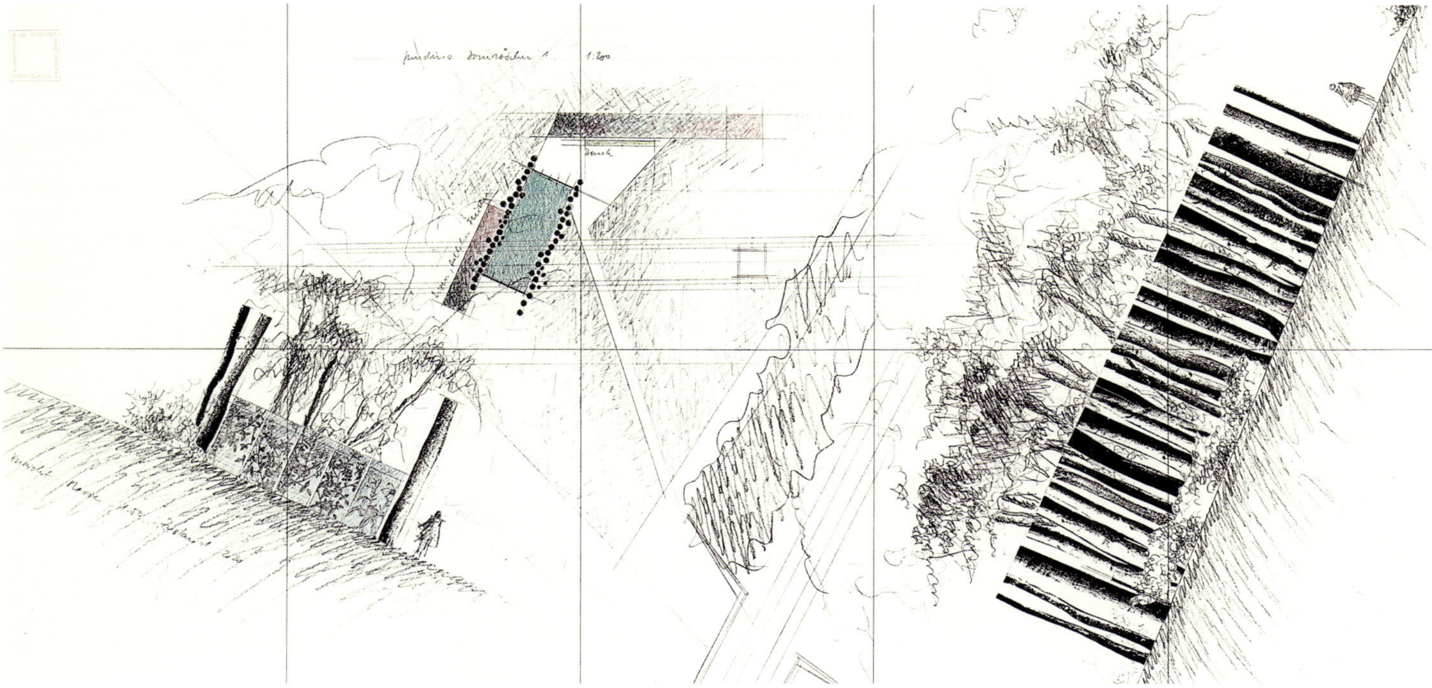

mit behutsamen Mitteln präzisiert werden, damit die ursprüngliche Intention eines klar definierten Höhepunktes in der Landschaft erlebbar bleibt. Der Waldrand wird durch Weißdorn und Rosen verstärkt, großflächig sich ausbreitendes Brombeergebüsch wird reduziert. Dem Bismarckdenkmal werden Rankstangen vorangestellt, die mit Clematis, Lonicera und Rosen bewachsen sind. Der perspektivische Blick auf das martialische Denkmal wird somit überlagert von leicht gekippten Stangen. Ein zusätzliches Angebot zur zunehmenden Naherholungsnutzung des Mechtenberges bieten Bänke im inneren und Landschaftsliegestühle im äußeren Bereich der Kuppe.

Dieter Kienast

The woodland edge is given greater definition by whitethorn and roses; proliferate blackberry bushes are to be cut back. Trellises overgrown with clematis, lonicera and roses are to be placed in front of the Bismarck Monument. In other words, slighty inclined trellises obscure the view of the military monument. Among Mechtenberg's other attractions as an increasingly significant recreational area are benches in the inner part and reclining chairs in the outer part of the hilltop.

Dieter Kienast

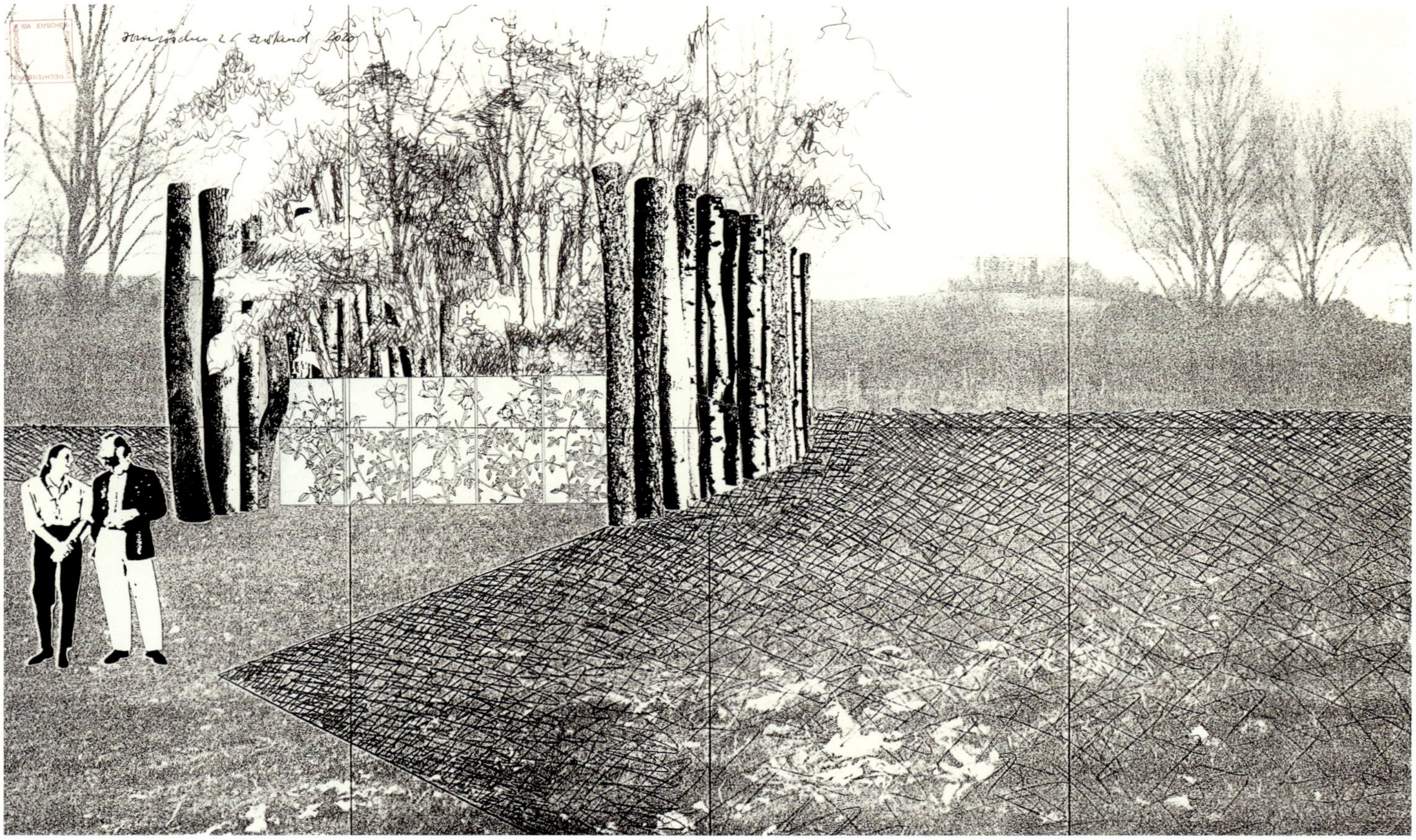

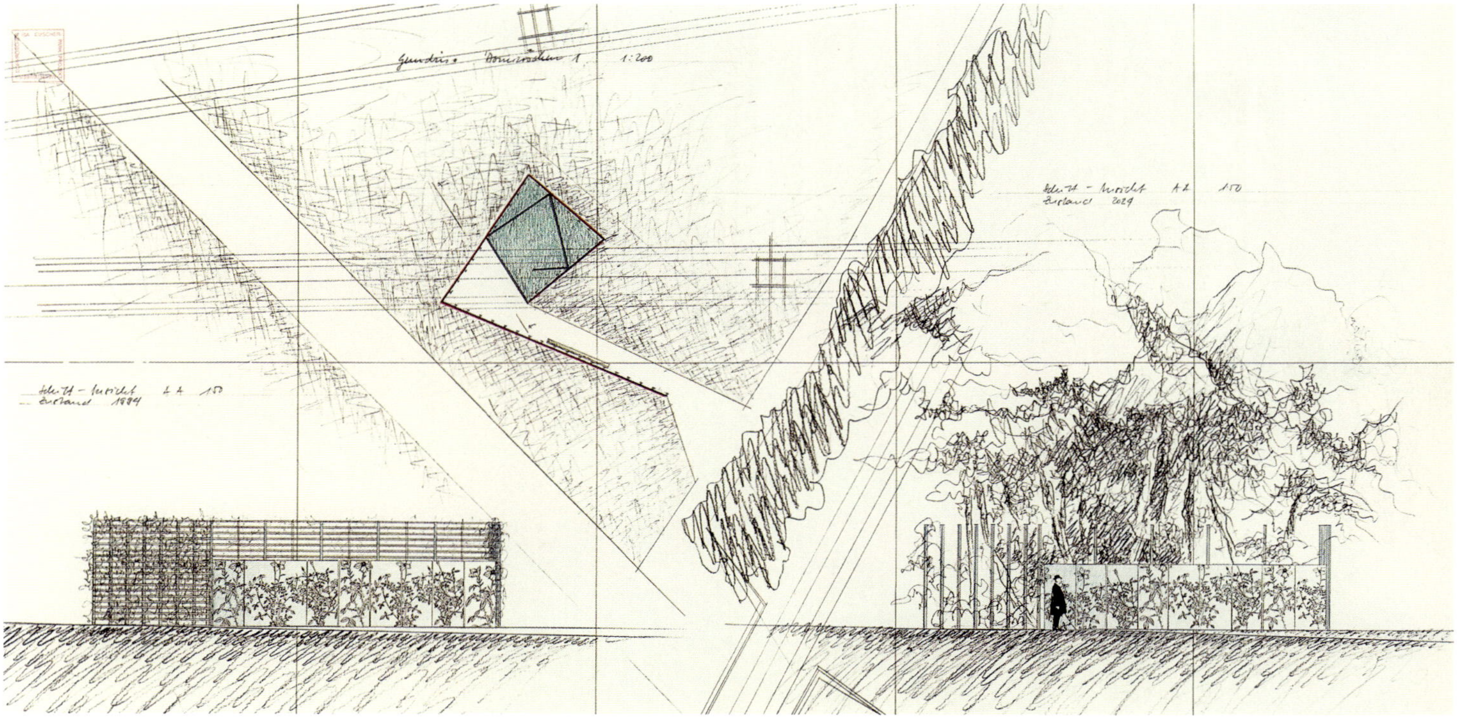

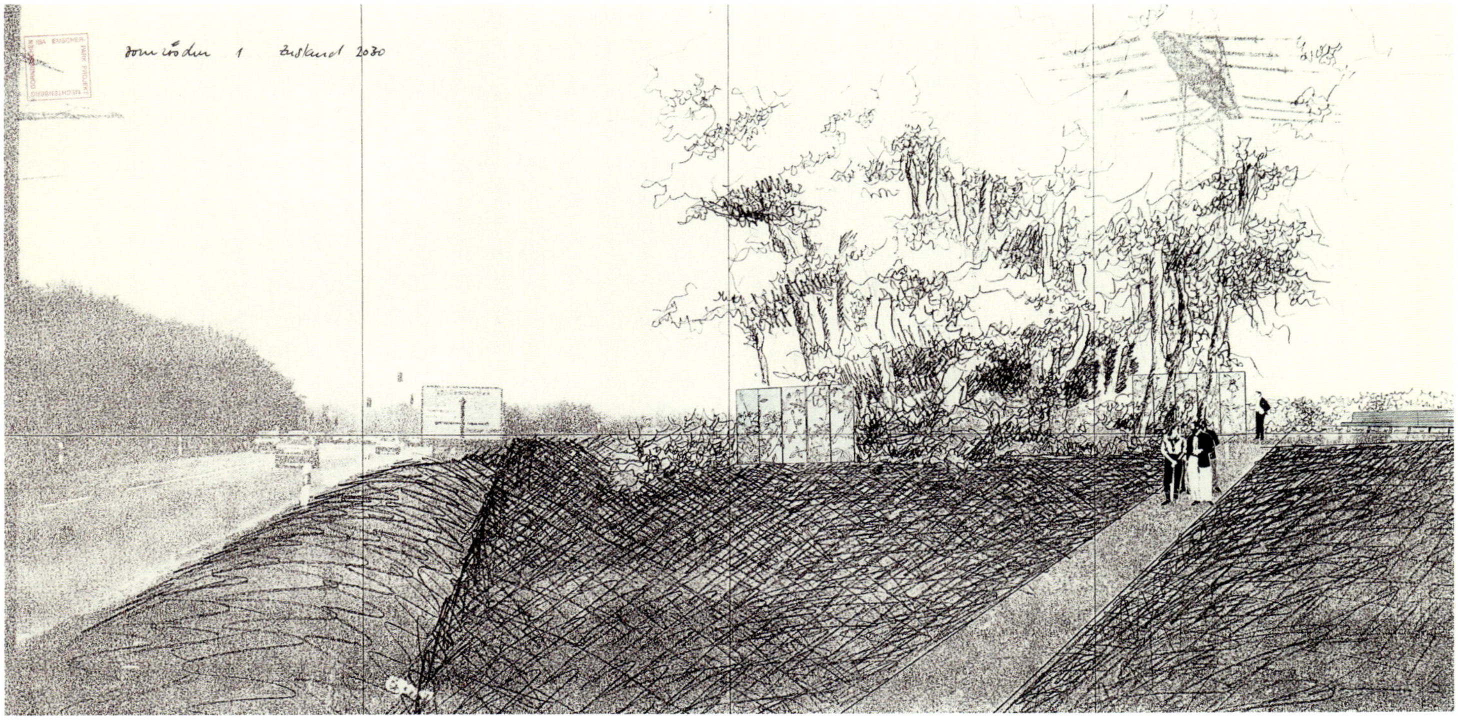
Zustand 2030

Seeufergestaltung Triechter Sursee

Mit der neuen Seeufergestaltung wird sowohl der Erhalt der landschaftlichen Qualitäten des Gebietes Triechter angestrebt, als auch die Ergänzung und Präzisierung vorhandener Strukturen und Elemente. Gleichzeitig soll eine Attraktivitätssteigerung durch neue Elemente und Bereiche bewirkt werden.

Das Triechtermoos
Der Uferbereich ist ein schützenswertes Naturobjekt (Flachmoor) und nicht öffentlich zugänglich. Die landwirtschaftliche Nutzung beschränkt sich auf einen Pflegeschnitt pro Jahr. Entlang der vorhandenen Entwässerungsgräben soll ein zwei Meter breiter Streifen nicht gemäht werden

Die Badeanstalt
Die gesamte Badeanlage ist mit geschnittenen Hainbuchenhecken und freiwachsenden Strauchhecken eingefaßt. Zur attraktiveren Gestaltung des Strandbadweges werden in die Hekken «Fenster» geschnitten, die den Einblick in die Badeanstalt ermöglichen.

Im Bereich des bisherigen Parkplatzes und des Nordteiles sind Auslichtungen bei Bäumen und Sträuchern notwendig. Dieser Teil ist als Spielzone ausgewiesen. Planschbecken mit einem Wasservorhang, verschiedenste alte und neue Spielgeräte, Tischtennis, Sandvolleyballfeld und Spielwiese werten diesen Bereich wesentlich auf.

Der bisherige Nichtschwimmerteil wird aufgehoben und anstelle dessen ein flach abfallendes Sandufer erstellt. Dieses stellt einen ausgezeichneten Wasserzugang sicher und ist auch beliebter Sandspielplatz. Das Nichtschwimmerbecken wird als rundes, im See schwimmendes Becken konzipiert, das über einen Steg vom Ufer erreichbar ist. Eine Wasserliege und eine große Wasserrutschbahn bereichern das Angebot. Vermehrt werden Duschen im ganzen Schwimmbad verteilt vorgesehen. Zwei große, auch zum Liegen geeignete Floße in Tropfenform sind im Seegrund verankert und werden sich nach dem Winde richten.

Um die Nutzung des Triechteruferweges auch außerhalb der Badesaison zu gewährleisten, ist ein Durchgangsweg ent-

Triechter lakeshore design in Sursee

Redesign of the lake shore is intended to retain the country qualities of the Triechter area, as well as to supplement and give greater precision to existing structures and elements. At the same time, new elements and areas are to provide added appeal.

The Triechter moss
The shore area is a natural area worthy of protection (fenland) and not open to the public. Agricultural use is confined to cutting back once a year. A two-metre wide strip following the existing drainage ditches is to be left unmowed.

The baths
The entire bathing area is enclosed by clipped hornbeam hedges and hedges of bushes allowed to grow freely. "Windows" permitting a view of the swimming area are to be cut into the hedges to enhance the design of the path leading to the bathing facilities. Trees and bushes need to be thinned out in the area of the present car park and the northern section. This part is to be set aside for play and games. Paddling pools with a water curtain, a wide variety of old and new playground equipment, table tennis, a beach volleyball pitch, and a playing field all serve to enhance this area.

The existing section for non-swimmers is to be removed and replaced by a gentle sandy slope. This ensures good access to the water and is also certain to be an attractive "sandpit" area. The pool for non-swimmers is designed as a circular pool floating on the lake and accessible from the shore by a footbridge. A water lounger and a long water-slide provide added attractions. More shower facilities are to be located throughout the entire bathing area. Two roomy teardrop-shaped rafts, large enough to lie on, are anchored to the bottom of the lake and turn according to the direction of the wind.

To ensure that the Triechter shore path can also be used outside the swimming season, a through path following the shoreline is planned. One path leads directly from the road to the harbour promenade. The path is lined by a hedge of bushes consisting of lilac, virburnum, dog rose, etc. Taking the present

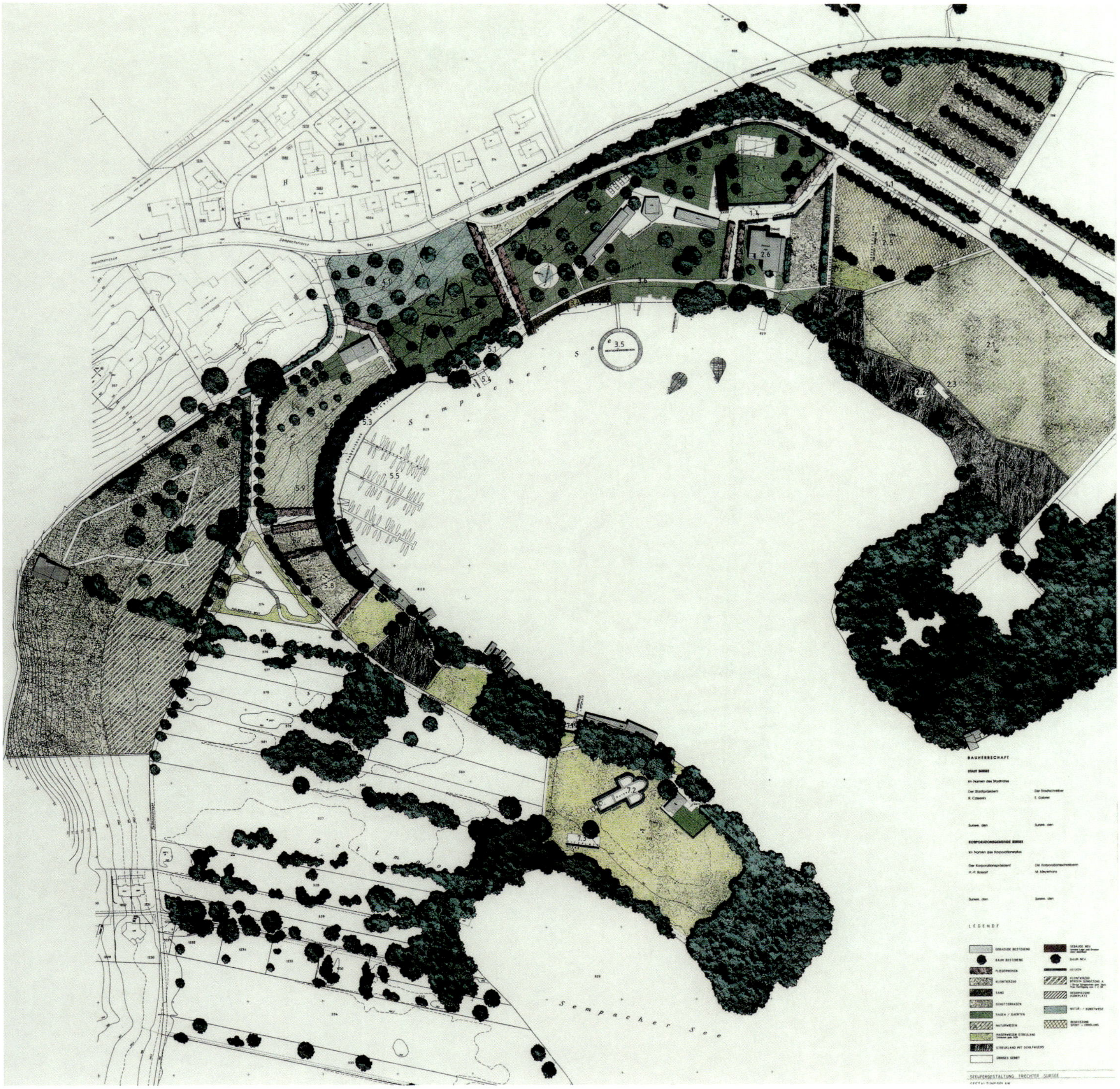

lang dem Ufer geplant. Ein Weg führt direkt von der Straße zur Hafenpromenade. Der Weg wird von einer Strauchhecke mit Flieder, Schneeball, Heckenrosen etc. begleitet. Ausgehend von der bestehenden Uferpromenade mit den geschnittenen Platanen wird eine zweireihige, bogenförmige Allee mit geschnittenen Kastanien oder Platanen gepflanzt. Der Gehsteig wird verbreitert und zwischen den Bäumen werden Sitzbänke plaziert. Ein neuer Steg schafft einen direkteren Zugang zum Wasser.

Zwischen Promenade und Zufahrtsstraße liegt der neue Festplatz, der räumlich durch dicht gepflanzte Säulenpappeln akzentuiert wird.

Halbinsel Triechter und Ruine

Das bestehende Wegnetz wird ergänzt, teilweise ist eine Verbreiterung der Wege vorgesehen. Zusätzlich sind Sitzplätze und eine Feuerstelle geplant.

Die Ruine der Kapelle wird durch eine zwei Meter hohe Hecke neu gefaßt und dadurch auch wieder räumlich erlebbar gemacht. Der bestehende Brunnen wird instandgestellt. Ein Sitzplatz mit Bänken, Tischen und einer Feuerstelle wird als Zielort für Schulklassen ausgebaut. Die neu gepflanzte Linde markiert diesen geschichtsträchtigen Ort.

Dieter Kienast

lakeshore promenade with its clipped plane trees as its point of departure, a double-row, arched avenue of clipped chestnut or plane trees is to be planted. The footpath is to be widened and benches placed between the trees. A new path provides more direct access to the water. The new festival grounds, given spatial definition by closely planted columnar poplars, lie between the promenade and the access route.

Triechter peninsula and ruin

The present system of paths is to be extended and in parts widened. Benches and a fire-site are also planned. The ruins of the chapel are redefined by a two-metre-high hedge, thereby again providing them with a spatial dimension. The existing well is to be renewed. An area with benches, tables and a fire-site is to be extended to serve as a destination for groups of schoolchildren. The new lime tree serves to mark this place so rich in history.

Dieter Kienast

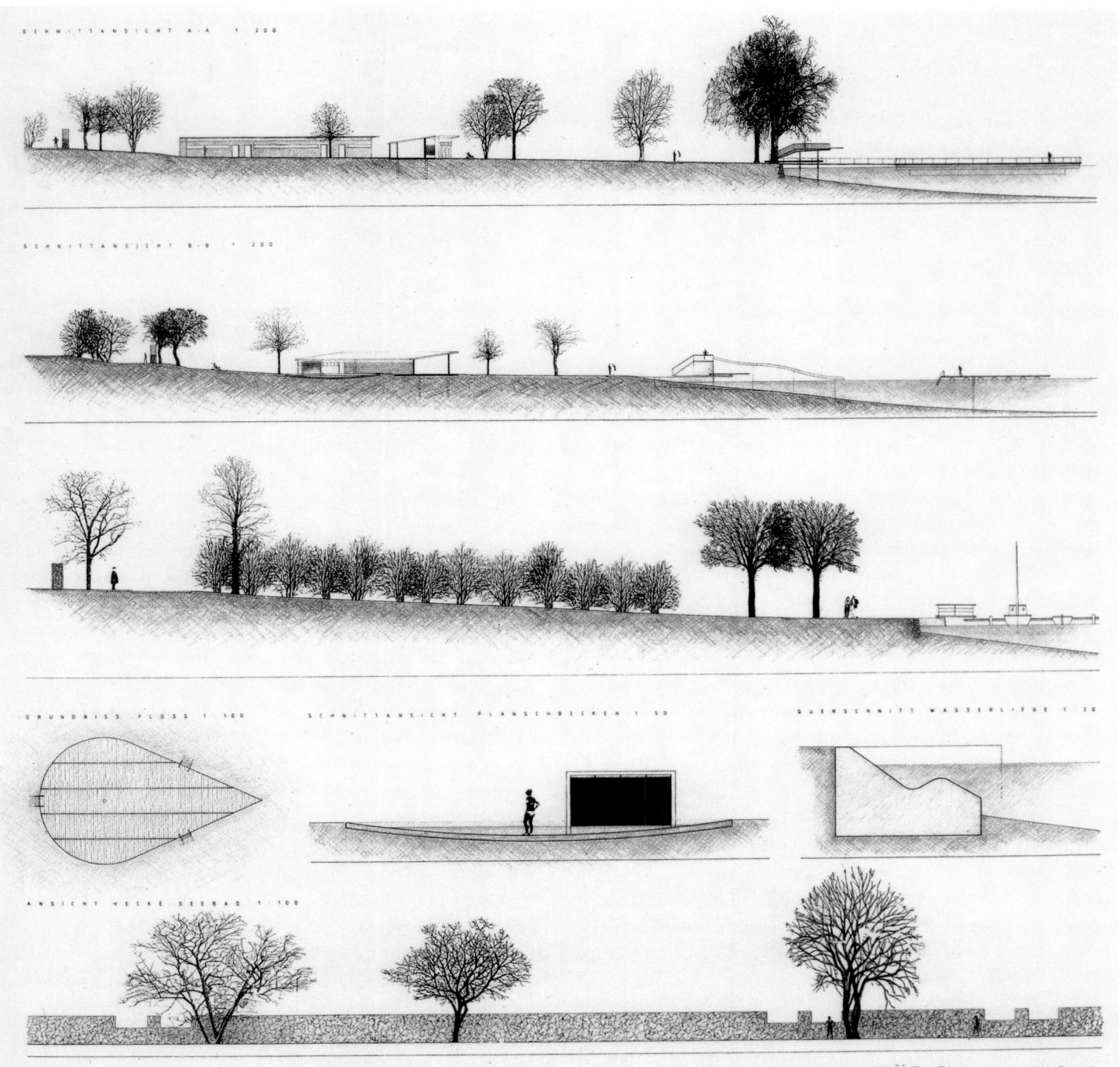

SEEUFERGESTALTUNG SURSEE STÖCKLI KIENAST KOEPPEL ZÜRICH 1162-4

Parklandschaft Barnim Berlin

Die Natur... zeigt sich uns jeden Augenblick
von einer anderen Seite.
Jede Seite ist wahr,
aber nicht alle sind gleich schön.

Diderot

Die Peripherie der Stadt, der Übergang zur Landschaft, ist zu einem der zentralen städtebaulich-landschaftlichen Themen geworden. Die Entwicklung der Parklandschaft Barnim ist somit kein Sonderfall, vielmehr ein idealtypisches und großmaßstäbliches Beispiel im Nordostraum von Berlin. Kennzeichnend in Barnim ist das unmittelbare Aufeinandertreffen unterschiedlichster Strukturen von Stadt und Land. Die Plattensiedlungen von Hohenschönhausen und Marzahn stellen die gebaute Vision der Moderne – die Stadt als Krone der Landschaft – exemplarisch dar. Diesem Großmaßstab wird die Kleinmaßstäblichkeit der alten Dörfer Wartenberg, Malchow, Falkenberg sowie der Siedlung Wartenberg im spannungsvollen Kontrast gegenübergestellt und damit erst meßbar gemacht. Diese Maßstabswechsel bestimmen das Aussehen der Außen- und Landschaftsräume. Das Bild von Max Beckmann «Vorort von Berlin» zeigt die Heterogenität der Peripherie auf und stellt unter Beweis, daß die Stadtrandcharakteristik auch vor sechzig Jahren von Bedeutung gewesen ist.

Ein zweites Bild der Stadtkrone führt uns zu einer weiteren Assoziation und Deutung: Die Spitzen der Krone dominieren formal deren Aussehen, ihr Band mit den hier eingelagerten Edelsteinen steht jedoch für die Verbindung und die Kostbarkeit der gesamten Krone. Das Märchen vom Froschkönig beschreibt die Geschichte einer Umwandlung; durch den Kuß wird der ungeliebte Frosch in den strahlenden Prinzen verwandelt. Wir nehmen den Froschkönig als Metapher der notwendigen Umwandlung der Parklandschaft Barnim und verbinden damit die Forderung nach einer Stärkung der identitätsstiftenden Heterogenität des Ortes und der Kultivierung des landschaftlichen

Park landscape Barnim in Berlin

Nature... reveals itself to us
from a different side at each moment.
Each side is true,
but not all are equally beautiful.

Diderot

The periphery of the city, the transition to the countryside has become a central theme of urban and landscape design. The development of the Barnim park landscape to the north-east of Berlin is not a special case, but a very typical, large-scale example. Barnim is characterised by the direct meeting of very different urban and country structures. The prefabricated high rises of the Hohenschönhausen and Marzahn housing estates are perfect examples of the built vision of modernism – the city crowning the landscape. The small scale of the old villages of Wartenberg, Malchow, Falkenberg and the Wartenberg estate provide an interesting contrast to this large scale and give it a context. These changes in scale shape the appearance of outside space and the landscape. The painting "Berlin Suburb" by Max Beckmann reveals the heterogeneity of the periphery and is evidence that the characteristics of the urban edge were of significance sixty years ago.

A second image of the "city crown" leads us to a further connotation and interpretation: the points of the crown dominate its appearance in formal terms, their bond with the jewels set in the crown stands for the link and precious nature of the entire crown. The fairytale of the Frog Prince is the story of a transformation; a kiss transforms the unloved frog into the radiant prince. We have taken the Frog Prince as a metaphor for the transformation of the Barnim park landscape and link this with the need for strengthening the heterogeneity of the places that give it identity and cultivating the countryside patchwork, improving the image of the place, and increasing the exiting possibilities of use. The focus of developing the landscape is on providing recreational facilities, whereby agriculture and nature conser-

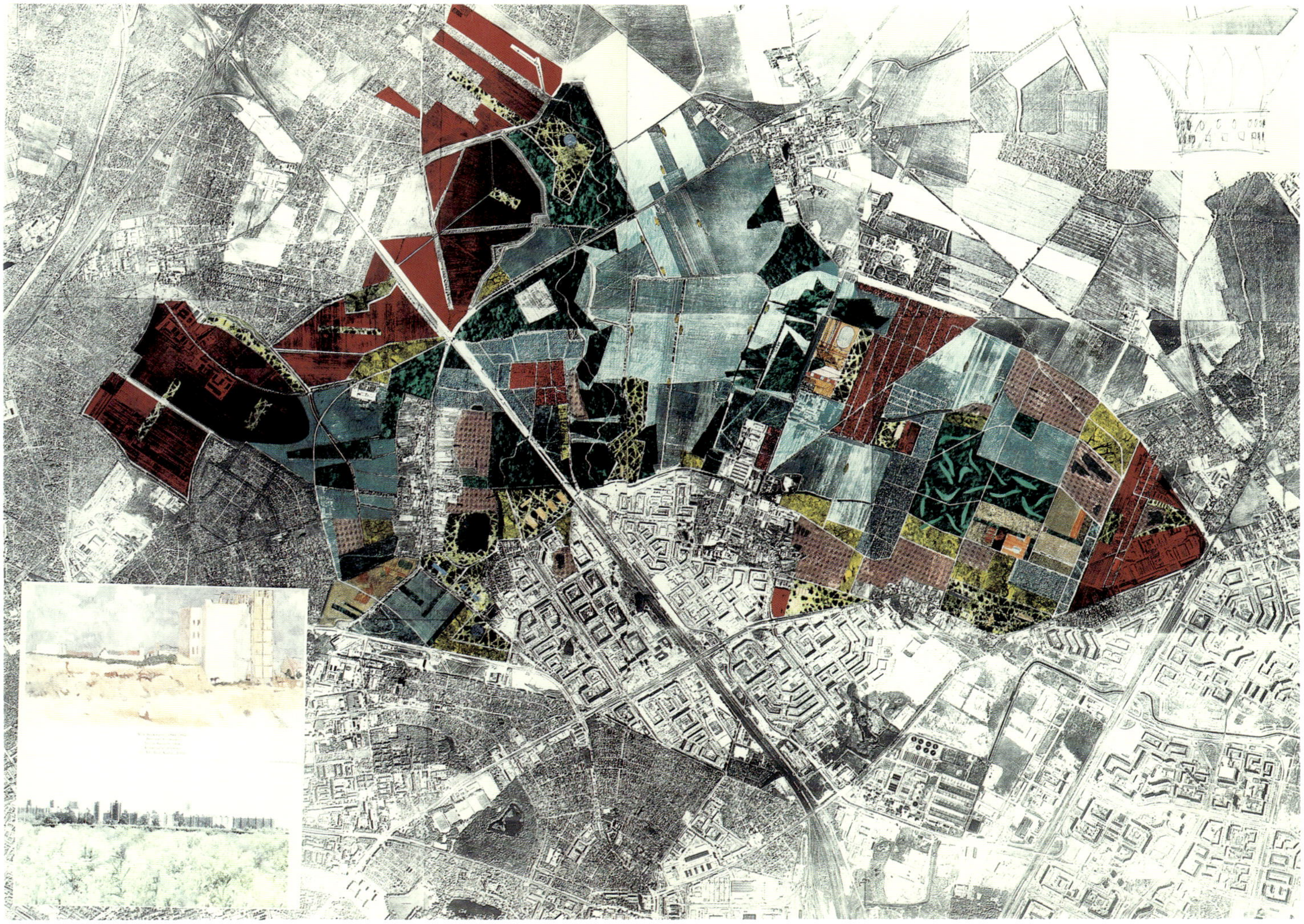

Patchworkes, sowie der Verbesserung der «Adresse» des Ortes und der Vervielfältigung des bestehenden Nutzungsangebotes.

Für die Entwicklung der Landschaft steht dabei die Naherholung im Vordergrund, während Landwirtschaft und Naturschutzanliegen Teile des Naherholungsgebietes werden. Das Prinzip Froschkönig lebt vom Mit- und Nebeneinander differenter Strukturen und Konzeptionen, von Groß und Klein, Enge und Weite, Wildheit und Ordnung, Altem und Neuem, Natürlichem und Künstlichem und der Verbindung des Nützlichen mit dem Schönen, von Sinn und Zweck.

Das vorgeschlagene Konzept mit den projektierten Elementen zielt nach einer ebenso poetischen wie kritischen Landschaft, in der unterschiedlichste Wünsche und Ansprüche verschiedener Nutzergruppen aufgenommen werden können.

Dieter Kienast

vation are also to form part of the recreational area. The principle of the Frog Prince is based on the interaction and juxtaposition of differing structures and ideas, of large and small, narrow and wide, wildness and order, old and new, natural and artificial, and the combination of the useful and the beautiful, of sense and purpose.

The proposal and the planned elements aim to create a landscape both poetic and critical, which addresses the very diverse wishes and needs of different groups of users.

Dieter Kienast

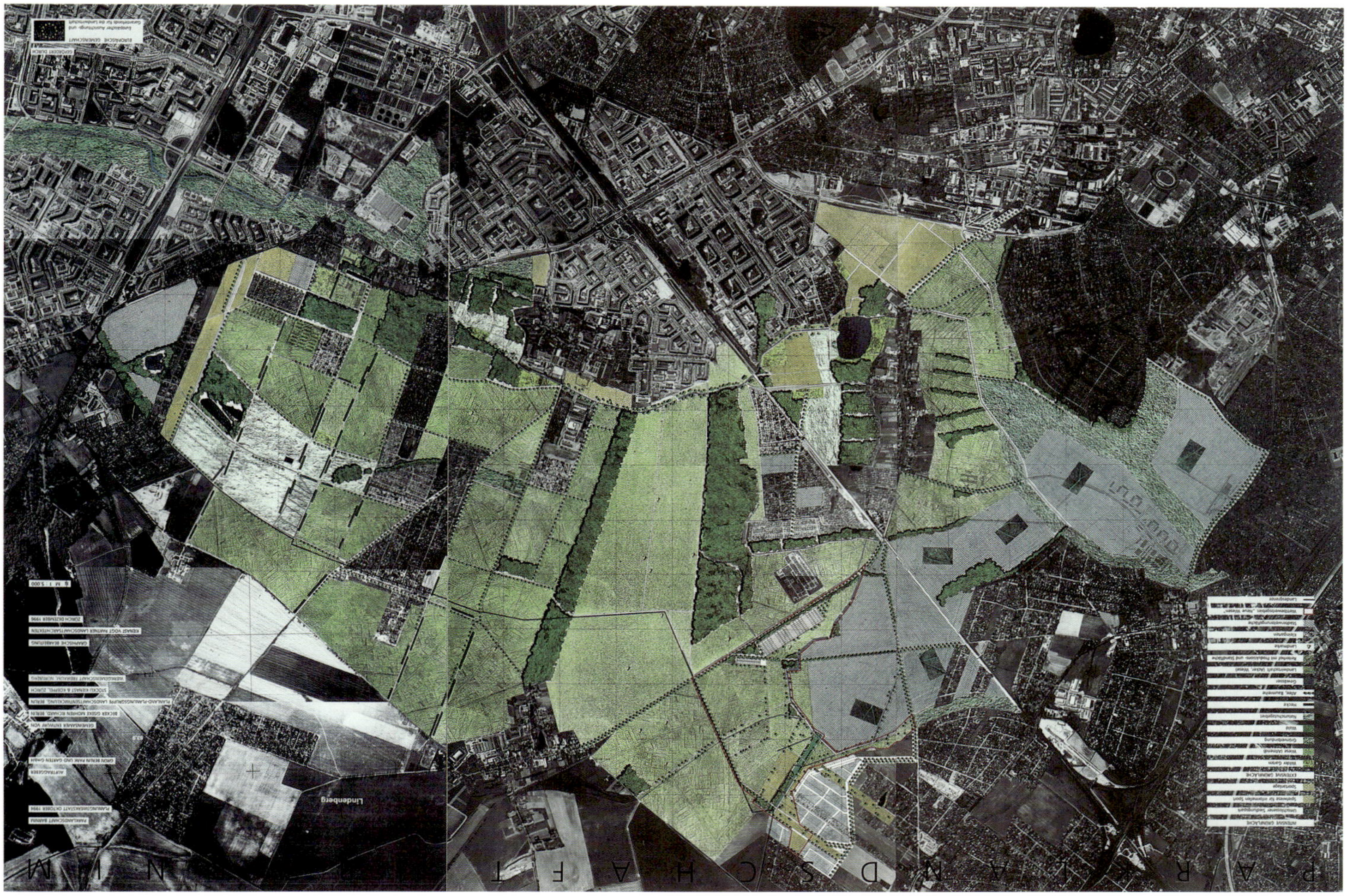
Lindenberg

Kurpark Bad Münder

Ein Kurort ist gemäß Lexikon ein Ort, der sich unter anderem durch besondere bioklimatische Verhältnisse oder durch das Vorkommen natürlicher Heilquellen auszeichnet. Eingebettet in die Höhenzüge zwischen Deister und Süntel ist Bad Münder ein aufstrebender Kurbad-Standort, der nach neuen Möglichkeiten sucht, das Kurwesen für zukünftige Besucher reizvoller zu gestalten.

Vitruv hat mit seinen Traktaten zur Bäderentwicklung ein Kompendium verfaßt, das heute noch in der Bädergeschichte eine zentrale Stellung einnimmt. Danach ist nicht nur die Beschaffenheit eines Ortes bei der Bädereinrichtung von Wichtigkeit, sondern insbesondere dessen Ausgestaltung.

Mit der Parkgestalt eines «Neuen Kurparks» und dem großen Angebot an gesundheitsfördernden Badeinrichtungen wird die größtmögliche Nutzungsoffenheit durch die unterschiedlichsten Benutzergruppen möglich. Die heute bereits vorhandenen Qualitäten des Landschaftsraumes werden behutsam im neuen Kurpark verstärkt. Erwähnenswert ist dabei die Respektierung der topographischen Verhältnisse wie auch die Anbindung an den alten Kurpark mit offengehaltenen Sichtachsen.

Das räumliche Gepräge des neuen Kurparks wird durch die kulissenartig angepflanzten Waldstücke bestimmt, deren Ausrichtung den Blickbezug zur Stadt betont. Die einzelnen Waldstreifen thematisieren den spezifischen Standort, so z.B. am großen Weiher der Birkenhain.

Wir beginnen unseren Spaziergang an der Musikmuschel und wenden uns gegen Osten. Auf dem alten Weg wird der Blick auf den am Hang liegenden Frühlingsgarten frei. Dem geschwungenen Weg folgend, sehen wir feine Linien von Hyazinthen, Krokus, Narzissen und Tulpen. Im Sommer erinnern nur die Blütenlinien im verfärbten Gras an diese bunt-blühende Frühlingspracht. Um den eingeschobenen Privatgarten herum gelangen wir zu einer in schillernden Farben ausgelegten Grotte, aus der Wasserdampf austritt. Seitlich sind Solarzellen angebracht, aus denen die notwendige Energie gewonnen wird. Wir erreichen den ersten Querweg, vorbei am Eingang der Minigolfanlage und gelangen zum Kinderspielplatz. Die skulptural ge-

Bad Münder spa gardens

Dictionaries define a spa as a place which, among other things, features particular bio-climatic conditions or the existence of natural medicinal springs. Bad Münder, embedded in the range of hills between Deister and Süntel, is an up-and-coming spa town seeking new ways of making spa facilities more attractive for future visitors.

With his tracts on the development of bathing, Vitruvius compiled a compendium that today still plays a central role in the history of bathing. According to what he wrote, not only the nature of a place is important for a bathing facility, but also, in particular, its design.

The design of the new spa gardens and the wide range of health-enhancing bathing facilities enable the greatest possible forms of use by very different groups. The qualities of the landscape that already exist today are gently intensified in the new spa gardens. Mention should be made of respect for existing topography, as well as the link with the old spa gardens by means of open vistas.

The spatial character of the new spa gardens is defined by portions of woodland planted like a backdrop, aligned in such a way that they emphasise the visual reference to the town. The individual strips at woodland specifically address the location, e.g. at the large pond at the grove of birch trees.

We begin our walk at the music pavilion and turn eastwards. As we proceed along the old path, the springtime gardens on the slope come into view. Following the curved path, we see delicate lines of hyacinths, crocuses, narcissi, and tulips. Their springtime splendour is recalled by faded lines in the grass during the summer months. By walking past the intervening private garden, we arrive at a highly colourful grotto from which steam rises. Solar cells providing necessary energy are placed along the sides. We reach the first intersecting path, pass the entrance to the mini-golf course and arrive at the children's playground. The shrubs at the east entrance, sculpturally clipped to form fabulous creatures, give the entrance an identity of its own and, along with the adjacent play area that announces itself on our walk by the noisy sounds of children at play, has an unmistake-

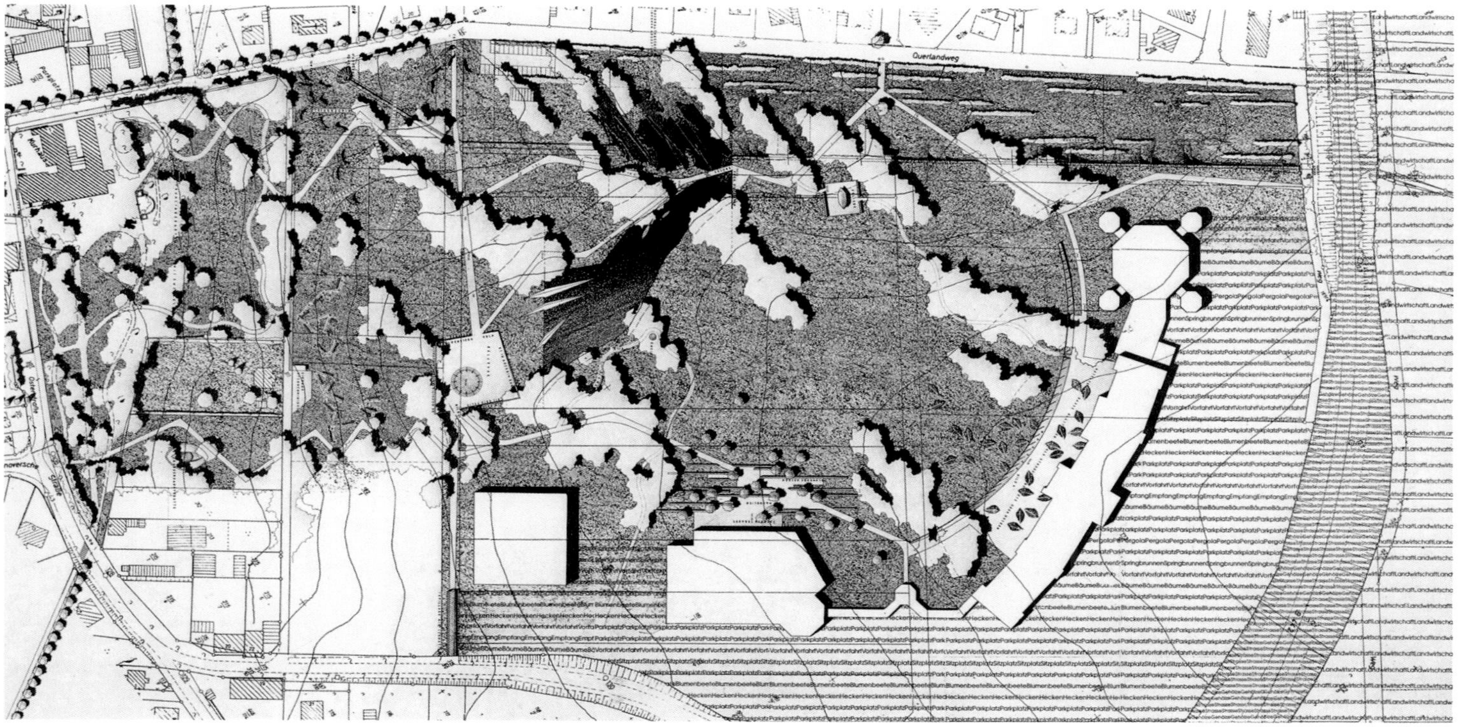
Querlandweg

schnittenen Pflanzenkörper in Form von Fabeltieren schaffen am Osteingang eine eigene Identität und geben mit dem angrenzenden Spielbereich, der sich auf unserem Spaziergang bereits durch laute Kinderstimmen ankündigt, ein unverwechselbares Gepräge. Um die teilweise beachtlichen Steigungen besser zu überwinden, sind Serpentinen angelegt. In einer Kurve erblicken wir eine große Muschel, in der das Bachwasser gesammelt und tosend der Unterwelt zugeführt wird. Wir meiden den steilen, rechts hochgehenden Weg zum Bellevue und gehen, sanft ansteigend, dem kaskadenförmig angelegten Rückhaltebecken entgegen. Es wird schattig und kühl. Künstliche Felsen aus Tuffsteinen sind mit grünen Algen überzogen. Zwischen den wasserüberspülten Felstreppen haben sich Moose und Farne angesiedelt. Rechterhand taucht der große Weiher auf. Über eine Stahlbrücke gelangen wir zu einem Platz und setzen uns auf die Bank. Direkt vor uns eine Balustrade, die aus den Buchstaben POCA DIFFERENZA gebildet wird. Über den Sinn der Worte grübelnd, fällt unser Blick auf den 150 Meter langen See. Schwarze Schwäne mit roten Schnäbeln steigen aus dem Wasser und recken sich flügelschlagend auf einer kleinen Insel, die uns an einen steingewordenen Fischrücken erinnert. Von Ferne ertönt das Gekreisch eines Beos, unterbrochen von Grillengezirpe. Hinter einer dichten Hecke versteckt, begrüßt uns der lachende Hans aus der Volière. Eine Amsel aus der nahegelegenen Wildhecke antwortet ihm. Wir durchqueren diesen wilden Vegetationsbestand mit wechselfeuchten bis trockenen Standorten, die durch längsgerichtete Wildhecken gegliedert sind. Es lockt die Hotelterrasse. Zwischen Stauden, Hecken und Blumenbeeten trinken wir Kaffee. Direkt vor uns ein flaches Wasserbecken. Zwischen glycinienberankten Säulen und Baumgruppen hindurch erkennen wir über dem Weiher die markante Kuppel der Stadtkirche. Der Weg führt uns hinab zu streifenförmig geschnittenen Hecken, die nicht nur aus Hainbuche, sondern auch aus blühenden Sträuchern wie Cornus, Chaenomeles, Forsythie oder Spirea bestehen. Locker verteilt wachsen stattliche Exemplare von großen Magnolien und Japanischem Ahorn. Die Großbäume – einzeln gepflanzt – bilden einen Kontrast zu den wald-

able character. Serpentines have been laid out to overcome the slopes that are in some cases steep. As we come to a curve, we see a large pool where the stream waters gather and disappear below ground in a thunderous roar. We avoid the steep, right-hand path leading to the belvedere and walk along the route that gently ascends to the retention basin with its cascading form. It becomes shady and cool. Artificial rocks of tuff are covered with green algae. Moss and fern have established themselves between the stone, water-washed steps. The large pond lies to the right. We cross a steel bridge and arrive at a clearing where we take a rest on a bench. Directly in front us, we see a balustrade containing the letters POCA DIFFERENZA. Reflecting on what these words mean, our gaze falls on the 150-metre-long lake. Black swans with red beaks rise out of the water and, beating their wings, come to rest on a small island that reminds us of the petrified back of a fish. The screetch of a beo can be heard from a distance, interrupted by the chirping of crickets. We are welcomed by the laugh of a kookaburra in the aviary, hidden behind a dense hedge. A blackbird from the nearby wild hedge answers. We cross this area of wild vegetation with its poikilohydric and dry locations that are structured by lateral hedges of wild bushes. The hotel terrace is inviting. We enjoy a cup of coffee between the shrubs, hedges and flower-beds. In front of us, a shallow pool of water. The striking dome of the town church is visible across the pond and between the glycinia-covered columns and groups of trees. The path we follow downhill leads us to austerely clipped hedges that not only consist of hornbeam, but also of flowering shrubs such as cornus, chaenomeles, forsythia and spiraea. There are scattered, magnificent examples of magnolia and Japanese maple. These large trees – planted at intervals – form a contrast to the woodland areas. A minor path with a waterbound surface branches off to the right. We pass the Kneipp pool by as we are riveted by the view of the belvedere and its rose-covered rotunda high above the lake. Climbing roses around the tower conjure up images of a well-known and frequently used park element. The scent of roses is evocative. Once again, the inscription: ET IN ARCADIA

artigen Bereichen. Ein kleiner Nebenweg mit wassergebundener Decke zweigt rechts ab. Die Kneipp-Station lassen wir unbenutzt, weil uns der Anblick des über dem See liegenden Bellevue mit seinem Rosenrondell fesselt. Kletterrosen am Rosenrondell rufen Erinnerungen an ein bekanntes und oft tradiertes Parkelement wach. Betört vom Duft der Rosen werden die Gedanken frei. Wieder eine Inschrift: ET IN ARCADIA EGO. Langsam dämmert es – war da nicht Goethe, der auch schon in Arkadien weilte? Das Bellevue – man nimmt es sofort wahr – ist das Herzstück des Kurparkes, der die unterschiedlichsten Durch- und Ausblicke in alle vier Himmelsrichtungen gewährt. Die nahe Klinik, der lange Weiher, die Stadt. Es ist dunkel geworden. Auf der südlichen Balustrade sitzend, blicken wir auf eine merkwürdig illuminierte Anordnung, die in den nächtlichen Himmel strahlt. Bodenlampen in der Minigolfanlage zeichnen ein Bild, das wir sonst über uns sehen – Aquarius, Cerus und Phoenix – der südliche Sternenhimmel.

Dieter Kienast

Gewähre, daß ich ein- und ausgehe in meinem Garten,
daß ich mich kühle in seinem Schatten,
daß ich Wasser trinke aus meinem Brunnen jeden Tag,
daß ich lustwandle am Ufer meines Teiches ohne Unterlaß,
daß meine Seele sich niederlasse auf den Bäumen,
die ich gepflanzt habe,
daß ich mich erquicke unter meinen Sykomoren.

Ägyptisches Gebet

EGO. Gradually, it dawns on us – dit not Goethe also sojourn in Arcadia? The belvedere – it is immediately perceptible – is the heart of the spa gardens, which permit very differing views in all directions of the compass. The nearby clinic, the elongated pond, the town. Darkness has fallen. Sitting on the southern balustrade, we see a curiously illuminated arrangement that lights up the night sky. Ground lights on the mini-golf course trace a picture that we normally see above us – Aquarius, Cerus and Phoenix – the southern sky.

Dieter Kienast

Grant that I may enter and leave my garden,
that I may cool myself in its shade,
that I may drink water from my well each day,
that I may wander along the banks of my pool at will,
that my soul may lay itself down on the trees I planted,
that I may refresh myself under my mulberry trees

Egyptian prayer

Gewähre, dass ich ein- und ausgehe in meinem Garten,
dass ich mich kühle in seinem Schatten,
dass ich Wasser trinke aus meinem Brunnen jeden Tag,
dass ich lustwandle am Ufer meines Teiches ohne Unterlass,
dass meine Seele sich niederlasse auf den Bäumen,
die ich gepflanzt habe,
dass ich mich erquicke unter meinen Sykomoren

Agyptisches Gebet

Bad Münder am Deister wird sich in naher Zukunft wegen seiner geplanten grossmasstäblichen Bauten in sozialer, ökonomischer, städtebaulicher und landschaftlicher Sicht stark verändern. Allein der Flächenvergleich zeigt, dass die drei grossen Bauvorhaben - Kurpark, Ferienpark und Golfplatz - etwa ein Drittel des bisherigen Siedlungsgebietes der Stadt belegen. Der Kurpark ist öffentlicher Raum. Deshalb kommt ihm eine besondere Stellung zu. Bereits sind die vielfältigen Anforderungen und Erwartungshaltungen formuliert, die wir als Planer kaum erfüllen können. Zwischen Disneyland und biologischer Ausgleichsfläche haben wir uns für eine Parkgestalt entschieden, die grösstmögliche Nutzungsoffenheit anstrebt und dadurch vielfältigen Gebrauch unterschiedlicher Besucher ermöglicht. Die Bezugnahme zum Ort wird auf verschiedenen Ebenen gesucht, wie zum Beispiel in der behutsamen topografischen Integration, in der Anbindung an den alten Kurpark oder in offengehaltenen Sichtachsen (u.a. zur Stadtkirche).

Mit der Videokamera gehen wir durch den Park, erblicken die Besucher, erleben die räumliche Gestalt, den Duft, die Farben und den Wind.

Zur Erinnerung haben wir vier Videostandbilder herausgenommen, die uns atmosphärisch beeindruckt haben.

Wir beginnen unseren Spaziergang an der Muskelmuschel und wenden uns gegen Osten. Auf dem Weg wird der Blick auf den am Hang liegenden Frühlingsgarten (1) frei. Dem geschwungenen Weg folgend, sehen wir feine, tanzende Linien (2) von Hyazinthen, Krokus Noarzissen und Tulpen, während uns im Sommer nur das hohe etwas verblühte Gras an die Blütenreihen erinnert. Um den eingeschobenen Privatgarten herum gelangen wir zu einer, in schillernden Farben ausgelegten Grotte (3), aus der Wasserdampf quilmt. Seitlich sind Solarzellen angebracht, aus denen die notwendige Energie gewonnen wird. Wir erreichen den ersten Querweg. Kindergeschrei lockt uns an, vorbei am Eingang der Minigolfanlage (4) zum Kinderspielplatz (5). Einfache Spielgeräte, Sand- und Matschplätze, eine pneumatische Matte zwischen riesigen Fahrel- und Tierwesen aus geschnittenen Pflanzen erfreuen grosse und kleine Besucher gleichermassen. Um die teilweise beachtlichen Steigungen besser zu überwinden, sind Serpentinen (6) angelegt. In einer Kurve erblicken wir eine grosse Muschel (7), in der das Bachwasser gesammelt und tosend der Unterwelt zugeführt wird. Wir meiden den steilen, rechts hoch gehenden Weg zum Bellevue und gehen, sanft ansteigend, dem kaskadenförmig angelegten Rückhaltebecken (8) entgegen. Es wird schattig und kühl. Künstliche Felsen aus Tuffsteinen sind von grünen Algen überzogen. Zwischen den wasserüberspülten Felstreppen haben sich Moose und Farne angesiedelt. Rechterhand taucht der grosse Weiher auf. Über eine Stahlbrücke (9) gelangen wir zu einem Platz (10) und setzen uns auf die Bank. Direkt vor uns eine Balustrade, die aus den Buchstaben POCA DIFFERENZA gebildet wird. Über den Sinn der Worte grübelnd, fällt unser Blick auf die 150 Meter langen See. Schwarze Schwäne mit roten Schnäbeln steigen aus dem Wasser und recken sich flügelschlagend auf einer kleinen Insel, die uns an einen steingewordenen Fischrücken erinnert. Von Ferne ertönt das Gekreisch eines Reas, unterbrochen von Grillengezirpe. Hinter einer dichten Hecke versteckt, begrüsst uns der lachende Hans aus der Voilère. (11) Eine Amsel aus der nahegelegenen Wildhecke antwortet ihm. Wir durchqueren diesen wilden Vegetationsbestand (12) mit wechselfeuchten bis trockenen Standorten, die durch Kniggearchitekte Wildhecken gegliedert sind. Die Hotelterrasse lockt. Zwischen blattfömigen Stauden-, Hecken- und Blumenbeeten (13) trinken wir Kaffee. Direkt vor uns ein flaches Wasserbecken. Zwischen glyzinienberankten Säulen und Baumgruppen hindurch erkennen wir über dem Weiher die markante Kuppel der Stadtkirche. Der Weg führt uns hinab zu streifenfömig geschnittenen Hecken (14), die nicht nur aus Hainbuche, sondern auch aus blühenden Sträuchern wie Cornus, Chaenomeles, Forsythie oder Spirea bestehen. Locker verteilt wachsen stattliche Exemplare von grossen Magnolien und Japanischen Ahorn. Ein kleiner Nebenweg mit wassergebundener Decke zweigt rechts ab. Die Kneipp-Station (15) lassen wir unbenutzt, weil uns der Anblick des über dem See liegenden Bellevue mit seiner Rosenrondelle fesselt. Wieder eine Inschrift: ET IN ARCADIA EGO. Langsam dämmert es - war da nicht Goethe, der auch schon in Arkadien weilte? Das Bellevue (16) - man nimmt es sofort wahr - ist das Herzstück des Kurparkes, in allen vier Richtungen unterschiedliche Durch- und Ausblicke: die nahe Klinik, der lange Weiher, die Stadt. Es ist dunkel geworden. Auf der südlichen Balustrade stehend, blicken wir auf eine merkwürdig illuminierte Anordnung, die in den nächtlichen Himmel ragt. Bodenlampen in der Minigolfanlage (17) zeichnen ein Bild, das wir sonst über uns sehen - Aquarius, Cetus und Phoenix - der südliche Sternenhimmel. Betört vom Duft der Rosen, werden die Gedanken frei.

VEGETATIONSKONZEPT

WALDSTREIFEN
Die kulissenartig angepflanzten Waldstücke bestimmen das räumliche Gepräge des neuen Kurparks. Die Ausrichtung betont die Blickbeziehung zur Stadt mit ihrem Wahrzeichen, dem Kirchturm. Die einzelnen Waldstreifen thematisieren den spezifischen Standort, wie z.B.Birkenhain am grossen Weiher bekanntes, räumliches Konstruktionsprinzip.
PFLANZENARTEN: z.B. Eiche, Ahorn, Esche, Weide,Birke, Vogelbeere

EINZELBAEUME
Einzeln gepflanzte Grossbäume stehen in Kontrast zu den waldartigen Bereichen. Sie thematisieren ein vom Prinzip des Landschaftsgarten bekanntes, räumliches Konstruktionsprinzip.
PFLANZENARTEN: z.B. Eiche, Säulenpappel,Magnolie,japanische Ahorn

BUCHENBLAETTER
Frei geschnittene Heckenkuben in Form von überdimensionierten Buchenblättern im Wechsel mit Staudenbeeten bestimmen den Terrassenbereich des neuen Kulhauses.
PFLANZENARTEN: Buche, Stauden

TOPIARY
Skulptural geschnittene Pflanzenkörper in Form von Fabeltieren schaffen am Osteingang eine eigene Identität und geben dem angrenzenden Kinderspielbereich ein unverwechselbares Gepräge.
PFLANZENARTEN: z.B. Buche, Eibe, Hainbuche

ROSENRONDELL
Kletterrosen am Rosenrondell rufen Erinnerungen an ein bekanntes und oft tradiertes Parkelement wach.
PFLANZENARTEN: Kletterrosen

TREILLAGE
Der Weihergang wird mit einem von Clematis überwachsenen Treillagegang ausgezeichnet.
PFLANZENARTEN: Clematis in verschiedenen Arten und Sorten

HECKENGARTEN
Unterschiedliche Hecken aus blühenden und immergrünen Pflanzen zeigen im Lauf des Jahres ein fortwährend sich änderndes Bild.
PFLANZENARTEN: z.B. Cornus mas, Chaenomeles,Spiraea

PARKWIESEN
Im Bereich des Kurparks soll sich im Verlauf des Jahres ein extensiv gepflegter Parkrasen entwickeln.

FELDHECKEN
Die Artenzusammensetzung orientiert sich an der potentiell natürlichen Vegetation. Grossbäume werden im Gegensatz zum Kurpark (Schattenwurf) nicht gepflanzt.
PFLANZENARTEN: z.B. Hasel, Schwarzdorn, Schneeball,Holunder etc.

EXTENSIVER BEREICH
Differenzierte, feuchte bis trockene Standorte, die mit Feldhecken unterteilt sind.

OBSTBAEUME
Der Bestand an Obstbäumen wird mit hochstämmigen Bäumen ergänzt. Die Auswahl sollte sich auf regional bekannte Sorten beschränken.
PFLANZENARTEN: Apfelbäume

FRUEHLINGSGARTEN
Geometrisch ausgerichtete Pflanzenstreifen mit unterschiedlicher Zwiebelpflanzung ändern den Farbaspekt dieses bereits heute sehr stimmungsvollen Parkbereichs.
PFLANZENARTEN: z.B. Hyazinthen, Crocus,Narzissen,Tulpen

BEST. VEGETATION

WASSERKONZEPT

Der Bachlauf bleibt in seiner Lage unverändert. Das Bachbett wird ausgeheckt und mit kleineren Staustufen versehen.

Schmale Kanäle leiten das Dachwasser von den Gebäuden in den See bzw. den Park.

Das Wasserbecken auf der Hotelterrasse wird mit Dachwasser gespiesen.

Grosser Weiher

Das Wasserrückhaltebecken ist in vier höhenabgestufte Becken unterteilt.

Wassermuschel

Dampfbrunnen

Das räumliche Gepräge des neuen Kurparks wird durch die kulissenartig angepflanzten Waldstücke bestimmt. Deren Ausrichtung betont den Blickbezug
zur Stadt.

The spatial character of the new spa gardens is determined by the woodland areas planted like a backdrop. Their alignment emphasises the visual link to the town.

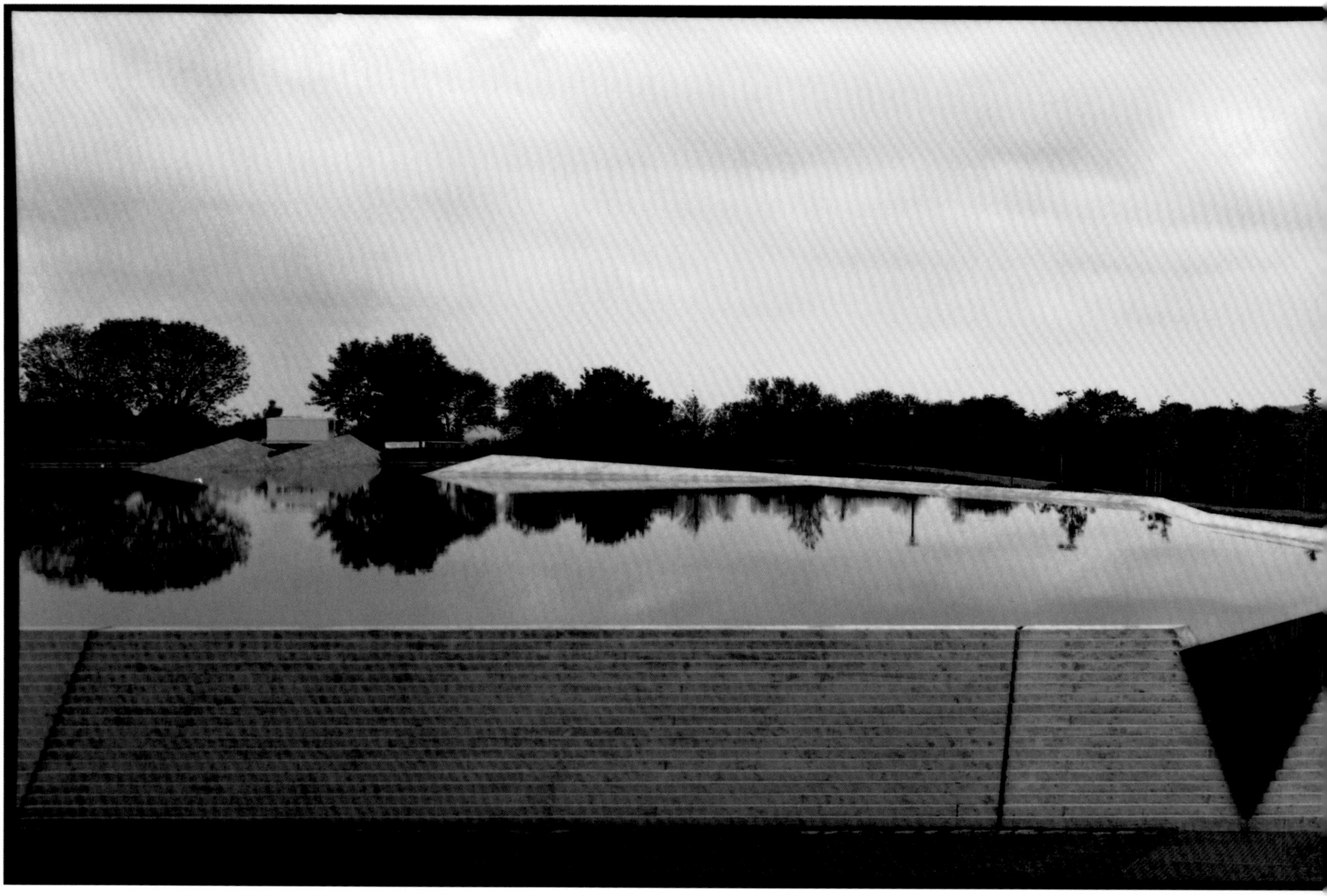

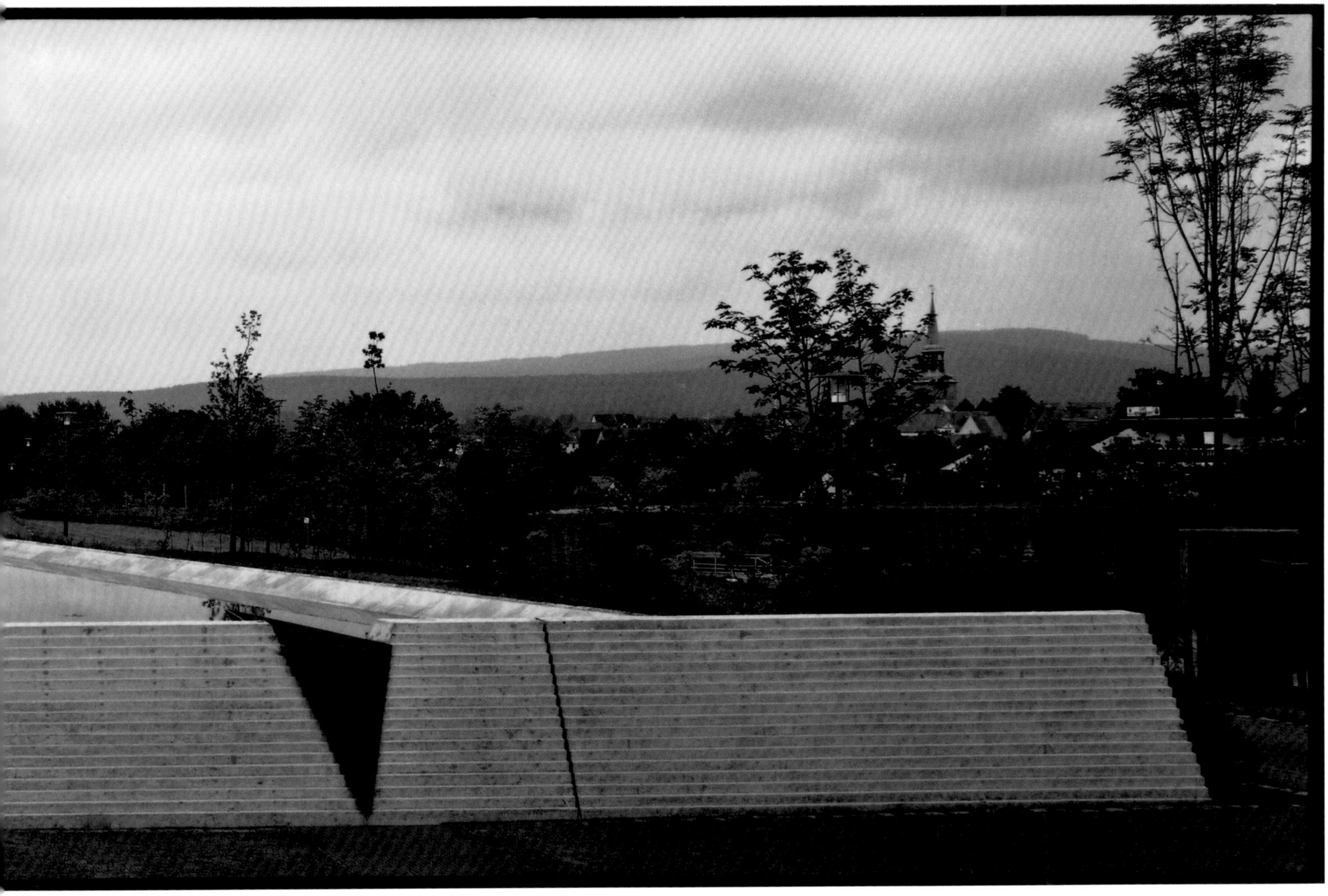

Langgezogene Tuffsteine, die mit grünen Algen überzogen sind, begrenzen den neuen künstlichen See.

Elongated artificial rocks of tuff, covered with green algae, define the boundary of the new lake.

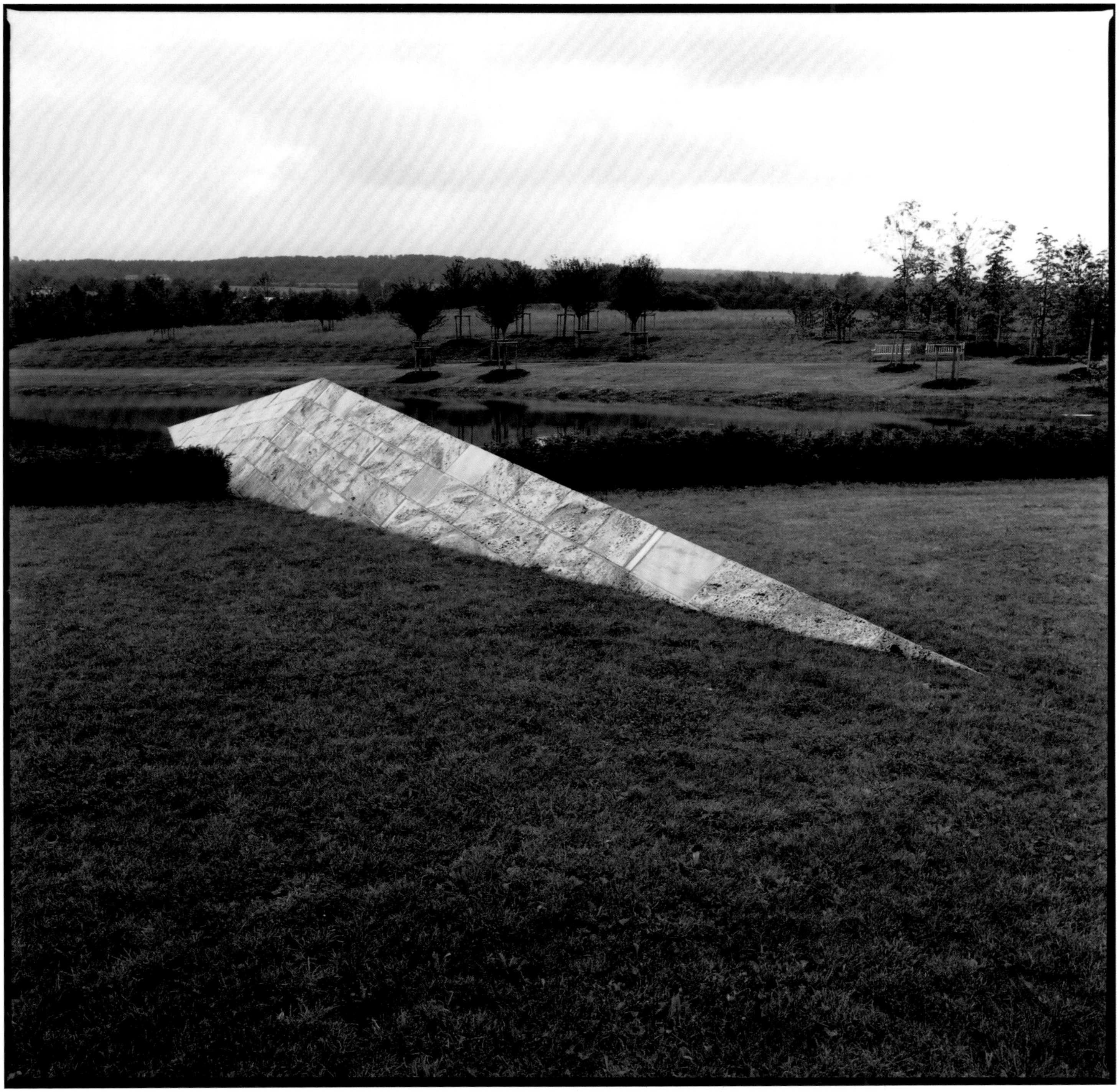

Landschaftsgestaltung Kronsberg Hannover

Der Kronsberg mit seinem sanft geschwungenen Hügelrücken ist markanter Teil einer bis anhin offenen und weiträumigen Landschaft, die im Peripheriebereich der Stadt Hannover liegt. Wie auch andernorts, stellt die Peripherie das einzige, großräumige Entwicklungsgebiet dar. Mit der geplanten Bebauung der Kronsberg-Westseite und der – erst in Ansätzen erkennbaren – Kuppenbewaldung wird sich der Landschaftsraum radikal verändern. Anstelle der weiten, einförmig strukturierten Landschaft entstehen überblickbare Stadt- und Landschaftsräume, die eine neue und intensivere Nutzung aufweisen. Dazu trägt auch die weitere Entwicklung der Messe und natürlich die Expo 2000 wesentliches bei. Aus landschaftsgestalterischer Sicht soll für diesen großen Bereich eine neue Identität geschaffen werden, die sich deutlich vom bisherigen Leitbild des landwirtschaftlich genutzten Raumes unterscheidet. Landwirtschaft wird sich gemäß unserem Konzept primär auf die Kronsberg-Ost- und Südseite beschränken.

Der Kronsberg tritt in seiner jetzigen topopgraphischen Ausformung als Berg eigentlich nicht in Erscheinung: Er ist dermaßen flach, daß man nicht feststellen kann, wann man auf der Kuppe angelangt ist. Die Erhöhung ist denn auch primär über die Verschneidung der Horizontlinien erfahrbar. Da die vorhandenen Aufforstungen noch sehr jung sind, treten sie als Raumbegrenzung nicht in Erscheinung.

Ziel unserer Landschaftsgestaltung ist eine klare Definition einprägsamer und kräftig formulierter Landschaftsräume, die im Dialog zur umgebenden Landschaft und dem neuen Stadtquartier stehen. Die Räume haben unterschiedliche Funktionen zu erfüllen. Einerseits werden sie als Ergänzung zu den wohnungsnahen Außenräumen aufgefaßt, andererseits sind sie als Naherholungsgebiet der Gesamtstadt von Bedeutung. Ihre ökologische Wertigkeit als Lebensstätte für vielfältige Pflanzen- und Tierpopulationen, als stadtklimatischer Ausgleichsraum werden einbezogen. Es sind gut proportionierte Freiräume zu entwickeln, die sinnlich erfahrbar sind und im besten Fall einen Beitrag zu einem authentischen, unverwechselbaren und poetischen Stadtrand leisten.

Landscape design for Kronsberg in Hanover

With its gently rolling ridge, the Kronsberg hill has always been a distinctive part of the open, sweeping countryside on the periphery of the City of Hanover. As elsewhere, the only large-scale areas of development are on the periphery. The envisaged development on the west side of Kronsberg and the afforestation of the ridge – as yet still at the planning stage – will radically transform the area. The extensive and uniformly structured countryside is to be replaced by comprehensible urban and landscape spaces allowing new and intensive use. Further development of the exhibition grounds and, it goes without saying, Expo 2000 will play a vital role. This extensive area is to be given a landscape design that provides a new identity distinct from the existing form of use that is primarily agricultural. Our concept confines agriculture essentially to the east and south faces of Kronsberg.

In its present topographical form Kronsberg is not actually recognisable as a hill; it is so flat that walkers are not even aware that they have reached the top. Its elevation can primarily be experienced through the convergence of the horizon lines. As existing afforestation is still in its very early stages, it can not yet create any spatial definition.

The aim of our landscape design is a clear definition of distinctive and powerfully articulated landscape spaces that address the surroundings and the new urban district. The spaces serve different purposes. On the one hand, they are conceived as a supplement to the grounds of the residential buildings, and, as recreational areas they are important for the city as a whole. Their ecological value as the habitat of a wide variety of fauna and flora, as areas contributing to climatic balance has been taken into consideration. Our task is to develop well-proportioned open spaces that can be experienced by the senses and, ideally, contribute to an authentic, distinctive and poetic urban edge.

The new districts are structured by transverse park corridors, serving both to link and to separate. The park corridors break the new districts up, while also providing a traffic-free link to the top of the hill and the existing residential districts. Each corridor has its own distinctive content and formal, topo-

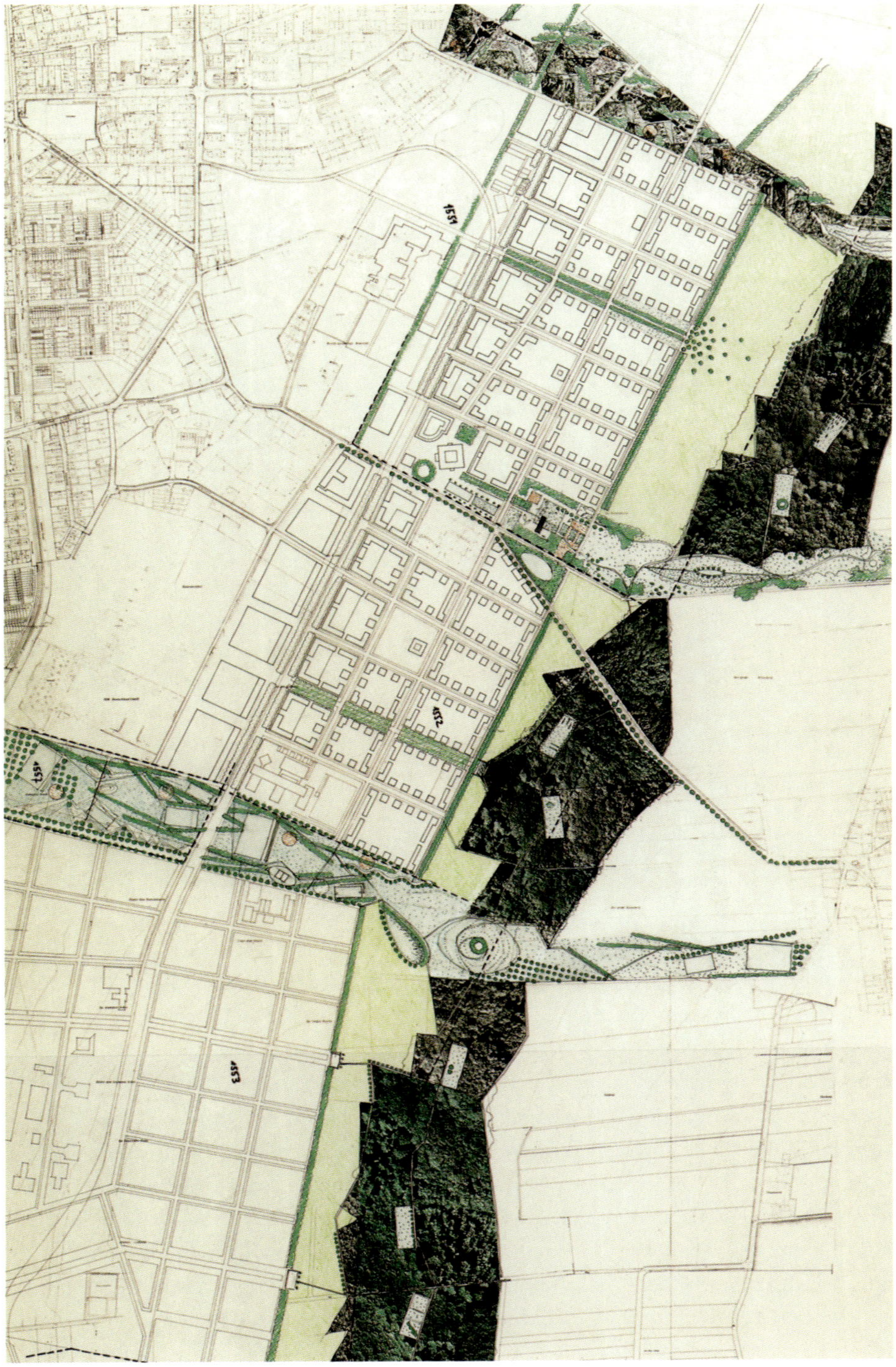

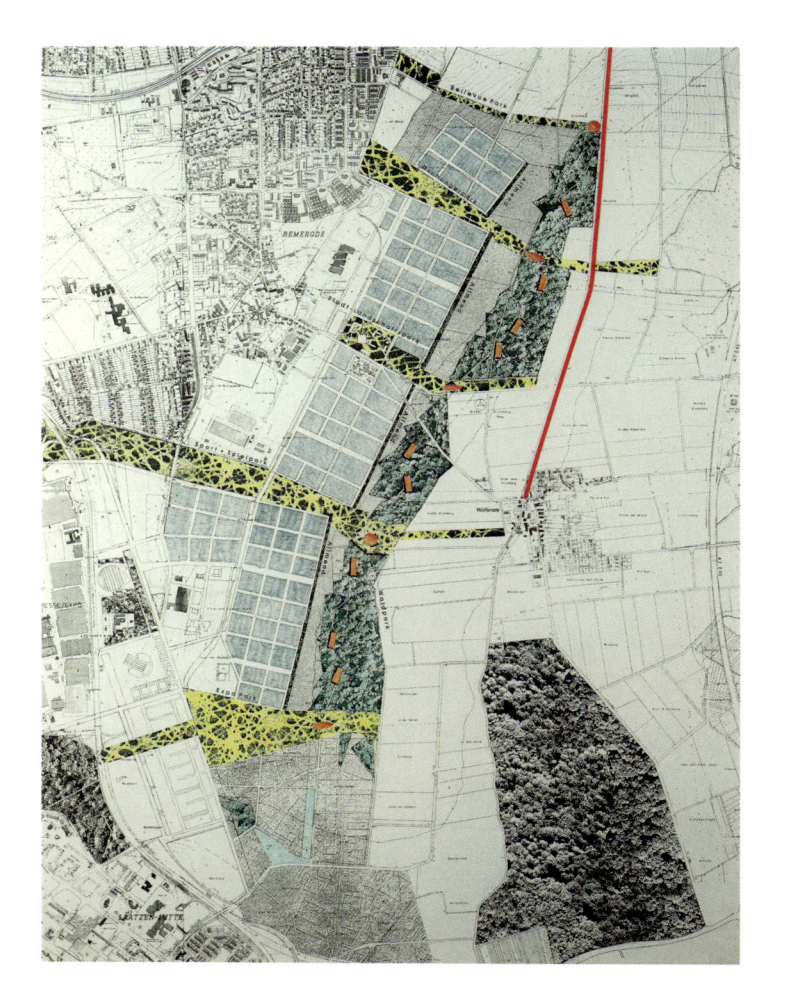

Die neuen Quartiere werden durch querliegende Parkstreifen strukturiert. Diese haben gleichermaßen verbindenden und trennenden Charakter. Die Parkstreifen stellen eine Zäsur der neuen Quartiere dar, sichern aber auch die verkehrsfreie Verbindung zur Hügelkuppe und den bestehenden Stadtquartieren. Jedes Parkband hat eine unverwechselbare inhaltliche, formale, topographische und räumliche Ausprägung. Zwischen Kuppenbewaldung und Quartiersrand liegen die Allmenden, großräumige Wiesenflächen, die für Sport, Spiel und Naherholung genutzt werden. Die Kuppenbewaldung wird als wichtiger Teil der nutzbaren Landschaftsräume aufgefaßt. Wegverbindungen in nord-südlicher und ost-westlicher Richtung, verbunden mit einge-

graphical and spatial character. The commons, extensive areas of grass that can be used for sports, play and other forms of recreation, lie between the wooded area at the top of the hill and the boundary of the residential district. These woods are conceived as an important part of usable landscape spaces. Paths in a north-south and east-west direction, interspersed by woodland clearings, form an interesting and varied sequence of natural spaces.

The ridge of the hill is to be heightened topographically in the area of the park corridors, making the hilltop a recognisable summit and permitting an uninterrupted view of the city and its surroundings across the rooftops.

streuten Waldlichtungen, stellen eine spannungsvolle und abwechslungsreiche Naturraumfolge dar. Die Hügelkuppe bei den Parkstreifen wird topographisch überhöht. Damit wird die Kuppe als Gipfel einerseits erfahrbar und andererseits genießt man über die Dächer den freien Blick auf die Stadt und das Umland.

Waldkuppenpark

Die vorhandenen Aufforstungen und Wegerschliessungen werden belassen. Die geplanten Aufforstungen sind großflächig übernommen, jedoch kleinflächig variiert, um den speziellen Anforderungen an Raumbildung und Nutzung gerecht zu werden. Im Kuppenbereich sind viereckige Waldlichtungen von 40 x 100 Metern eingestreut. Die ebenen Lichtungen weisen unterschiedliche Ausformungen auf und dienen Spiel, Sport und Naherholung. Die Lichtungen sind – soweit möglich – in den Neuaufforstungen geplant. Lediglich drei Lichtungen müssen in der bestehenden Aufforstung geschaffen werden. Die seitlich ‹geschlossenen› Räume kontrastieren die offenen, abfallenden Räume der Parkbänder und der Allmenden. Im Bereich des Spiel-Sportparkes ist eine Veränderung der geplanten Aufforstung vorgesehen, um den direkten Übergang und die Verbindung nach Wülferode zu gewährleisten. Der westliche Waldrand wird in Zick-Zack-Form aufgebaut. Damit werden kleinere und größere Räume geschaffen, die im Kontrast zur geraden und klaren Raumbegrenzung der noch im Bau befindlichen Quartiere stehen. Um kurzfristig eine räumliche Wirkung zu erzielen, sollen die Waldränder mit größeren Bäumen angepflanzt werden. Der Waldrand wird different behandelt, wie es die drei Varianten aufzeigen. Das Wegenetz wird unter Verwendung der bestehenden Wirtschaftswege verdichtet. Zügige Nord-Südverbindungen auf der West- und Ostseite sowie mittig entlang der Lichtungen knüpfen – zusammen mit den Ost-Westverbindungen – an das bestehende Wegnetz an.

Allmenden

Zwischen dem westlichen Waldrand und den Wohnquartieren sind Allmenden in differenzierten Breiten vorgesehen. Die großen, der Topographie folgenden Wiesenflächen werden zur Bebauung hin mit einer kräftigen, zweistämmigen Baumallee räumlich gefaßt und damit wird gleichzeitig die Stadtkante unverrückbar klar definiert. Die Allee sollte, soweit möglich, als

Hilltop woodland park

Existing afforestation and the system of paths are, on the whole, retained, but given small-scale diversity to reflect individual spatial and functional requirements. The hilltop area is interspersed with rectangular clearings of 40 x 100 metres. These flat clearings have different designs and can be used for play, sport, and recreation. The clearings are – as far as possible – included in the reafforestation plan. Only three new clearings need to be created in the existing afforestation. The laterally 'enclosed' spaces are in contrast with the open, descending space of the park corridors and the commons. A change in the planned afforestation is envisaged in the area of the recreational park in order to provide a direct transition and a link to Wülferode. The western edge of the woodland is conceived as a zigzag form. The intention is to create spaces of differing sizes that are in contrast to the straight and clear delimitation of the space of the residential districts still under construction. In order to achieve a spatial effect in the short term, the woodland edges are to be stocked with larger trees. The woodland edge is to be treated in different ways – as the three variants show. The system of paths is to be densified with the help of the existing access routes. Fast north-south links on the western and eastern sides and through the middle, parallel to the clearings, link up – along with the east-west links – to the existing system of routes.

Common land

Common land of different breadths is planned between the western edge of the woodland and the residential districts. The extensive meadow areas following the topography are to be given spatial definition by a distinctive double avenue of trees, giving the edge of the city clear definition. As far as possible, the avenue should, as a reference to development of the district, be the first area to be stocked. Each avenue traversing the district ends at the common in a square and adjoining groups of trees, becoming either more dense or more sparse. The common land is to be cut down twice a year or, preferably, grazed by a herd of sheep.

Stretches of park

The stretch – recreational park – forms the extensive open-space link between Wülferode, the new residential districts, the exhibi-

Hinweis auf die Quartiersentwicklung als erstes angepflanzt werden. Die das Quartier durchstoßenden Alleen finden im Allmendbereich einen Endpunkt mit jeweils einem Platz und daran anschließenden, sich verdichtenden bzw. auflösenden Baumgruppen mit hochstämmigen Bäumen. Die Allmenden werden zweimal pro Jahr geschnitten oder besser durch eine Schafherde abgegrast.

Parkbänder

Das Parkband – Spiel und Sportpark – stellt die großräumige Freiraumverbindung zwischen Wülferode, den neuen Quartieren und der Messe sowie deren westlichen Anschlußbereichen dar. Sport und Spiel für Alle wird von Gebrauch, Topographie, Raum und Vegetation her thematisiert. Das Angebot an verschiedensten Spielplätzen und Sportfeldern erstreckt sich über den gesamten Park. Fußball, Basketball, Beachball, Skateboardbahn, Halfpipe etc. sind in eine markant bewegte Topographie eingebettet, die weitere Spielmöglichkeiten bietet und gegen die südliche Erschließungsstraße gleichzeitig Schutzfunktion hat. Baum- und Strauchreihen sind immer linear, mit dem Hang fallend, angepflanzt und spielerisch gegeneinander verschwenkt. Mit der Längsrichtung wird der talwärts absinkenden Kaltluft Durchfluß gewährt. Die Wegerschließung ist dicht, sie wird teilweise von Trimmpfaden mit Holzschnitzelbelag begleitet. Höhepunkt ist die etwa 15 Meter überhöhte Hügelkuppe mit einem Lindenkreis als räumlichem Abschluß. Die Aussicht auf Stadt und Land hat hier eine neue Dimension erfahren.

Das Parkband – vom Stadtplatz zum Landschaftspark – führt vom großen, urbanen Stadtplatz über den Landschaftspark in die Agrarlandschaft der Kronsberg-Ostseite. Den südlichen Abschluß bildet die Verbindungsstraße Bemerode-Wülferode, die neu mit einer einseitigen, dicht gepflanzten Allee einen räumlichen Akzent erhält. Der Platz mit den angrenzenden öffentlichen Gebäuden und Läden geht über in eine städtische Grünanlage mit Kleinkinderspielplätzen. Im Straßendreieck liegt ein Baumhain, in dessen Zentrum der offene, etwa 3000 Quadratmeter große Festplatz liegt. Seitlich des abgegrenzten Reservoirs führen Wege in den romantischen, sanft modellierten Landschaftspark, der sich deutlich von den Allmenden abhebt. Auch hier bildet der langgezogene Kuppenhügel den räumlichen Abschluß mit dem Eichenoval und die Überleitung in die östliche

tion grounds and the areas adjoining them to the west. Sport and play for everyone is the theme in terms of use, topography, space and vegetation. Playground areas and sports facilities are distributed throughout the park. Facilities for football, basketball, beachball, skateboarding, halfpipe, etc. are incorporated into a very distinctive topography, also providing possibilities for further forms of play and games and protection from the southern access road. Rows of trees and shrubs are always linear, following the line of the slope and offset against each other in a 'playful' way. The longitudinal alignment allows cold air to descend into the valley. The network of paths is dense and is partly accompanied by jogging and keep-fit-trails with wood-chip surfaces. The high point is the rounded top that has been heightened by around 15 metres and given spatial definition by lime trees planted in a circle. Views of the city and the countryside have taken on a new dimensions here.

The stretch of park – from urban square to landscape park – leads from the large urban square via the landscape park to the agricultural area on the eastern side of Kronsberg. Its southern boundary is formed by the route linking Bemerode and Wülferode, which has been spatially accentuated by means of a densely stocked avenue on one side. The square and the adjacent public buildings and shops give way to an urban park with playgrounds for small children. A grove of trees lies in the triangular street area with an open-air, approximately 3000-square-metre site for festivities at its centre. To the side of the enclosed reservoir, paths lead to the romantic, gently modelled landscape park which stands out from the commons. Here, too, the elongated hill provides spatial definition with the oval of oak trees and transition to the landscape to the east. The park's network of paths links up with the system of paths on the hill. Surface water (from squares, adjacent roof surfaces) is collected and flows into ornamental pools via narrow channels, excess water flows into seepage galleries.

It is intended that semi-natural vegetation develops in the stretch of park – wilderness park. The character of wildness is achieved by irregular topography, low density of paths, different kinds of soil, stagnant and seeping water, and uncultivated vegetation. This is not a fenced-off nature conservation area, but a protected place for people, plants and animals. Fully developed paths are the exception, tracks the rule. Only the border areas

Landschaftskammer. Die Parkwegverbindungen knüpfen an das Kuppenwegenetz an. Anfallendes Oberflächenwasser (Plätze, angrenzende Dachflächen) wird gesammelt und über schmale Kanäle in Zierwasserbecken geleitet, der Überfluß mündet in Sickergalerien.

Das Parkband – Wildnispark – wird die Entwicklung naturnaher Vegetationsbestände angestrebt. Der Charakter der Wildheit wird durch eine unregelmäßige Topographie, geringe Wegerschließung, differenzierte Böden, stehendes und versickerndes Wasser und sich selbst überlassene Vegetation erreicht. Kein abgezäuntes Naturschutzgebiet, vielmehr ein geschützter Ort für Menschen, Pflanzen und Tiere. Ausgebaute Wege sind die Ausnahme, Trampelpfade die Regel. Anpflanzungen werden nur in den Randbereichen vorgenommen, um rascher räumliche Wirkung zu erzielen. Rohböden und Mutterboden, unterschiedliches, aus dem Aushub gewonnenes Kalkstein- oder Abbruchmaterial wird eingebracht, um eine Differenzierung der Vegetationsdecke zu erreichen und Spielelemente für die Kinder bereitzuhalten. Dach- und unverschmutztes Oberflächenwasser der angrenzenden Quartiere wird über Sickerkanäle in flache, naturnah abgedichtete Wasserrückhaltebecken geleitet und von da aus der Versickerung oder dem Bach zugeführt. Im Randbereich der Bebauung sind vier Spielplätze vorgesehen. Der höchste Punkt auf der Kuppe ist – im Unterschied zu den anderen Hügelkuppen – topographisch unregelmäßig aufgeschüttet. Die Vegetation wird sich in Übereinstimmung von Nutzung und Gebrauch entwickeln. Pflegemaßnahmen wie Auslichtungen der Gehölzbestände sind nur in größeren zeitlichen Abständen notwendig.

Wülferoder-Allee

Den Ort Anderten, die B65-Unterführung und Wülferode wird eine einreihige Säuleneichen-Allee verbinden. Die Allee begleitet und akzentuiert den Fußweg zwischen den Ortsteilen. Sie manifestiert den langsamen Wechsel von einer intensiv agrarisch genutzten Landschaft zu einem vielfältigen Naherholungsgebiet, in dem von der Landwirtschaft bis zum Park unterschiedlichste Nutzungen möglich sind und somit ein Beitrag zu einer sinnvollen Landschaftsentwicklung geleistet werden kann.

Dieter Kienast

are to be stocked with plants to achieve a spatial effect quickly. Rendzina, topsoil, differing limestone and rubble obtained from excavation work is to be used to achieve differentiation of the vegetation cover and provide play elements for children. Rainwater from roofs and dirty surface water from the adjacent residential districts is to flow via seepage channels into shallow, semi-naturally sealed water retention basins and from there conducted to seepage sites or the stream. There are to be four playgrounds on the edge of the development. The highest point of the hill is – in contrast to the other hilltops – to be heightened irregularly. Vegetation will develop in line with use. Maintenance such as thinning of undergrowth will be only necessary at large intervals.

Wülferoder-Allee

The town of Anderten, the B65 underpass and Wülferode are to be linked by an avenue consisting of single rows of columnar oak trees. The avenue is to follow and accentuate the footpath linking the various parts of the community. It manifests the gradual transition from an area of intensive agricultural use to a recreation area providing many uses ranging from agriculture to park and making possible a contribution to landscape development that makes sense.

Dieter Kienast

Tate Modern London

Die Tate Gallery hat zu ihrem bisherigen Haus an der Millbank nun neu die Tate Modern im sogenannten Armeleuteviertel an der Bankside in Southwark gefunden. Direkt an der Themse gelegen, gegenüber von St. Paul's Cathedral. Die Verbindung über den Fluß stellt eine neue Fußgängerbrücke, die Millennium-Brücke, von Sir Norman Foster her.

Die Tate ist ein gewaltiges «Kraftwerk der Kunst» für die Kunst, eine Turbinenhalle, die 1945 von Sir Gilbert Scott erbaut, schon lange nicht mehr in Gebrauch und bereits am Zerfallen war. Ein enormes Volumen, eine große Masse Backstein.

An der Vernissage war es Louise Bourgeois mit ihren riesigen, begehbaren Skulpturen, die in diesem Gebäude ihren eigenen Maßstab setzte.

Auf dieses gewaltige Volumen eine schlüssige Antwort für den Außenraum zu finden, war eine anspruchsvolle Herausforderung. Wie soll ein städtischer Raum an der Themse von so immenser Ausdehnung gestaltet werden, in einem Land mit ausgeprägter Tradition des Landschaftsgartens?

Die formale Umsetzung zur Raumbildung – das Verdecken und Freigeben des Gebäudevolumens – ist auf der Themseseite mit den Birkenquadraten geschaffen. Die Birke signalisiert eine Anbindung an die Flußlandschaft. Die dichte Waldstruktur definiert den Raum, schafft unterschiedliche Räume und läßt immer wieder die Sicht auf die ehemalige Turbinenhalle zu. Vereinzelt stehen im großen städtischen Rasenfeld Birkensolitäre. Das Rasenfeld steht den Besuchern nach alter englischer Tradition zur Benutzung offen. Der Themseuferweg und das Rasenfeld mit Birkenhain stehen klar im Kontext zum städtischen Umfeld.

Der «Pleasure ground» – im traditionellen Sinne Vergnügungsplatz – ist der direkt am Haus gelegene innere Garten, der in den äußeren Waldpark überleitet. So ist hier für die Tate die Rasenfläche mit den Birkenhainen zwischen Museum und Stadt eine Neuinterpretation des Begriffes Pleasure ground.

Im Frühling blühen tausende weiße und gelbe Narzissen, die in Quadraten in das Rasenfeld eingelegt sind.

Im Winter sind es die Birkenstämme, die mit ihrem leuchtenden Weiß zwischen Baumvolumen und Besucher vermitteln

Tate Modern London

In addition to its existing Millbank site, the Tate Gallery now has a further location in the so-called Bankside poor-man's quarter in the borough of Southwark. The new gallery lies directly on the south bank, opposite St. Paul's Cathedral on the north bank. The link across the river is provided by a new footbridge, the Millennium Bridge, designed by Sir Norman Foster.

The Tate Modern is a colossal "powerhouse of art", for art, a turbine hall built by Sir Gilbert Scott in 1945, long since disused and already in the process of decay. An enormous volume, a vast mass of brickwork.

At the preview it was Louise Bourgeois who, with her giant, walk-in sculptures, defined scale in this building.

To find a convincing response to the outside space of this immense volume was something of a challenge. How to design an urban space by the Thames of such gigantic proportions, in a country with such a strong tradition of landscape gardening?

Formal realisation of spatial design – concealing and revealing the volume – is created by birch trees planted in squares on the side facing the Thames. The birch tree signals a link to the riverscape. The dense woodland growth defines the space, creates differing spaces and at intervals permits a view of the former Turbine Hall. Solitaire birch-trees stand scattered on the large expanse of lawn. In keeping with English tradition it can be used by visitors. The path along the Thames and the lawn with the groups of birches are clearly in the context to their urban surroundings.

The "pleasure ground" is directly adjacent to the inner garden by the building; the garden provides a link to the outer woodland park. For the Tate, the expanse of lawn with the grove of birches between the museum and the city is a new interpretation of the concept of the pleasure ground.

Thousands of white and yellow narcissi, set in the lawn in a grid pattern, flower in the spring.

In the winter, the shining white of the birch-tree trunks mediates between the building volume and visitors and gives the vast area of the former power station definition. A hedge of three different kinds of flowering shrubs bounds this expanse of

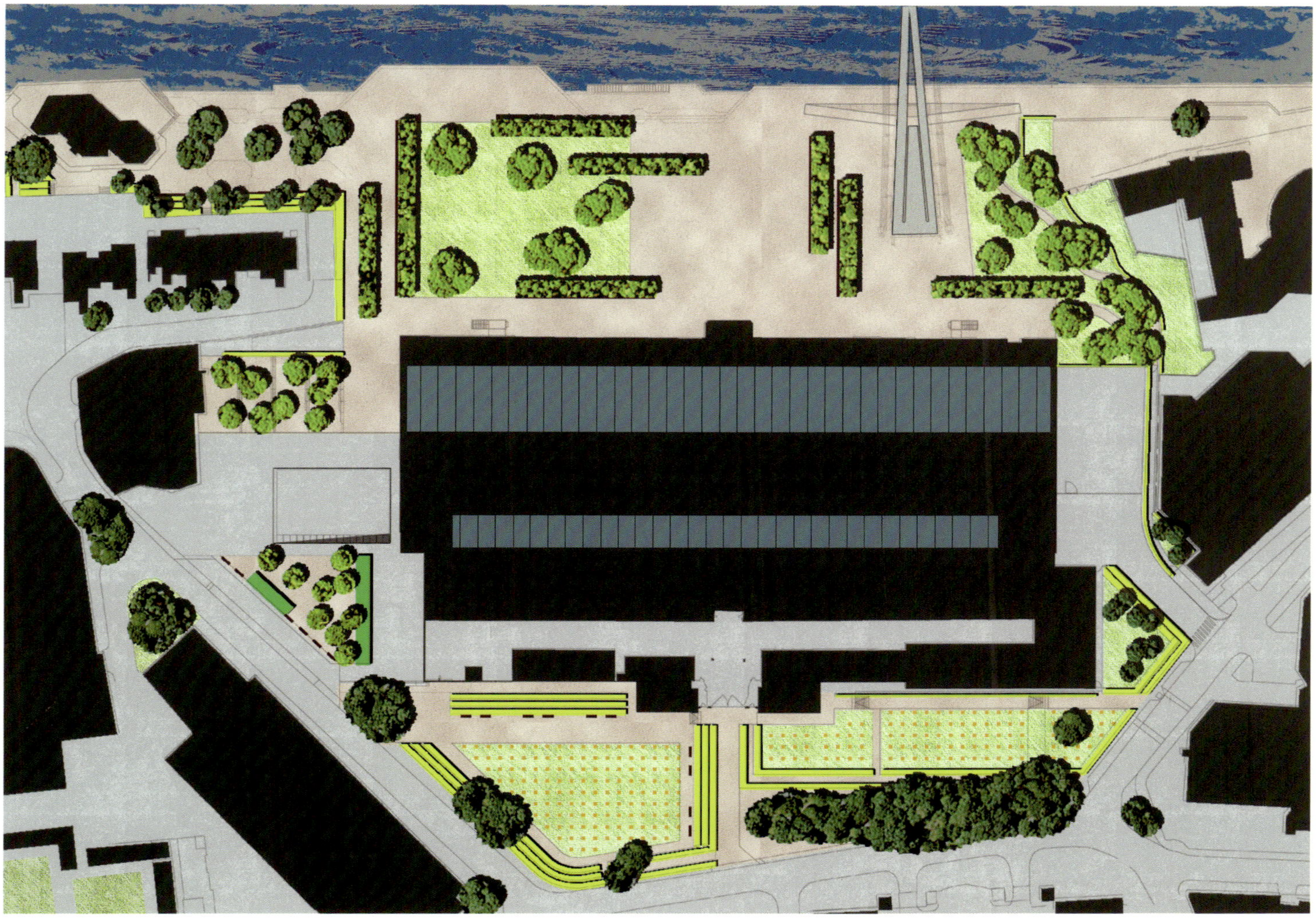

und die große Fläche der ehemaligen Power Station erfaßbar machen. Dreiteilige verschieden blühende Hecken säumen dieses Rasenfeld, das auch hier ein städtisches ist, ein und nehmen Bezug auf den Ablauf der Jahreszeiten.

Der hortus conclusus, der in Form und Ausführung die Tradition der englischen Staudengärten fortschreibt, lehnt sich an die Rückseite des Gebäudes und ist ebenfalls durch Hecken unterschiedlichster Blühart eingefaßt.

Von Westen kommend, erreicht der Besucher den Haupteingang, der sich über die ganze Westfront ausbreitet. Unterschiedlichste Birkenarten definieren diesen gewaltigen Vorplatz. Loser und verfestigter Kies verweisen auf die unterschiedliche Nutzung des Platzes. Eine monumentale Rampe aus schwarz eingefärbtem Beton leitet den Ankommenden direkt in die Ausstellungsräume.

Mit der Tate Modern in Southwark bietet sich nun die Gelegenheit, die Sammlung zur Kunst des zwanzigsten Jahrhunderts aus ihren Lagern und dem bisherigen Dornröschenschlaf zu holen.

Erika Kienast

lawn that, here too, is urban in character and addresses the passage of the seasons.

The hortus conclusus which in form and execution continues the tradition of the English herbaceous garden adjoins the rear of the building and is also bordered by a hedge of different flowering shrubs.

Visitors approaching from the west arrive at the main entrance extending over the entire west front. This vast forecourt is defined by widely different kinds of birch trees. Loose and bonded gravel are a reference to the different uses of the forecourt. A monumental ramp of black-dyed concrete leads visitors directly into the exhibition areas.

The Tate Modern in Southwark has made it possible to take the collection of twentieth century art out of storage where it had slumbered for so long.

Erika Kienast

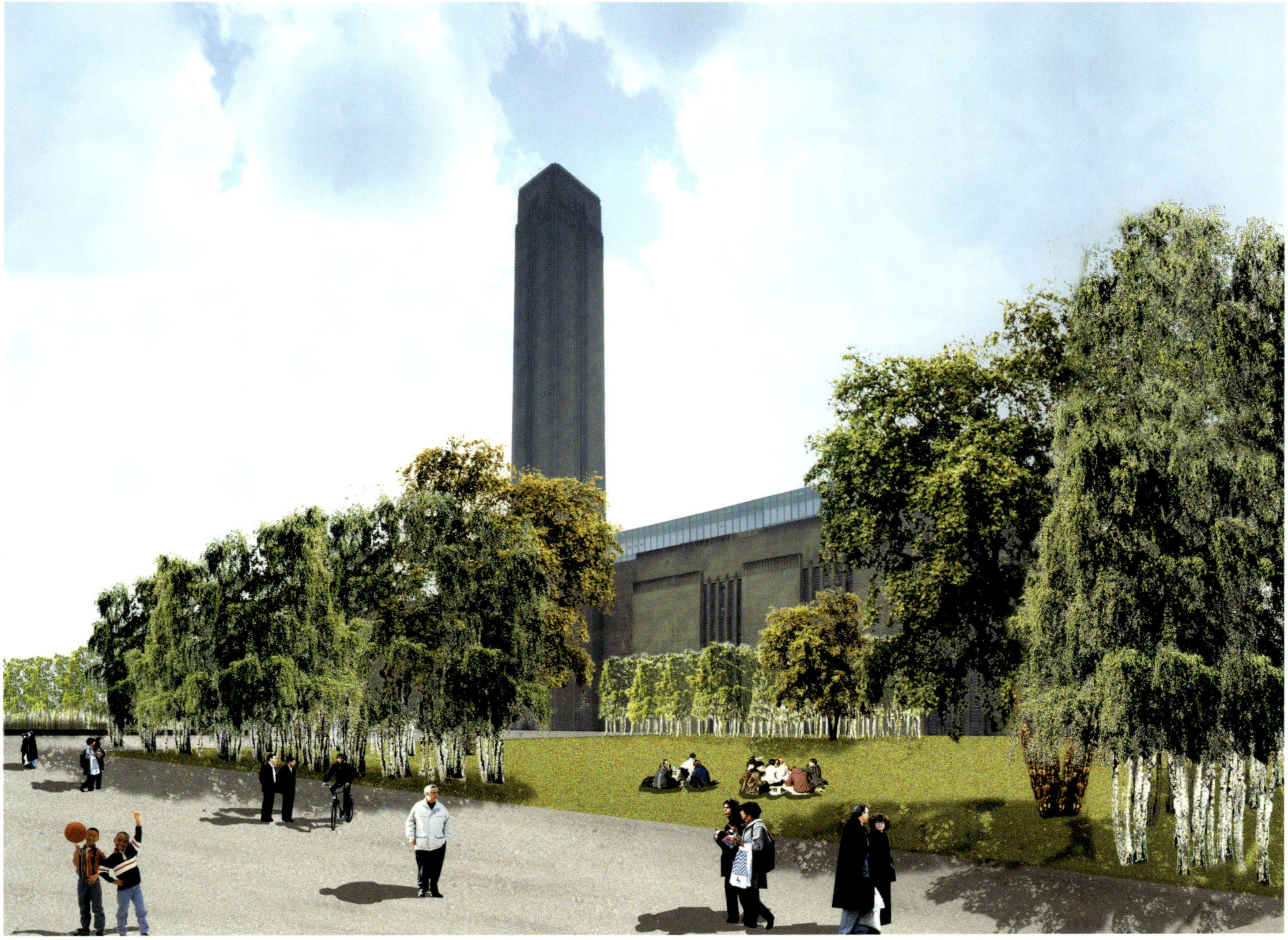

Zentral vor dem Nordeingang liegt ein offener Platz für Veranstaltungen, gefaßt durch einen Birkenhain.

An open plaza defined by groups of birches, intended as a venue for events, is located centrally in front of the north entrance to the Tate Modern.

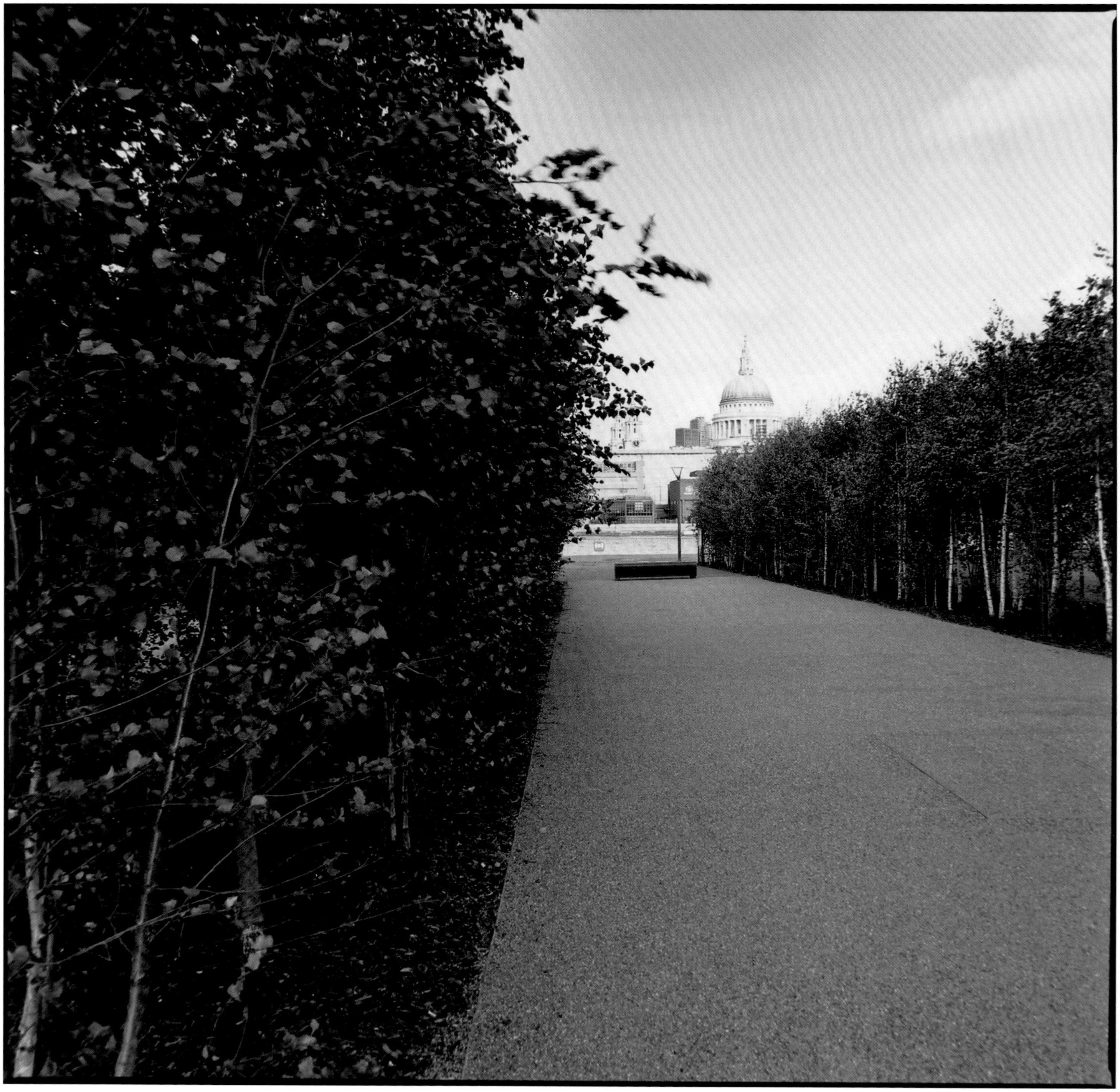

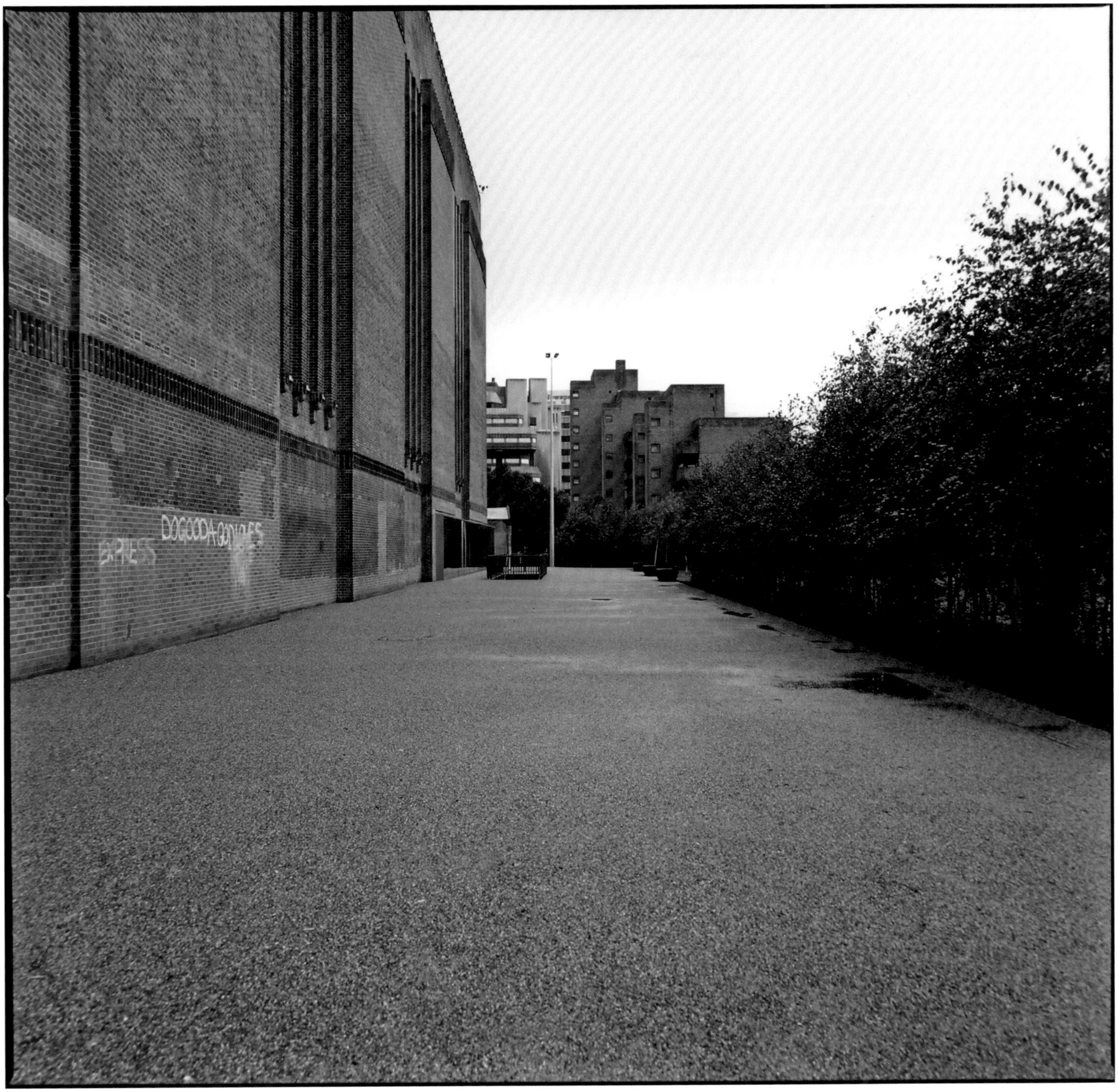

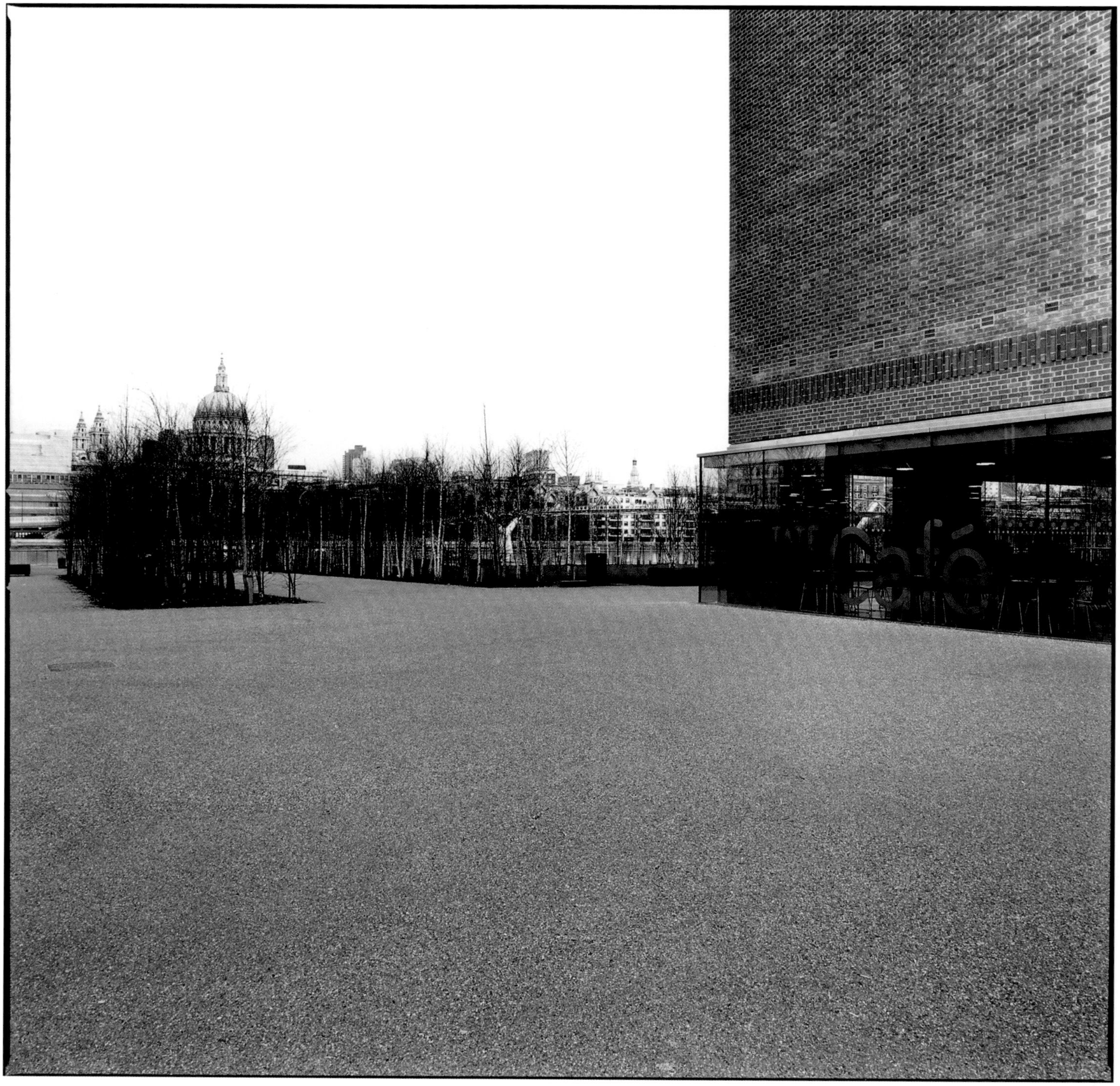

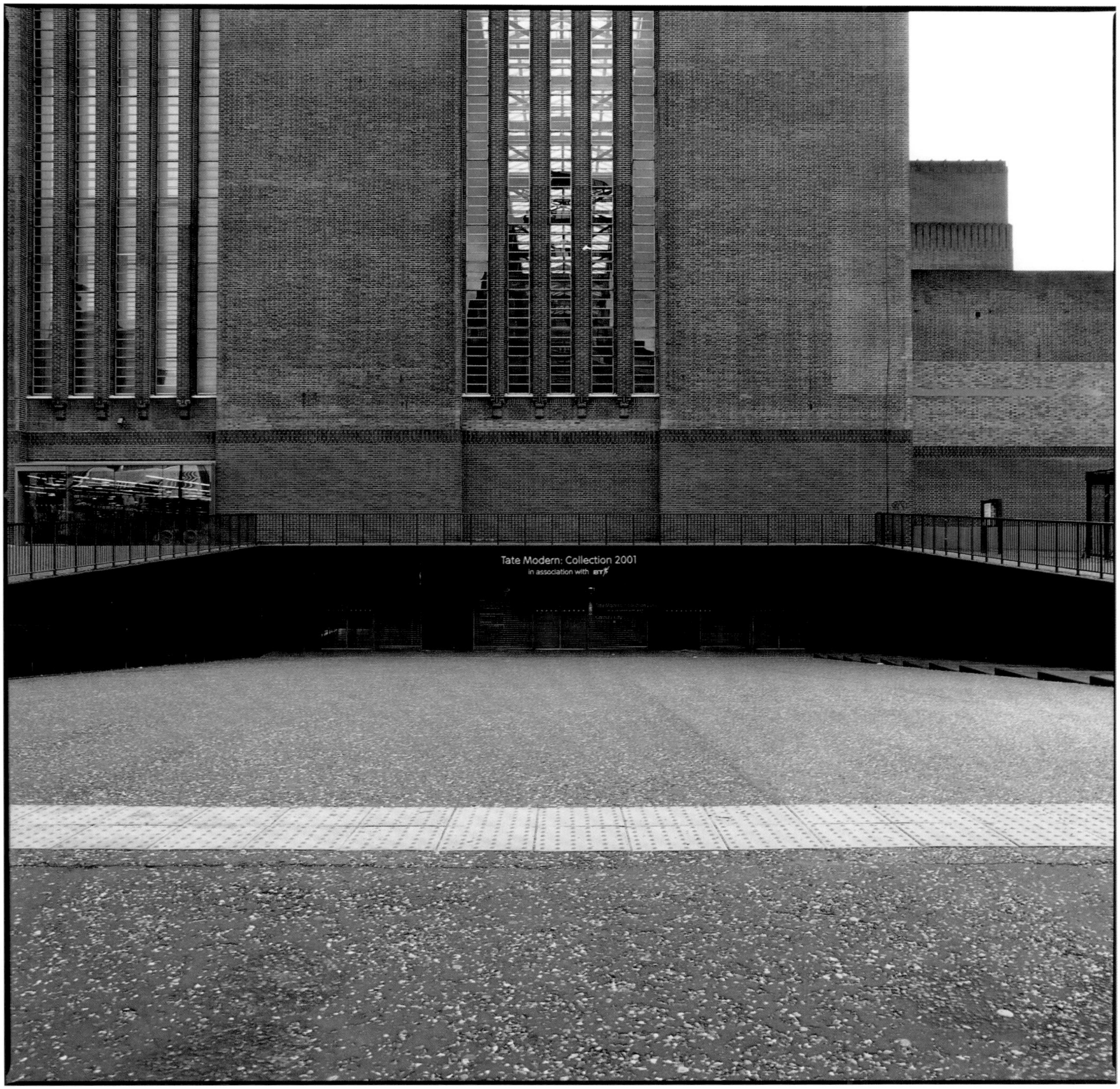
Tate Modern: Collection 2001
in association with BT

Im Rasenfeld blühen im Frühling Narzissenquadrate.

Squares of narcissi flower in the grass area in spring.

Dreiteilige Hecken – Eibe, Scheinquitte und Apfelblüten – rahmen die beiden Gärten ein.

Hedges – made up of yew, ornamental quince, and apple shrubs – frame the two gardens.

Dreissigacker Süd Meiningen

Innerhalb der städtebaulichen Neuordnung vom Dreissigacker-Süd sind die Park- und Parkierungswälder als großmaßstäbliche und räumlich wirksame Landschaftselemente unverzichtbarer Teil der neuen Stadtquartiere. Die Ausrichtung entlang der Höhenkurven – im Gegensatz zu dem rigiden Baumuster – ist als raumprägendes Landschaftselement für die Identität der neu entstehenden Stadtquartiere von großer Bedeutung.

Die Artenwahl der Wälder wurde entsprechend ihrer Lage innerhalb des Baugebietes zusammengestellt. Bei den Parkierungswäldern sind aus dem Spektrum dieser Arten nur jene ausgewählt, die den spezifischen Bedingungen der befestigten Flächen gewachsen sind. Entlang der Sammelstraße wird analog zu den fixen Baulinien eine Pflanzung mit hochstämmigen Bäumen vorgesehen. Standort und Arten sind bestimmt, um ein möglichst einheitliches Straßenbild zu gewährleisten. Für die privat ausgeschriebenen Parzellen können Hecken und Bäume aus einer Vorschlagsliste ausgewählt werden. Wichtig ist dabei, daß der Raum zwischen zwei Zeilen immer so weit als möglich von nur einer Baumart bestimmt und gestaltet wird. Innerhalb des Baugebietes sind vier Spielplätze ausgewiesen, deren Gestaltung auf eine Nutzung aller Altersstufen ausgelegt ist. Den Fassaden der Gebäude mit öffentlichen Einrichtungen am Hauptplatz ist ein Baumdach aus Kastanien gegenübergestellt.

Das Meteorwasser wird dezentral versickert. Entlang der Straßen wird beidseits ein 0,5 Meter breiter Streifen erstellt. Allfälliges überschüßiges Meteorwasser wird in einem Retentionsbecken am tiefsten Punkt der Bebauung aufgefangen. Neben der Funktion als Retentionsvolumen hat dieser Teil eine freiraumplanerische Bedeutung für die Bebauung insgesamt. Innerhalb des Waldabstandsgeländes können verschiedene Freizeitnutzungen, Bolzplatz, Familiengärten, Allmend, eingerichtet werden.

Dieter Kienast

Dreissigacker Süd in Meiningen

Within the urban redevelopment of Dreissigacker-Süd, the park woodlands and woodland parking areas that form large-scale and spatially effective landscape elements are conceived as an indispensable part of the new urban districts. Alignment along the lines of altitude – in contrast to the rigid building pattern – is conceived as a landscape element providing spatial definition of major significance for the identity of the planned new urban areas.

The choice of woodland types was compiled according to their location within the development area. Woodland areas designated entirely for parking are entirely given over to species chosen for their compatibility with the specific conditions of made-up surfaces. It is intended to plant tall trees along the main access road analogous to the fixed lines of buildings. Position and species are intended to provide an appearance that is as uniform as possible. Hedges and trees for the plots that can be acquired for private use can be chosen from a list of suggestions. An important criterion is that the space between two rows is, as far as possible, determined and characterised by one species of tree. There are to be four playgrounds within the development area, they are designed to cater for use by all age groups. The façades of the building with its public amenities at the central square are contrasted by a canopy of chestnut trees.

Seepage of rainwater is conceived in the form of a 0.5-metre-wide strip to be created parallel to the roads. Any excess rainwater is to be collected in a retention basin at the lowest point of the development. In addition to acting as a retention area, this part of the planning of outside space is vital to the development as a whole. Different forms of recreational use, such as football areas, family gardens, commons, can be created in the area between the development and the woodland.

Dieter Kienast

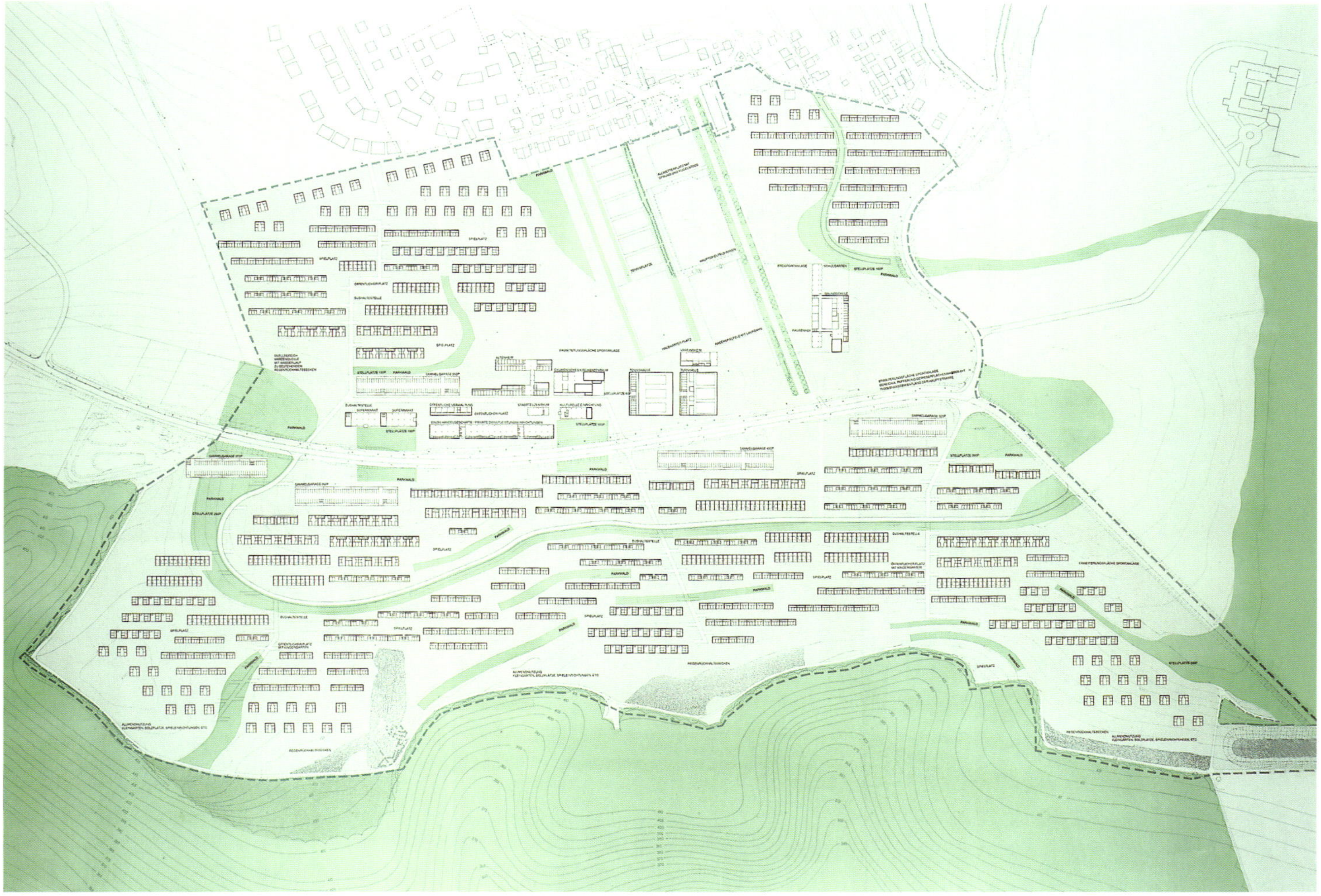

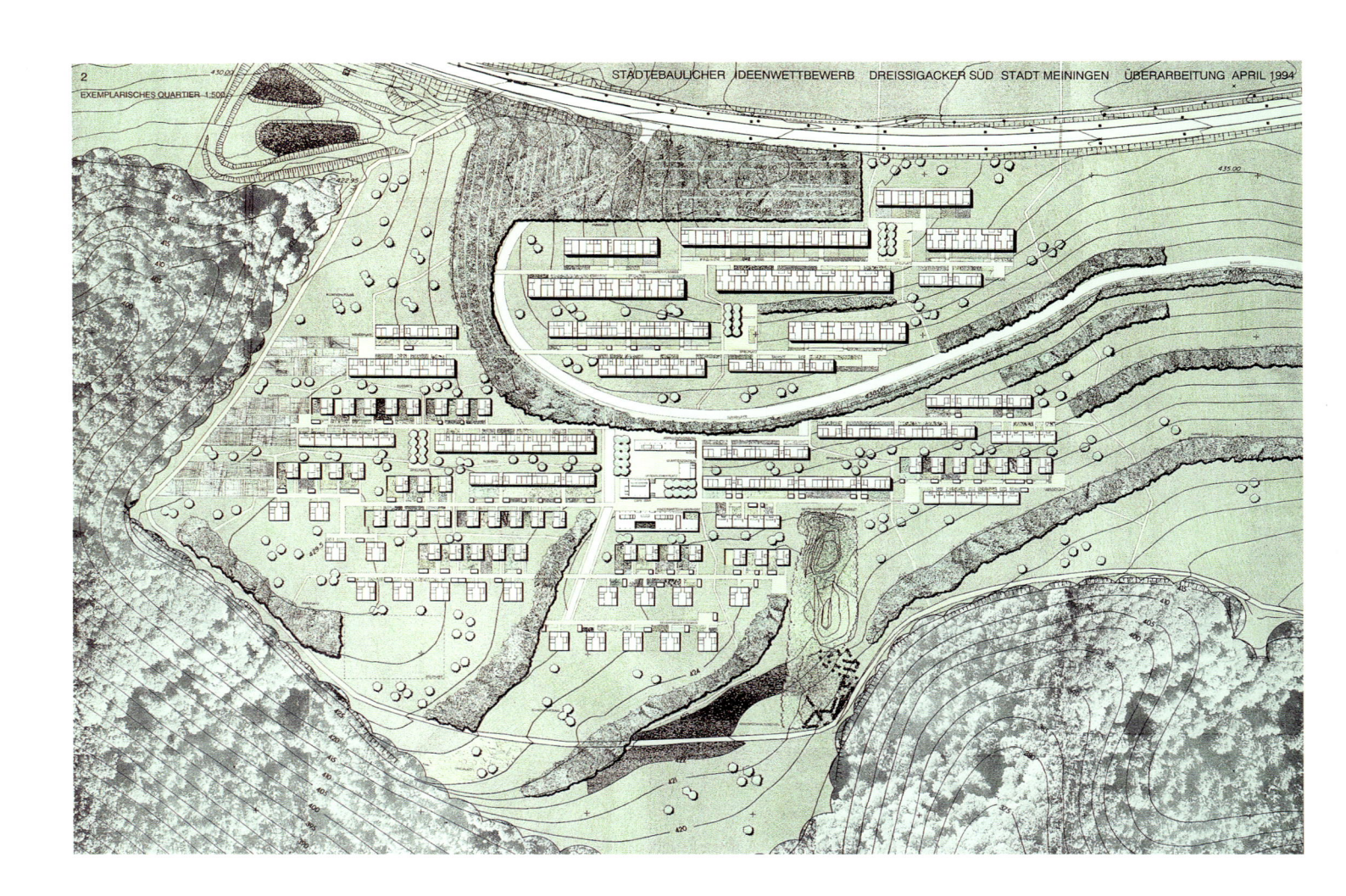

STÄDTEBAULICHER IDEENWETTBEWERB DREISSIGACKER SÜD STADT MEININGEN ÜBERARBEITUNG APRIL 1994

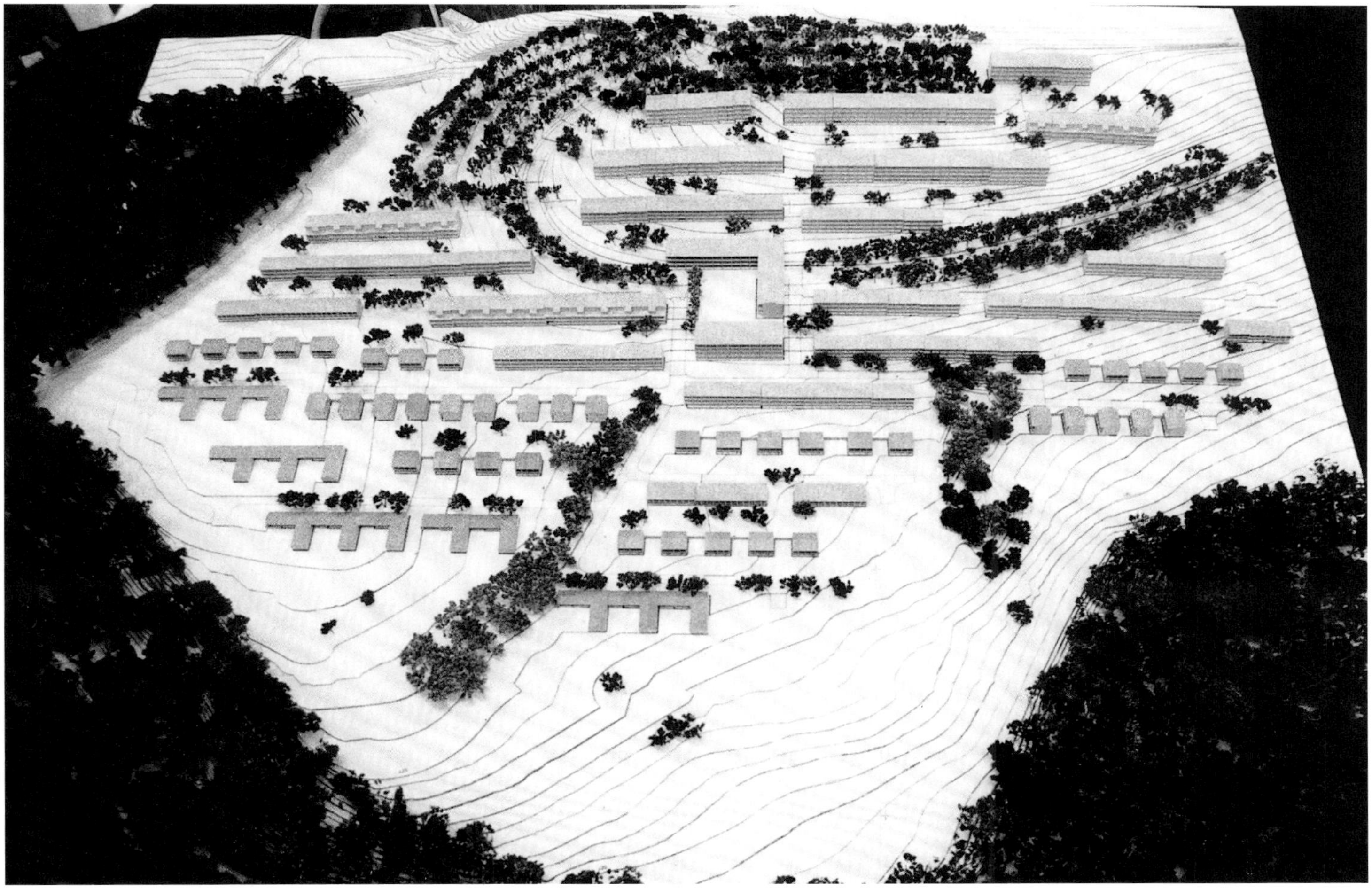

Seeufer Spiez

Das Konzept für die Neugestaltung der Spiezer Bucht orientiert sich an der wechselvollen Ortsgeschichte und am Bestand. Anstelle einer Neuerfindung werden vorhandene Strukturen aufgenommen und präzisiert. Für den näheren Seeuferbereich wird ein attraktives Nebeneinander unterschiedlicher Nutzungen angestrebt, während für die hinteren Bereiche eine einfache, allmendartige Ausgestaltung und Nutzung vorgesehen ist, die auch weiterhin eine extensive landwirtschaftliche Nutzung erlaubt.

Der Blick von der westlichen Uferkante auf den Thunersee und die flankierenden Berggruppen zeigt eine beeindruckende Erhabenheit. Diese wird allerdings durch die direkt am Westufer gelegenen Bootsstege und die Bojenankerplätze beeinträchtigt. Wir schlagen eine Räumung dieser Stege vor und bieten als Ersatz am Südufer zwei neue Stege in Fortsetzung zu den vorhandenen Stegen an. Dank längeren Stegen könnten auch die platzraubenden Bojenankerplätze aufgehoben werden. Der bisherige verstellte Hafenblick wird durch den offenen Seeblick ersetzt.

Ansichten um 1950 zeigen eine präzise Fassung des Uferbereichs durch Pappeln und einen Halbkreis aus geschnittenen Bäumen. Unsere Gestaltung knüpft an dieses Prinzip an, ohne in Rekonstruktion zu verfallen. Eine Doppelreihe mit geschnittenen Platanen akzentuiert den räumlichen Abschluß der Quaianlage, die vorhandenen Platanen werden integriert. Der unmittelbare Wasserzugang wird über eine durchgehende Treppe erreicht. Hinter der Baumschicht schließt ein Blumenband an, in das Sitzbänke eingelassen sind. Sitzend erleben wir – einem Langfenster gleich – den gerahmten Blick auf See und Berge. Mittig zur Bucht liegt die hufeisenförmige Anlage mit dem großen Rasenfestplatz. Die räumliche Begrenzung erfolgt außen durch eine Doppelhecke aus Buxus und Chaenomeles. Auf der Innenseite stehen Säuleneichen, die unmittelbar an die querstehenden, bereits vorhandenen anschließen. Auf der Langbank sitzend, erkennen wir den Doppelcharakter der räumlichen Figur. Sie ist introvertiert, versammelt, auf sich bezogen und verweist mit der inszenierten Öffnung gleichzeitig nach außen – zu See und Berg.

The Spiez shoreline

The concept for redesign of the Spiez Bay takes the eventful history of the town and what is already there as its starting point. Instead of reinvention, existing features are included and given greater precision. An attractive juxtaposition of a variety of uses is envisaged for the immediate lakeside area and, in contrast, a simply designed common with corresponding functions still permitting extensive agricultural uses is proposed for the area further away from the lake.

The view from the western side of the promontory across Lake Thun and to the surrounding mountains is of impressive majesty. It is, however, spoilt by the jetties and buoy anchor sites lying directly on the west side. We propose removal of these jetties and replacement in the form of two new jetties on the south shore of the lake as a continuation of the existing jetties. Longer jetties would make it possible to dispense with the space-consuming buoy anchor sites. The obstructed view of the marina is replaced by an unimpeded view of the lake.

Views dating from around 1950 show precise definition of the shore area by poplars and a semi-circle of clipped trees. Our design takes up this theme without attempting to be a reconstruction. A double row of clipped planes accentuates the spatial framework of the quay, the existing plane trees are to be integrated. Direct access to the water is in the form of a continuous flight of steps. A ribbon of flowerbeds, interspersed by benches, adjoins the layer of trees. As we sit, we have a framed view – as if through a vertical window – of the lake and the mountains. The horse-shoe shaped site with the extensive grass area for events lies opposite the middle of the lake. Spatial definition is in the form of a double hedge of buxus and chaenomeles. The inner hedge consists of columnar oaks which directly adjoin the existing ones set at a right angle. Sitting on a bench, we recognise the dual character of the spatial figure. It is introspective, self-contained, relates to itself and, with its staged opening, is also a reference to what lies beyond – to the lake and the mountains.

A children's playground, a mini-golf course, and tennis courts are to remain in place when this lakeside area is completed as here, in particular, they guarantee a diversity of experi-

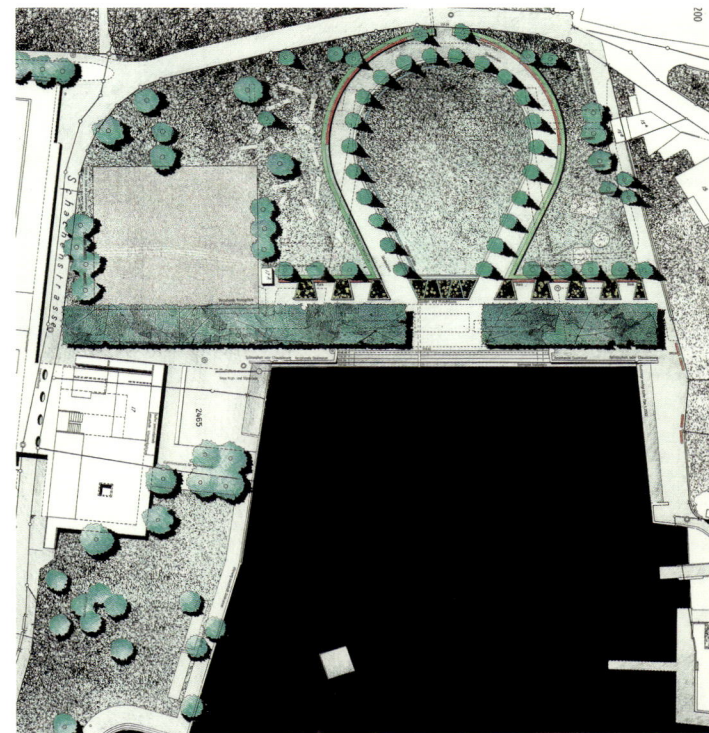

Kinderspielplatz, Minigolf und Tennisplätze sollen auch im Endausbau in dieser ufernahen Situation verbleiben, weil sie gerade an diesen Orten eine hohe Erlebnisvielfalt gewährleisten. Im Schwimmbad sind zusätzliche Schattenbäume vorgesehen. Entlang des Ufers ermöglicht ein Weg den Durchgang außerhalb der Badesaison. Die Nichtschwimmerbucht wird mit einem Holzliegerost überdeckt, in den Wasserwannen und Wasserrutsche integriert sind. Der bisherige Standort des Werftgebäudes erscheint städtebaulich immer noch am günstigsten, der Neubau sollte an gleicher Stelle erfolgen. Die Wiesenflächen werden einfach ausgebildet, Fußwege ermöglichen verschiedene Rundwege und sichern den Anschluß zu den Stadtquartieren. Am südgeneigten Hang wird Rebbau vorgeschlagen, am nordgeneigten Hang ist eine Obstbaumwiese vorgesehen. Der mittig in der Allmend liegende Hauptweg wird durch den offen geführten Mühlebach und Uferstauden begleitet.

Dieter Kienast

ences. Additional trees providing shade are to be added to the swimming facility. A path following the shoreline provides access outside the swimming season. The bay set aside for non-swimmers is covered by a grid of wooden slats with integrated water tubs and water slides. The existing site of the shipyard building would seem to be the most favourable from the urban planning point of view and, therefore, the new building is to be at the same location. Design of the areas of grass is kept simple. Footpaths provide various circular routes and access to built-up areas. Vineyards are proposed for the south-facing slope, a meadow of fruit trees is envisaged for the north-facing slope. The main route through the centre of the common land follows the course of the millstream with its banks of bushes.

Dieter Kienast

Zwischen See und Stadt

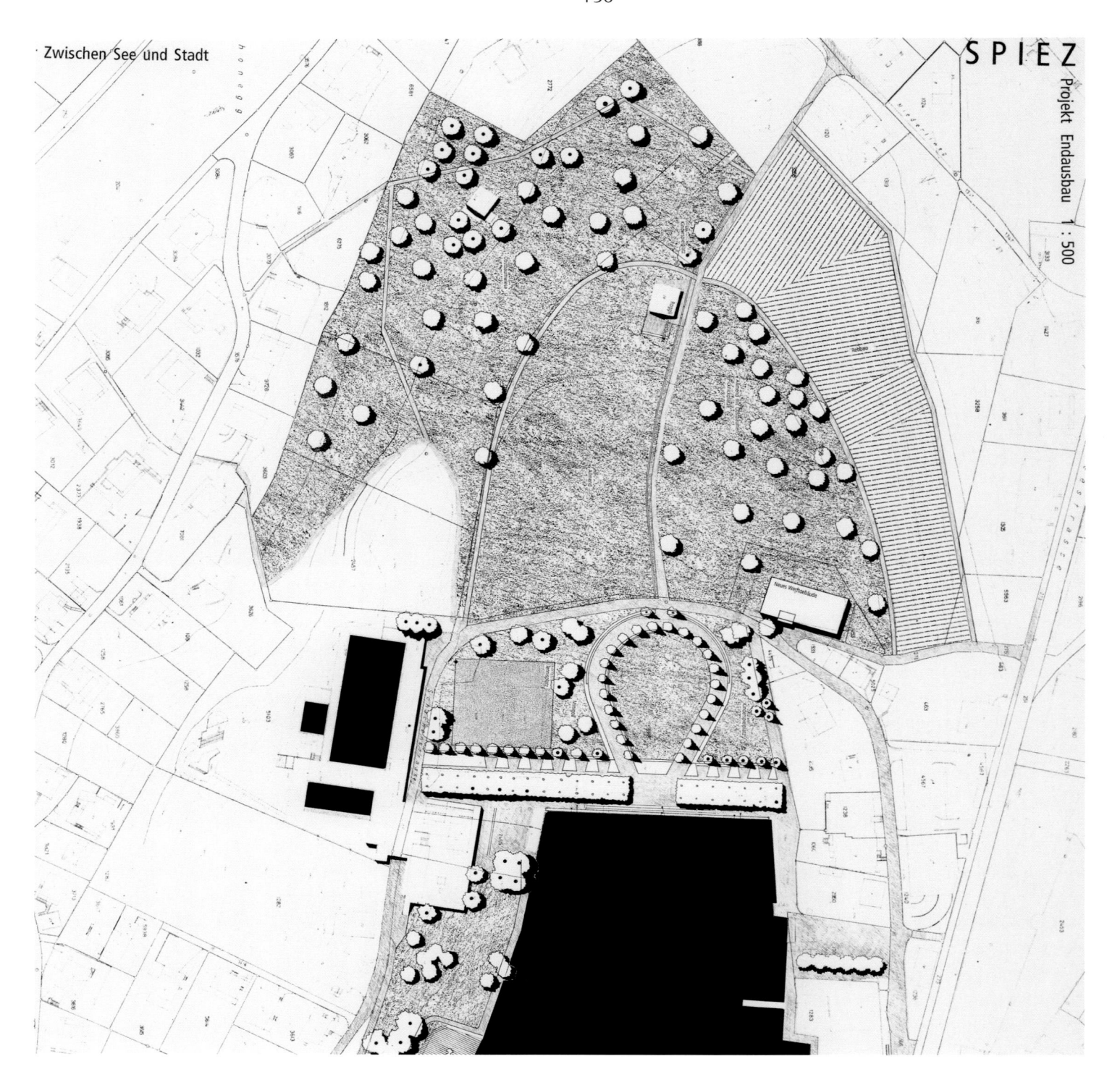

SPIEZ Projekt Endausbau 1:500

SPIEZ

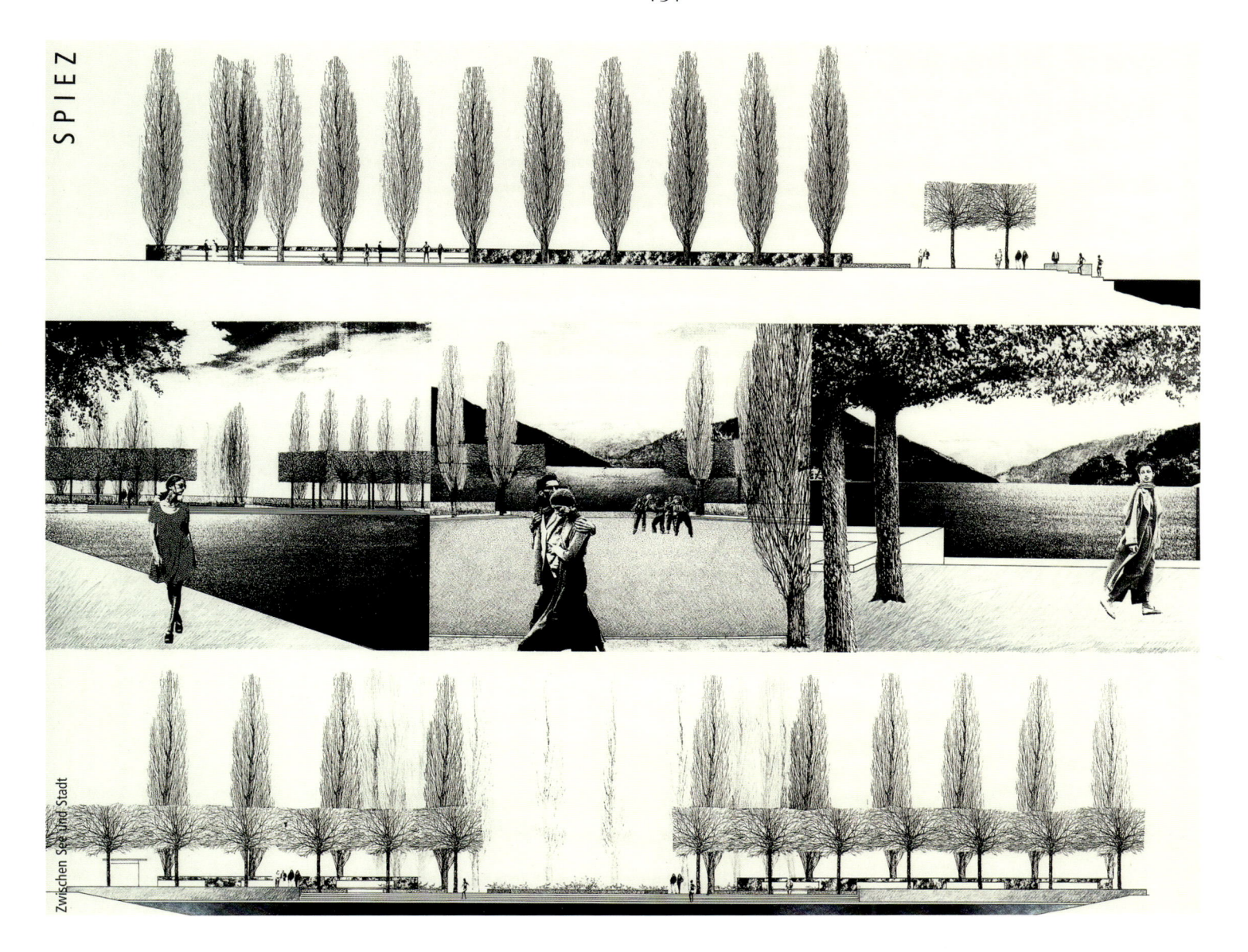

Zwischen See und Stadt

Wuhlepark Berlin

Das neugestaltete Arkadien

Der im Planraster eingefügte Text von Simon Schama zeigt, daß gerade an der Peripherie der Stadt die Allegorie von Vergils Arkadien immer wieder zurückkehrt. Nicht nur heute, sondern auch im 18. und 19. Jahrhundert hat sich die Vorstellung von Arkadien jedoch grundsätzlich geändert. Weniger das glückselige, einfache Landleben als vielmehr die Opposition zur naturentfremdeten Stadt steht dabei im Vordergrund des Sehnsuchtsbildes. Arkadien, so wird deutlich, steht vielmehr für eine andere Idylle, die an den Merkmalen der Peripherie – den Wohnbauten, Abfalldeponien, Brachen und Maisfeldern – bricht. Die neue Idylle erfährt durch den Bruch weniger Schwächung als vielmehr eine Störung, die ihre Kraft aus der dialektischen Gegenüberstellung von Bauten und Park und innerhalb des Parkes von geordneter Natur und wilder Natur schöpft. Kennzeichnend ist auch, daß auf die vermeintliche Stadtkante und Park nicht die freie Landschaft, sondern ein weiterer Teil der bruchstückhaften Stadt folgt. Der Stadtrand ist also das Kompendium seiner heterogenen Teile, deren wirkungsvolle Gegenüberstellung wir als den wichtigsten Planungsansatz erachten.

Neu gestaltetes Arkadien wird zum kritischen Programm des Parks. Die Transformation des beliebig austauschbaren Gebiets in der Peripherie Berlins zum unverwechselbaren Ort erfolgt durch die reduzierte Setzung einfacher, aber kraftvoller Park- und Landschaftselemente. Die geometrisch, kompakt ausformulierten Parkbereiche im Randbereich der Neubauten stehen im Kontrast zur großzügigen Weite der Wiesenflächen und den zwei baumbegleitenden Bachläufen der Wuhle. Dabei findet das Raumgefüge der städtisch geprägten Terrassen ihre Entsprechung in der wildnishaften Raumfolge entlang der Wuhlebäche.

Der Grünzug ist als durchgehender Lindenhain konzipiert, in dem Lichtungen ausgespart sind. Typologisch knüpft die Gestaltung damit an diejenige des Jardin du Luxembourg an. Unter den Bäumen ist eine wassergebundene Decke vorgesehen, auf der Bänke und Stühle zum Verweilen einladen. Die zwei westlichen Lichtungen sind dem Spiel und Sport vorbehalten: Basketball, Beachball, Volleyball, Tischtennis, etc. Die östlichen Lichtungen

Wuhlepark in Berlin

The newly designed Arcadia

The text by Simon Schama added to the planning grid shows that it is on the periphery of the city that Virgil's allegory of Arcadia always returns. However, today's notion of Arcadia is very different, as indeed it was in the 18th and 19th centuries. The focus is less on blissful, simple country life and more on the denatured city. Arcadia, so much is clear, stands for a different idyll that clashes with the characteristics of the periphery – apartment buildings, refuse dumps, fallow land and maize fields. The discontinuity seems to disrupt the new idyll rather than weaken it. This disruption derives its strength from the dialectic confrontation between buildings and park and within the park between ordered nature and wild nature. What is also characteristic is that the supposed urban edge and park are not adjoined by open countryside, but by a further part of the fragmented city. In other words, the urban edge is the compendium of its heterogeneous parts, and we consider their effective juxtaposition to be the most important starting point of planning.

Newly designed Arcadia serves as a critical programme for the park. The transformation of the faceless area on the periphery of Berlin into a distinctive place is achieved by a reduced placement of simple but effective park and landscape elements. The geometrical, compactly formulated park areas on the periphery of the modern buildings are in contrast to the expanse of the meadows and the two tree-lined streams of the Wuhle. The spatial structure of the urban terraces is reflected in the wilderness-like spatial sequence along the Wuhle streams.

The stretch of green is conceived as a continuous grove of lime trees, interrupted by clearings. In terms of typology, the design reflects that of the Jardin du Luxembourg. A waterbound surface is planned under the trees, where benches and chairs are an invitation to linger. The two clearings to the west are set aside for games and sport: basketball, beachball, volleyball, table tennis, etc. The clearings to the east, supplementing the playgrounds for small children (directly next to the apartment buildings), are designed as large areas for games. As a fundamental element, the stretch of green extends over the dyke av-

sind in Ergänzung zu den Kleinkinderspielplätzen (direkt bei den Wohnbauten) als große Spielbereiche eingerichtet. Über die Deichallee hinaus schiebt sich der Grünzug als Bastion in den Wuhlepark. Niedrige, blühende Heckenstreifen, Brunnen, Bänke und Stühle charakterisieren die ruhigere Zone des Grünzuges. Von der östlichen Bastion bieten schmale Treppen den Zugang zum tiefer gelegenen Park. Die große Böschung ist signalhaft mit blau blühenden Iris und Lavendel bepflanzt. In der Kombination von Spiel-Sportbereichen und ruhigeren Zonen wird ein Grünzug angestrebt, der unterschiedlichsten Gruppen ein attraktives Nutzungsangebot anbietet.

Dem Deichweg vorgelagert, stellen die Terrassen den markanten Abschluß des Baugebietes dar. Im Rhythmus der Baufelder weiten und verengen sie sich, gegen den Wuhlepark schließt eine unterschiedlich hohe Sitzmauer ab. Die breite Promenade wird von drei Baumreihen begleitet, die damit den Terrassenraum markant definieren. Zwischen der Deichwegallee und der Promenade liegen Aufenthaltszonen, Spiel- und Sportflächen.

Der naturnah ausformulierte Parkteil wird durch die sanft abfallenden Wiesenflächen und die bachbegleitenden Waldstücke bestimmt. Die bisher zufällig aufgewachsene Gehölzvegetation wird in ihrer Ausdehnung klar begrenzt, dichter Baum- und Strauchbestand wechselt mit niedrig gehaltener Ruderalvegetation ab, die Durch- und Ausblick quer zur und längs der Talrichtung gewährt. Eine durchgehende Wegverbindung entlang des gestuft entwickelten ‹Waldrandes› sichert die großräumige Verbindung zu den angrenzenden Erholungsgebieten. Im Norden bildet die kreisrunde (zusätzlich mit einer Mischhecke gefaßte), ebene Waldlichtung den Auftakt zum Park. Episodisch leiten Holzstege auf die in der Wildnis liegenden Bellevues. Diese werden als präzis ausgeformte Holzmöbel verstanden, die jenseits von Rustikalität im Kontrast zur Wildnis stehen und in minimalistischer Weise die Zusammensetzung der Grundelemente – Plattform, Wand, Geländer und Sitzbank – variieren. Die räumliche Bestimmung der Bachuferbereiche wird primär durch entsprechendes Vegetationsmanagement erreicht. Die Wegverbindung zur Kyritzerstraße wird durch einen durchgehenden Holzsteg mit

enue and into Wuhlepark. Low, flowering hedges, fountains, benches and chairs characterise this tranquil section of the green stretch. From the eastern bastion, narrow flights of steps provide access to the park lying at a lower level. The large embankment is planted with blue irises and lavender. The combination of areas for play and sport and more tranquil parts is intended to create a stretch of green that provides a wide variety of groups with attractive possibilities of use.

The terraces in front of the dyke path provide the built-up area with a clear-cut boundary. They consist of narrower and wider strips following the rhythm of the built-up zones; a wall of varying heights and broad enough for sitting on that ends at Wuhlepark. The broad promenade is lined by three rows of trees, thereby giving clear definition to the terrace space. Recreational zones and areas for play and sport lie between the dyke avenue and the promenade.

The semi-natural part of the park is defined by gently descending areas of meadow and the woodland areas accompanying the stream. The undergrowth that developed at random is clearly contained, dense stocks of trees and bushes are interspersed with low ruderal vegetation, which provides views across and along the valley. An unbroken path along the 'woodland edge' in the form of a series of steps provides a link with the adjoining recreational areas. The circular, flat woodland clearing in the north (additionally defined by a mixed hedgerow) forms the prelude to the park. At intervals, wooden paths lead to the vantage points in the wild part. These vantage points are understood as precisely designed wooden furniture, which, without being rustic, are in contrast to the wild part and, in a minimalist way, vary the composition of the fundamental elements – platform, wall, railings and bench. Spatial definition of the banks of the stream is primarily achieved by corresponding vegetation management. The link with Kyritzer Strasse is in the form of a continuous wooden path with bridges, showing a constructive and typological relationship to the wooden furniture.

The rainwater retention basins are an integral part of the park. Their clear geometry is a reference to the artefact. Break-

Conrad Gessner Park Zürich Oerlikon

Naturwandel
Ein Paradoxon selbstverständlich, denn Natur steht gleichsam für das Immerwährende, das einzig Beständige, das Ewige. Gewandelt hat sich nicht die Natur, sondern unsere Rezeption von Natur. Dies besonders stark im städtischen Territorium, weil hier Veränderungen umfassend und rasch erfolgen und alltäglich direkt wahrgenommen werden. Es ist eine wesentliche Aufgabe der Disziplin Landschaftsarchitektur, in diesem rasanten Wechsel zeitadäquate Bilder und Vorstellungen zur Gestalt der Stadt und damit auch zur Natur der Stadt zu entwickeln. Diese müssen über die quantitative Verteidigung des Bestandes, über die Implantate ländlicher Natur und über die ökologische Heilserwartung einer ruderalisierten «Rückeroberung» hinausgehen. In der hektischen städtebaulichen Entwicklung steht die Natur der Stadt, der Außenraum für die Langsamkeit. Langsamkeit meint das Pflanzenwachstum, aber auch den Gebrauch, die Materialbeständigkeit und zielt auf die verfeinerte, sinnliche Wahrnehmung der Stadt.

Stadtpark
Das städtebauliche Entwicklungsleitbild Zürich Nord zeigt eine Neuordnung des Gebietes, in der neben den Baufeldern vier öffentliche Parkanlagen ausgewiesen sind. Die nachfolgenden Pläne und der Text stellen unseren Beitrag zum Studienauftrag dar, den das Gartenbau- und Landwirtschaftsamt 1996 für den ersten Park, den «Oerliker Park», ausgelobt hatte.

Ort und Geschichte
Die Geschichte des Ortes wird durch den landschaftlichen und städtebaulichen Wechsel geprägt, der im wesentlichen durch die sozialen und wirtschaftlichen Verhältnisse determiniert ist. Ehemals weit vor den Toren gelegen, bestimmte die Senke des Binzmühlebaches das Aussehen der ursprünglichen Waldlandschaft. Die Zunahme der Bevölkerung bewirkte die landschaftliche Nutzung auch dieser wenig geeigneten Böden. Im 19. und 20. Jahrhundert erfolgte die Industrialisierung der Stadterweiterung Zürichs. Dabei wurde das ländlich geprägte Naturbild

Conrad Gessner Park in Zurich-Oerlikon

Nature in flux
Needless to say a paradox, as nature, so to speak, stands for what is always there, what is constant, everlasting. It is not nature that has changed but our approach to nature. This is particularly perceptible in urban areas as changes taking place there are comprehensive and rapid, and experienced directly on a daily basis. It is one of the essential tasks of the discipline of landscape architecture to develop adequate images and concepts for modern urban design and, hence, for nature in the city in these times of rapid change. Ideas must go beyond defending existing stocks just on account of their sheer quantity, beyond implants in country style and beyond ecology-based expectation of a ruderal-style "reconquest". Given the hectic pace of urban development, nature in the city and outside space stand for gradualness. Gradualness refers to growth of plants, as well as to use, durability of materials and is intended to achieve a more subtle, sensuous perception of the city.

Urban park
The master plan for the urban development in the north of Zurich restructures the area; in addition to the development areas, four public parks are planned. The following plans and text are our contribution to the study commissioned in 1996 by the parks and agriculture department for the first park, the "Oerliker Park".

The place and its history
The history of the place has been shaped by alternating country and urban use that was essentially determined by social and economic factors. Once well outside the city gates, the vale of the Binz millstream characterised the appearance of the original woodland. Increases in population led to agricultural use of this land actually unsuited for the purpose. Industrialisation of the extended Zurich urban area took place in the course of the 19th and 20th centuries. In consequence, countryside nature gave way to a highly fragmented patchwork of urban vegetation determined by human beings. With alternating industrial use and

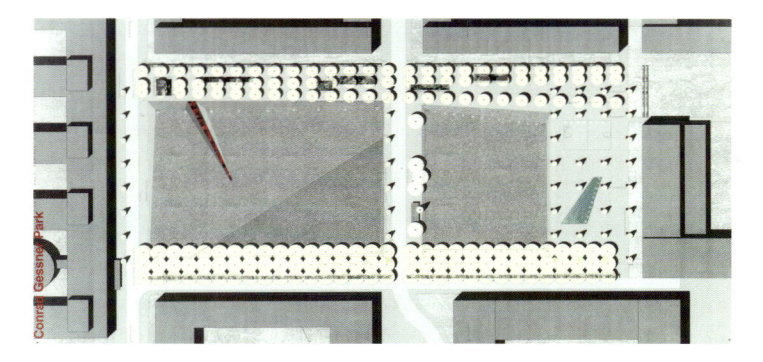

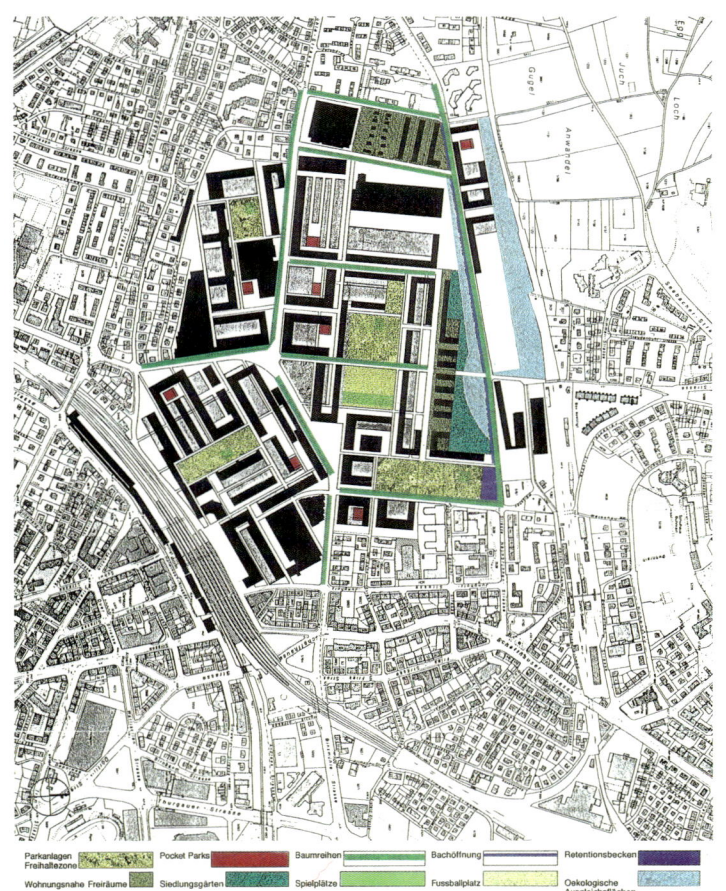

anticipated building development this has become short-lived and transitory. The post-industrial re-structuring of Zurich Oerlikon is intended to preserve the urban character of the Oerlikon park space on a long-term basis.

Nature

Just as nature has changed in our planning area over the course of time, the relationship of human beings to manifestations of nature has also changed. Until well after medieval times, nature was not so much seen as an important basis of life but more as a threat to which the rural population was exposed in everyday life. Fear of nature only faded with increasing awareness of its character.

In the 16th century, Zurich became known throughout Europe for the works of the scholar Conrad Gessner (1516-1565), who, in addition to writing in the fields of history, philology and medicine, also carried out outstanding studies as a naturalist. He was the first scientist to determine the sex organs of plants as the basis of a comprehensive plant systematology and recorded his findings in drawings in his "Catalogus planatarum". He carried out studies on the distribution of plants at different altitudes and also founded a botanical garden. His "Historia animalium" was to be the essential foundation of scientific zoology, depicting and describing some 3,500 mammals, amphibians, reptiles, aquatic animals, and birds. In other words, Gessner laid the foundation of modern natural science and the conception – revolutionary at the time – that nature was not an enemy but the basis for life. Today, nature – or rather its surrogate – is under threat and therefore seen as a luxury. Alienation from nature in our high-technology world has led to yearning for an authentic experience of nature. However, in an urban context, this can only mean propagating nature in a form that also includes aspects of urban life. We understand the redesigning of Oerliker Park as the latest sediment in a story dating back centuries, as a deposit that continues the transformation of nature and its appreciation. To put it another way, not a melancholic reflection on past, more natural forms of life, but rather a process of

durch ein stark fraktioniertes Fleckenmuster anthropogen bestimmter Stadtvegetation abgelöst. Diese ist im Wechsel von industrieller Nutzung und Bauerwartung kurzlebig und transitorisch geworden. Die postindustrielle Neustrukturierung von Zürich Oerlikon sichert jetzt langfristig den Erhalt des städtisch geprägten Oerliker Parkraumes.

Natur
So wie sich die Natur in unserem Planungsgebiet im Verlaufe der Zeit verändert hat, hat sich auch das Verhältnis der Menschen zur äußeren Natur verändert. Bis weit über das Mittelalter hinaus bedeutet Natur weniger Lebensgrundlage als vielmehr Bedrohung im Lebensalltag der Landbevölkerung. Die Angst vor der Natur verliert sich erst mit der zunehmenden Kenntnis ihrer Wesensart.

Zürich wird im 16. Jahrhundert europaweit durch die Arbeiten des Universalgelehrten Conrad Gessner (1516–1565) bekannt, der neben Geschichte, Sprache und Medizin seine hervorragenden Studien als Naturforscher gefertigt hat. Als erster Wissenschaftler bestimmt er die Geschlechtsorgane der Pflanzen zur Grundlage einer umfassenden Pflanzensystematik und hält diese in seinem «Catalogus plantarum» zeichnerisch fest. Er betreibt Studien über die Pflanzenverbreitung in verschiedenen Höhenlagen und gründet zudem einen botanischen Garten. Seine «Historia animalium» wird zur eigentlichen Grundlage der wissenschaftlichen Zoologie, indem er 3500 Säugetiere, Amphibien, Reptilien, Wassertiere und Vögel darstellt und beschreibt. Gessner bereitet somit die Grundlage zur modernen Naturwissenschaft und zur damals revolutionären Auffassung, daß Natur nicht als Feindbild, sondern als Lebensgrundlage zu begreifen ist. Heute ist Natur – oder besser ihre Ersatzformen – bedroht und damit gleichzeitig kostbar geworden. Mit der Entfremdung von Natur in unserer hochtechnisierten Welt wächst die Sehnsucht nach authentischer Naturerfahrung. Im städtischen Territorium kann dies nur heißen, eine Natur der Stadt zu propagieren, die urbanes Leben mit einschließt. Wir verstehen die Neugestaltung des Oerliker Parkes als die jüngste Sedimentation einer Jahrhunderte alten Geschichte, die den Wandel ihrer Natur und

heightening our awareness of the particular cultural and natural history of the place.

The park
The park is defined by a three-row population of trees to the north and the south and by common hornbeam to the west and the east. The central section of the park is defined by topographically differentiated areas of grass. They are surrounded by broad areas of gravel in the shape of a horseshoe. The road dissects the park and also marks an ecological difference between its two halves. Owing to the presence of hazardous waste, the western section is to be sealed with a layer of asphalt one metre below the surface, whereas the eastern section has normal soil structure. Areas of trees and grass make up the underlying simple structure of the park. The three rows of trees to the north consist entirely of Tilia cordata "Greenspire". The rows, which are not perfectly aligned with each other, permit different perspectives and stand for order and its slight deviations. In contrast, the tree area to the south consists of a strictly orthogonal grid of different species of trees. 93 different deciduous trees make up a grove which constitutes a new form of the 20th-century aboretum. The topographically irregular area of grass in the left section of the park provides open space. The embankments have different forms. Untreated sheets of steel are envisaged for the north and south sides, whereby the curved form on the north side is likely to be of particular interest to inline skaters. The lateral embankments are conceived as steps or wide terraces for sitting. The clearly defined incision serves as a link between the promenade and the area of grass. This incision takes up and adresses the basis of all growth – the soil. Resembling scientific display cases, the photographs of all past and present soil types that existed or exist here are made visible by the area of glass let into the ground. The broad south and north promenades are framed by hedges; their species being chosen to correlate to the tree areas. A uniform hedge of limes is envisaged for the north, a mixed hedge for the south. We understand the "islands" that have been marked as a metaphor for subsequent development

deren Wertschätzung fortschreibt. Kein melancholischer Blick also auf vergangene, naturnahere Lebensformen, wohl aber das Bewußtsein schärfen für die besondere Kultur- und Naturgeschichte des Ortes.

Park

Der Park wird durch dreireihige Baumkörper im Norden und Süden und Säulenhainbuchen im Westen und Osten zusammengefaßt. Der zentrale Parkteil ist durch topographisch differenzierte Rasenfelder bestimmt. Diese werden durch breite Kiesflächen U-förmig umschlossen. Die Straße bildet die mittige Zäsur, die zugleich auch eine ökologische Differenz der zwei Parkteile markiert. Der westliche Teil wird aufgrund vorhandener Altlasten einen Meter unterhalb der Oberfläche mit einer Asphaltschicht versiegelt, während der östliche Teil einen normalen Bodenaufbau aufweist. Baum- und Rasenfelder bilden die einfache Grundstruktur des Parkes. Die nördlichen drei Baumreihen sind einheitlich mit Tilia cordata «Greenspire» bepflanzt. Die leicht gegeneinander verschobenen Reihen zeigen wechselnde Perspektiven und thematisieren Ordnung und deren leichte Abweichung. Im Gegensatz dazu zeigt das südliche Baumfeld einen strengen, orthogonalen Baumraster, in dem jeder Baum eine andere Art aufweist. 93 verschiedene Laubbaumarten bilden einen Hain, der auch gleichzeitig eine neue Form des Aboretums des 20. Jahrhunderts darstellt. Im linken Parkteil bildet das topographisch geknickte Rasenfeld freien Raum. Die Böschungen sind differenziert ausgebildet. Nord- und südseitig sind unbehandelte Stahlplatten vorgesehen, wobei die Bogenform auf der Nordseite besonders die Inlineskater interessieren dürfte. Die Seitenböschungen sind als Treppen oder Sitzstufen konzipiert. Der markante Einschnitt dient der Verbindung der Promenade mit dem Rasenfeld. Er thematisiert und verweist gleichzeitig auf die Grundlage allen Wachstums – den Boden. Wissenschaftlichen Schaukästen gleich werden die Photographien aller hier vorgekommenen und vorhandenen Böden durch das Bodenglas sichtbar gemacht. Die breiten Promenaden im Süden und Norden werden randseitig mit Hecken gefaßt, wobei deren Artenin collaboration with different interest groups. Playgrounds for small children, places to sit and rest, equipment for games and sports are examples of what could be realised.

The central section of the right-hand section of the park is defined by the existing, sunken football pitch. We understand ecology as also being an economical use of elements. The grass pitch is framed by gravel areas of differing widths. The eastern part is bounded by European hornbeam which has been planted orthogonally and provides spatial transparency. As an analogy to the incision in the left-hand section of the park, the area of glass let into the ground display photographs of once native species of plants and vegetation units. Together with the plants that are now in place, the compendium serves as a comprehensive guide to the nature of the place. The water space is ambivalent – it can be perceived as either a decorative pool or one intended for paddling – and is a contemplative reference to the surrogate of the original marshland.

Homage

As part of the development of the northern part of Zurich, the city of Zurich paid tribute to commendable artists and politicians in the way it named new streets, squares, alleys and parks. For this reason, rather than the unimaginative name of "Oerliker Park", we propose that the park be named after a person with connections to Zurich who was well-known beyond the borders of Switzerland, namely after the naturalist Conrad Gessner. The public garden or park should not only to bear his name, but also be a reference to his lifetime work – a homage to Gessner – as well as a modern discourse on a changed approach to nature.

Dieter Kienast

wahl mit den Baumfeldern korreliert. Im Norden ist eine einheitliche Lindenhecke, im Süden eine verschiedenartige Mischhecke vorgesehen. Die eingezeichneten «Inseln» verstehen wir als Metapher eines späteren, in Zusammenarbeit mit verschiedenen Interessengruppen zu realisierenden Ausbaus. Kleinkinderspielplätze, Ruheplätze, Spiel- und Sportgeräte seien als Beispiele einer konkreten Umsetzung genannt.

Im rechten Parkteil bestimmt der tiefliegende, vorhandene Fußballplatz die Mitte. Ökologie verstehen wir auch als ökonomischen Einsatz der Elemente. Das Rasenspielfeld wird umrahmt von unterschiedlich breiten Kiesplätzen. Der Ostteil wird durch orthogonal gepflanzte Säulenhainbuchen räumlich transparent abgeschlossen. In Analogie zum Erdschnitt im linken Parkteil zeigen die im Boden eingelassenen Schaukästen Photographien am Ort heimisch gewesener Pflanzenarten und Vegetationseinheiten. Zusammen mit den real existierenden Pflanzen erschließt sich das Kompendium der umfassenden Ortsnatur. Das Wasserfeld wird ambivalent als Zier- oder Planschbecken wahrgenommen und verweist bei nachdenklicher Betrachtung auf das Surrogat des ursprünglich vorhandenen Feuchtgebietes.

Hommage

Die Stadt Zürich hat im Rahmen der Gebietsentwicklung von Zürich Nord bei der Benennung der neu entstandenen Straßen, Plätze, Gassen und Parkanlagen verdienstvolle Persönlichkeiten aus Kunst und Politik geehrt. Wir schlagen deshalb vor, anstelle des einfachen Namen «Oerliker Park» uns eines Zürcher Namens zu erinnern, der hinsichtlich der Erforschung von Natur weit über die Landesgrenzen bekannt geworden ist, dem des Naturforschers Conrad Gessner. Der öffentliche Garten oder Park erinnert nicht nur an den Namen, sondern zeigt auch die inhaltliche Verbindung zu seinem Lebenswerk – eine Homage an Gessner – mehr aber noch eine rezente Auseinandersetzung mit sich gewandelter Rezeption von Natur.

Dieter Kienast

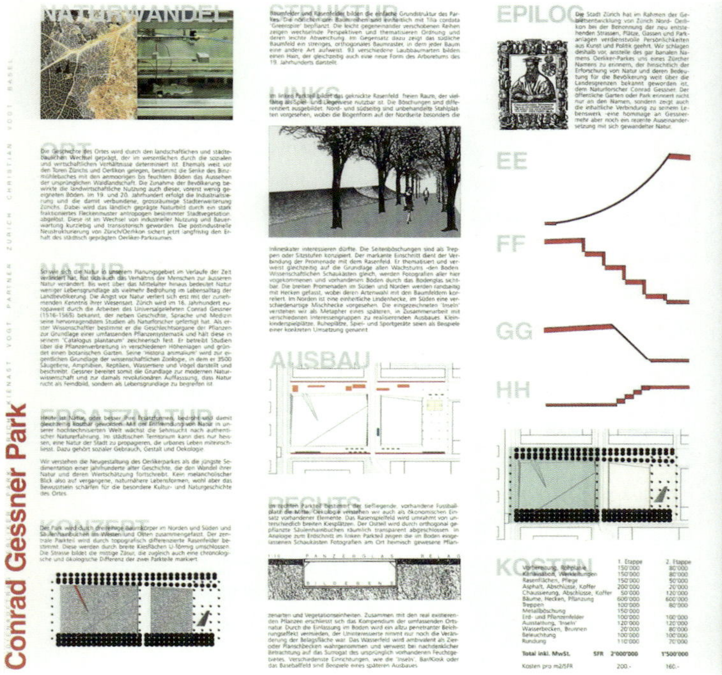
Conrad Gessner Park
NATURWANDEL
ORT
NATUR
ERSATZNATUR
KONZEPT
STRUKTUR
LINKS
AUSBAU
RECHTS
EPILOG
EE
FF
GG
HH
KOSTEN

Oxalis acetosella
Carex rostrata
Salix viminalis
Cornus sanguinea
Carex flacca
Sphagnum cuspidatum

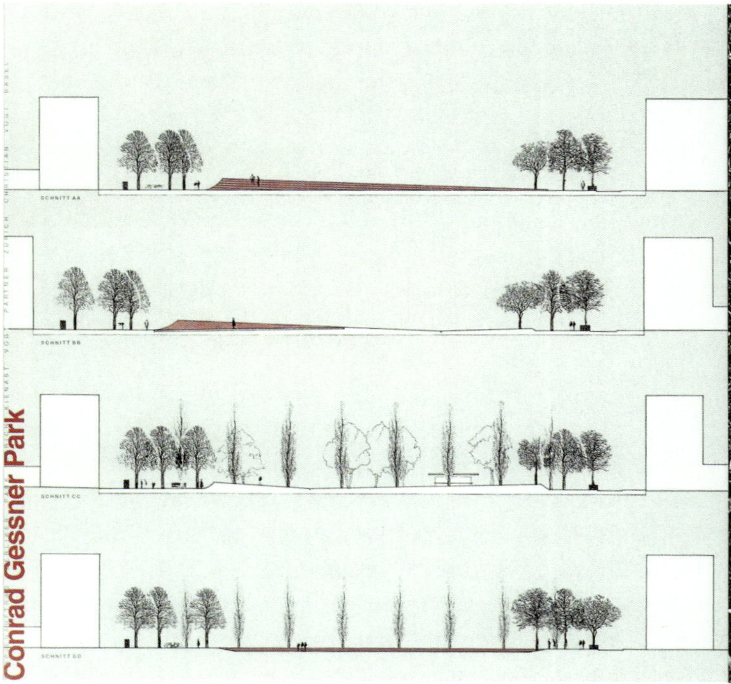
Conrad Gessner Park

Dreihundertdreiunddreißig Eichen für Dreieich

Das Planungsgebiet beeindruckt als Ganzes durch die Schönheit und Ausdruckskraft der verschiedenen Landschaftsteile. Diese sind weder autochthone Natur noch Produkt eines schöpferischen Gestaltungsaktes, sie stellen das Sediment einer wechselvollen Ortsgeschichte dar: Parzellengröße, Situierung, Besitzer, Nutzungsart oder das jetzige Gesicht dieser Landschaft. Ihr charakteristisches Merkmal ist die Heterogenität, die collagenhafte Zufälligkeit verschiedenster Nachbarschaften, gepaart mit unterschiedlichen Stadien der Verwilderung. Erhöht wird der Reiz dieser Landschaft durch deren deutlich sichtbare, spannungsvolle Parzellierung. Die variierenden Verwilderungsstadien, die ungelenkte Inbesitznahme von Kleingärtnern zeigt aber auch, daß dieser Zustand transitorisch und damit vergänglich ist. Weniger der heutige Zustand sondern vielmehr die zukünftige Gebietsentwicklung lassen die Frage nach einer Vision für das gesamte Planungsgebiet als aktuell erscheinen.

Die hohe Qualität und ausgeprägte Charakteristik der heutigen Landschaft wird zur Grundlage unserer geplanten Interventionen. Mit gezielten, kleinflächigen Eingriffen wird die Heterogenität des Gebietes langfristig gesichert und zusätzlich verdichtet. Das Neben- und Miteinander von Flächen der Primärproduktion, für Erholungsnutzung und Naturschutz wird zum Programm. Damit werden gestalterische Absicht, neue Nutzungsvorstellungen und ökologische Erfordernisse synthetisch miteinander verknüpft und der Erstellungs- und Unterhaltsaufwand für das Gebiet minimiert. Für die Gebietsentwicklung von entscheidender Bedeutung wird – neben den gestalterischen Interventionen – die Festlegung eines Nutzungs- und Unterhaltskonzeptes sein, das die Nachhaltigkeit dieser gleichzeitig neuen und alten Landschaft sichert.

Die botanische Trinität des Stadtnamens «Dreieich» ist in unserem Planungskonzept in verschiedenen Bedeutungsebenen aufgenommen und sichtbar umgesetzt. Zehn dreireihige Eichenreihen bilden an den wichtigen Gebietseingängen einen Hain mit jeweils 33 Eichen, insgesamt markieren also 330 Eichen die Empfangsräume in das Planungsgebiet. Die ebene Topographie der Landschaft wird mit drei zwanzig Meter hohen

Three hundred and thirty-three oaks for Dreieich

The planning area as a whole is impressive on account of the beauty and expressiveness of its differing landscape elements. These are neither autochthone nor are they the product of an act of creative design; they form the sediment of the eventful history of the place: size of lots, location, owners, type of use and present appearance of the landscape. Its characteristic feature is its heterogeneity, the collage-like chance nature of widely diverse neighbourhoods, accompanied by areas that have become overgrown to various degrees. The appeal of this landscape is heightened by its plainly visible, interesting parcelling. The fact that it is overgrown to various degrees, irregular possession by allotment owners also shows that this is a transitory state. It is less the present-day state and more the future development of the area which gives the question as to a vision for the planning area as a whole topical relevance.

The high quality and pronounced characteristics of the present landscape form the basis of the interventions we plan. Precise interventions over small areas are intended to preserve the heterogeneity of the area long term and give it greater density. The juxtaposition and interaction of areas of primary production, for use as recreational space and nature conservation forms the programme. Design intentions, new concepts for use and ecological necessities are linked synthetically; the work and costs of creating and maintaining the area minimised. In addition to the design interventions, definition of a use and maintenance concept is of decisive importance for development of the area; the purpose of this concept is to ensure sustainability of this landscape that is both old and new.

The botanical trinity of the name of the town "Dreieich" (three oaks) is incorporated in our planning concept on a number of levels and given visible expression. Ten rows of oak, each three rows deep, form a grove of 33 oaks at each of the major entrances to the area; in other words, a total of 330 oak trees mark the accesses to the planning area. The flat topography is contrasted by three twenty-metre-high mounds of earth, forming distinctive landmarks and affording magnificent views of the town and the landscape from their platforms. The Beier-

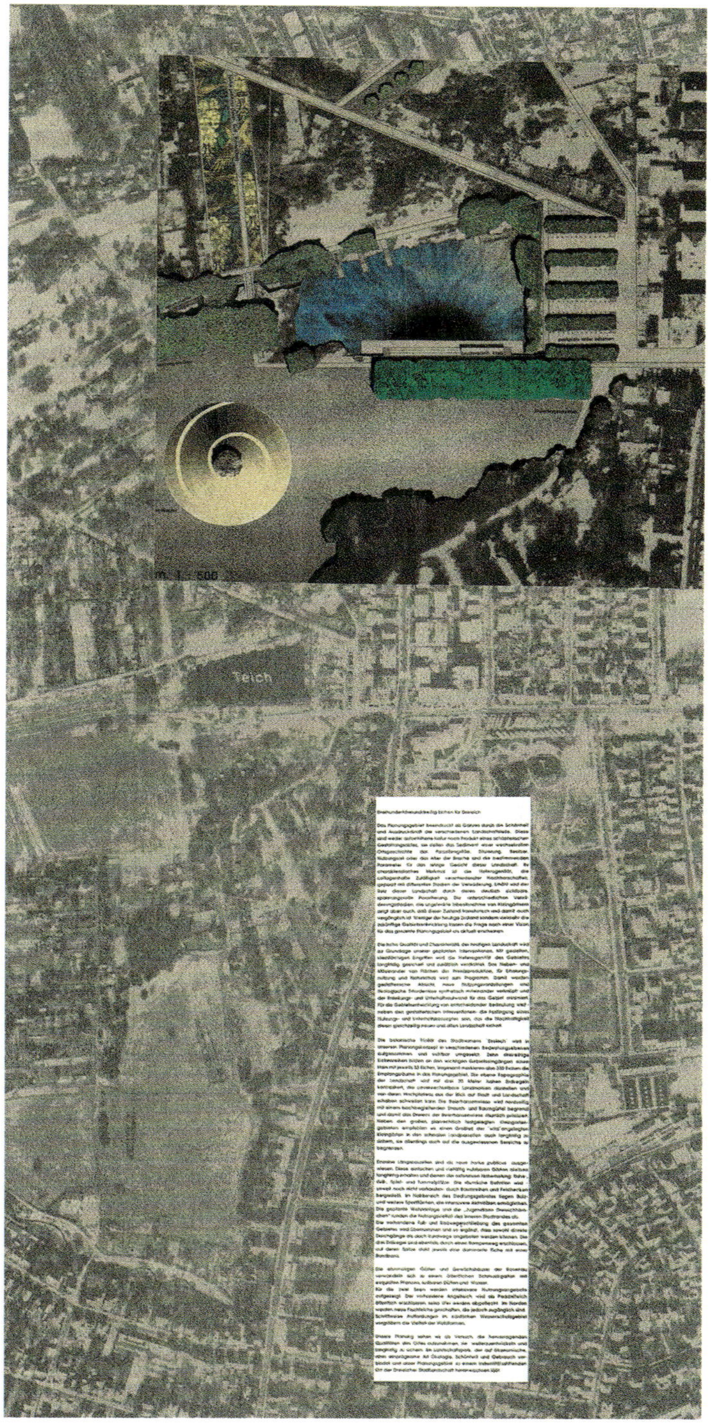
Teich

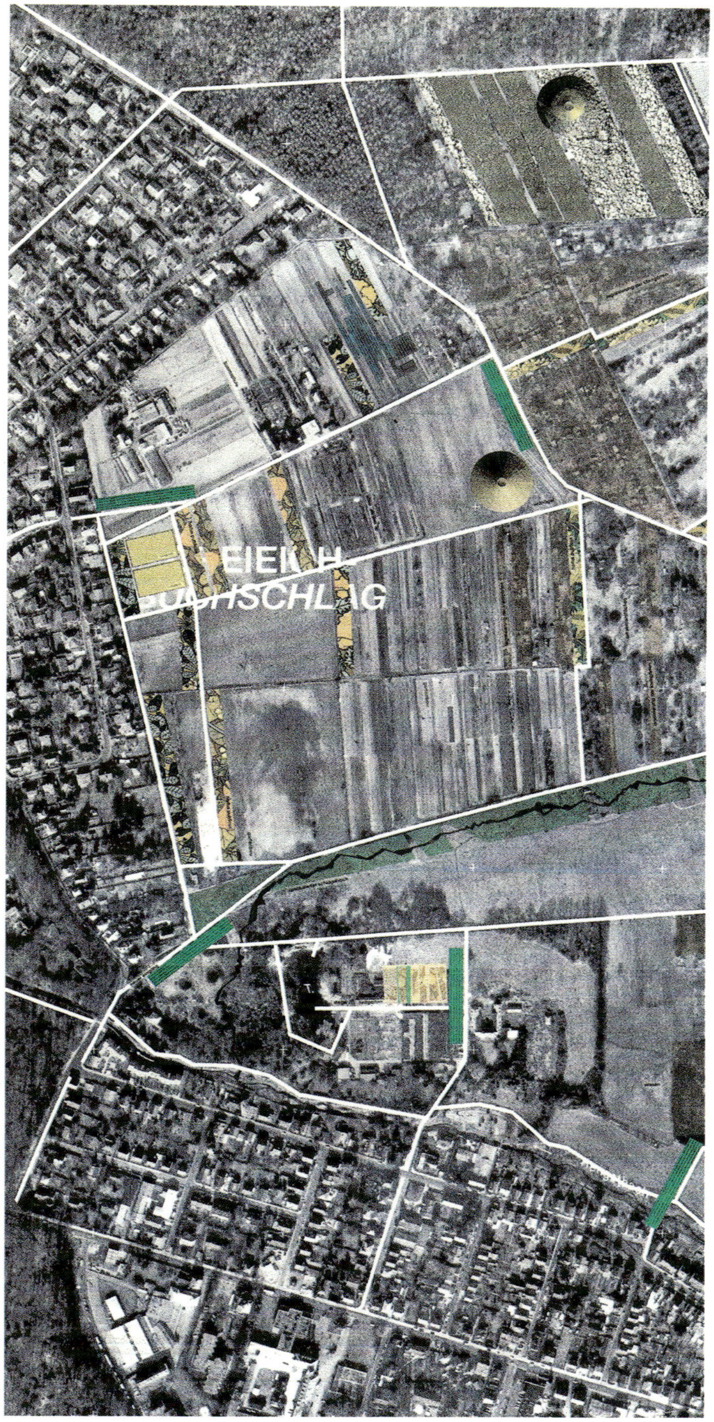

Erdkegeln kontrastiert, die unverwechselbare Landmarken darstellen und von deren Hochplateau aus der Blick auf Stadt und Landschaft erhaben schweifen kann. Die Beierhansenwiese wird nordseitig mit einem bachbegleitenden Strauch- und Baumgürtel begrenzt, damit wird das Dreieck der Beierhansenwiese räumlich präzisiert. Neben den großen, planrechtlich festgelegten Kleingartengebieten empfehlen wir, einen Großteil der «wild» angelegten Kleingärten in den schmalen Landparzellen auch langfristig zu sichern, diese aber auf die ausgewiesenen Bereiche zu begrenzen. Einzelne Längsparzellen sind als neue «hortus portikus» ausgewiesen. Diese einfachen und vielfältig nutzbaren Gärten bleiben langfristig erhalten und dienen der extensiven Naherholung: Ruhe-, Grill-, Spiel- und Tummelplätze. Die räumliche Definition wird – soweit nicht vorhanden – durch Baumreihen und Feldhecken hergestellt. Im Nahbereich des Siedlungsgebietes liegen Bolz- und weitere Sportflächen, die intensivere Aktivitäten ermöglichen. Die geplante Wohnanlage und die Jugendfarm Dreieichhörnchen runden die Nutzungsvielfalt des inneren Stadtrandes ab. Die vorhandene Fuß- und Radwegerschließung des gesamten Gebietes wird übernommen und ergänzt, so daß sowohl direkte Durchgänge als auch Rundwege angeboten werden können. Die drei Erdkegel sind ebenfalls durch einen Rampenweg erschlossen, auf deren Spitze steht jeweils eine dominante Eiche mit einer Rundbank.

Die ehemaligen Gärten und Gewächshäuser der Rosenau werden zu einem öffentlichen Schmuckgarten mit exquisiten Pflanzen, lustbaren Düften und Wasser verwandeln. Für die zwei Seen werden intensivere Nutzungsangebote aufgezeigt. Der vorhandene Angelteich wird als Paddelteich öffentlich als Bootsteich erschlossen, das Ufer wird abgeflacht. Im Norden werden neue Fischteiche geschaffen. Schrittweise Aufforstungen im nördlichen Wasserschutzgebiet vergrößern die Vielfalt der Waldformen. Unsere Planung sehen wir als Versuch, die hervorragenden Qualitäten des Ortes aufzunehmen, sie weiterzuentwickeln und langfristig zu sichern. Ein Landschaftspark, der auf ökonomische, aber einprägsame Art Ökologie, Schönheit und Gebrauch verbindet und das Planungsgebiet zu einem identitätsstiftenden Ort der Dreieicher Stadtlandschaft heranwachsen läßt.

Dieter Kienast

hansenwiese is bounded on its northern side by a belt of bushes and trees that follows the stream, thereby giving precise spatial definition to the triangle of the Beierhansenwiese. In addition to the extensive allotment areas shown on official plans, we recommend securing a large part of the "wild" allotments on the narrow plots of land on a long-term basis, while also confining these to the allocated areas. Individual long lots are allocated as new "hortus portikus". These simple, multipurpose gardens are to be preserved long term and serve a wide variety of recreational pursuits: places for relaxation, barbecues, games and play. Spatial definition is – where not already in existence – achieved by rows of trees and hedges. There are enclosed areas for ball games and further sports areas in the immediate vicinity of the residential area, permitting more intensive activities. The planned residential complex and the "Dreieichhörnchen" children's farm round off the variety of use of the inner periphery. The exiting system of routes for pedestrians and cyclists has been adopted in its entirety and supplemented to provide both direct and circular routes. Access to the three mounds of earth is in the form of a ramp-like path: the top of each of the mounds is crowned by an oak tree, surrounded by a circular bench.

The former gardens and greenhouses of Rosenau are to be transformed into a public ornamental garden with exquisite plants, interesting fragrances and water. More intensive forms of use are planned for the two lakes. The existing fishing pond is to be developed as a public boating lake, the banks are to be flattened. New fish ponds are to be laid out to the north. Gradual reafforestation in the northern water conservation area increases the diversity of woodland forms. We envisage our planning as an attempt to address the outstanding qualities of the place, to develop these further and secure them long term. A landscape park combining ecological, aesthetic and functional aspects in a way which is both economical and impressive, enabling our planning area to be a place contributing to shaping the identity of the Dreieich urban landscape.

Dieter Kienast

165

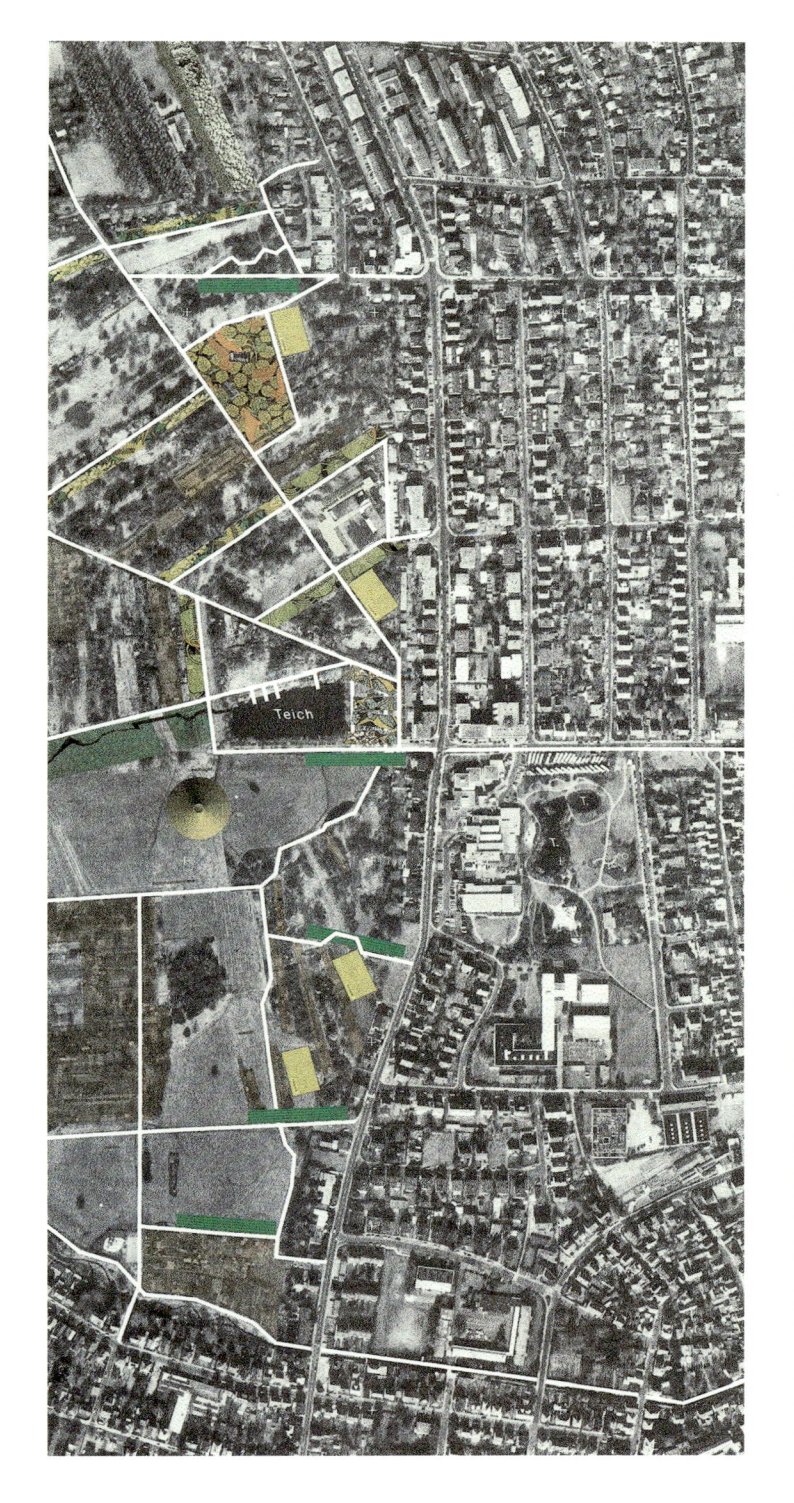

Freibad Bad Allenmoos Zürich

Die Außenräume des gesamten Freibades entsprechen in ihrer Grundkonzeption auch heute noch weitgehend den Vorstellungen, wie sie in den Plänen des Gartenarchitekten Gustav Ammann festgehalten sind. Im gartendenkmalpflegerischen Gutachten von Rueger aus dem Jahre 1989 ist dies ausführlich dokumentiert. Die Anlage ist – sehr zeittypisch – in einer etwas beliebigen und gefällig entwickelten Gartenkonzeption gehalten, die dem Wohngartenstil der dreißiger bis fünfziger Jahre entspricht. Die Raumgliederung mit den mittlerweile schön entwickelten Bäumen ist ansprechend, während die Strauch- und Staudenpflanzung im Verlaufe der Jahre durch Neu- und Umpflanzungen banalisiert worden ist.

Hauptziele der Renovation der Außenanlage sind die Präzisierung der räumlichen Situation mit Hilfe der Vegetation, die attraktivere Ausgestaltung des Freibades und die Substanzsicherung der wesentlichen Freiraumelemente.

Die Eingangszone an der Ringstrasse wird mit Hecken strukturiert. Die Staudengürtel vor den Gebäuden werden entfernt, so daß der Kontrast von Gebäude und Vegetation wieder erkennbar wird. Im Bereich des ältesten Anlageteils werden die Beläge saniert, die Rasenflächen erneuert und die Staudenrabatten wie ursprünglich auf die Beckenränder konzentriert und neu bepflanzt. Das Kinderspielangebot erfährt in den bestehenden Bereichen eine Erweiterung, während die Bocciabahn wieder aufgebaut und der Tischtennisbereich neu plaziert werden.

Der ehemals abgetrennte Südwestteil wird mit landschaftsgestalterischen Mitteln räumlich stärker mit dem Kernbereich verbunden. Kennzeichnendes Merkmal sind die Rasenwellen, die eine erweiterte Nutzung ermöglichen. Die Rasenwellen nehmen die leicht gewellte Dachform der Umkleidekabinen auf und stellen so deren abschließendes Element dar. Zwei Beachvolleyballfelder komplettieren das vielfältige Spiel- und Sportangebot. Die Abgrenzung des Bades wird durch Entfernen der Sträucher und die Neupflanzung einer arealumfassenden Buchenhecke präzisiert. Die bestehende städtische Grünanlage an der Ecke Hofwiesen- und Ringstrasse wird mit einfachen Mitteln neu gefaßt, wobei die ursprüngliche Grundkonzeption beibe-

Bad Allenmoos open-air swimming facility in Zurich

The underlying structure of the open spaces of the entire facility still today largely reflects the ideas contained in the plans of the garden architect Gustav Ammann. This is extensively documented in the garden preservation report written in 1989 by Rueger. The place is – very typical of the time – in a somewhat arbitrary and bland garden style that was prevalent in residential gardens between the thirties and fifties. The spatial structuring achieved by the trees, which are now mature, is attractive, whereas the planting of shrubs and herbaceous perennials has become mundane over the years by the addition of new plants and change of site of existing ones.

The principal objectives of renovation are to give greater precision to the place's spatial situation with the help of vegetation, provide the swimming facility with a more attractive design and to conserve the fabric of the main elements of the outside space.

The entrance zone on Ringstrasse is to be given structure in the form of hedges. The belt of bedding plants in front of the buildings is to be removed, making it again possible to see the contrast between buildings and vegetation. Surfaces in the oldest part of the facility are to be refurbished, lawn areas renewed and the flower borders concentrated, as originally planned, around the edges of the pool, and replanted. The children's play facilities are to be improved within their existing limits, the bowls alley to be reconstructed, and the table-tennis area moved elsewhere.

The, once separated, south-western section is to be given a greater spatial relationship to the core area by means of landscape design elements. Characteristic feature is the undulating lawn which offers the possibilty of further use. The uneven form of the lawn addresses the slightly undulating roof of the changing rooms, and forms its concluding element. Two beach volleyball areas round off the wide diversity of facilities for play and sport. The facility is given greater definition by the removal of shrubbery and planting of a new beech hedge surrounding the entire site and giving it precision. The existing urban park on the corner of Hofwiesenstrasse and Ringstrasse is to be rede-

167

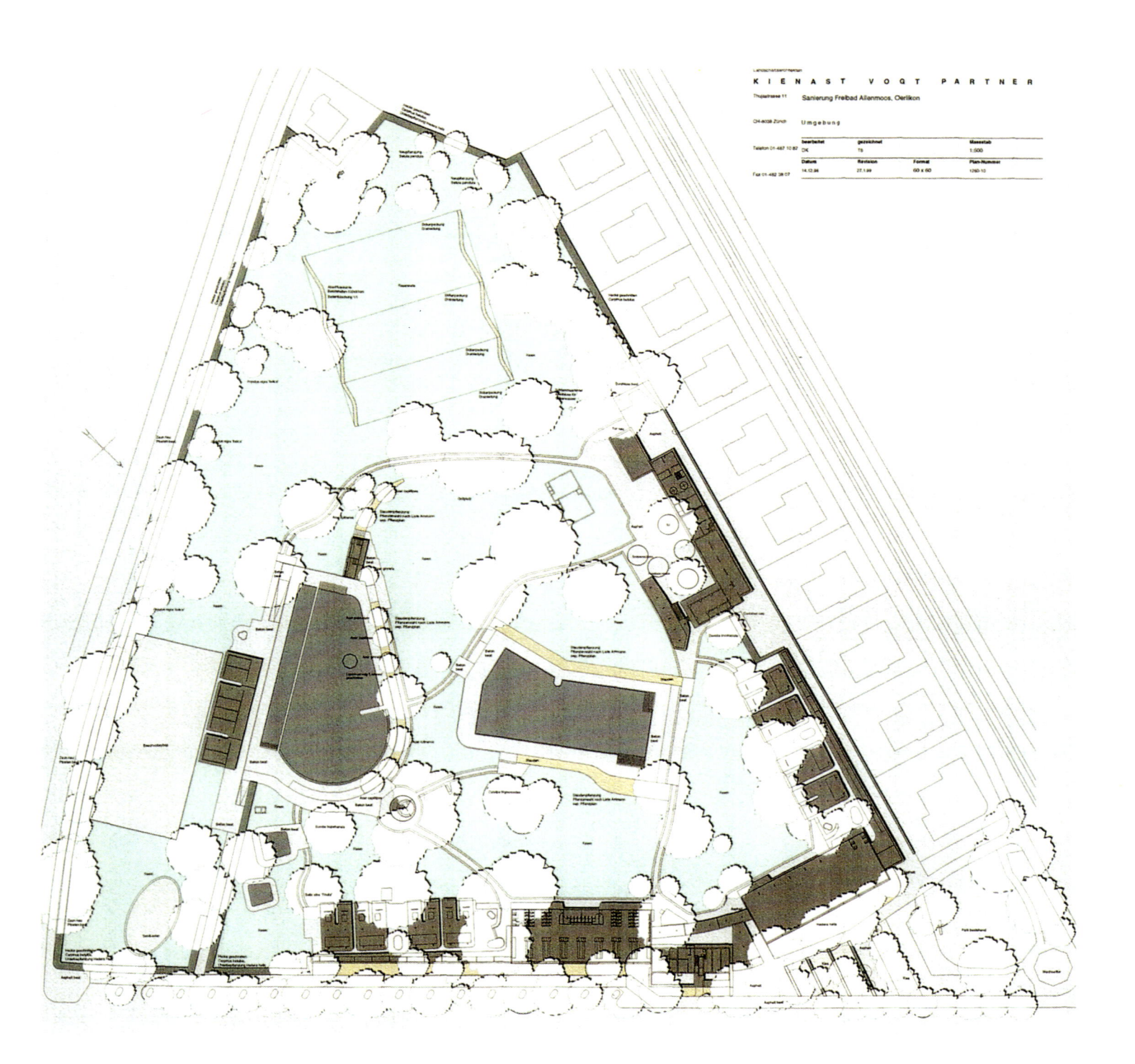

halten wird. Die Geometrie des Plattenbelags führt präzis kreisrund um die Rasenfläche und das Staudenbeet. Die räumliche Fassung des Sitzplatzes erfolgt mit einer geschnittenen Hecke.

Baden entspricht einem menschlichen Urbedürfnis nach Reinlichkeit, das häufig verknüpft ist mit religiösen Ritualen. Bei den Griechen gehörte schon vom 3. Jahrhundert vor Christus das große Schwimmbecken zum Angebot neben den für die Griechen so wichtigen Sportstätten, den Gymnasien. Hippokrates (460–377 v.Chr.) machte seine berühmte Äusserung: «mens sana in corpore sano» – «In einem gesunden Körper wirkt ein gesunder Geist».

Inzwischen haben sich die Bedürfnisse der Badekultur grundlegend geändert und der heutigen Zeit angepaßt; für die Reinigung benötigt man nicht mehr die öffentlichen Bäder. Das besondere Erlebnis, das Erlebnisbad, eine extravagante Attraktion stehen im Vordergrund und sind dem Besucher – neben dem Vergnügen am Baden – wichtig.

Tor auf für das kühle Naß und Erlebnisbad Bad Allenmoos.

Dieter und Erika Kienast

fined using simple means, with its underlying structure being retained. The geometry of the concrete surface forms a perfect circle around the lawn area and the flower borders. Spatial definition of the areas for sitting is achieved by a clipped hedge.

Bathing is an age-old human desire for cleanliness, often linked with rituals of a religious nature. The Greeks had, in addition to gymnasiums – places for sport that were so important to them – large bathing places as early as from around 300 B.C. on. Hippocrates (B.C. 460-377) is known for his famous saying: "mens sana in corpore sano" – "a healthy mind rests in a healthy body".

In the meantime, the expectations of the culture of bathing have changed fundamentally and reflect our times; public bathing facilities no longer serve the purpose of achieving personal cleanliness. The focus is on the special experience, leisure pools, an extravagant attraction – aspects just as important to visitors as the enjoyment of bathing.

Bad Allenmoos – a place to enjoy water and leisure time.

Dieter and Erika Kienast

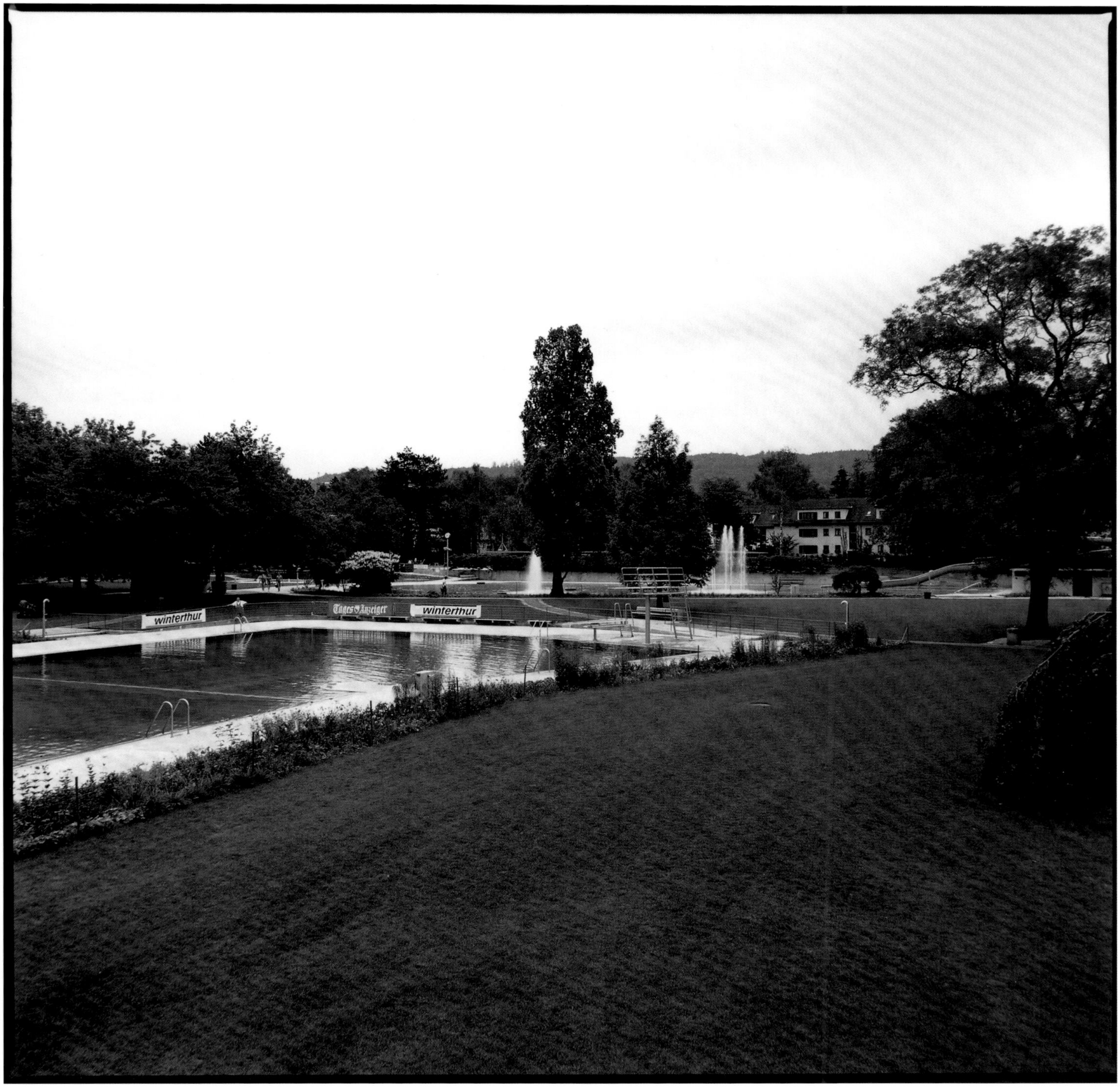
winterthur
Tages Anzeiger
winterthur

Die Staudenrabatten konzentrieren sich wieder neu auf die Beckenränder. The flower borders are again concentrated on the edges of the bathing area.

Der ehemals abgetrennte Südwestteil wird mit landschaftsgestalterischen Mitteln räumlich stärker mit dem Kernbereich verbunden.

The south-western part, once separate, is given a greater spatial link with the core area using landscape gardening elements.

Kennzeichnendes Merkmal sind die Rasenwellen, die die leicht gewellte Dachform der Umkleidekabinen aufnehmen.

The characteristic feature is the waves of grass that address the slightly undulating roof of the changing-rooms building.

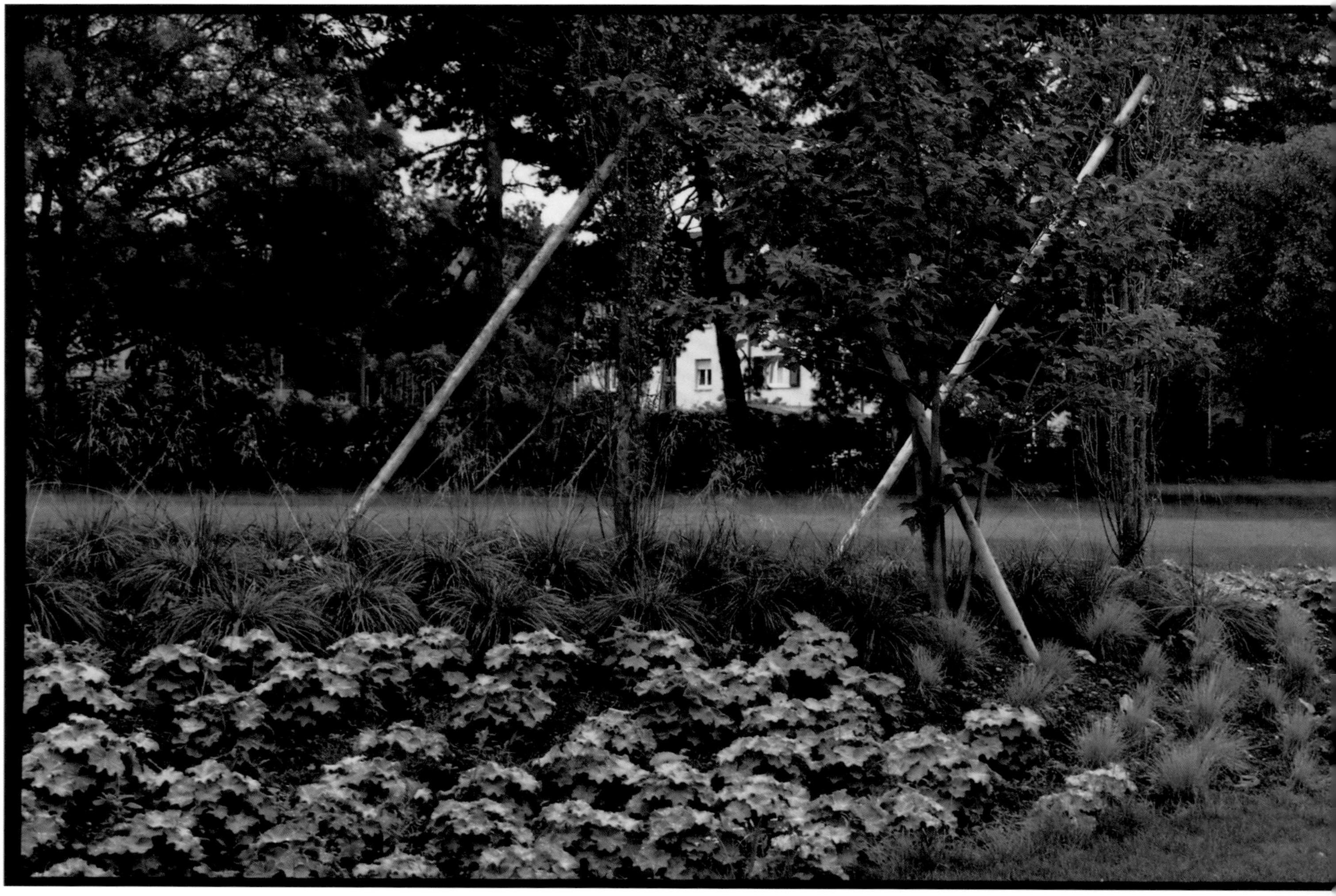

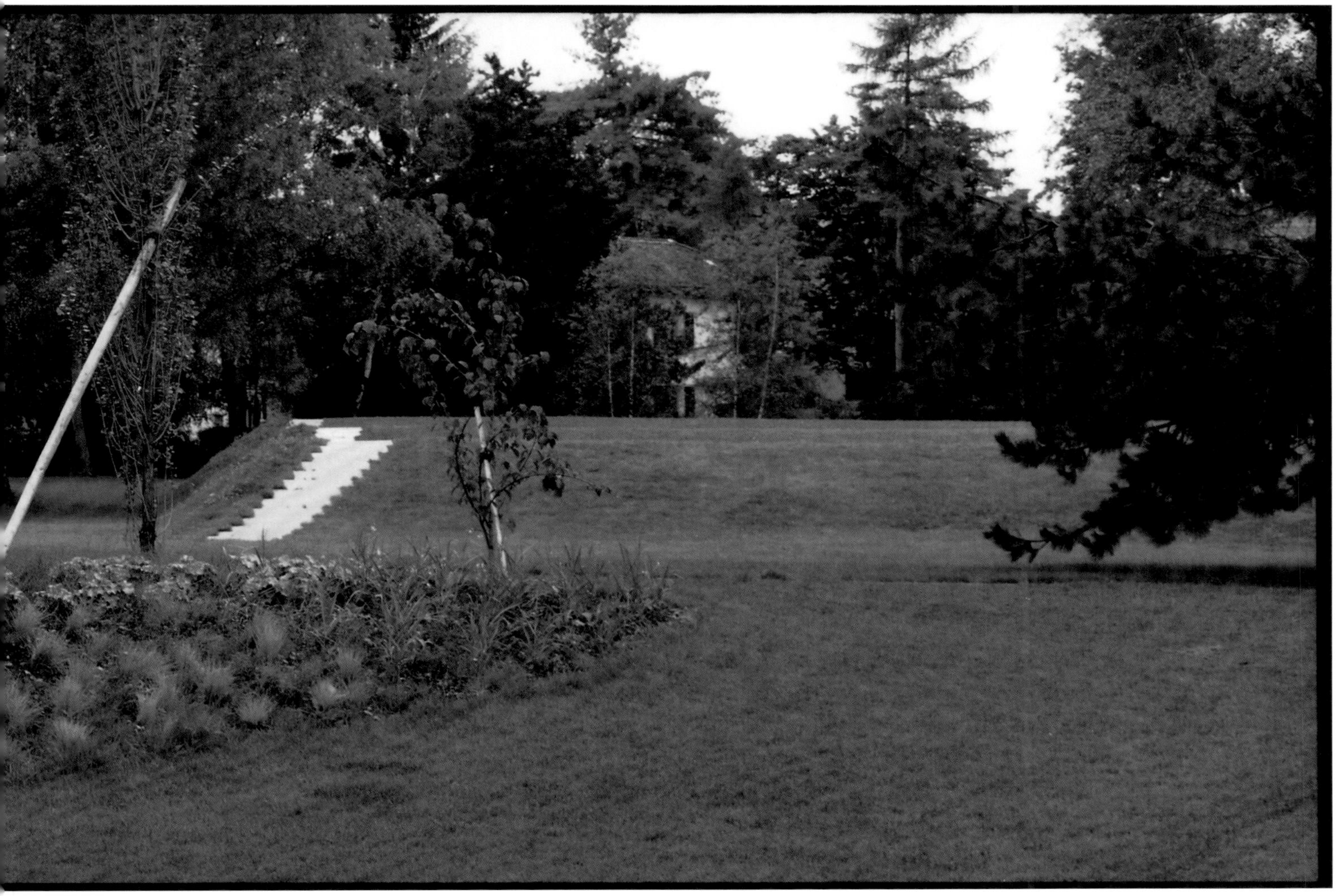

Internationale Gartenschau 2000 Steiermark, Graz

Schon ist mein Blick am Hügel, dem besonnten,
dem Wege, den ich kam, voran.
So faßt uns das, was wir nicht fassen konnten,
voller Erscheinung, aus der Ferne an.

Rainer Maria Rilke

International Garden Show 2000 Styria, Graz

Already my gaze is on the hill, the sunny one,
at the end of the path which I've only just begun.
So we are grasped, by that which we could not grasp,
at such great distance, so fully manifest.

Rainer Maria Rilke

Meine erste Begegnung mit der Vegetation der Steiermark hat nicht in lieblichen Gefilden, sondern beim Klettern, in Form eines stachligen Wacholderbusches in der Steilwand des Gesäuses, stattgefunden. Heute weiß ich, daß die Steiermark ein traditionelles und fruchtbares Ackerbau- und Gärtnerland ist.

Über kaum ein anderes Thema als über den Sinn und Unsinn von Gartenschauen ist in unserem Berufsstand, welcher nicht sehr «theorie-freundlich» ist, diskutiert worden. Eine Grundproblematik der meisten bekannten Gartenschauen ist, daß immer zuviel gewollt und letztendlich zu wenig eingehalten wird. Unser Hauptziel ist deshalb die Vermittlung eines nachhaltig sinnlichen Erlebnisses für alle Bevölkerungsschichten als Kontrasterfahrung zur zunehmend virtuellen Welt.

Das Konzept für die Internationale Gartenschau wurde unter zwei Grundsätzen entwickelt: Welches kann zu Beginn des neuen Jahrtausends die Message für eine Gartenschau sein und was ist unter den vorgegebenen Rahmenbedingungen, Örtlichkeit, Zeit, Finanzen, möglich? Thema des Entwurfes der Internationalen Gartenschau heißt «Gärten in der Landschaft»

Der Prototyp des Gartens

My first encounter with the vegetation of Styria was not in idyllic surroundings but during a climbing trip; my experience took the form of a thorny juniper bush growing on the steep face of the Gesäuse. I now know that Styria is an arable and garden region traditionally known for its fertility.

Hardly any other topic has provoked so much discussion in our profession – not exactly one that tends towards theory – than the point and pointlessness of garden shows. An underlying problem of most leading garden shows is always that what is planned ultimately falls well short of what is actually realised. For this reason, our priority is to achieve a sustainable experience for the senses for all sectors of the population as a contrast to an increasingly virtual world.

The concept for the International Garden Show was developed on the basis of two principles: What is the message of a garden show at the beginning of a new millennium and what is possible given the parameters of location, time, finances? The theme of the project for the International Garden Show is "gardens in the landscape", i.e. acceptance of the existing landscape

The prototype of the garden

und damit wird festgelegt, daß die vorhandene Landschaft mit allen Qualitäten und Nachteilen akzeptiert wird. Auf konzentriertem Raum werden vier thematisch unterschiedlich klar gefaßte Gärten gezeigt: Blumengarten, Berggarten, Fasanengarten, Ackergarten.

Das Planungsgebiet liegt vor den Toren von Graz und steht nicht mehr im städtebaulichen Kontext, sondern im «Schwarzl Freizeitzentrum». Dieses Freizeitzentrum verlangt nach einer Neukonzeption. In dieser Logik kann es nicht mehr darum gehen, die ganze Landschaft neu zu gestalten, sondern in konzentrierter Form das zentrale Thema «Gärten in der Landschaft» aufzunehmen.

Gärten in der Landschaft

Städtische Park- und Erholungsanlagen leben von der unmittelbaren Nachbarschaft von Wohnquartieren, Infrastruktureinrichtungen und Arbeitsstandorten. In diesem urbanen Geflecht wird alltägliche – gezielte oder auch beiläufige – Nutzung zur Selbstverständlichkeit. Anders unser Planungsgebiet, das, in der Peripherie von Graz gelegen, sich der alltäglichen Stadtnutzung entzieht und zum Ausflugsort nobilitiert. Ein Ort, der seiner spezifischen Ausgestaltung wegen aufgesucht wird. Das in der Ausschreibung erweiterte Freizeit- und Erholungsgelände ist nach unserer Auffassung mit dem vorgefundenen Bestand schon ausreichend gegeben, so daß eine nur flächenmäßige Vergrößerung kaum neue Besucher anziehen wird. Wir erachten deshalb die Gartenschau Steiermark als ein Instrument, das hervorragend geeignet ist, auch für die Nachnutzung attraktive Orte zu schaffen, für deren Besuch sich beispielsweise auch eine weitere Anfahrt lohnen wird. Das heißt: Der aus der Landschaft ausgegrenzte «Hortus conclusus» von höchster gartenkultureller Qualität führt in der gestalterischen Ausstrahlung – gepaart mit poetischer Kraft – zu einem unverwechselbaren sinnlichen Erleben.

Um dieses langfristig zu gewährleisten, ist eine intensive gärtnerische Haltung und ein begleitendes kulturelles Programm notwendig. Abschließbarkeit und Eintrittsgelder, auch

with all its qualities and drawbacks. Four clearly defined gardens with different themes are presented in a concentrated area: the Flower Garden, the Alpine Garden, the Pheasant Garden and the Field Garden.

Being outside the built-up area of Graz, the planning area does not have an urban context, but is located in the "Schwarzl Recreation Centre". The centre very much in need of redesign and, given this scenario, it is no longer a question of redesigning the entire landscape, but of addressing the central theme "gardens in the landscape" in a concentrated form.

Gardens in the landscape

Urban parks and recreation areas depend on their immediate vicinity to residential districts, infrastructure and places of work. Day-to-day – intended or accidental – use becomes a matter of course in this urban jumble. Our planning area, located on the periphery of Graz, is not a day-to-day urban place but a location to visit specially. A place that attracts visitors due to the specific nature of its design. The extensive leisure and recreational areas described in the competition brief are, in our view, already sufficiently in existence and, in consequence, enlargement of such areas is hardly likely to attract new visitors. For this reason, we see the Styria Garden Show as an instrument ideally suited to creating attractive places for subsequent further use, places that attract visitors from further afield. The result: design of a perfect "hortus conclusus" separated from the landscape and of superb quality – combined with poetic force – leads to an unmistakable experience for the senses.

What is needed to secure this on a long-term basis is intensive gardening and an accompanying cultural programme. Fencing in and admission charges, also for follow-up uses, are consequently a matter of necessity. Examples from England show that this is not only a means of financing upkeep, but that good marketing can create welcome synergies, added cultural value for the surrounding region, and even generate profits. Perhaps in future we will not only find the "Beautiful Gardens of Austria" in Vienna and Salzburg, but also in Graz.

in der Nachnutzung, werden somit zur Pflicht. Beispiele aus England zeigen, daß damit nicht nur der Unterhalt finanziert werden kann, sondern bei guter Vermarktung willkommene Synergien entstehen, kultureller Mehrwert für die weitere Region geschaffen und sogar Profit ermöglicht wird. Die zum Besuch einladenden «Schönen Gärten Österreichs» finden wir in Zukunft vielleicht nicht nur in Wien oder Salzburg sondern neu auch in Graz.

Das Konzept «Gärten in der Landschaft» beruht auf dem Prinzip, jedem Garten ein eigenes Thema zuzuordnen. Eine fünf Meter hohe Grenze definiert hierbei die Trennung zwischen den einzelnen Gärten. Die vier thematisch differenzierten Gärten sind aus der umliegenden Landschaft ausgegrenzt und stehen in klarem Kontrast zu dieser. Der «besondere Ort» kann in dieser Logik nicht aus dem Bestand weiterentwickelt, sondern muß vielmehr neu geschaffen werden. In den Zwischenbereichen werden attraktive Orte für Kinder geschaffen wie Spielplätze und ein Streichelzoo.

Die vier Gartenteile

Ackergarten
Wie alle vier thematischen Gartenbereiche wird auch der Ackergarten als eigenständiger Raum definiert. Der Ackergarten ist als Beispiel zur Thematik «nachwachsende Energie» durch einen fünf Meter breiten Streifen aus drei Meter hohem Chinaschilf räumlich gefaßt. Die Darstellung von unterschiedlichen landwirtschaftlichen Produkten und Produktionsmethoden folgt dem Muster eines seriellen Bildes von Richard Paul Lohse und stellt unter Beweis, daß Nützlichkeit mit Schönheit kompatibel ist.

Blumengarten
Der Blumengarten, ein begehbares Blumenbild, wird quadratisch gefaßt durch ein einfaches, fünf Meter hohes Baugerüst, das mit weißen Stoffbahnen überzogen ist, vergleichbar mit einem Bühnenvorhang. Ein traditionelles islamisches Teppichbild mit Gar-

The concept "gardens in the landscape" is based on the principle of giving each garden its own theme. A five-metre high boundary defines the division between the individual gardens. The four gardens on different themes are separate from and in contrast to the surrounding landscape. The "special place" cannot simply be evolved from what is already there, but has to be created anew. Children's attractions such as playgrounds and a petting zoo are to be created in the intervening areas.

The four variations on a garden

The Field Garden
As in all four garden themes, the Field Garden is also given its own spatial definition. The Field Garden is spatially conceived as an example of the theme of "renewable energy" by a five-metre-wide strip of three-metre-high Miscanthus sinensis giganteus. Presentation of different agricultural products and production techniques is based on the model of a serial picture by Richard Paul Lohse, documenting that usefulness and beauty are indeed compatible.

The Flower Garden
The Flower Garden, a composition of flowers accessible to visitors, is enclosed by a simple, quadrangular, five-metre-high construction covered with lengths of white fabric, reminiscent of stage curtains. The garden motif of a traditional Islamic carpet serves as a model for the spatial structure. For the flower show this framework is to be filled with over one million flowers and plants with blooms and fragrances according to season. Precise choreography of the sequence of plants and flower colours is necessary to achieve a coherent composition and not an arbitrary potpourri of colour. A new sound installation by Hans-Jürgen Schmölzer specially for the International Garden Show on the theme "Nature does not exist" is to be heard in the Flower Garden, giving it a new, acoustic dimension. An observation tower provides a view across the Field Garden and the Flower Garden.

Fotos: Marc Schwarz

Ein traditionelles islamisches Teppichbild mit Gartenmotiven diente als Vorlage zur Raumstruktur.

Garden motifs traditional in Islamic carpets served as a model for the spatial structure.

tenmotiven diente der Raumstruktur als Vorlage. Für die gärtnerische Leistungsschau wird dieses Muster mit mehr als einer Million Blumen und Stauden gefüllt und je nach Saison zum Blühen und Duften kommen. Hier wird eine genaue Dramaturgie der Pflanzenabfolge und Blütenfarben notwendig, um ein stimmiges Pflanzenfeuerwerk und nicht ein beliebiges Farbpotpourri zu erreichen. Im Blumengarten wird eine eigens für die IGS komponierte Klanginstallation von Hans-Jürgen Schmölzer mit dem Thema «Die Natur gibt es nicht» zu hören sein, die dem Garten über die Akustik eine neue Dimension geben soll. Der Überblick über diese beiden Gartenteile, Acker- und Blumengarten, wird von einem Turm aus ermöglicht.

Berggarten

Der Berggarten zeigt eine stark skulptural überformte Erdtopographie. Die Abgrenzung erfolgt mit einem fünf Meter hohen, geometrisch ausgeformten Rasenwall. Hier wird die steilstmögliche Rasenböschung mittels geotextilen Hilfsmitteln gezeigt. Der Erdwall definiert den Gartenraum gegen Außen und Innen und hat gleichzeitig lärmdämmende Wirkung. Im Garteninnern erleben wir die plastische Kraft dieser zum Teil thematischen Bepflanzung einer geometrisch überformten Topographie. Die Schrägen sind thematisch und materiell unterschiedlich ausgeformt: Im Schotterfeld wachsen in den Zwischenräumen ausgewählte Gräser und Bergblumen, womit eine neue Form des tradierten Alpinums des 19. Jahrhunderts angestrebt wird. Vom höchsten Punkt aus geniessen wir die gelenkte Sicht auf das Landschaftslesebuch, auf die Berge und den angrenzenden See. Im Landschaftsbuch – das den Dialog zwischen Natur und Landschaft subtil weiterführt – lesen wir aus erhöhter Warte einen Text aus dem «Schilcher ABC» des steirischen Autors R.P. Gruber, welcher im Rasen mit Streckmetallplatten eingelassen ist:

«Die durchschnittlichen Gegenden der Welt sind formbare und daher bereits verformte und daher deformierte Gegenden. Die Weltgegend ist eine formende Gegend. Im eigentlichen Sinn ist die Weltgegend gar keine Gegend, weil eine Gegend passiven Charakter trägt: sie definiert sich als das Gegenüber des Men-

The Alpine Garden

The Alpine Garden has a strongly sculptural topography. Its perimeter is in the form of a five-metre-high, geometrically shaped embankment of grass. Its steepness is emphasised by geotextile fabrics. The embankment defines the garden space both outside and inside, and also serves to reduce noise. Within the garden we experience the graphic force of a geometrically shaped topography stocked with plants partially on specific themes. The slopes address a variety of themes and employ different materials: selected grasses and alpine flowers grow in the spaces in the gravel bed, a reference to the tradition of the alpinum of the 19th century. From the highest point, we enjoy the intended view of the landscape primer, of the mountains and the nearby lake. We read in the landscape primer – a subtle continuation of the dialogue between nature and landscape – a text taken from the "Schilcher ABC" by the Styrian author R.P. Gruber that has been set in the grass in pierced steel sheeting.

"The average areas of this world are malleable and therefore already distorted and deformed. The 'cultural area' is an area that forms. Actually, it is not an area at all, as an area has a passive character: it defines itself as the opposite of humans, as that which humans have distanced themselves from. In other words, area means opposition and, at the same time, it is transcended by distancing or superiority. In other words, insofar as the character of potentially being formed is always part of the concept of area, the notion of a cultural area which forms itself cannot actually exist."

The existing scattered trees in the pyramid-shaped windows in the northern section are largely retained. The existing spruce wood, enhanced by woodland plants, ferns, etc. dominates in the southern section. The new woodland pond is as an antipode to the popular bathing lake. An artificial topography is created in the existing clearings, intensifying the experience of spatial diversity. "Music chairs" are placed at selected locations, where standard works from the history of music can be heard. In addition to the impressions provided by vegetation, materials and topography, we hear music at six different places: Mozart, Philip

schen, als das, wovon sich der Mensch abgehoben hat. Gegend meint also Gegnerisches und gleichzeitig das Übersteigen des Gegenübers durch Abheben oder auch Überheben. Insofern, nämlich als im Begriff Gegend immer der Charakter eines möglichen Geformtwerdens eingeschlossen ist, kann es also so etwas wie eine Weltgegend, die ja selber formend ist, gar nicht geben.»

Im nördlichen Teil bleiben die vorhandenen Einzelbäume in den Pyramidenzwischenräumen weitgehend erhalten. Im südlichen Teil dominiert der bestehende Fichtenwald, der mit Waldstauden, Farnpflanzungen etc. angereichert wird. Darin eingeschnitten ist der neue Waldweiher, eine Antipode zum belebten Badesee. In vorhandenen Lichtungen wird hier eine künstliche Topographie erzeugt und somit die räumliche Erlebnisvielfalt verstärkt. An ausgewählten Stellen werden Musikstühle aufgestellt, in denen Standardwerke aus der Musikgeschichte zu hören sind. Neben den pflanzlichen, materiellen und topographischen Eindrücken hören wir an sechs ausgewählten Orten Musik: Mozart, Philip Glass oder Reich. Die thematisierte Musik an den verschiedenen Orten verstärkt das sinnliche Erleben des Gartens. Der Berg- und Fasanengarten bilden zusammen die langfristig zu erhaltenden Gärten.

Fasanengarten

Im nördlichen Teil bleiben die vorhandenen Einzelbäume weitgehend in den Wegen und Hecken erhalten. Der Fasanengarten wird durch die umfassende Lindenhecke begrenzt. Sein Inneres zeigt einen Lindenheckenmäander, der von West nach Ost schräg abfällt und in ein Labyrinth mündet. Der spannungsvolle Wechsel von räumlicher Enge und Weite, von different ausgestalteten Gartenräumen, wird auf den beiden Wegen unterschiedlich erlebt: dort befinden sich der Teich mit seinen Lotusblumen und der Kircheninsel, die Himmelstreppe neben der Erdrampe, die wilden, aber zugeschnittenen Topiarys, der Rosengarten, das große Rasenstück mit der Magnolienanhöhe. Im südlichen Teil liegen ein Irrgarten und ein Labyrinth. In der Mitte des Irrgartens bleibt eine alte Eiche erhalten. Im Zentrum des Labyrinthes finden wir nicht mehr Minotaurus: der Wande-

Glass and Reich. The theme of music at various locations heightens the experience of the garden. The Alpine Garden and the Pheasant Garden are the two gardens to be retained in the long term.

The Pheasant Garden

The existing solitaire trees in the northern section are largely retained in the path and hedge areas. The Pheasant Garden is enclosed by a hedge of limes. Its interior is traced by a meandering hedges of limes, descending from west to east and leading to a labyrinth. The interesting alternation of confinement and expanse, of differentiated garden spaces, is reflected along the two paths: the pool with its lotus plants and island of cherry trees, the "Sky Stairway" next to the earth ramp, the wild yet clipped topiaries, the rose garden, the large extent of grass with its elevated area of magnolias. The southern section contains a maze and a labyrinth. An old oak tree is retained at the central point of the maze. We no longer have to fear the Minotaur at the centre of the labyrinth; instead visitors are rewarded by a simple bench where they can take a rest. Again and again, we encounter hundreds of – uncaged – colourful pheasants.

On ecology and design

Special attention was paid to the ecological concept of the garden show with a view to disproving the frequent assumption that design and ecology are in themselves a contradiction in terms. Our aim was not to present ecological experimental areas, but to develop existing ecological approaches. In other words, the existing drainage ditches are largely retained and the meadow with its wide variety of species preserved. The fertiliser used in the flower garden is to be collected and purified. The system of paths is entirely in the form of a water-bound surface. As far as furniture is concerned, it by now goes without saying that no tropical wood is to be used. The existing trees and bushes are treated with care. A large part of the luxuriant hedges in the form of a clipped mixed hedge is to be stocked with different species of plants to achieve ecological diversity.

rer wird mit einer einfachen Bank zum Ausruhen belohnt. Im Fasanengarten begleiten uns immer wieder – frei umherlaufend – hundert farbenprächtige Fasane.

Zur Ökologie und Gestaltgebung

Besondere Aufmerksamkeit wurde der ökologischen Ausbildung des Gartenschaugeländes gewidmet, um die oft gehörte These zu widerlegen, daß Gestalt und Ökologie unvereinbare Antipoden darstellen. Dabei haben wir versucht, nicht ökologische Versuchsfelder darzustellen, sondern den vorhandenen Bestand an ökologischen Ansätzen weiterzuentwickeln. So bleiben die vorhandenen Entwässerungsgräben weitgehend erhalten und die jetzt teilweise artenreiche Wiese wird geschont. Im Blumengarten wird das anfallende Düngemittel gesammelt und gereinigt. Der Wegebau erfolgt ausschließlich durch eine wassergebundene Decke. Bei der Möblierung ist der Verzicht auf tropische Gehölze mittlerweile eine Selbstverständlichkeit. Die vorhandenen Bäume und Sträucher werden sorgsam behandelt. Ein Großteil der üppigen Hecken werden als geschnittene Mischhecke mit unterschiedlichen Pflanzenarten bestockt, um auch hier eine ökologische Vielfalt zu realisieren.

Musik in Gärten

Musik in Gärten ist ein uraltes Thema, das dem Garten eine sinnliche Dichte verleihen soll. Dafür wurde ein thematisch abgestimmter Kompositionsauftrag an Hans-Jörg Schmölzer in Auftrag gegeben. Die Gärten an der Internationalen Gartenschau stellen den Versuch dar, ein Stück rezente Gartenkultur in all ihrer Vielfalt aufleben zu lassen.

Dieter und Erika Kienast

Music in gardens

Music in gardens is an age-old theme designed to give the garden an added sensuous dimension. Hans-Jörg Schmölzer was commissioned to design an appropriate thematic composition. The gardens of the International Garden Show are an attempt to reflect part of modern garden culture in all its diversity.

Dieter and Erika Kienast

Internationale Gartenschau Steiermark - 2000 Situation 1:500
122111
Blumengarten
Haupteingang
Pfauengarten
Berggarten

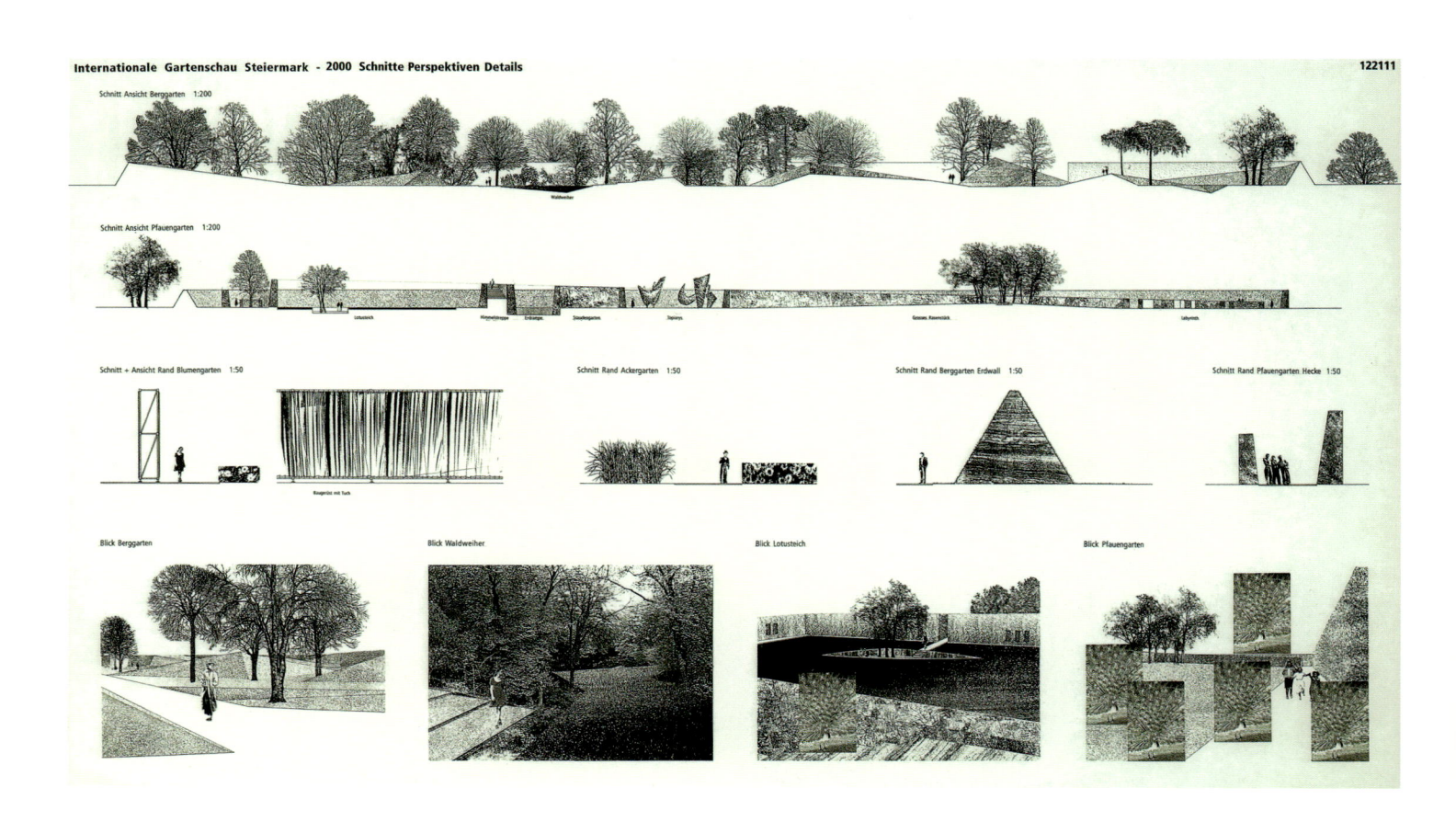

Internationale Gartenschau Steiermark - 2000 Schnitte Perspektiven Details

122111

Schnitt Ansicht Berggarten 1:200

Schnitt Ansicht Pfauengarten 1:200

Schnitt + Ansicht Rand Blumengarten 1:50

Schnitt Rand Ackergarten 1:50

Schnitt Rand Berggarten Erdwall 1:50

Schnitt Rand Pfauengarten Hecke 1:50

Blick Berggarten

Blick Waldweiher

Blick Lotusteich

Blick Pfauengarten

INTERNATIONALE GARTENSCHAU STEIERMARK 2000 PROJEKT 1:500
KIENAST VOGT PARTNER ZUERICH
BLUMENGARTEN
ACKERGARTEN
BERGGARTEN

Die Himmelstreppe ist als sinnliches Element erlebbar, das Herauf- und Herunterschreiten bietet auf zwei Wegen sehr unterschiedliche Aus- und Einblicke und Sinneseindrücke. So gesehen ist die Himmelstreppe nur das Mittel zum Zweck: zu anderen Erfahrungen und Berührungen mit der gestalteten und geordneten Natur.

The Sky Stairway is an element that can be experienced by the senses; ascending and descending provides very different views, insights and impressions. Seen from this point of view, the Sky Stairway is only the means to an end; namely experiencing and being in contact with designed and orderly nature in different ways.

Im Schotterfeld wachsen in den Zwischenräumen ausgewählte Gräser und Bergblumen. Hier wurde eine neue Form des tradierten Alpinums angestrebt.

Selected grasses and alpine flowers grow in the crevices in the gravel bed. This is intended as a new form of the traditional alpinum.

Eine fünf Meter hohe Abgrenzung zum Berggarten zeigt hier die steilstmögliche
Rasenböschung, die mittels geotextilen Hilfsmitteln erstellt wurde. Der Erdwall
definiert den Gartenraum gegen Außen und Innen.

A five-metre-high boundary is formed by a very steep embankment of grass, created with the help of geotextile means. The embankment defines the garden space both outside and inside.

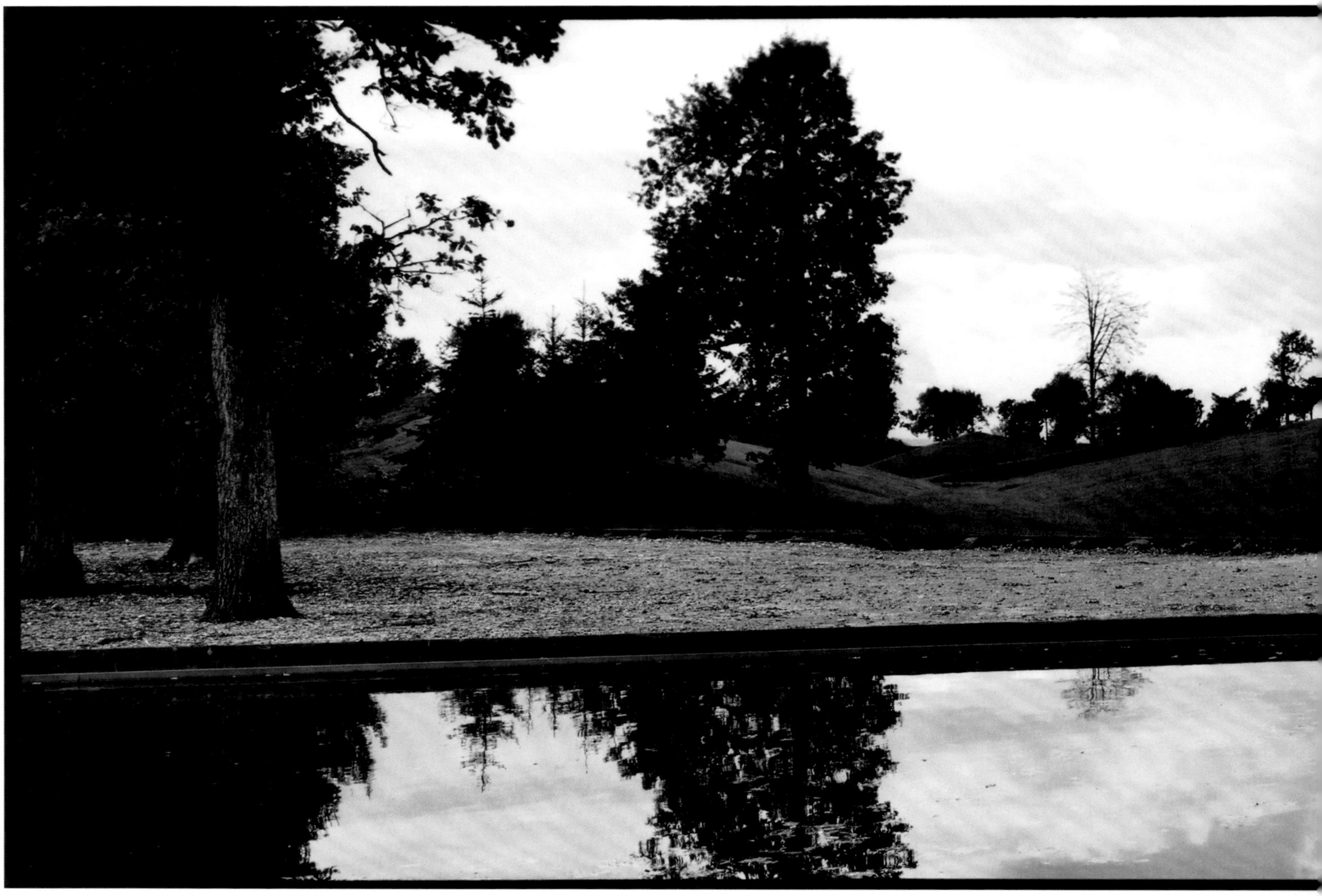

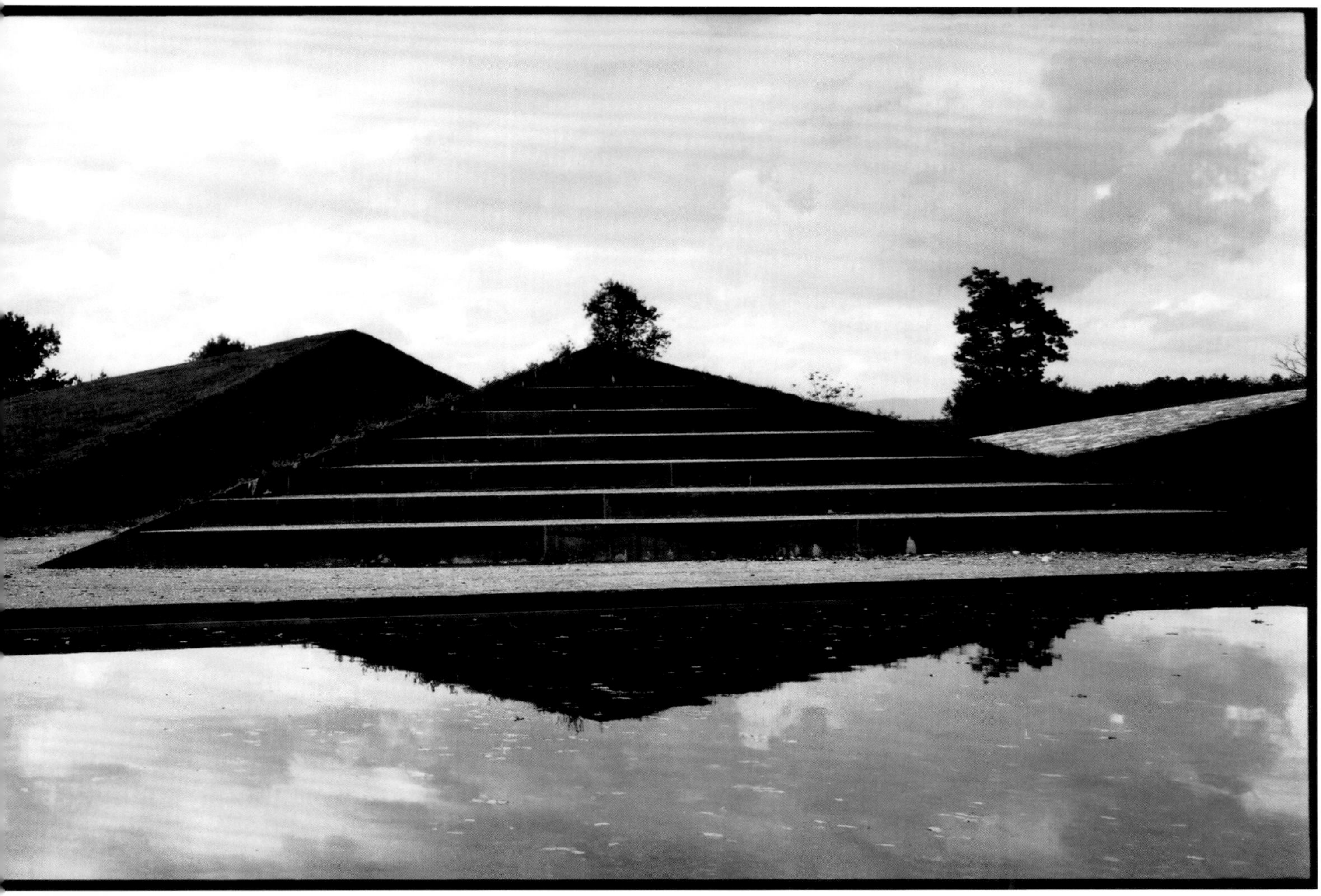

Im Garteninnern erleben wir die plastische Kraft dieser geometrisch überformten Topographie.

Within the garden we experience the graphic force of this geometrically shaped topography.

Vorhandene Einzelbäume wurden in den Pyramidenzwischenräumen weitgehend erhalten.

The existing scattered trees have largely been retained in the pyramid-shaped windows.

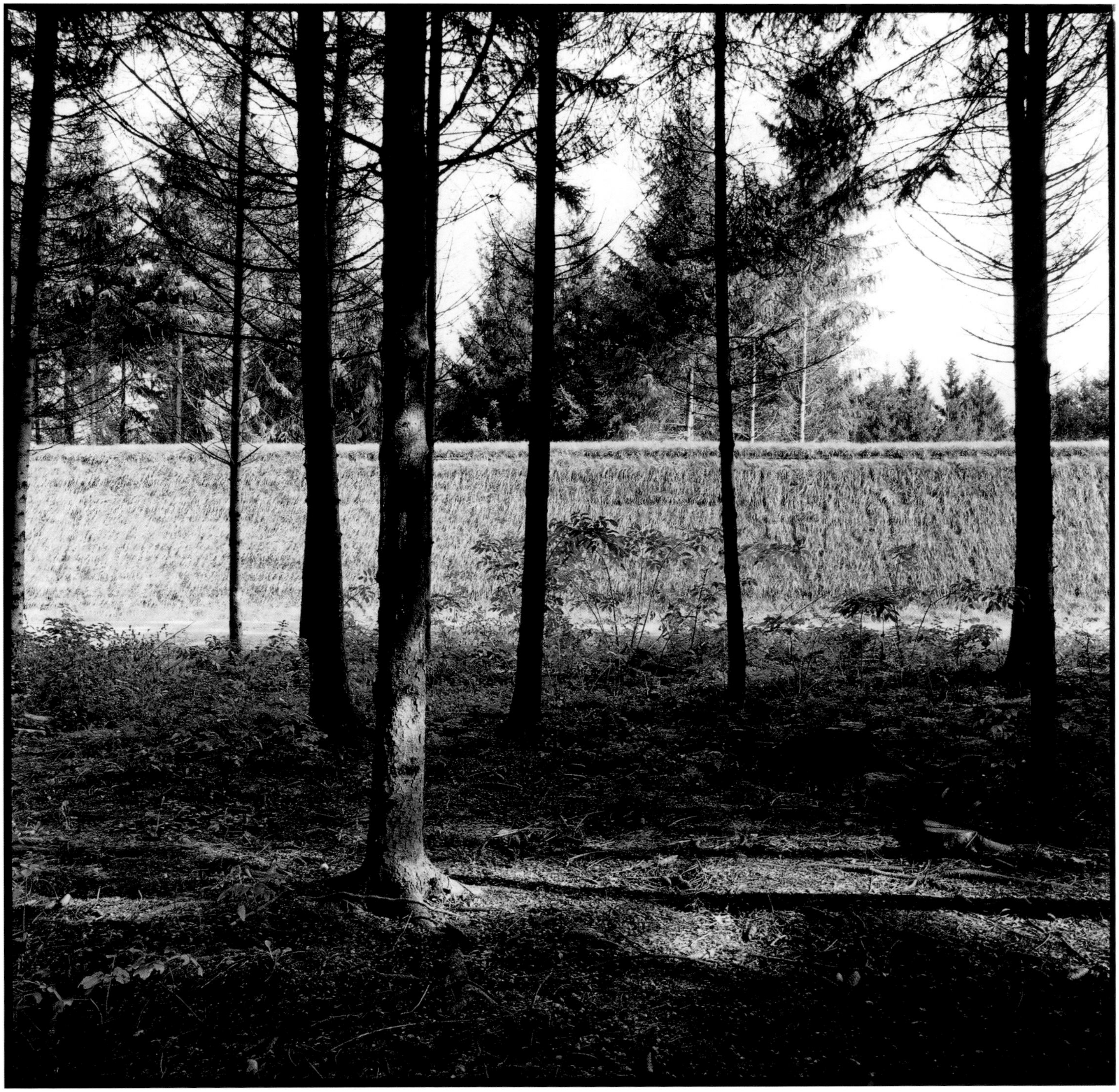

Im bestehenden Fichtenwald liegt der neue Waldweiher – eine Antipode zum belebten Badesee.

The new woodland pond is in the spruce wood – an antipode to the popular bathing lake.

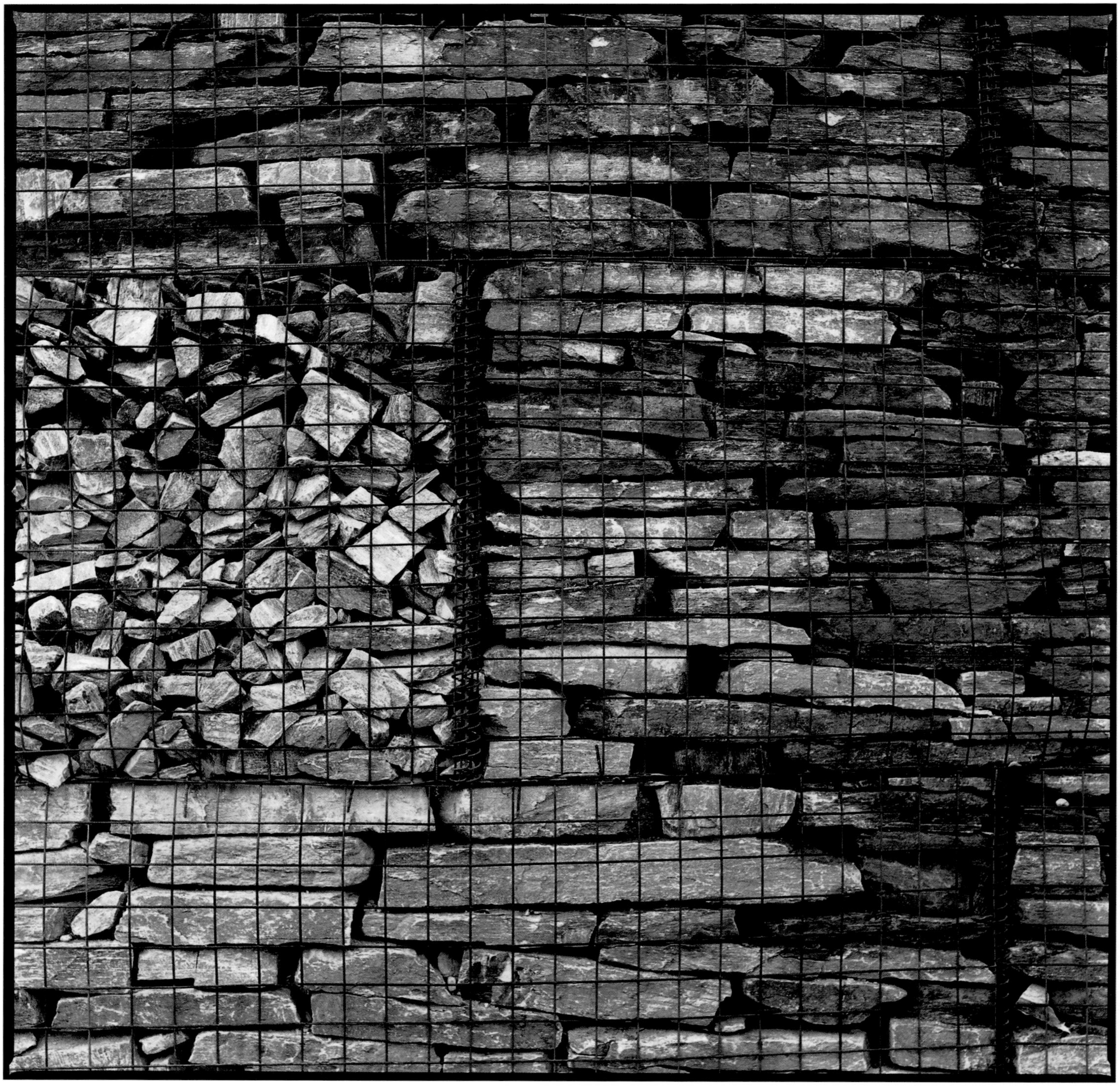

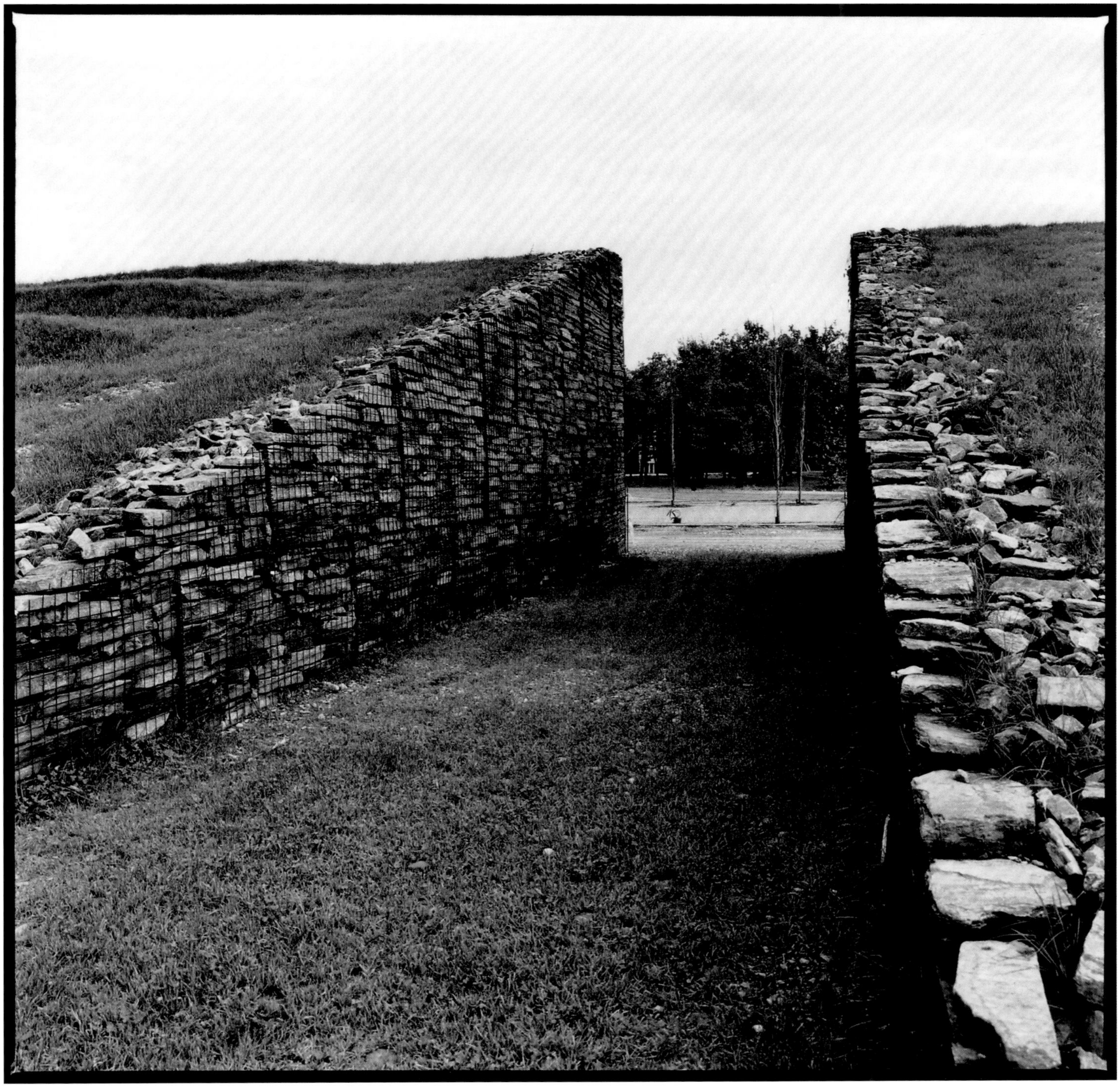

Töölönlahtipark Helsinki

Das Planungsgebiet ist von der Konfrontation landschaftlicher und städtischer Strukturen geprägt. Außergewöhnlich ist dabei, daß es sich nicht, wie üblich, in der Peripherie, sondern im Zentrum der Stadt befindet. Im Kontrast zwischen Gebautem und Natürlichem wird die jeweilige Eigenart in verstärktem Maße wahrgenommen. Die städtische Struktur wird durch Blockrandbebauung, markante Einzelgebäude und Geleiseanlage geprägt. Die landschaftliche Struktur zeigt ein hügeliges Gelände mit dem eingeschlossenen Töölönlathisee. Diese natürlichen Gegebenheiten sind stark anthropogen überformt und bilden eine Parklandschaft mit reizvollem Wechselspiel zwischen gestalteten und natürlichen Teilen. Die Gestaltung folgt dabei der Grundkonzeption des Englischen Landschaftsparks, in dem der «genius of place» entdeckt und weiterentwickelt wird. Lediglich im Bereich des «Botanical garden» und «Winter garden» werden architektonisch gestaltete Gartenteile sichtbar.

Das Konzept ist aus der Ortsgeschichte entwickelt und stellt eine rezente Stadtlandschaft dar. Im Westen, Süden und Osten wird der neue Park klar durch Bauten gefaßt. In Ergänzung zu vorhandenen und in Bau befindlichen Gebäuden sind weitere öffentliche Geschäfts- und Bürogebäude geplant. Die städtebauliche Fassung wird durch das durchgehende Kanalsystem verstärkt, das einerseits ein attraktives Vorgelände zu den Bauten darstellt, andererseits den neuen Parkteil zur Insel werden läßt. Der Park wird durch die Ebene und die skulptural geformte Topographie bestimmt.

Mit der neu geschaffenen Topographie werden gezielte Ein-, Aus- und Durchblicke, aber auch Verhüllungen erreicht. Während die umliegenden Hügel natürliche Ausprägung zeigen, sind die Parkhügel streng geometrisiert. Der 8 Meter hohe Birkenhügel hat wie seine «natürlichen» Nachbarn eine Felsenkuppe ohne Baumbestand. Der Blick ist somit introvertiert und fällt auf den runden Waldspiegel, in dessen glattpolierten Granitplatten sich die Bäume und der Himmel spiegeln. Zur Ostseite bilden langgezogene Erdpyramiden einen räumlichen Abschluß. Die Flanken sind unterschiedlich ausformuliert: Die Hügelostseite ist mit Bäumen akzentuiert, während die Westseite

Töölönlahti park in Helsinki

The planning area is characterised as a place where town and country structures meet. The unusual thing about it is that this does not occur on the edge of a town where we would normally expect it, but in the centre. In the contrast between the man-made and the natural, the special characteristics of each are very noticeable. The town structure is characterised by perimeter block development, by prominent individual buildings and by a railway line. The country section consists of a hilly area surrounding the Töölönlahti lake. This natural environment has been greatly altered by man and forms an area of parkland with the designed and natural elements interacting to create an attractive whole. The design follows the basic concept of an English landscape garden, where the "genius of place" is revealed and developed. Architecturally designed gardens are only to be found in the area of the botanical garden and the winter garden.

The concept was developed from the history of the location, and represents a living townscape. To the west, the south and the east, the new park's boundary is clearly defined by buildings. In addition to the existing buildings and those under construction, further public, commercial and office buildings are planned. The surrounding urban development is intensified by the canal system which passes through it, on the one hand providing an attractive foreground for the buildings, and, on the other hand, making the new section of park into a large island. The park's appearance is determined by the plateau, the sculptured topography.

The newly created topography will result in well-placed views into, across and from the park, but will also hide some features. Whilst the surrounding hills have a natural shape, the park's hills are strictly geometric in design. The 8-metre high birch hill has, like its "natural" neighbours, a treeless rocky top. This directs the eye back in towards the round "wood mirror", whose highly polished granite slabs reflect the trees and the sky. On the eastern side, the area is bounded by elongated pyramids of earth. The margins differ from one another; the eastern sides of the hills are accentuated with trees, whereas the west side is partly covered with flat grassy terraces. The main approach is

teilweise mit flachen Rasenstufen versehen ist. Den markanten Auftakt bildet die südliche Felspyramide, auf der sich spiralförmig ein Vegetationsband mit rockflowers zur Spitze windet. Unter der Eiche geniessen wir einen erhabenen Blick auf Stadt, Park und Landschaft.

Die Wasserkanäle sind unterschiedlich breit ausgebildet. Der Hauptkanal ist nahe an die Finlandia herangerückt, im Wasser spiegeln sich die markanten Gebäude und die davor in weitem Abstand gepflanzten Pappeln. Das Seeufer wird im Parkteil neu gefaßt, die bestehenden Inseln werden mit Ausnahme der Rousseauinsel integriert. Die Wasserkante des Parkes kann bei genauerer Betrachtung als landschaftsarchitektonische Transformation der Finlandia-Umrisse gelesen werden.

Mit der Baumpflanzung wird nicht nur Raumbildung erreicht, vielmehr zielt sie auf eine eigenständige Stimmung und Atmosphäre der verschiedenen Park- und Stadtteile. Populus italica wird auf der Nord- und Westseite des Seeufers an markanten Stellen und entlang des Hauptkanals gepflanzt. Tilia vulgaris sind als Alleebäume entlang der Straßen vorgesehen. Die Hügelostseite ist mit gemischtem Baumbestand aus Pinus sylvestris, Fraxinus excelsior, Acer platanoides, Quercus robur, Sorbus aucuparia, Populus tremula, etc. bepflanzt. Die Ulmeninseln sind räumlich mit Hecken gefaßt.

Die Erschließung des Parkes erfolgt über ein einfaches, großmaschiges Wegnetz, womit einmal mehr die Differenz zu den angrenzenden Parkanlagen mit den kleinteiligen Erschließungen manifest wird. Um den See ist ein Rundwanderweg vorgesehen. Die Erschließung und Anbindung an die Stadt erfolgt mittels einfacher Brücken. Auf die Parkierungsanlage über den Geleisen wird aus landschaftsarchitektonischer Sicht bewußt verzichtet. Die Geleiseanlage ist ein erhaltenswertes kulturhistorisches Zeugnis, das keiner Überdeckung oder Verschönerung bedarf.

Mit der Neugestaltung des Töölönlathiparks wird den vorhandenen Parkanlagen das jüngste Mitglied einer «Parkfamilie» beigestellt, das erkennbar gleichen Ursprungs ist, und dennoch Jugend und Eigenständigkeit zeigt. Er ist Solitär und gleichzeitig Teil des verbindenden Ganzen, mit seinem Hang zur Geometrie zeigt er die Liebe zur Stadt. Er wird zum Ort des vielfältigen Gebrauchs, in Gemeinschaft oder Zweisamkeit.

Dieter Kienast

formed by the southern rocky pyramid, up which there winds a spiral strip of vegetation with alpine flowers, leading up to the summit. From beneath the oak tree we have a wonderful view down over the town, park and countryside.

The canals are of varying widths. The main canal passes close by the Finlandia building; the water reflects the prominent buildings and the widely separated poplars in front of them. The bank of the lake will be given new surroundings in the park section. With the exception of the Rousseau Island, the existing islands will be integrated. The water's edge in the park can, on closer inspection, be seen as the transformation into landscape features of the outlines of the Finlandia building.

As well as creating an impression of space, the planting of trees is intended to give a distinctive mood and atmosphere to the various sections of the park and the town. Populus italica is being planted in prominent positions on the northern and western sides of the lake shore, and along the main canal. Tilia vulgaris are planned along the roads to form avenues. The eastern sides of the hills are planted with a mixture of Pinus sylvestris, Fraxinus excelsior, Acer platanoides, Quercus robur, Sorbus aucuparia, Populus tremula, etc. The "elm islands" are bordered by hedges.

Access to the park is via a simple, wide network of paths, which serves to emphasise the distinction between this and the neighbouring park facilities with their segmented access routes. A walkway is planned to go around the lake. Access and links to the town are via simple bridges. It has been decided, for landscaping reasons, not to create a parking area over the railway. The railway line is a piece of cultural history which is worth preserving and does not need to be covered up or improved.

The redesigning of the Töölönlathi park will place alongside the existing park facilities the newest member of a "park family", which can be seen as having the same origins, whilst showing its youth and individuality. This park is a unique gem and, at the same time, part of the whole area to which it is linked; its geometric tendencies show its attachment to the town. It will be a many-faceted place to be enjoyed by large crowds, small groups and couples alike.

Dieter Kienast

Starting position

The planning area is characterised as a place where town and country features meet. The unusual thing about it is that this does not occur on the edge of a town where we would normally expect it, but in the centre. In the contrast between the man-made and the natural, the special characteristics of each are very noticeable. The town structure is characterised by the 'Gründerzeit' development, by prominent individual buildings and by a railway line. The country section consists of a hilly area surrounding the Töölönlahti-lake. This natural environment has been greatly altered by man, and appears as an area of parkland where the designed and natural elements interacting to form an attractive whole. The design follows the basic concept of an English landscape garden, where the „genius of place" is revealed and developed. The visitor is led via a close-knit network of paths to varying views of parkland and countryside. Architecturally designed gardens are only to be found in the area of the botanical garden and the winter garden.

Concept

The concept developed out of the history of the location, and expresses a living townscape. This shows the relationship between the existing park facilities and part of the town, and in the same time emphasises their individuality. To the west, the south and the east, the new park's boundary will be clearly defined by buildings. In addition to the current buildings and those under construction, further public, commercial and office buildings are planned. The surrounding urban development is intensified by the canal system which passes through it, on the one hand providing an attractive foreground for the buildings, and on the other hand making the new section of park into a large island. The water's edge in the park can, on closer inspection, be seen as the transformation into landscape features of the outlines of the Finlandia building. The park's appearance is determined by the plateau, the sculptured topography, and effective use of space for tree planting.

Topography

The newly created topography will result in well-placed views into the park and from the park, but will also become a topic. Whilst the surrounding hills have a natural shape, the park's hills are strictly geometric in shape. The 8 metre high birch hill, like 1st „natural" neighbours, has a treeless rocky top. This directs the eye back in towards the round „wood mirror", whose highly polished granite slabs reflect the trees and the sky. On the eastern side the area is bounded by elongated pyramids of earth. The margins differ from one another; the eastern sides of the hills are accentuated with trees, whereas the west side is just covered with flat grassy terraces. The main approach is formed by the southern rocky pyramid, up which winds a spiral strip of vegetation with alpine flowers, leading up to the 12 metre high summit. From beneath the oak tree we have a wonderful view down over the town, park and countryside.

Water

The canals are set at varying widths. The main canal goes close to the Finlandia building, the water reflecting the prominent buildings and the widely separated places in front of them. The bays at the lake will be given new surroundings in the park section. With the exception of the Rousseau Island, the existing islands will be integrated.

Vegetation

As well as creating an impression of space, the planting of trees is intended to give a distinctive mood and atmosphere to the various sections of the park and the town. Populus italica is being planted in prominent positions on the lake shore (northern and western sides), and along the main canal. Tilia vulgaris are planted along the roads to form avenues. The eastern sides of the hills are planted with a mixture of Pinus sylvestris, Fraxinus excelsior, Acer platanoides, Quercus robur, Sorbus aucuparia, Populus tremula, the „elm islands" are bordered by hedges.

Access

Access to the park is via a simple, wide network of paths which serves to emphasise the distinction between this and the neighbouring park facilities with their meandering access routes. A walkway is planned for around the lake. Access and links to the town are via canal bridges. It has been decided, for landscape reasons, not to create a parking area over the railway. The railway line is a piece of cultural history which is worth preserving, and which does not need to be dressed up or improved.

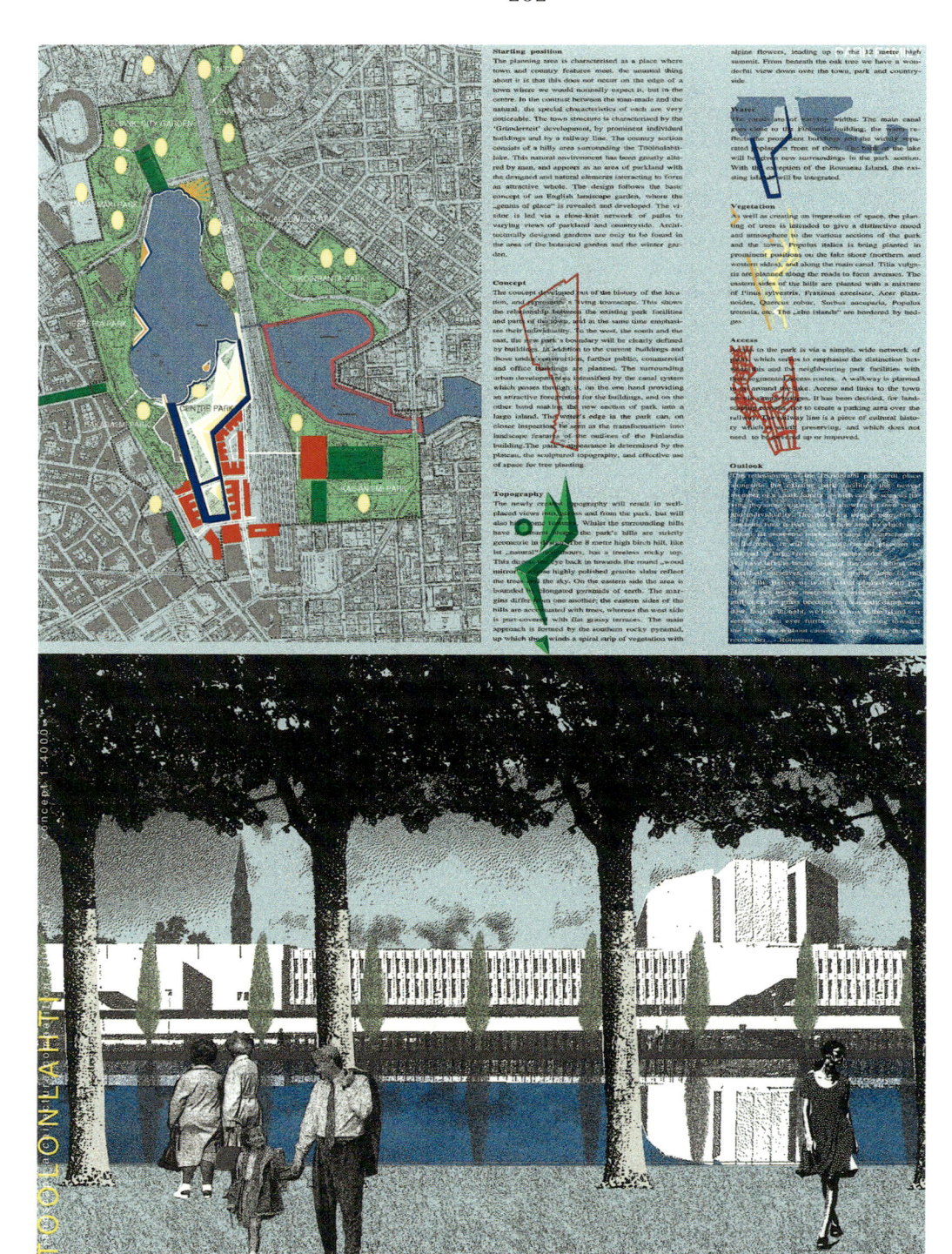

Outlook

The redesigning of the Töölönlahti park will place alongside the existing park facilities, the newer facilities of a park today in tune with the contemporary townscape. The park is a living testimony to our time, to our taste, to which future generations will have to adjust themselves, and which in their turn they themselves will one day replace with a new park. But still, before us stands a new park with the old trees of the older park beneath which we will stroll; with slow footsteps, we look across to the island, a garden so that ever further visible, revealing new relationships without creating a mystery... Rousseau

TÖÖLÖNLAHTI

concept 1:4000

PARK FAMILY

TÖÖLÖNLAHTI

TÖÖLÖNLAHTI

PARK FAMILY

PARK FAMILY

TÖÖLÖNLAHTI July 1996

Stockalper Schloßgarten Brig

Nach der Überschwemmungskatastrophe im Herbst 1993 sind gewaltige Renovationen und Restaurationen der gesamten Altstadt zur Aufwertung des Stadtbildes erfolgt. Diese Maßnahmen erstreckten sich jedoch nur auf den Bereich der Weri, westlich des Schloßgartens. Von diesem urbanistischen Aufschwung wird nun auch der Garten des Stockalperschlosses profitieren. Die jetzige bescheidene Grünanlage gibt dem Schloß keinen adäquaten Rahmen, noch entspricht sie einer barocken Konzeption. Natürlich kann es heute nicht darum gehen, einen neobarocken Park zu erfinden, den es zu früheren Zeiten nicht einmal ansatzweise gegeben hat. Vielmehr wird eine neue Gartengestalt gesucht, die dem Schloß einen würdigen Rahmen zu geben vermag und für die Bevölkerung einen vielfältig nutzbaren Erholungsraum anbietet.

«Plätze und Gärten mach auf elegante Weise» – «Plateas et hortus fac elegantes»

Als 1666 der Rohbau zu seinem Schloß vollendet war, ließ Kaspar Jodok von Stockalper getreu dieser Vorstellungen seine Gartenanlagen zum Schloß erstellen.

Ausgangspunkt bei der Neukonzeption ist der vorhandene Bestand, insbesondere die Topographie sowie die bestehenden Mauern. Die immer wiederkehrenden Trinitätsvorstellungen des Jodok von Stockalper, die sich nicht nur im Schloß zeigen, sollen auch im Park entsprechend aufgenommen werden. Es sind dies: das Viridarium oder der Lustgarten vor dem Schloß, das Pomarium und der Wirtschaftsteil. Im Hinblick auf den etwas spröden Charme der Architektursprache des Schloßparks waren wir bestrebt, eine gartenarchitektonische Umsetzung für den Park zu finden, die über diese strukturellen Überlegungen hinausgeht.

Das Parterre

Vor der Hauptfassade liegt das mittig ausgerichtete Heckenparterre, wobei die Hauptachse nicht als barocke Achse ausgebildet ist. Auch im Schloß kann keine historische Entsprechung nachgewiesen werden. Die Hauptachse wird durch verschiedene Maßnahmen unterdrückt, um ihr so die allzu starke Dominanz

Stockalper palace gardens in Brig

Following the catastrophic flooding in the autumn of 1993, very extensive renovation and restoration of the entire old part of the town were carried out. However, these measures only covered the area of the Weri, to the west of the palace gardens. The grounds of the Stockalper Palace are now also to benefit from this urban renewal. The present modest park that is still baroque in style does not yet provide the palace with a fitting setting. Naturally, it is not today a matter of inventing a neo-baroque park that did not exist earlier in even rudimentary form. Instead, what is needed is a new garden design capable of giving the palace a fitting setting and providing residents and visitors with recreational space that can be used in a variety of ways.

"Create squares and gardens in a way that is elegant" – "Plateas et hortus fac elegantes"

When the shell of his new palace was completed in 1666, Kaspar Jodok von Stockalper had its grounds laid out in accordance with these notions.

The starting point of the new design was what was already in place, in particular the topography and the walls that are in place. Jodok von Stockalper's recurring conception of the trinity, not only present in the palace, is also to be reflected in the park: the viridarium (pleasance) in front of the palace, the pomarium and the vegetable garden. Bearing in mind the somewhat austere charm of the architectural language of the park, we have endeavoured to find an architectural solution for the park that goes beyond these structural considerations.

The parterre

The hedge parterre with its centre orientated alignment lies in front of the main façade, its principal axis not being baroque in form. Nor does the palace itself have any historical counterpart. A variety of means draw attention from the main axis in order to reduce its dominating effect. This is primarily achieved by the irregular hedge sections that converge conically. The hedge parterre consists of hedges of different breadths with flowering plants that are also still capable of flowering when they have been clipped. Narcissi grow on the lawn areas of the parterre.

STOCKALPER SCHLOSS

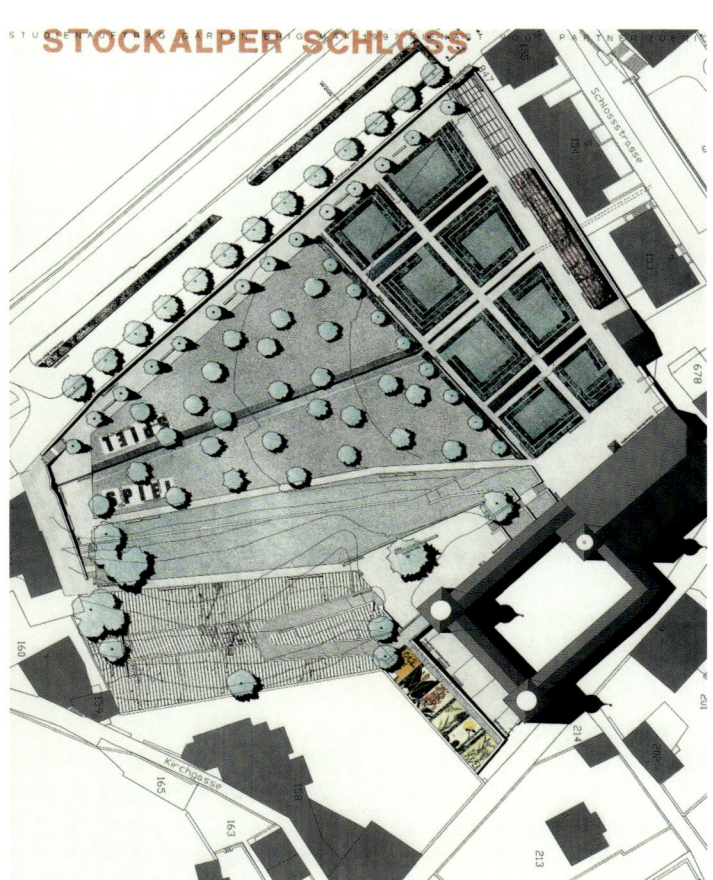

zu nehmen. Dies geschieht zunächst mit den unregelmäßig konisch zulaufenden Heckenkompartimenten. Das Heckenparterre zeigt unterschiedlich breite Hecken mit blühenden Pflanzenarten, die auch unter Schnitt ihre Blühfähigkeit bewahren. In den Parterrerasenflächen wachsen Narzissen. Die Wasserbecken sind mit Wasserdüsen ausgestattet. Zum Pomarium wird das Parterre südlich durch eine Hecke und mit Bänken abgeschlossen.

Das Pomarium
Das Pomarium wird mit einer Rampe von der Weri aus erschloßen und zeigt die einfache Ausbildung einer Obstwiese, in welcher einheimische Obstbäume angepflanzt werden. Drei differente neue Kinderspielplätze im Pomarium stellen ein attraktives Angebot für das Kinderspiel dar. Der bisher eingedolte Wuhrbach wird offengelegt und mittig durch das Pomarium geführt. Im Südhang bleiben die vorhandenen Trockenmauern erhalten, die ursprünglich von einem alten Weinberg stammen dürften. Der Weinberg wird wiederhergestellt und neu mit Walliser Reben angepflanzt.

Die Terrasse
Beim Eintritt vom Schloßhof her ist eine vergrößerte Terrasse für festliche Veranstaltungen vorgesehen.

Der Rosengarten
Das bereits begonnene Thema der kleinteiligen Blumenbeete in den vorhandenen Pflanzgärten über den westlich des Schlosses gelegenen Kellergewölben wird mit Stauden- und Rosenbeeten weitergeführt.

«Won't you come into the garden? I would like my roses to see you.» Sheridan

Ob der Park und das Schloß Stockalper mit den drei Granittürmen und den barocken Zwiebelhauben bald einmal zu den Postkartenklassikern der Schweiz gehören werden?

Dieter und Erika Kienast

The water pools have water jets. The south side of the parterre is separated from the pomarium by a hedge and benches.

The pomarium
The pomarium, accessible by a ramp leading from the Weri, is in the form of a "meadow" orchard planted with native fruit trees. Three different playgrounds in the pomarium provide various attractive forms of play for children. The cemented banks of the Wuhrbach are to be returned to their natural state so that the stream can flow through the pomarium. The present dry-stone walls on the southern slope, which were probably once part of a vineyard, are to be retained. The vineyard is to be restored and planted with vines native to Valais.

The terrace
An extensive terrace accessible from the palace courtyard is planned for festive occasions.

The rose garden
The theme of the small-scale flower beds already existing in the gardens above the vaulted cellars to the west of the palace is to be continued by means of beds of herbaceous plants and roses.

"Won't you come into the garden? I would like my roses to see you." Sheridan

Will the park and Stockalper Palace with its three granite towers and baroque onion domes soon be a feature of classic Swiss postcards?

Dieter and Erika Kienast

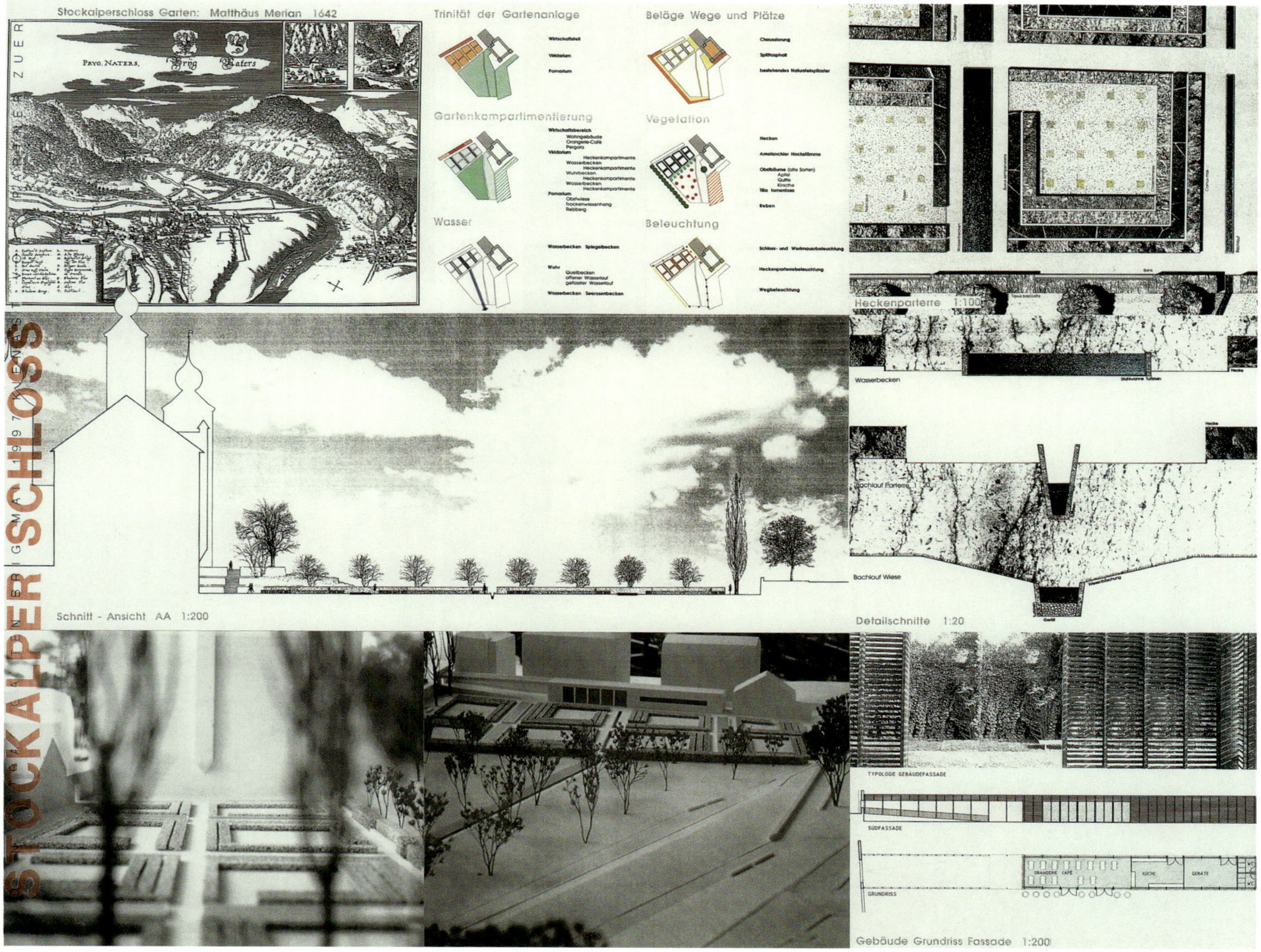
Stockalperschloss Garten: Matthäus Merian 1642
Trinität der Gartenanlage
Beläge Wege und Plätze
Gartenkompartimentierung
Vegetation
Wasser
Beleuchtung
Heckenparterre 1:100
Wasserbecken
Bachlauf Parterre
Bachlauf Wiese
Detailschnitte 1:20
STOCKALPER SCHLOSS
Schnitt - Ansicht AA 1:200
TYPOLOGIE GEBÄUDEFASSADE
SÜDFASSADE
GRUNDRISS
Gebäude Grundriss Fassade 1:200

Der bisher eingedohlte Wuhrbach wird offengelegt und mittig durch das Pomarium geführt.

The cemented banks of the Wuhrbach are to be returned to their natural state so that the stream can flow through the pomarium.

Das Parterre wird durch ein Wasserbecken ergänzt.

A pool has been added to the parterre.

Vor der Hauptfassade liegt das mittig ausgerichtete Heckenparterre, wobei die
Hauptachse nicht als barocke Achse ausgildet ist.

The hedge parterre with its centre alignment lies in front of the main façade, its principal axis not being baroque in form.

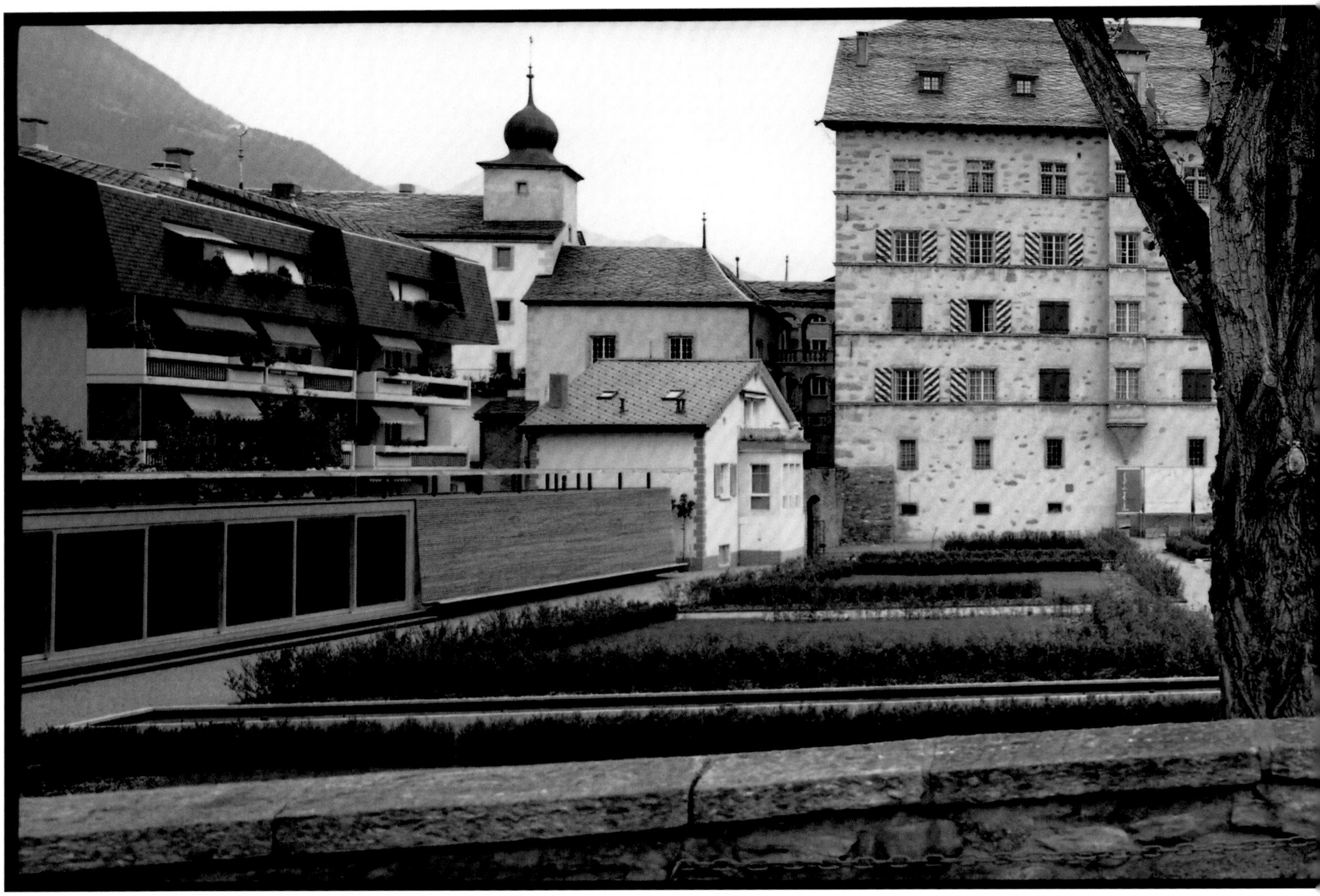

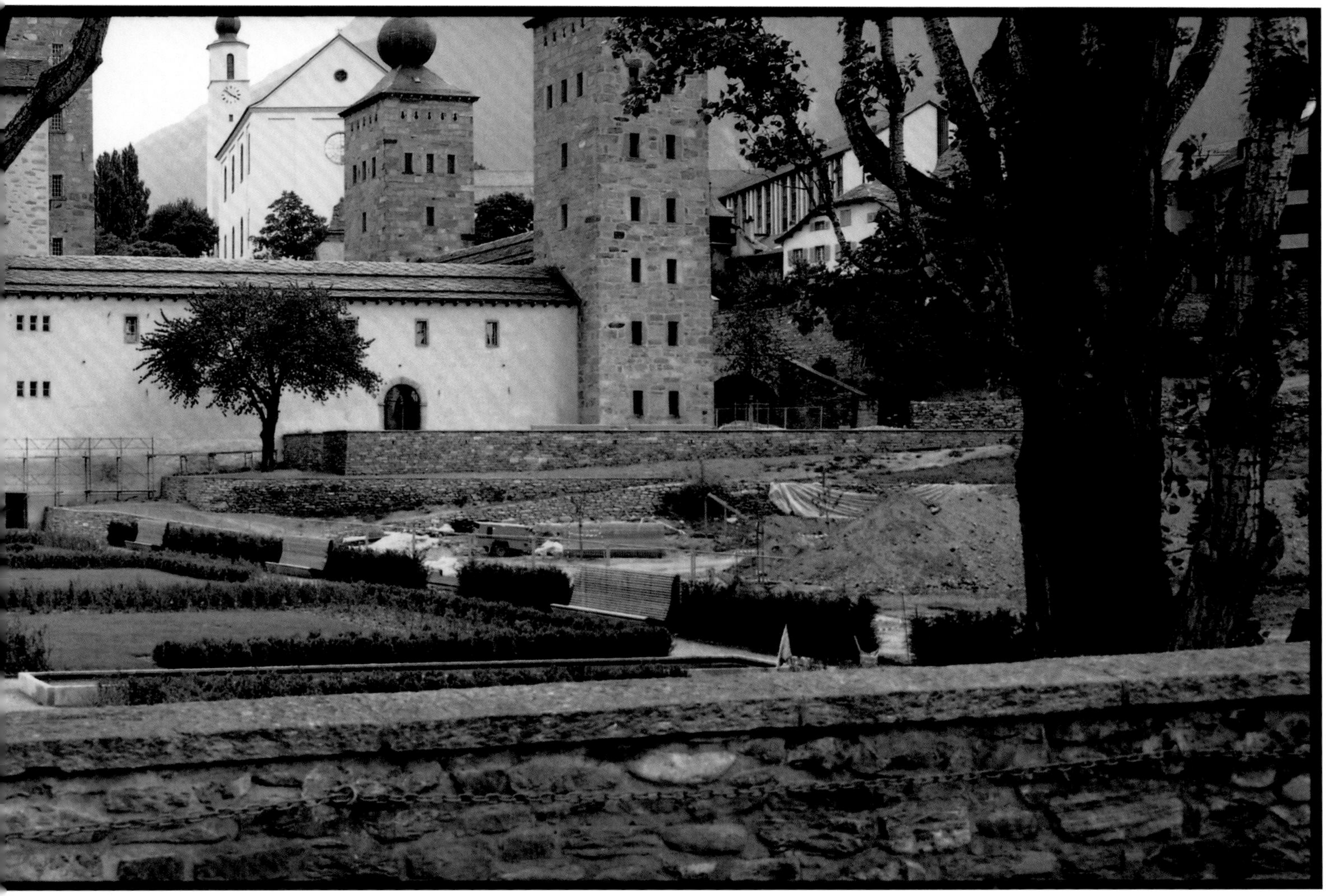

Ein filigraner Pavillon in Holzkonstruktion wird den künftigen Besuchern als Verpflegungszwischenstation dienen.

A filigree, wooden pavilion will provide future visitors with a place for refreshments.

Die Terrasse vor dem Schloß ist vergrössert worden und kann somit besser für festliche Anlässe genutzt werden.

The terrace in front of the palace has been enlarged, making it more suitable for use on festive occasions.

Flughafen Tempelhof Berlin

10 Thesen zum Entwicklungskonzept des Tempelhofer Feldes als «Central-Park»

1. Aus stadtökologischen Gründen wird das ehemalige Flughafengelände von weiterer Bebauung weitgehend freigehalten.
2. Das Flugfeld wird als neuer Central-Park ausgebildet. Mit dem bestehenden Gebäude wird so ein zusammengehöriges Ensemble von hoher identitätsstiftender Ausstrahlung für die umliegenden Stadtquartiere bzw. für das ganze südliche Stadtgebiet von Berlin erreicht.
3. Im Unterschied zum Central Park in New York, der ein Teil der Stadt ist, präsentiert sich heute das Flughafengelände als Insel im Stadtquartier.
4. Mit dem vorgeschlagenen Erschließungskonzept wird der Tempelhofer Central-Park zum Teil der Stadt.
5. Das Ensemble von Park und Flughafengebäude ist aufgrund seiner Geschichte und Größe einmalig.
6. Das Konzept des neuen Parks muß diese Einmaligkeit verstärken. Deshalb eignen sich die bisher bekannten und auch für Berlin tradierten Parkkonzeptionen, wie diejenige des Englischen Landschaftsgarten oder des Volksparks, nicht für die Entwicklung des Tempelhofer Feldes.
7. Die Einmaligkeit definiert sich hauptsächlich über die Großmaßstäblichkeit des Ensembles von Gebäude und Freiraum.
8. Wir gehen davon aus, daß der neue Central Park sich sehr langfristig entwickelt. Deshalb verstehen wir unseren Vorschlag primär als räumliches Konzept und nicht als ein funktionelles. Nur so kann er den langfristig sich wechselnden Nutzungsanforderungen gerecht werden.
9. Das Konzept des Central-Parks lebt von der Gegenüberstellung unterschiedlicher Räumlichkeiten. Die exakte Horizontalität und Weite des Wiesenmeeres wird von einem 50 Meter hohen Erdkegel mit dem Himmelsgarten kontrastiert. Die Weite des Feldes findet ihre Begrenzung in den umfassenden Baumreihen des Tempelhofer Boulevards und im südlich gelegenen Raumgitter. Die naturnahen Bereiche

Tempelhof Airport in Berlin

10 propositions on the concept to develop the "Tempelhofer Feld" as a central park

1. Urban ecological considerations are the reason that the former airport site has on the whole not been developed further.
2. The airfield is designed as a new central park. Together with the existing building, this forms an integrated ensemble giving both the surrounding districts and the southern part of Berlin as a whole a distinctive character.
3. In contrast to New York's Central Park, which is part of the city, the airport site is today an island in the surrounding urban area.
4. The proposed development concept makes Tempelhof Central Park part of the city.
5. The ensemble of park and airport building is unique in terms of its history and size.
6. The concept for the new park must reinforce this uniqueness. For this reason, existing design concepts and those that have a tradition in Berlin, such as the English landscape garden or the Volkspark, are not suitable models for developing the "Tempelhofer Feld"
7. This uniqueness is primarily defined by the vast proportions of the ensemble made up of the building and the open space.
8. We presume that the new central park will be developed on a very long-term basis. For this reason, we see our proposal primarily as a concept for spatial design rather than for functional use. Only in this way will it be capable of meeting the changing demands placed on it in the long term.
9. The design of the central park depends on the confrontation of different kinds of space. The perfectly horizontal expanse of the sea of meadow is contrasted by a 50-metre-high hill of earth with the sky garden. The sweeping expanse of the field is bounded by the trees lining Tempelhof Boulevard and the spatial grid to the south. The semi-natural succession areas on the runway and in the spatial grid

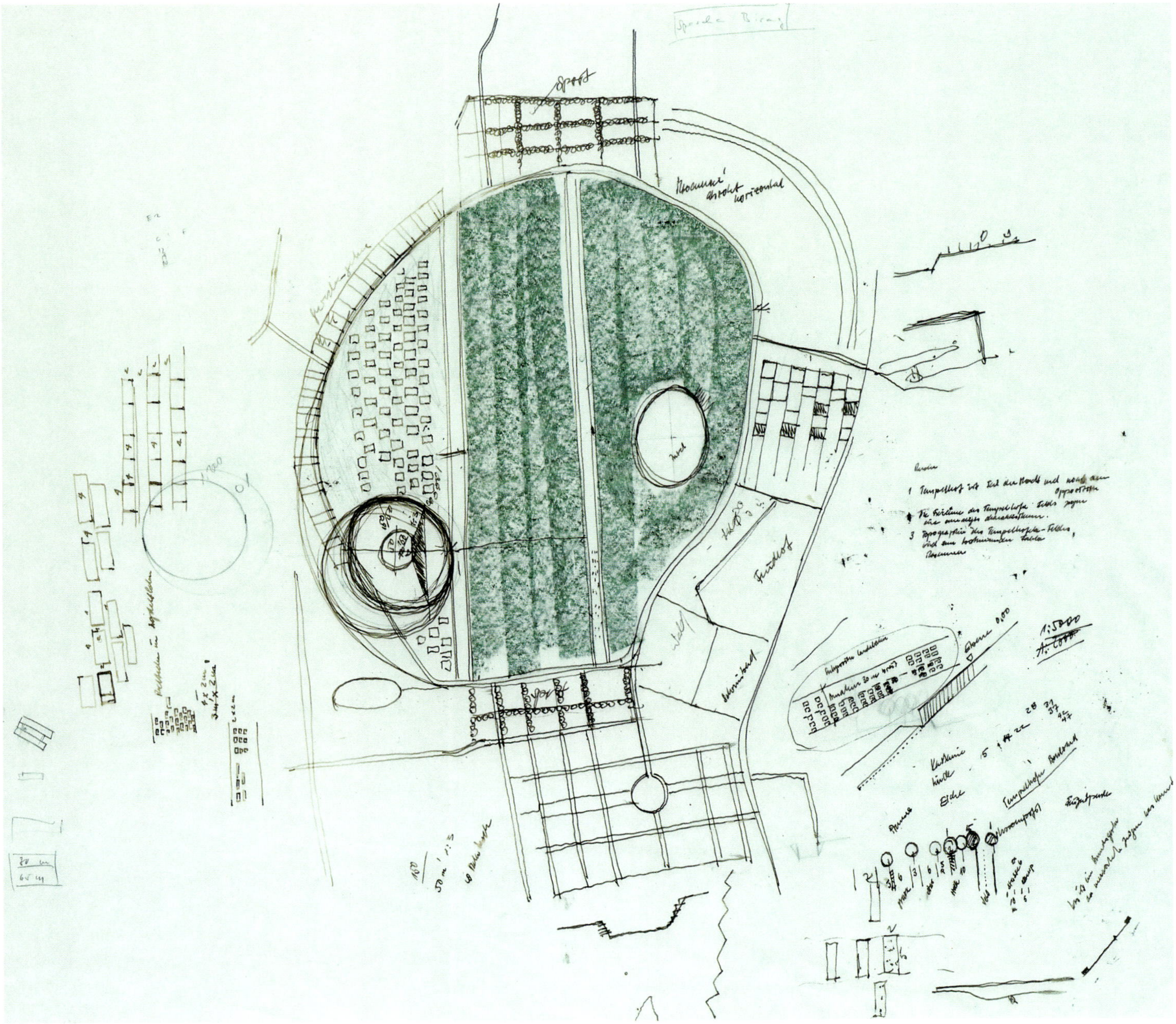

der Sukzessionsflächen in der Landebahn und die sich selbst entwickelnde Raumgitterstruktur werden von der geometrischen und präzisen Exaktheit der Alleenbepflanzung ablesbar. Durch die exakte Topographie des gesamten Geländes werden die Höhen und Tiefen verstärkt.
10. Die Elemente des Parkes nehmen die Thematik der Ortsgeschichte auf und schreiben diese fort.

structure that have developed are readable by the geometry and precision of the avenues of trees. The elevations and depressions are given greater emphasis by the precise topography of the overall area.
10. The elements of the park address the history of the place and continue it.

Park der Luftbrücke

Tempelhofer Boulevard

Der fünfreihige Tempelhofer Boulevard bildet das innere Rückgrat der Gesamtparkanlage, es stellt die Verbindung zum angrenzenden Stadtquartier dar und ist gleichzeitig nutzbarer Spiel- und Aufenthaltsraum. Der Boulevard bietet neben Erschließung und Parkplätzen für Autos und Fahrräder auch Spiel- und Sportmöglichkeiten an: Skating-, Streetball- und Kinderspielplätze. Im Bereich der Bäume sind wassergebundene Decken vorgesehen.

Die Straßenführung folgt der bereits vorhandenen Ringstraße. Die fünf Baumreihen zeigen je nach Situation differente Baumarten. Im Bereich des Flughafengebäudes werden die Baumbestände weiter auseinandergezogen, damit das Ensemble nicht verdeckt wird und der Bereich auf das Wiesenmeer frei bleibt.

Wiesenmeer

Herzstück des Parks bildet die neugeschaffene identitätsstiftende Horizontalität des Wiesenmeeres. Die neue, scheinbar bereits vorhandene Ebene des Flugfeldes erweist sich bei genauem Hinsehen als sanft bewegte Topographie, die insbesondere im Bereich der Start- und Landebahn gut ablesbar wird. Mit der neu geschaffenen absoluten Horizontalität wird ein in dieser Dimension einmaliges Parkelement geschaffen, das die Weite des Flugfeldes nochmals mehrfach vergrößert.

Insel im Wiesenmeer

Sie soll als Erinnerungsstück erhalten bleiben. Als problematisch erweist sich die vorhandene Altlast. Grundsätzlich scheint

Park der Luftbrücke

Tempelhof Boulevard

The five-row Tempelhof boulevard forms the internal backbone of the park area as a whole, it creates the link to the surrounding built-up area and can also be used as an area for play or to sit. In addition to providing access and parking space for cars and bicycles, the boulevard also offers facilities for play and sports: skating, streetball and children's playgrounds. Waterbound surfaces are envisaged for the area of the trees.

The line of the road follows the existing perimeter road. The five avenues of trees each consist of different species depending on their situation. The trees are not planted so closely in the vicinity of the airport building so that the ensemble is not concealed and the view of the sea of meadow remains open.

The sea of meadow

The heart of the park is formed by the new sea of meadow which derives its identity from its horizontal nature. The new plain of the airfield that appeared to have already been present is, when looked at more closely, a gently undulating topography that is easy to read, particularly in the area of the runway. The newly created, perfectly flat expanse forms a unique park element that emphasises the size of the airfield.

Island in the sea of meadow

It is to be retained as a reminder of the past. A problem is posed by the hazardous watse on the site. Generally speaking, the island would appear to be suitable for special use within the park – with the proviso that hazardous waste can be removed at a reasonable financial cost.

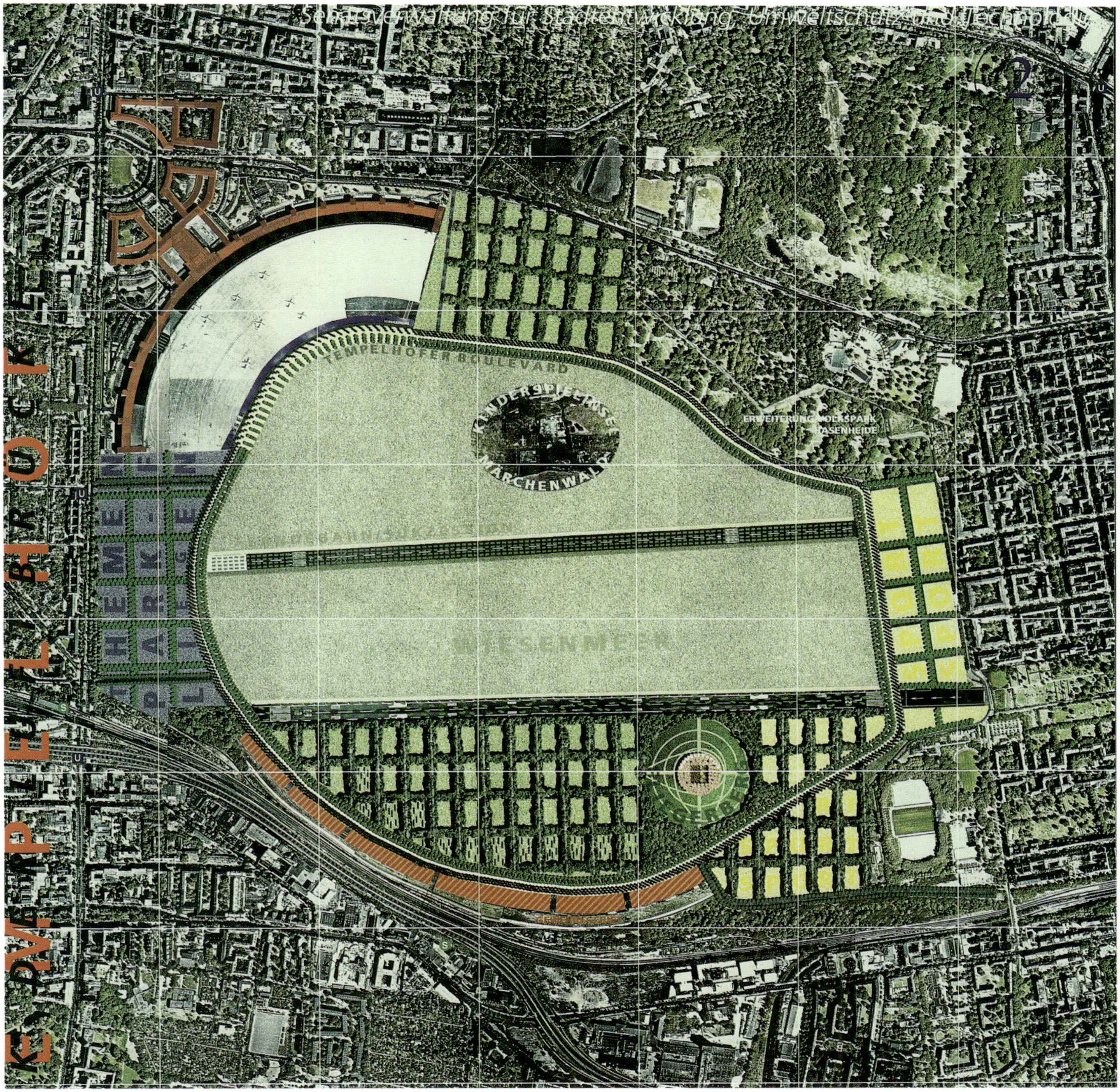

die Insel für eine Spezialnutzung innerhalb des Parkes geeignet – unter der Voraussetzung, daß die Altlastenproblematik mit vertretbarem finanziellem Aufwand saniert werden kann.

Start-Landebahn

Die Start- und Landebahn wird in ihrer Lage beibehalten und nur durch einfache differente partielle Belagsaufbrüche in ihrer Nutzung signalisiert. Im aufgebrochenen Belagsmaterial entwickelt sich eine natürliche vielfältige Sukzession mit Ruderalvegetation, in der gleichzeitig das anfallende Oberflächenwasser versickert. Die Höhendifferenz zum angrenzenden Wiesenmeer wird durch präzise Böschungen überwunden. Beim Hinuntergehen entlang der Landebahn erlebt man so die Horizontalität des Wiesenmeeres teilweise auf Augenhöhe.

Sportfläche

Der Bedarf an Sportraum wird in direkter Nachbarschaft zu den angrenzenden Wohnquartieren erfüllt. Die räumliche Gliederung erfolgt in rasterartigen Baumalleen, unter denen gleichzeitig die notwendige Erschließung angelegt ist.

Baufeld und Gewerbegebiet

Im durch den Boulevard erschlossenen Südbereich liegt das neue 13 Hektar große Gewerbegebiet, das jedoch nicht in Konkurrenz zum Flughafengebäude eine Großform haben soll, sondern lediglich ein Baufeld darstellt. Direkt zugeordnet zum Gewerbegebiet ist eine großflächige biologische Klär- und Versickerungsanlage vorgesehen, in der innovative ökologische Lösungen zur Entwicklung der anfallenden Abwässer angeboten werden können.

Raumgitterstruktur

Gemäß dem Ziel, für einen so langen Entwicklungsraum derzeit keine umfassende Nutzung festzulegen, wird zwischen Landebahn und Gewerbequartier eine nutzungsoffene Raumgitterstruktur vorgeschlagen, die zu einem späteren Zeitpunkt verschiedenste Nutzungen (auch baulicher Art) aufnehmen kann. Die offenen Felder der Raumgitterstruktur haben Dimensionen von 150 x 100 Metern. Die räumliche Struktur wird durch den sich selbst entwickelnden Sukzessionsstreifen hergestellt. Die Erschließung erfolgt in den Vegetationsstreifen.

Runway

The runway is to be retained in its existing position, its former use only indicated by simple, different breaks in the surface. The broken-open parts of the surface material permit a natural, widely varied succession with ruderal vegetation, in which surface water can also seep away. The difference in height to the adjacent sea of meadow is overcome by precise embankments. Visitors walking along the runway can at certain points experience the horizontal nature of the sea of meadow at eye level.

Sports field

The need for space for sports facilities is met in the immediate vicinity of potential users in the neighbouring residential areas. Spatial structure is in the form of grid-shaped avenues of trees that also line the necessary access routes.

Building field and industrial estate

The new 13-hectare industrial estate in the southern section is reached by the boulevard. Its volume is not intended to be in competition with the vast dimensions of the airport building, but only constitutes a building field. It is planned that the industrial estate be served by an extensive, biological seepage and purification plant that can provide innovative ecological ways of purifying effluents.

Grid-based spatial structure

In keeping with the intention not to decide a comprehensive form of use at present for such a long development period, a grid-based spatial structure permitting a wide number of different forms of use at a later date (including buildings) is proposed for the area between the runway and the industrial estate. The open sections of the grid-based spatial structure measure 150 x 100 metres. Spatial structure is established by the self-developing strips of successive vegetation. Access is along the vegetation strips.

"Flyer's Hill" with a sky garden

It is proposed to raise the level of the 50-metre-high "Flyer's Hill" to create a mound providing a spatial counterpoint to the sea of meadow. This structure is intended to be a reference to the history of the place spatially and conceptionally. It was from

Fliegerberg mit Himmelsgarten

Als räumlichen Kontrapunkt zum Wiesenmeer wird die Schüttung des 50 Meter hohen Fliegerbergs als Erdkegel vorgeschlagen, die deutlich an die Ortsgeschichte sowohl räumlich als auch konzeptionell anknüpft. Auf diesem Berg hat Otto Lilienthal seine ersten Flugversuche (1884–1887) mit Fluggleiter gestartet, an denen auch der bekannte Schweizer Maler Arnold Böcklin beteiligt war. Ein System von unterschiedlich geneigten Rampen und Treppen führt auf den hohen Erdkegel, der auf seinem Plateau als einziger Ort im ganzen Park eine intensive gärtnerische Ausbildung als Himmelsgarten aufweist und der durch einen Hain mit Kirschbäumen räumlich gefaßt wird. Der Himmelsgarten ist kontemplativer Ort, von dem aus der Blick über das Berliner Häusermeer frei wird. Der Fliegerberg ist für viele Freizeitaktivitäten, wie z. B. Modellflugzeuge und als Hängegleiter-Startbahn geeignet.

Erweiterung Volkspark Hasenheide

Im Nordfeld und Anschluß an das Schwimmbad wird der Volkspark Hasenheide erweitert und so der bisherige große Nutzungsdruck auf den bestehenden Parkteil ausgeglichen.

Themenpark Fliegen

Zur Steigerung der Attraktivität des Parkes wird im Bereich der nördlichen Raumgitterstruktur und in Nachbarschaft zum Flughafengebäude die Einrichtung eines Themenparkes Fliegen vorgeschlagen.

Dieter Kienast

this elevation that Otto Lilienthal made his first flight attempts by glider (1884–1887) – a project in which the well-known Swiss painter Arnold Böcklin was involved. A system of ramps and steps inclined at different angles leads to the elevated mound of earth, which on its plateau is the only place in the entire park intensively designed as a garden, namely a sky garden, and which is given spatial definition in the form of a grove of cherry trees. The sky garden is a place of contemplation, affording a view across the sea of houses in the surrounding built-up areas of Berlin. The "Flyer's Hill" is suitable for numerous recreational activities, such as flying model planes and a starting place of hang gliding.

Extension of the Hasenheide Volkspark

The Hasenheide Volkspark to the north of the field and adjacent to the public open-air swimming baths is to be extended in order to relieve the pressure of use on the existing part of the park.

Flying theme-park

It is proposed to create a theme park on flying in the northern section of the grid-based spatial structure and in the vicinity of the airport building to increase the attractiveness of the park.

Dieter Kienast

224

KIENAST VOGT PARTNER LANDSCHAFTSARCHITEKTEN ZÜRICH

9 Thesen

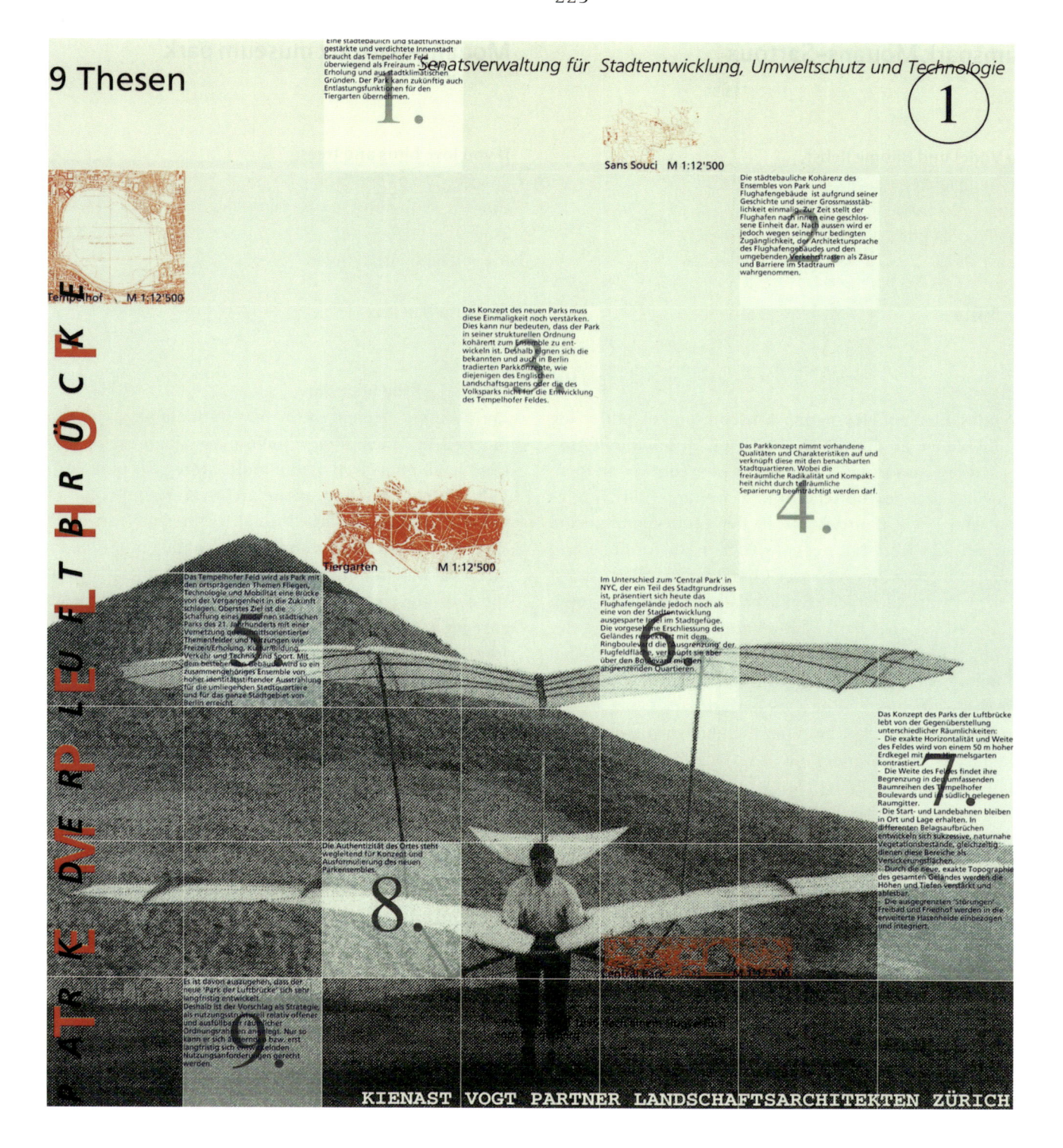

Senatsverwaltung für Stadtentwicklung, Umweltschutz und Technologie

①

1. Eine städtebaulich und stadtfunktional gestärkte und verdichtete Innenstadt braucht das Tempelhofer Feld überwiegend als Freiraum zur Erholung und aus stadtklimatischen Gründen. Der Park kann zukünftig auch Entlastungsfunktionen für den Tiergarten übernehmen.

Tempelhof M 1:12'500

Sans Souci M 1:12'500

2. Die städtebauliche Kohärenz des Ensembles von Park und Flughafengebäude ist aufgrund seiner Geschichte und seiner Grossmasstäblichkeit einmalig. Zur Zeit stellt der Flughafen nach innen eine geschlossene Einheit dar. Nach aussen wird er jedoch wegen seiner nur bedingten Zugänglichkeit, der Architektursprache des Flughafengebäudes und den umgebenden Verkehrstrassen als Zäsur und Barriere im Stadtraum wahrgenommen.

3. Das Konzept des neuen Parks muss diese Einmaligkeit noch verstärken. Dies kann nur bedeuten, dass der Park in seiner strukturellen Ordnung kohärent zum Ensemble zu entwickeln ist. Deshalb eignen sich die bekannten und auch in Berlin tradierten Parkkonzepte, wie diejenigen des Englischen Landschaftsgartens oder die des Volksparks nicht für die Entwicklung des Tempelhofer Feldes.

4. Das Parkkonzept nimmt vorhandene Qualitäten und Charakteristiken auf und verknüpft diese mit den benachbarten Stadtquartieren. Wobei die freiräumliche Radikalität und Kompaktheit nicht durch teilräumliche Separierung beeinträchtigt werden darf.

Tiergarten M 1:12'500

5. Das Tempelhofer Feld wird als Park mit den ortsprägenden Themen Fliegen, Technologie und Mobilität eine Brücke von der Vergangenheit in die Zukunft schlagen. Oberstes Ziel ist die Schaffung eines modernen städtischen Parks des 21. Jahrhunderts mit einer Vernetzung gesamtstadtorientierter Themenfelder und Nutzungen wie Freizeit/Erholung, Kultur/Bildung, Verkehr und Technik und Sport. Mit dem bestehenden Gebäude wird so ein zusammengehöriges Ensemble von hoher identitätsstiftender Ausstrahlung für die umliegenden Stadtquartiere und für das ganze Stadtgebiet von Berlin erreicht.

6. Im Unterschied zum 'Central Park' in NYC, der ein Teil des Stadtgrundrisses ist, präsentiert sich heute das Flughafengelände jedoch noch als eine von der Stadtentwicklung ausgesparte Insel im Stadtgefüge. Die vorgesehene Erschliessung des Geländes respektiert mit dem Ringboulevard die 'Ausgrenzung' der Flugfeldfläche, verknüpft sie aber über den Boulevard mit den angrenzenden Quartieren.

7. Das Konzept des Parks der Luftbrücke lebt von der Gegenüberstellung unterschiedlicher Räumlichkeiten:
- Die exakte Horizontalität und Weite des Feldes wird von einem 50 m hohen Erdkegel mit einem Himmelsgarten kontrastiert.
- Die Weite des Feldes findet ihre Begrenzung in der umfassenden Baumreihen des Tempelhofer Boulevards und im südlich gelegenen Raumgitter.
- Die Start- und Landebahnen bleiben in Ort und Lage erhalten. In differenzierten Belagsaufbrüchen entwickeln sich sukzessive, naturnahe Vegetationsbestände, gleichzeitig dienen diese Bereiche als Versickerungsflächen.
- Durch die neue, exakte Topographie des gesamten Geländes werden die Höhen und Tiefen verstärkt und ablesbar.
- Die ausgegrenzten 'Störungen' Freibad und Friedhof werden in die erweiterte Hasenheide einbezogen und integriert.

8. Die Authentizität des Ortes steht wegleitend für Konzept und Ausformulierung des neuen Parkensembles.

Central Park M 1:12'500

9. Es ist davon auszugehen, dass der neue 'Park der Luftbrücke' sich sehr langfristig entwickelt. Deshalb ist der Vorschlag als Strategie, als nutzungstypologisch relativ offener und ausfüllbarer räumlicher Ordnungsrahmen angelegt. Nur so kann er sich ändernden bzw. erst langfristig sich einstellenden Nutzungsanforderungen gerecht werden.

PARK DER LUFTBRÜCKE

KIENAST VOGT PARTNER LANDSCHAFTSARCHITEKTEN ZÜRICH

als bekieste Platzfläche ausgebildet. Die vorhandene Mauer auf der Schloßplatzwestseite wird durch eine lange Treppenanlage ersetzt. Ihr vorgelagert ist auf Museumsebene ein Rasenlabyrinth, dessen Muster einer alten südafrikanischen Pferdedecke nachempfunden ist. Die gesamte Schloßplatzanlage wird zum Föhrenwald hin mit niedrigen Natursteinmauern begrenzt.

Der zweite Parkteil wird durch die schrägfallende Topographie mit dem bestehenden Föhrenwald geprägt. Der Bereich des Föhrenwaldes ist mit different ausgebildeten Wegen erschlossen. Der bekieste Hauptweg führt entlang der Umfassungsmauern mit fensterartigen Öffnungen. Der markante, diagonal verlaufende Steg stellt virituell die Beziehung zwischen Pavillon und Schloß her. Er beginnt auf dem mauergefaßten Skulpturenhof vor dem Pavillon. Der Skulpturenhof ist als Betonplatte ausgeführt und überbrückt den Bach mit einem Gitterrost. Somit bleibt der Bach erkennbar. Der Steg ist zweigeteilt, der höherliegende Teil ist in exakter Schräglage 70 Zentimeter vom Boden abgehoben. Damit wird die unregelmäßige Topographie des Hanges ablesbar. Der hochliegende Teil des Steges besteht aus gelb eingefärbtem Beton, während die Seitenteile bodeneben als rostige Metallplatte auch den weniger Mutigen ein direktes Hinaufsteigen ermöglichen. Das nordseitige Bachufer wird von einer zwei Meter hohen Eibenhecke begleitet. Die vorhandene Waldlichtung wird bodeneben geometrisiert als horizontales Rasenstück, welches sich für Spiele im Schatten eignet.

Das Projekt ist der Versuch, einen klar definierten, stimmungsvollen Park zu schaffen, in welchem die Neu- und Altbauten zum selbstverständlichen Teil des gesamten Ensembles von Schloß und Park werden. Dabei wird eine regelmäßige und durchgehende Nutzungsverteilung angestrebt.

Dieter Kienast

pattern of traditional South African horse blanket lies in front of the steps in the area of the museum. The entire boundary between the palace grounds and the wood of Scots pines is to be in the form of low walls of natural stone.

The second part of the park is characterised by its sloping topography and existing woodland of Scots pine. Access to this woodland area is in the form of different kinds of paths. The main gravel path runs along the perimeter walls with their window-like openings. Beginning at the enclosed sculpture courtyard in front of the pavilion, the diagonal course of the distinctive footbridge forms a virtual relationship between the pavilion and the palace. The sculpture courtyard is articulated in the form of a concrete surface and crosses the stream by means of a grid, enabling the stream to retain its distinctive character. The footbridge is in two parts, the sharply inclined upper section is 70 centimetres above the ground. The result is readability of the irregular topography of the slope. The higher section of the footbridge is in yellow-dyed concrete, while the side sections at ground level in the form of a rusted sheet provide a means of ascent for the less adventurous. The bank to the north is framed by a two-metre-high yew hedge. The existing woodland clearing is to be converted into a perfectly horizontal area of grass, designed to provide space for games and play in the shade.

The project is an attempt to achieve a precisely defined park that has atmosphere, in which both new and old buildings become a natural part of the ensemble of the palace and the park. The intention is to achieve a regular and constant distribution of use.

Dieter Kienast

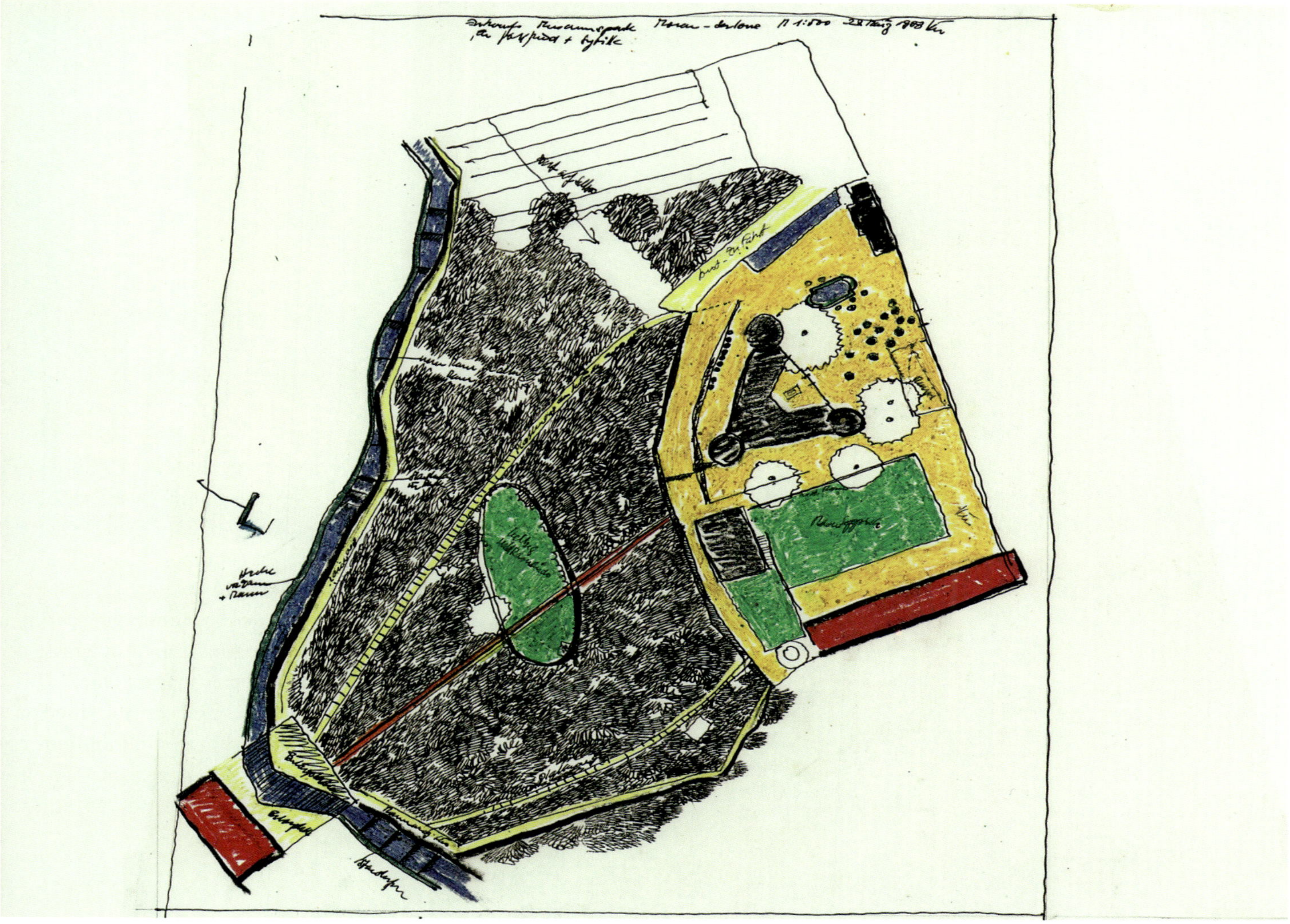

Rose, oh reiner Widerspruch
Lust
niemandes Schlaf zu sein
unter soviel
Lidern

Rainer Maria Rilke

Ausbau des Friedhofs Liebefels in Baden

Der Friedhof Liebefels entstand in den Jahren 1947 bis 1949 am Stadtrand von Baden. Er ist das Werk der bedeutenden Zürcher Gartenarchitekten Mertens und Nussbaumer. Zur gleichen Zeit wurden von diesen weitere Friedhöfe und Friedhofserweiterungen geschaffen, so in Uster, Bassersdorf, Ennetbaden, Wallisellen und Thun. Der Friedhof Liebefels stellt ein herausragendes Beispiel des Park- oder Waldfriedhofes dar. Als wohl bekanntester Schweizer Vertreter dieses Typs sei hier der Waldfriedhof von Schaffhausen (1919) genannt. Das Landschaftsgartenkonzept von 1949 ist gekennzeichnet durch den bewußt herbeigeführten Parkcharakter der Anlage. Dem Terrain angepaßte Wegführungen und wechselnde, verschiedenartige Räume verschmelzen mit dem im Süden und Westen anschließenden Badener Stadtwald. Darin sind die Gräber teils zu örtlich angepaßten Grabschildern, teils zu freien Gruppen angeordnet.

1957 wurde der Friedhof nordseitig erweitert. Auf dem Gelände entstand ein Gebäudekomplex mit Krematorium, Abdankungshalle, Werkhof und Gärtnerhaus. Seitlich des neuen Hauptzuganges wurde ein Urnengräberbezirk mit streng geometrisch angeordneten Grabplatten angelegt. Der Ausbau von 1957 ist bewußt als architektonisch definierter Raum an den Friedhof von 1949 angefügt. Der Hof zur Abdankungshalle ist gleichzeitig Übergang zum «Naturraum» des Parkfriedhofes.

Ende der siebziger Jahre zeigte sich, daß der Platzbedarf für Bestattungen nicht mehr genügte. Dieser Zustand wurde durch weitere Faktoren wie lange Ruhezeiten (30 Jahre), schlechte Bodenverhältnisse für Erdbestattungen und den vermehrten Wunsch nach neueren Bestattungsformen (mehr Urnenbestattungen, anonyme Bestattungen usw.) verschärft.

Nutzungsplanung

Als erstes stellte sich die Frage, wie mit dem Parkfriedhof von 1949 und dem Ausbau von 1957 umzugehen sei, ohne die gestalterisch gut zusammenwirkenden Friedhofsteile durch notwendige Einbauten zu beeinträchtigen. Für das vom Auftraggeber verlangte Bestattungssystem stellten wir deshalb zusätzlich folgende Grundsätze und Ziele auf:

Extension of Liebefels cemetery in Baden

Liebefels cemetery was established on the outskirts of Baden between 1947 and 1949. It is the work of the noted Zurich garden architects Mertens and Nussbaumer. Other cemeteries and cemetery extensions were also laid out by them at the same time, such as those in Uster, Bassersdorf, Ennetbaden, Wallisellen and Thun. Liebefels cemetery is an outstanding example of the park or wooded cemetery. Probably the best known Swiss representative of this type is the wooded cemetery at Schaffhausen (1919). The characteristic feature of the landscaped garden concept of 1949 is the deliberately created park character of the grounds. Pathways following the contours of the terrain and changing variegated areas merge with Baden town forest adjoining to the south and west. Within the cemetery, the graves are laid out partially with headstones arranged to suit the location and partially in freely arranged groups.

In 1957 the cemetery was extended to the north. A building complex with a crematorium, funeral chapel, workshop and gardener's house was erected at the site. An urn grave section with headstones arranged strictly geometrically was provided to the side of the main entrance. The 1957 extension was added to the 1949 cemetery as a deliberately architecturally defined area. At the same time, the courtyard area in front of the funeral chapel is the point of transition to the "natural area" of the park cemetery.

At the end of the seventies, it turned out that there was no longer sufficient space available for burials. This situation was made all the more difficult by further factors, such as the long periods graves remained in use (30 years), poor soil conditions for interments and the increasing desire for more modern forms of burial (more urn burials, anonymous burials, etc.).

Utilisation planning

The first question to arise was how to deal with the 1949 park cemetery and the 1957 extension without detracting from the well-designed combination of the various parts of the cemetery by the necessary additions. We therefore additionally formulated the following principles and goals for the burial system required by the authorities:

FRIEDHOF LIEBENFELS BADEN   ERWEITERUNG URNENGRÄBER VORPROJEKT   STÖCKLI & KIENAST LANDSCHAFTSARCHITEKTEN BSG   NO 389-

Die Erweiterung der Grabbelegung sollte die ursprünglichen Projektideen respektieren; es galt bei Eingriffen im landschaftlich gehaltenen Teil von 1949 und im architektonischen Ausbau von 1957 unterschiedlich vorzugehen. Anstelle großer zusammenhängender Grabschilder mit langen Reihen sollten kleinere Sektoren mit kurzen Reihen gebildet werden, die eine flexiblere und kleinräumigere Belegungsstruktur erlauben. Vorhandene Vegetation, Hauptwege, Plätze und Einrichtungen sollten nicht wesentlich verändert werden. Als Arbeitsergebnis dieser ersten Phase mußten verschiedene Randbedingungen überprüft und teils geändert werden. Die wesentlichen Veränderungen waren das Anheben der Grabsohle für Erdgräber von 1,80 m auf 1,50 m als vorübergehende Ausnahmebewilligung, bis die gleichzeitig vorgesehene, laufend ergänzte Verbesserung der Bodenverhältnisse durch Kiesteppiche und Drainagen wirksam werden dürfte. Auch die Senkung der langen Ruhezeit von 30 auf 25 Jahre (gesetzliche Norm im Kanton Aargau) und die Einschränkung der Bestattungen von Auswärtigen wurden veranlaßt.

In der zweiten Bearbeitungsstufe entstand der definitive Nutzungsplan mit einem Maßnahmenprogramm. Die Friedhofkonzeption von 1949 konnte darin in wesentlichen Teilen weitergeführt werden. Der landschaftlich am stärksten ausgeprägte Südteil der Anlage, mit Wasserteichen und Bachläufen, bleibt weiterhin von der Bestattung unberührt, ebenso eine größere Fläche südlich des Hofes zur Abdankungshalle. Die Belegung beschränkt sich im Teil von 1949 weiterhin auf die bestehenden Grabbereiche. Dafür wird der Urnenplatten-Gräberbezirk im Eingangsbereich zur Abdankungshalle in architektonisch strenger Gestaltungsart weitergeführt und stark erweitert. Gleichzeitig wird die Schaffung eines Gemeinschaftsgrabes vorgesehen. Zur langfristigen Sicherung und gezielten Förderung der Freiraumelemente aus der ursprünglichen Gestaltungsidee soll ein Parkpflegewerk erstellt werden. Das Friedhofreglement wird den heutigen Bedürfnissen und neuen Bestattungsarten angepaßt.

Der Ort hat uns zum Einfügen neuer Teile in eine gewachsene Struktur angeregt. Die Erweiterung des Urnenplatten-Gräberbezirkes wurde in zwei räumlich getrennten Bereichen projektiert, in einem Urnenfeld mit etwa 550 Grabstellen, seitlich des Haupteingangs, und in einem Urnenhof mit ungefähr 450

It was intended that the extension to the area for burials should respect the original project ideas: the requirement was that different approaches should be adopted for dealing with the landscaped section from 1949 and the 1957 architectural extension. Instead of large continuous areas of graves in long rows, smaller sectors with just short rows were to be formed, allowing a more flexible and smaller burial area structure. The existing vegetation, main paths, open spaces and facilities were to be altered as little as possible. As a result of this first phase, various outline conditions had to be reexamined and, in part, amended. The main points were: reduction of the depth required for interments from 1.80 to 1.50 meters as a temporary measure until the simultaneously planned, constantly supplemented improvement in soil conditions with the help of layers of gravel and drainage became effective; reduction of the period of grave use from 30 to 25 years (the statutory period in the canton of Aargau); and restrictions on burials of people from elsewhere.

In the second stage of processing, the definitive utilisation plan was prepared complete with a programme of measures to be taken. The 1949 cemetery concept was retained for the most part. The southern part of the site, which is most marked by landscaping, with ponds and streams will continue to not be used for burials, as will also be the case with a larger area to the south of the funeral chapel courtyard. In the 1949 section, burials will continue to be restricted to the existing grave area. On the other hand, the urn grave section adjoining the entrance to the funeral chapel will be extended in strict architectural forms and considerably extended. At the same time, it is planned to create a communal grave. In order to safeguard and promote the open space elements of the original design idea, it is intended to set up a park care scheme. Cemetery regulations will be amended to fit current requirements and new forms of burial.

The location stimulated us to include new parts in an existing structure. The extension of the slab-covered urn grave area was planned for two separate sections: an urn field, with about 550 graves, to the side of the main entrance, and an urn courtyard, with approximately 450 graves, to the east of the funeral chapel. A new pathway, branching off eastwards from the main access path, links the two areas.

The urn field is enclosed on three sides: by an umbrella-like row of plane trees with an adjoining wall alongside the main en-

Grabstellen, östlich an die Abdankungshalle anschließend. Ein neuer Weg, der vom Hauptzugang ostwärts abzweigt, verbindet die beiden Felder miteinander.

Das Urnenfeld wird räumlich auf drei Seiten gefaßt. Entlang dem Hauptzugang durch eine schirmförmige Platanenreihe mit angrenzender Mauer, im Süden durch die Abdankungshalle von 1957, im Norden durch eine neue Betonmauer. Dadurch wird der Blick auf die Innenfläche, das Urnenfeld und auf das Limmattal gelenkt. Das Urnenfeld ist mit schmalen Hauptwegen aus Granitplatten, die seitlich von Rosenhochstämmchen begleitet sind, kreuzförmig aufgeteilt. In der Mitte steht die Plastik «Die Schlafende» von Peter Hächler aus Lenzburg. Unser Ziel, beim Ausbau die teilweise bestehenden Urnenplattengräber ohne große Veränderung in die Neugestaltung einzubeziehen, konnte fast ganz erreicht werden. Ebenso wurden die Granitplatten der alten Schrittplattenwege wiederverwendet. Die Arbeiten zum Urnenfeld wurden im Frühjahr 1986 abgeschlossen.

Der Urnenhof und Lindenplatz sind in der Gestaltung stark an die Architektur der Abdankungshalle angelehnt. Der Hof steht in Bezug zur Seitenlänge und zum Mauerwerk des Gebäudes. Eine neue Sandsteinmauer überbrückt den Höhenunterschied des abfallenden Geländes und umschließt quadratisch ein Urnenplatten-Gräberfeld.

Der Erschließungsweg führt durch torartig wirkende, berankte Metallstelen zum Zentrum, das durch eine Platzerweiterung mit vier Säuleneichen gebildet wird. Nördlich des Urnenhofes steht auf der Böschungskante eine große Linde. Von hier aus bietet sich ein schöner Ausblick ins Limmattal. Ein neu geschaffener Platz mit Rundbank soll den Ort auszeichnen. Die Terraindifferenz zur Bildung des kleinen Platzes wird mit einer Steinkorbmauer und vorgepflanzter Eibenhecke überwunden. Diese Mauerart wurde gewählt, um den Wurzelraum der vor wenigen Jahren baumchirurgisch behandelten Linde bestmöglich zu schonen. Der Bau des Urnenhofes war Ende 1986 praktisch fertiggestellt; der Sitzplatz um die Linde und die Erstellung der Verbindungswege wurden kurze Zeit später abgeschlossen.

Paul Bauer

trance, by the funeral chapel from 1957 on the south side and by a new concrete wall in the north. This directs one's view into the interior area, the urn field, and to the Limmat valley. The urn field is divided up in the shape of a cross by narrow main pathways paved with granite slabs and lined by standard rose trees. In the centre is the sculpture "The Sleeping Woman" by Peter Hächler, Lenzburg. We almost succeeded in achieving our goal of incorporating the in part existing covered urn graves in the new arrangement without the need for great changes. The granite slabs of the old pathways were also reused. The works entailed in the urn field were completed in spring 1986.

The urn courtyard and the lime-tree square are designed closely following the funeral chapel architecture. The courtyard is in proportion to the length of the side of the building and adopts the same masonry. A new sandstone wall disguises the differences in height of the sloping site and forms a square around the slab-covered urn grave area.

The access pathway leads through gateway-like, tendril covered metal steles to the centre area formed by extension of the square with four oaks. To the north of the urn courtyard there is a large lime tree standing at the end of the embankment. From here an attractive view can be had across the Limmat valley. An open space with a circular bench is to be added here to enhance the spot. The difference in ground of the terrain forming the small square will be disguised with a stone wall and a yew-tree hedge. This particular wall was chosen to protect the roots of the lime tree, which underwent surgery a few years ago, in the best possible manner. Construction of the urn courtyard was more or less completed by the end of 1986; the sitting area around the lime tree and the connecting paths were completed shortly thereafter.

Paul Bauer

Das Urnenfeld wird räumlich auf drei Seiten gefaßt – entlang dem Hauptweg
durch eine schirmförmige Platanenreihe mit angrenzender Mauer, im Süden
durch die Abdankungshalle und im Norden durch eine neue Betonmauer.

The urnfield is enclosed spatially on three sides – by an umbrella-shaped row of plane trees and a wall along the main path, by the chapel of rest in the south and by a new concrete wall in the north.

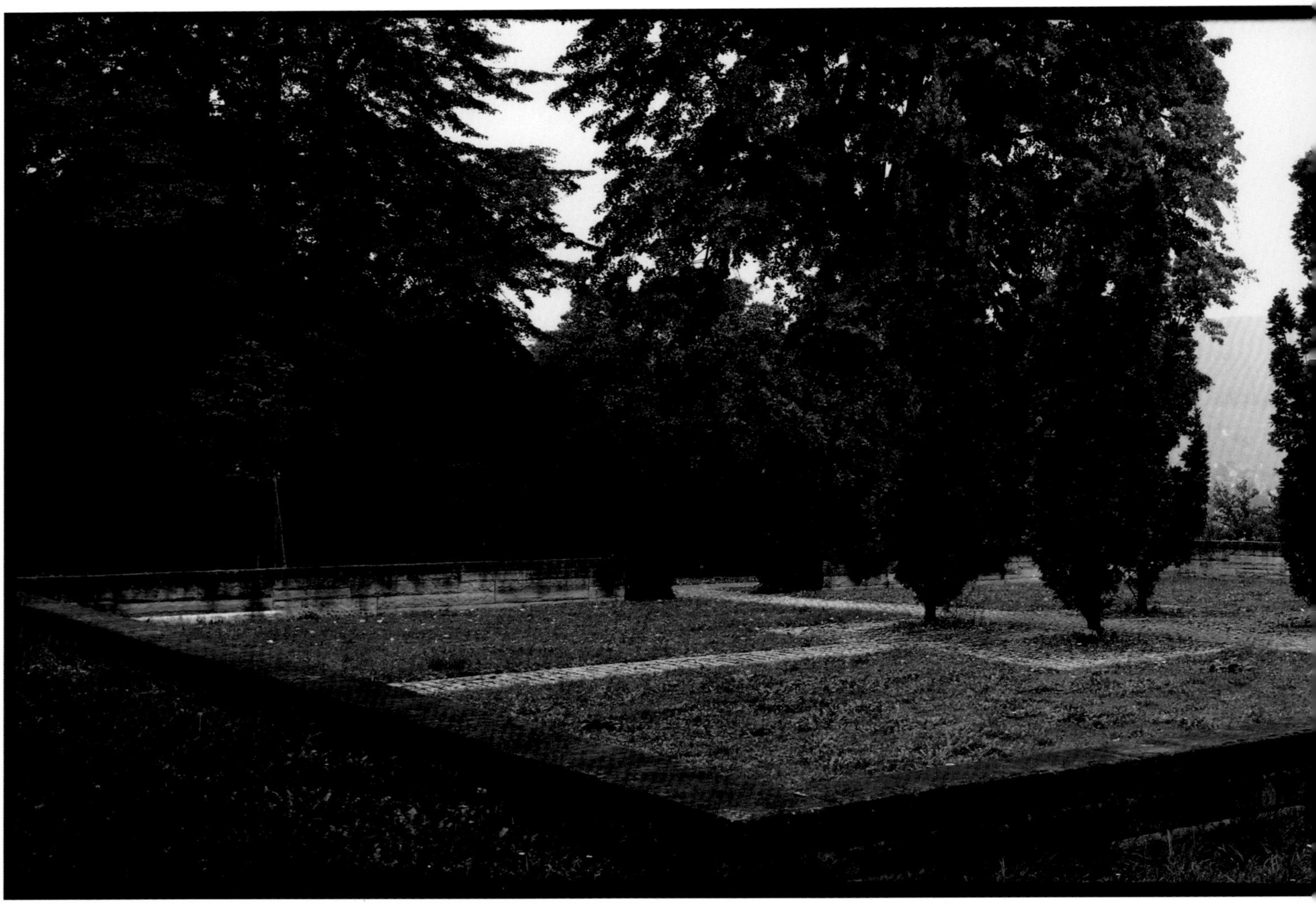

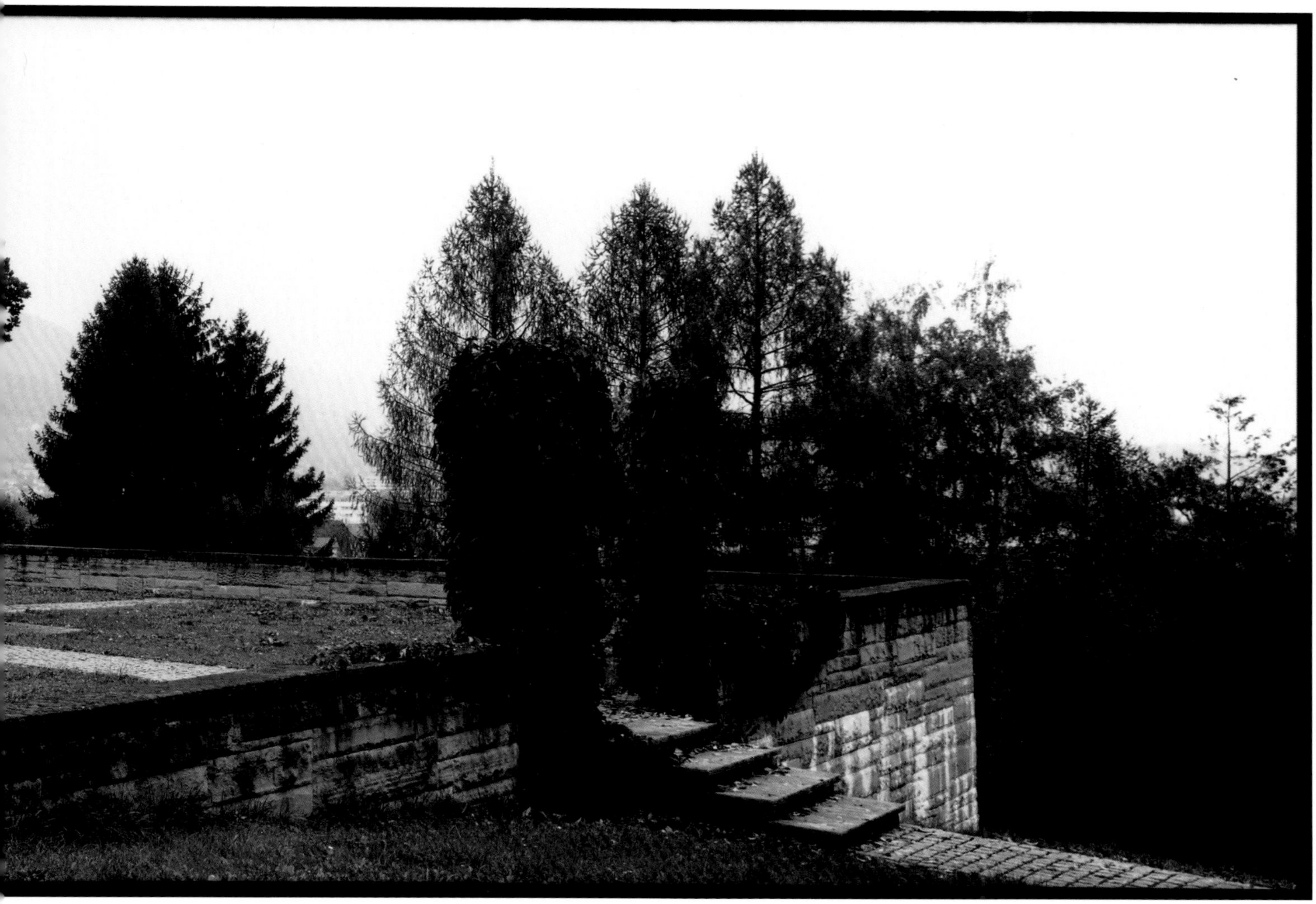

Das Urnenfeld ist mit schmalen Hauptwegen aus Granitplatten kreuzförmig aufgeteilt, seitlich wird es von Rosenhochstämmchen begleitet.

The urnfield is divided up into the form of a cross by narrow paths of granite, the sides are lined by standard rose trees.

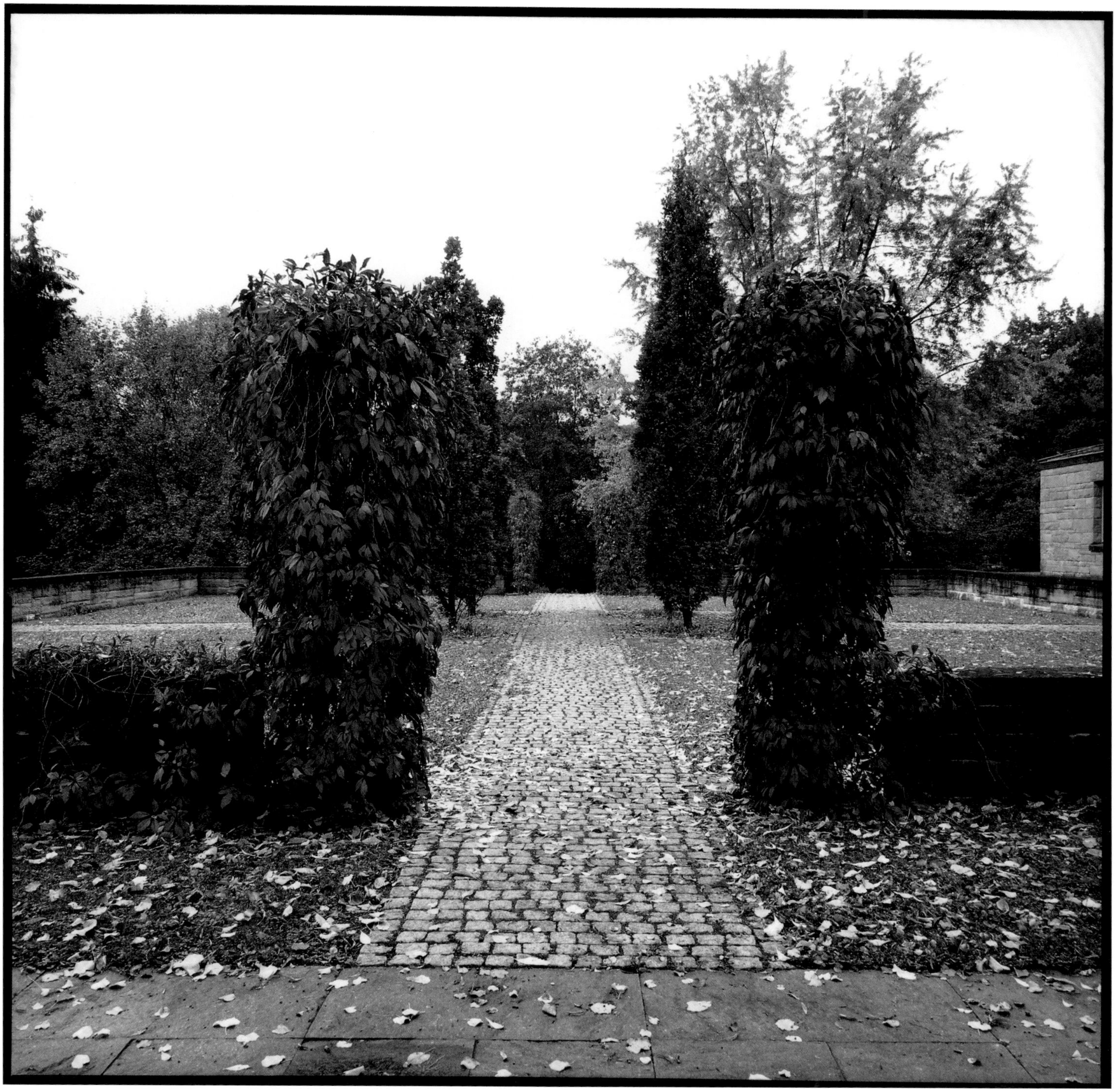

Eine neue Sandsteinmauer überbrückt den Höhenunterschied des abfallenden Geländes.

A new sandstone wall offsets the differences in height of the sloping site.

Friedhofserweiterung Baden-Rütihof

Das Allgemeine und das Besondere

Der typische Friedhof im schweizerischen Mittelland zeichnet sich durch die besondere Lage im Kontext der Stadt oder Gemeinde, die ausgeprägte Abgrenzung gegen die Außenwelt und durch Pflanzen mit starkem formalem Ausdruck aus.

Dieses Netz spürbarer kultureller Wertschätzung gegenüber dem besonderen Ort spinnt sich in der Innenwelt des typischen Friedhofs weiter. Symmetrie, konsequente Zonierung in Bereiche mit verschiedenen Bestattungsformen, aber auch ein Endlosmuster individueller Grabpflanzungen von lakonischer Gewöhnlichkeit fügen sich zu einem unverkennbaren Ganzen.

Die funktional bedingte Aneinanderreihung von Einzelgräbern zeigt eine zentrale Bedeutung der Kultstätte Friedhof: die ambivalente Beziehung zwischen Individuum und Gesellschaft.

Ausgehend von diesen allgemeinen Strukturmerkmalen weist die Analyse des bestehenden kleinen Friedhofs alle typologischen Eigenschaften des konventionellen Friedhofes auf. Die Klarheit des bisherigen Konzepts (Symmetrie der Erschließung, Öffnung zum Tal, Abgrenzung zur Zufahrtsstraße), die Eindeutigkeit der vorhandenen Vegetation und Materialien (Hecken, Trauerweide, Säulenzypresse, Mauern) verdichten sich zu einem Gefüge, das erkennbaren Regeln folgt.

Die Erweiterung des Friedhofs beschränkt sich aber nicht auf eine formale Reproduktion bekannter Elemente. Der Entwurf präzisiert Vorhandenes, versucht vertraute und neue Strukturen in eine Folge – und damit zum Schwingen – zu bringen.

Grün – Grau, und im Zwischenraum der Text

«Was leuchtend aussieht, sieht nicht grau aus.
Alles Graue sieht beleuchtet aus.»

Ludwig Wittgenstein, Über Gewißheit

Die Größe des bestehenden Friedhofs als Maßstab für die Erweiterung verstärkt das additive Moment. Die Rhythmisierung und

Baden-Rütihof cemetery extension

The general and the specific

A typical cemetery in the Swiss Midland Plateau region is characterised by its special location within the context of the town or village, its clear boundary to the outside world and by plants with powerful formal expression.

This network of noticeable cultural esteem towards a specific place is developed further in a typical interior cemetery world. Symmetry, consistent zoning into sectors with different forms of burial, but also an endless pattern of individual grave plantings of laconic normality combine to form an unmistakable whole.

The arrangement of individual graves in rows for functional reasons reveals something of central importance in the cemetery as a place of worship: the ambivalent relationship between the individual and society.

Starting out from these general structural features, analysis of the existing small cemetery reveals all the typological features of the conventional cemetery. The clarity of the present concept (symmetry of the development, opening towards the valley, boundary along the access road), the explicitness of the existing vegetation and materials (hedges, weeping willow, pyramidal cypress, walls) develop into a structure following recognisable rules.

However, the extension of the cemetery is not restricted to a formal reproduction of well-known elements. The design states the existing more precisely, endeavouring to put familiar and new structures into a sequence – and thus causing them to resound.

Green – grey, and in the intervening space the text

"What appears radiant does not look grey.
Everything grey looks illuminated."

Ludwig Wittgenstein, On Certainty.

The size of the existing cemetery as a scale for the extension heightens the additive element. The impartment of rhythm and

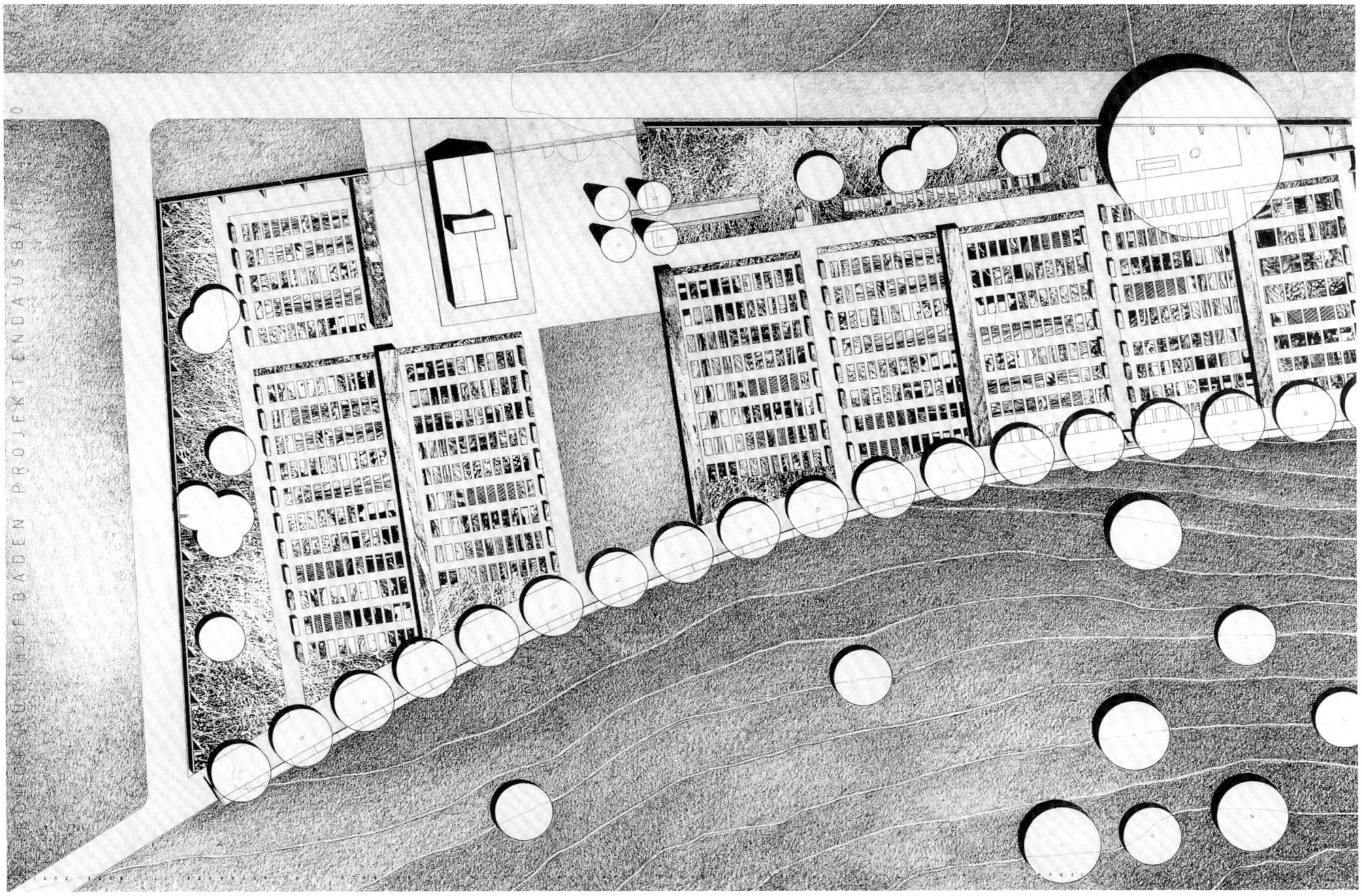
BADEN PROJEKT ENDAUSBAU

die Wiederholung als Leerform tragen dazu bei, ein scheinbar bekanntes Muster wiederzufinden. Scheinbar deswegen, weil die verwendeten gartenarchitektonischen Mittel zwar dem Thema eng verbunden sind, aber auch an andere Vor-Bilder anknüpfen.

Die Art des Abschließens und Öffnens gegen außen bestimmt den Ort. Entsprechend ihrer spezifischen Lage sind die einzelnen Elemente unterschiedlich ausgebildet. Entlang der Zufahrtsstraße schließt eine Mauer aus grauen Kalksandsteinen den Friedhof gegen die Straße und die angrenzenden landwirtschaftlich genützten Flächen ab. Dem Terrainverlauf folgend ist auch die Mauer geneigt. Sie führt zum tiefsten Punkt der Anlage, wo das kleine Aufbahrungsgebäude steht. Schmale Schlitze in der Mauer zeigen, von außen einsehbar, die Einteilung der Grabfelder. Schräge Betonstützen auf der Innenseite der Mauer übernehmen die Windkräfte. Gleichzeitig thematisieren sie das Innen und das Außen. Die rippenartige Ausformung der Stützen steht im Kontrast zur glatten Außenfläche der Mauer. Auf der Südseite wendet sich der Friedhof mittels einer winkelförmigen Mauer vom dahinterliegenden Einfamilienhausgarten ab. Analog zum bestehenden Gelände ist die Mauer horizontal, und auch hier veräußern die Betonstützen durch ihre formale Gestalt die auf sie einwirkenden Kräfte. Eine niedrige Betonmauer auf der Hangkante trennt den Friedhof von der offenen Landschaft. Ausrichtung und Höhenabwicklung reagieren auf die vorgegebenen Geländeverhältnisse. Der obere Mauerabschluß ist mit einem Betonelement auf Sitzhöhe versehen. Am Ende des angrenzenden Fußwegs markiert eine kurze Mauerscheibe die Grenze des Friedhofes. Dieses Mauerstück ist zugleich Trennung zwischen dem bestehenden Flurweg und dem Weg entlang der Hangkante – und außerdem das erste Teilstück der geplanten Erweiterung.

Auf der Suche nach den verschiedenen Fluchtpunkten der Mauern wird die Ambivalenz zwischen gerichteter und symmetrischer Ordnung deutlich. Die farbliche Abgrenzung der Mauern (graue Mauersteine, graue Betonstützen, graue Abdeckplatten) signalisiert Distanz, die morphologische Verschränkung mit dem Boden dagegen ein Engagement in Bezug auf den Ort. Es sind nicht mehr die Einzelelemente allein entscheidend für die Eigenständigkeit des Orts, vielmehr sind es die Bewegung und die Intentionen des Betrachters.

repetition as an empty form contributes towards finding an apparently familiar pattern again. Apparently, because the garden architectural methods employed are, it is true, closely linked with the topic, but also link up with other examples.

The nature of closing off and opening up to the outside world determines the place. In keeping with its specific location, the individual elements are variously shaped. Along the approach road, a wall constructed of grey chalk sandstone shuts off the cemetery from the road and the adjoining areas in agricultural use. The wall also slopes, following the course of the terrain. It leads to the deepest point in the grounds where the small chapel of rest is also located. Narrow slits in the wall afford a glimpse at the division of the grave plots within. Angled concrete supports on the inside of the wall resist against the forces of the wind. At the same time they thematise the interior and exterior. The ribbed finish of the supports is in contrast to the smooth outer side of the wall. On the southern side, the cemetery turns away from the single-family house garden lying behind by means of an angle in the wall. In analogy to the existing grounds the wall is horizontal, and here too the concrete supports express the force acting on them by their formal design. A low concrete wall on the edge of the slope separates the cemetery from the open countryside. The alignment and height development address the conditions to be found on the site. The upper boundary wall is provided with a concrete element at seat height. At the end of the adjoining footpath, a short masonry disc marks the cemetery boundary. At the same time, this piece of wall separates the existing field path and the path along the edge of the slope – the first part of the planned extension.

When looking for the walls' various vanishing points, the ambivalence between directional and symmetrical order becomes clear. The coloured delimitation of the walls (grey wall stones, grey wall supports, grey topping blocks) signals a distance, the morphological interlacing with the soil, on the other hand, a commitment to the place. It is no longer the individual elements alone which are decisive for the independence of the place, but rather the observers' movement and intentions.

The dominance of the existing weeping willow and the appropriateness of scale of the cemetery extension require simple and impressive planting. To subdivide the individual grave plots, trimmed hornbeam hedges have been set. Pyramid hornbeams

Die Dominanz der vorhandenen Trauerweide und die Maßstäblichkeit der Friedhofserweiterung fordern eine einfache und einprägsame Pflanzung. Zur Unterteilung der einzelnen Grabflächen sind geschnittene Hecken aus Hainbuchen gesetzt. Säulen-Hainbuchen auf dem Vorplatz des Friedhofsgebäudes bilden den Abschluß des Gemeinschaftsgrabes. Das Baumquadrat ist auch in Relation zur Solitär-Hängeweide beim anderen Eingang zu verstehen. Hainbuchen-Hochstämme auf der Hangkante begleiten den Fußweg bis zur Friedhofsgrenze. Diese Baumreihe ist zugleich Verdichtung und Abschluß der darunterliegenden Streuobstwiese. In der Pflanzfläche zwischen Vorplatz und Trauerweide stehen freiwachsende Hainbuchen. Die Unterpflanzung mit weißblühenden Stauden reagiert auf die farbenfrohen individuellen Grabpflanzungen. Den Anspruch des typologischen Vorbilds auf Pflanzen mit starkem formalem

on the forecourt to the cemetery building mark the end of the communal grave. The square of trees is also to be seen in relation to the solitary weeping willow at the other entrance. Tall hornbeams along the slope edge accompany the footpath to the cemetery boundary. At the same time, this row of trees is a thickening and finish to the orchard meadow lying below. Hornbeams grow freely in the planted area between the forecourt and the weeping willow. The intermediate planting with white-flowering herbaceous shrubs is a reaction to the colourful individual grave plantings.

The typological model's requirement of plants with a strictly formal expression is fulfilled by the hornbeams in their various forms of growth. The different amounts of green is a response to the grey tones of the boundary walls and dialogue becomes possible in the intermediate space.

Ausdruck erfüllen die Hainbuchen in den verschiedenen Wuchsformen. Das differenzierte Grünvolumen antwortet auf die Grautöne der Umfassungsmauern – und im Zwischenraum wird ein Dialog möglich.

Der Zwischenraum, das Imaginäre, das Unsagbare baut sich nicht aus einem Gegensatz zur Realität auf, sondern es dehnt sich zwischen dem Wahrnehmbaren, im Spielraum der Wiederholung aus. Der Friedhof als Gefäß, als eine Leerform, die für Gemeinschaft steht, in der aber auch die Individualität ihren Platz hat, als Ort, an dem die Stille und das Schweigen verstärkt und damit weitergegeben werden.

Günther Vogt

The intermediate space, the imaginary, the unutterable is not formed from a contrast with reality, but extends out between the perceptible, in the scope of repetition. The cemetery as a vessel, as an empty form standing for society, in which individuality also has its place, as a place in which stillness and silence are emphasised and thus passed on.

Günther Vogt

Schnitt-Ansicht A-A M 1:100

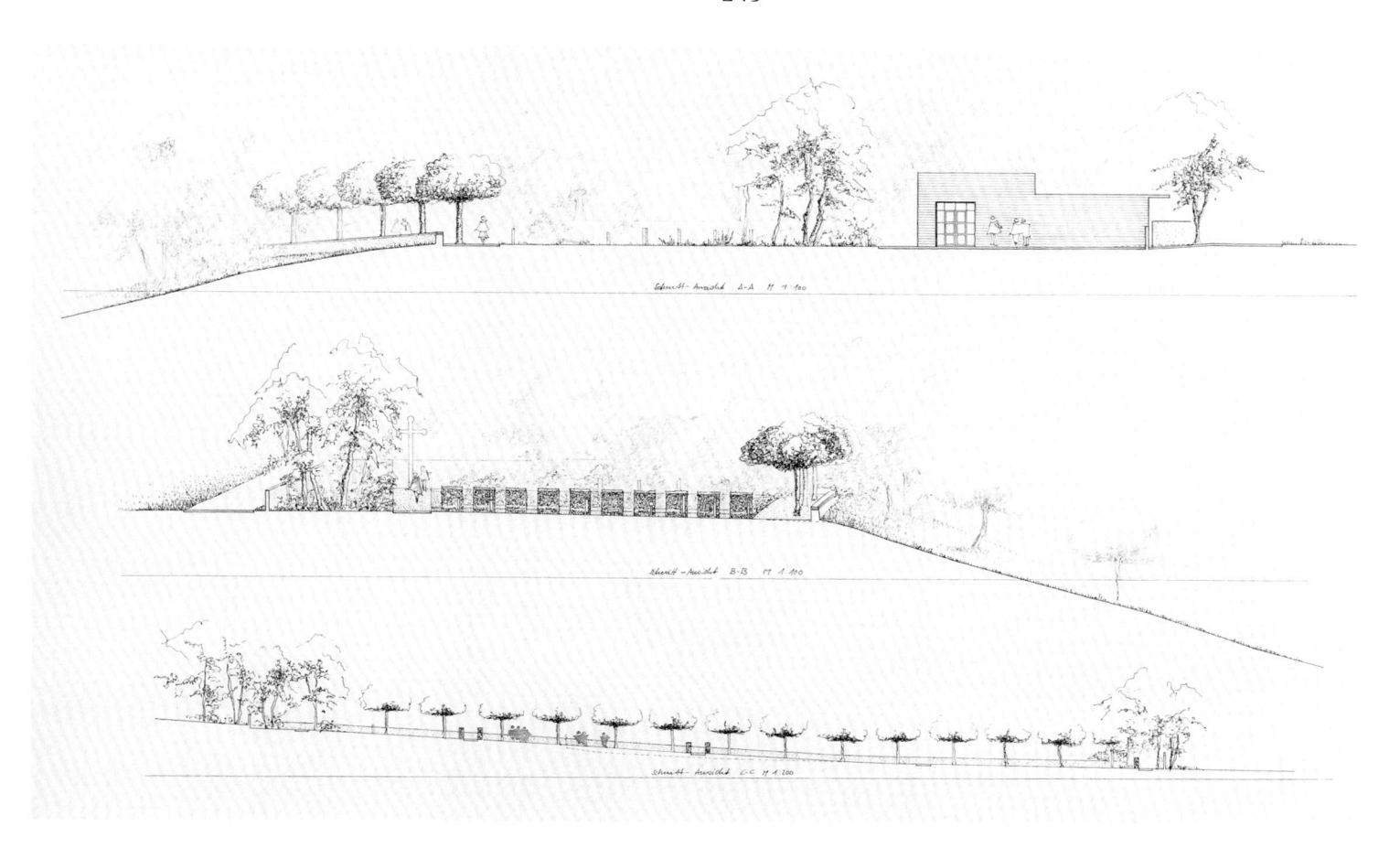

Schnitt-Ansicht B-B M 1:100

Schnitt-Ansicht C-C M 1:100

Es ist die Art des Abschliessens und des Öffnens gegen außen, die den Ort bestimmen.

The way of turning away from and addressing the surroundings defines the place.

Eine niedrige Betonmauer auf der Hangkante trennt den Friedhof von der offenen Landschaft.

A low concrete wall on the slope side separates the cemetery from the open countryside.

Entlang der Zufahrtsstraße schließt eine Mauer aus grauen Kalksandsteinen den Friedhof gegen die Straße und die angrenzenden Landwirtschaftsflächen ab.

A wall of grey limestone forms the boundery between the cemetery and the road with the agricultural areas beyond.

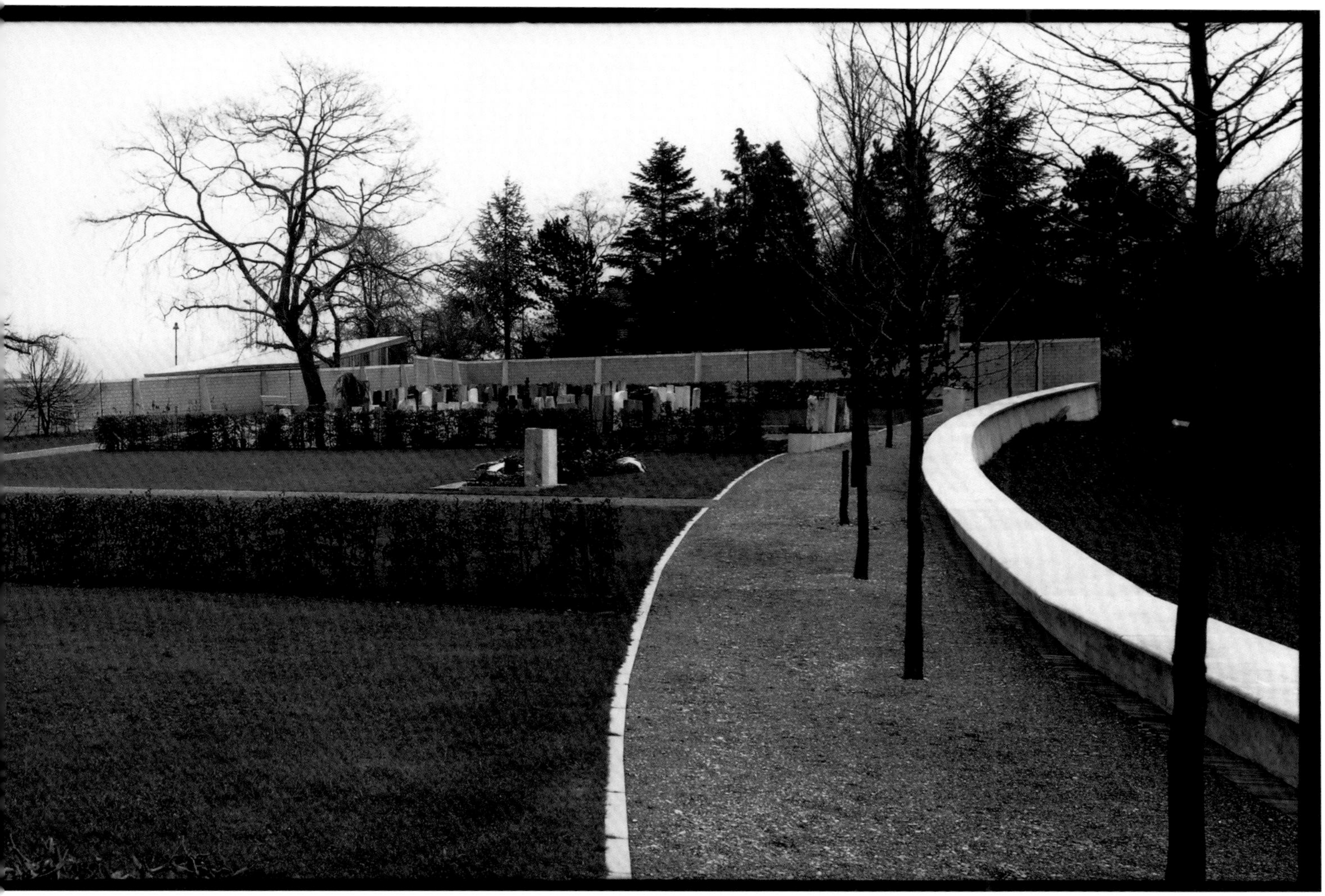

Friedhofserweiterung Bad Ragaz

Bad Ragaz cemetery extension

Der einfache und prägnante bereits bestehende Friedhof ist Maßstab für die Erweiterung. Kräftig formierte Umfassungsmauern und die dicht belegten Grabfelder, ohne Baumbestand, bilden zusammen mit der Kirche einen im schweizerischen Mittelland häufig anzutreffenden Typus des Landfriedhofs. Die geforderte Urnenbestattung ist in den neuen Umfassungsmauern der Erweiterung integriert. Die kreuzförmige Erschließung

The simple but distinctive cemetery already in existence serves as the point of departure for the extension. Together with the church, sturdy perimeter walls, the grave plots lying close to each other, and an absence of trees form a type of rural cemetery frequently encountered in Switzerland's Mittelland. The need for urn sites takes the form of integration of niches in the new perimeter walls of the extension. Access in the shape of a cross is

wird vom bestehenden Friedhof weitergeführt. Neu gepflanzte Ulmenbäume im alten und neuen Teil sind in Relation zu den angrenzenden Hausgärten aber auch als räumliches Kontinuum der Gesamtanlage zu verstehen.

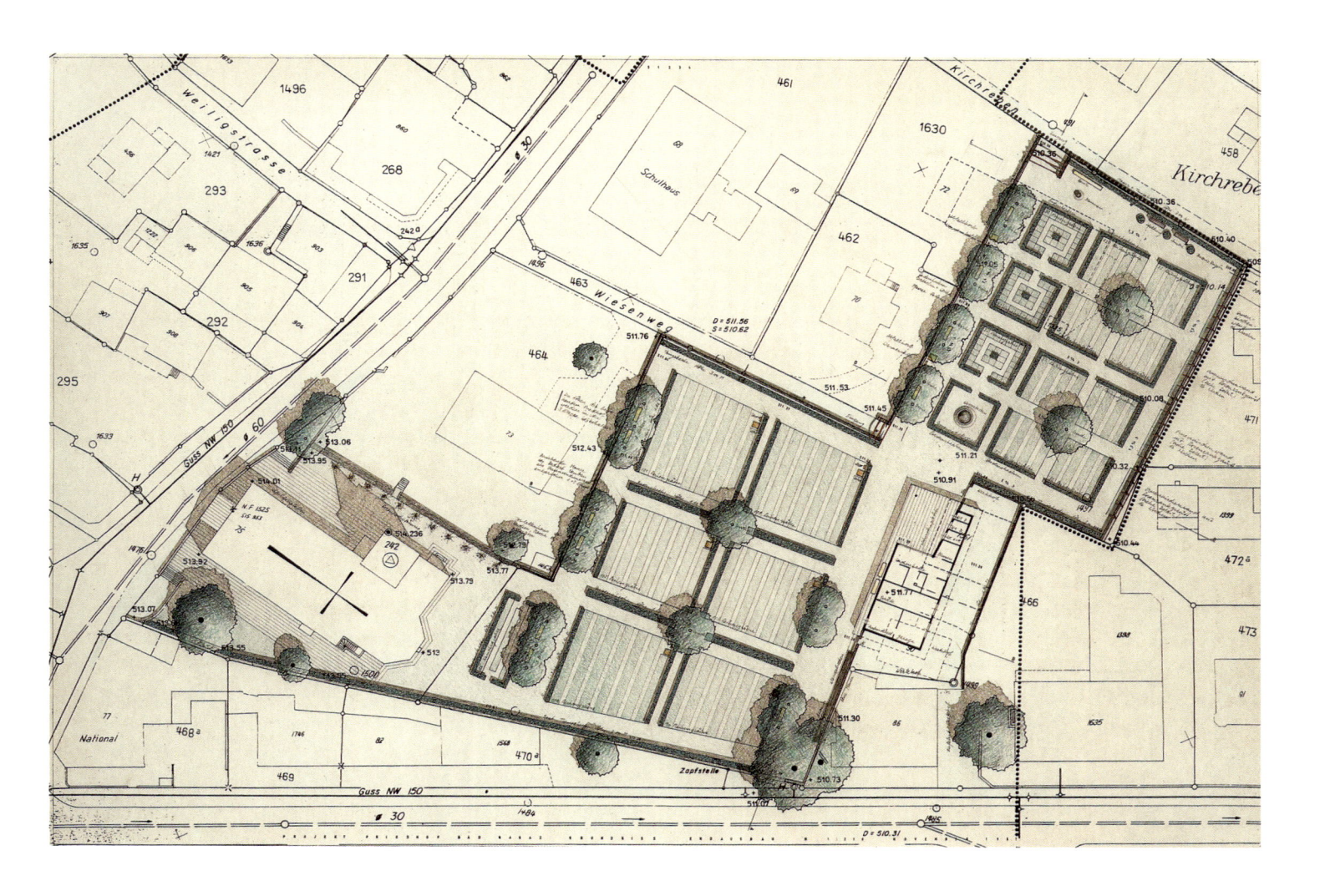

Günther Vogt

continued to the extension from the existing cemetery. Newly planted elm trees in both old and new parts are be interpreted in relationship to the adjoining private gardens and as a spatial continuum of the overall ensemble.

Günther Vogt

Erweiterung des Friedhofs Witikon Zürich

Extension of the Witikon cemetery in Zurich

Fotos: Marc Schwarz

Die bestehenden Friedhofsetappen und die Geländeform des Erweiterungsgebietes bilden die konzeptionelle Grundlage. Die Neubauetappe ist gestalterisches Verbindungsstück zwischen dem radiären System der ersten und dem orthogonalen System der zweiten Etappe. Die Topographie bestimmt die neue Wegführung und Grabfeldeinteilung, diese optimale Anpassung an das bestehende Gelände hat einen geringeren Auf- und Abtrag zur Folge. Die Grabfeld- und Wegstrukturen der ersten und zweiten Etappe werden weitergeführt. Die Wegführung wird aus den alten Friedhofsteilen herausgeführt.

Die kompakte neue Friedhofsanlage gewährleistet große ökologische Ausgleichsflächen auch außerhalb des Friedhofsareals (Flächen für Naturschutz). Der biologischen Wasserreinigung wurde volle Beachtung geschenkt. So wird verschmutztes Regenwasser durch eine Kläranlage gereinigt, bevor es dem angrenzenden Bach zugeführt wird. Um räumliche Indifferenz zu verhindern, werden bei den Erdbestattungsfeldern die Grabfelder mit Randgehölzen und bei den Urnengrabfeldern mit Einzelbäumen gegliedert. Die ökologischen Belange im Friedhof wie getrennte Abfallentsorgung, wasserdurchlässige Beläge, Wasserversickerung, Schotterrasenwege, differenzierte Vegetation, geringe Erdverschiebungen werden berücksichtigt.

Dieter Kienast

The idea is based on the parts of the cemetery already in existence and the topography of the extension area. The new development is intended to provide a design link between the radial system of the first stage and the orthogonal system of the second stage. The topography shapes the new system of paths and location of graves; the advantage of this optimum conformity with the existing site is that there is little necessity to adjust soil levels. The grave-field and path structures of the first and second stages are continued. The system of paths has its origins in the old parts of the cemetery.

The compact, new cemetery site provides large, ecological compensation areas, including space outside the cemetery (areas for nature conservation). Careful attention was paid to cleaning water biologically. Dirty rainwater is cleansed in a purification plant before it is fed into the adjacent stream. The burial plots are framed by hedges; the urn grave-fields are marked by individual trees in order to avoid spatial indifference. Ecological considerations such as separation of waste, surfaces allowing permeation of water, water seepage, gravel paths in the grass areas, variegated vegetation, low degree of soil displacement have been taken into account.

Dieter Kienast

Bepflanzung	Planting

Bepflanzung

Einzel- und Gruppenbäume:
Acer pseudoplatonus
Acer platanoides
Acer campestre
Crataegus monogyna
Carpinus betulus
Quercus robor

Blühender Hain und Hang:
Syringa vulgaris
Corylus avellana
Maianthemum bifolium
Primula veres
Scilla bifolia

Sträucher und Stauden:
Amelanchier ovalis
Daphne mezereum
Euonymus europaea
Viburnum opulus
Prunus spinosa
Buxus sempervirens
Ligustrum vulgare
Corylus avellana
Rosa canina
Hedera helix
Polygonatum multiflorum
Galium ursinum
Convallaria majalis

Gestufter Waldrand:
Galio-Alliarietalia
Artemisietalia
Plantaginetalia

Laichgewässer, Wassergräben mit unterschiedlichen
Wasserständen und begleitender Vegetation:
Agropyretalia repentis
Agrostietalia stoloniferae

Planting

Solitary trees and groups of trees:
Acer pseudoplatonus
Acer platanoides
Acer campestre
Crataegus monogyna
Carpinus betulus
Quercus robor

Flowering grove and slope:
Syringa vulgaris
Corylus avellana
Maianthemum bifolium
Primula veres
Scilla bifolia

Shrubs and perennials:
Amelanchier ovalis
Daphne mezereum
Euonymus europaea
Viburnum opulus
Prunus spinosa
Buxus sempervirens
Ligustrum vulgare
Corylus avellana
Rosa canina
Hedera helix
Polygonatum multiflorum
Galium ursinum
Convallaria majalis

Terraced woodland edge:
Galio-Alliarietalia
Artemisietalia
Plantaginetalia

Spawning water, ditches of different kinds and
accompanying vegetation:
Agropyretalia repentis
Agrostielia stoloiferae

FRIEDHOFERWEITERUNG WITIKON

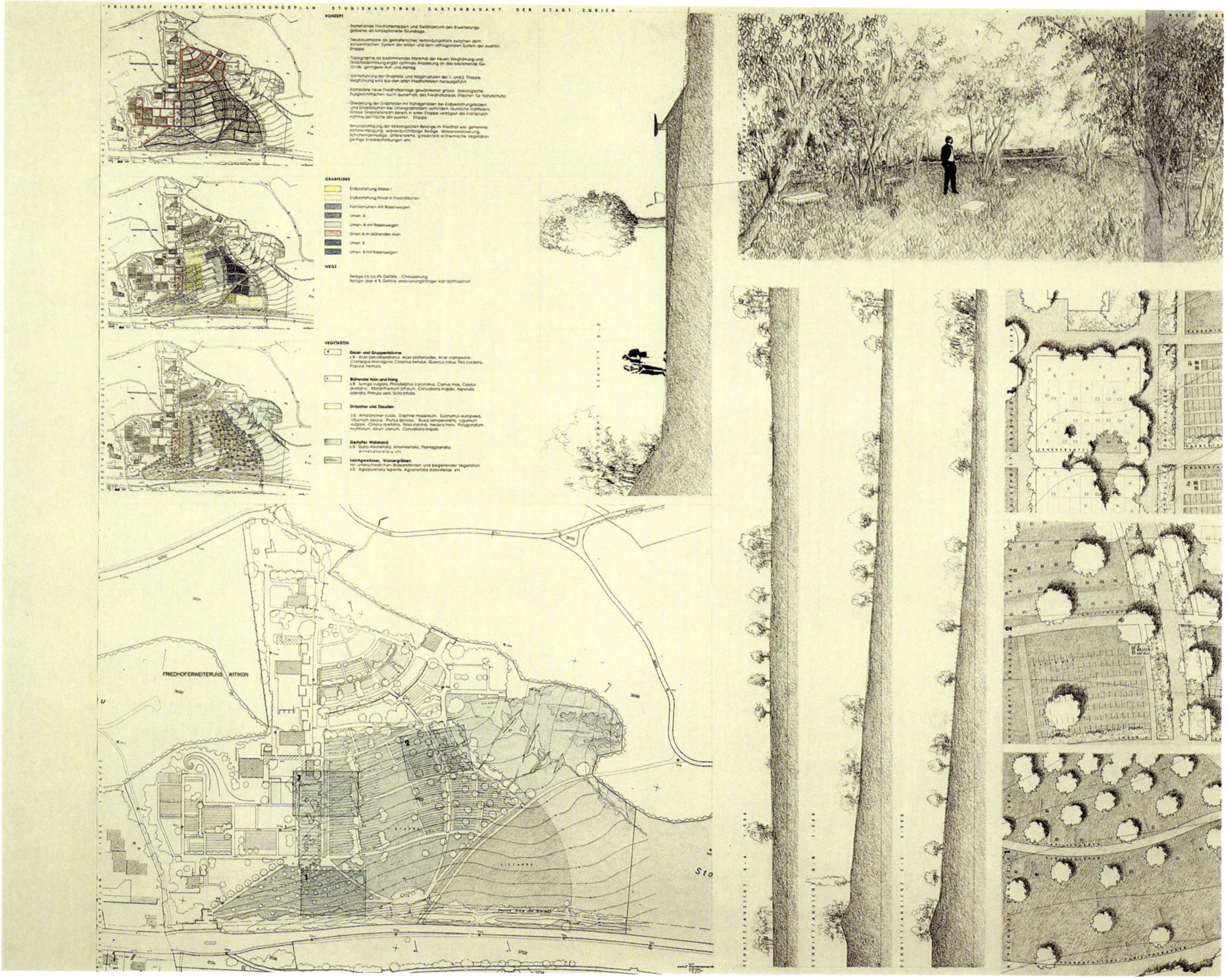
FRIEDHOFERWEITERUNG WITIKON

Friedhof Fürstenwald Chur

Rose, oh reiner Widerspruch
Lust
niemandes Schlaf zu sein
unter soviel
Lidern

Rainer Maria Rilke

Diese Inschrift steht auf dem Grabstein Rilkes in Raron. Er selbst hat bestimmt, daß dieser Vers dereinst auf seinem Grabstein stehen soll.

Rilke hat uns nicht nur vollendete Poesie hinterlassen. Wir lernen auch, daß der Friedhof ein Ort der Toten, vielmehr noch Ort der Lebenden sein muß. Mit dem Lesen des Gedichtes gedenken wir des Toten, lauschen dem Klang der kunstvoll gefügten Worte und denken nach über den Sinngehalt seiner hinterlassenen Botschaft. Mit dem Nachdenken verlassen wir das rein gefühlsbetonte Gedenken und sind auf dem Weg zur nachhaltigen Trauerarbeit. Der Friedhof erfüllt die Notwendigkeit der schicklichen Bestattung der Toten, ist aber auch prädestinierter Ort für die Hinterbliebenen, zu lernen, mit dem Verlust weiterzuleben.

Mit dem Standort Fürstenwald hat die Stadt Chur eine der schönsten Friedhofslagen weit und breit ausgewählt. Ruhig und erhaben liegt er über dem Rheintal und läßt den Blick auf die Stadt und die imposante Berglandschaft frei. Es war unsere Planungsabsicht, die landschaftliche Lagegunst auszunutzen und sie ortstypisch weiterzuentwickeln. Der Friedhof ist kompakt in die vorhandene Waldkammer eingepaßt und hat damit eine drei-

Fürstenwald cemetery in Chur

Rose, o pure contradiction,
love
to be nobody's sleep
under so many
eyelids

Rainer Maria Rilke

This is the inscription on Rilke's gravestone in Raron. Rilke himself decided that this verse was to be inscribed on his gravestone.

Rilke did not just leave us perfect poetry. We also learn that a cemetery is not only to be a place for the dead, but also a place for the living. In reading the poem, we remember Rilke, listen to the sound of his artistically composed words, and ponder on the meaning of the message he left. We leave this purely emotional level of remembering in a reflective mood and move on to reflection on death and mourning expressed on a more lasting basis. The cemetery serves the purpose of a fitting place to bury the dead, but is also predestined as a place where the bereaved can come to terms with living with their loss.

In chosing Fürstenwald, the town of Chur has one of the finest cemetery locations in the region. Its tranquil and lofty position overlooks the Rhine valley does not obscure the view of the town and the imposing mountain scenery. It was an intention of our planning to exploit the advantages of the surrounding countryside and develop them in keeping with the locality. The cemetery fits into the existing woodland clearing compactly and, consequently, has clear spatial definition on three

seitige, klare Raumdefinition. Die talseitige Grenze wird durch die lange Stützmauer markiert, die eine präzise Abgrenzung zum Landwirtschaftsgebiet darstellt und trotzdem die Sicht offenläßt. Diese Stützmauer ist das Rückgrat der gesamten Friedhofsanlage, aus der die verschiedenen Bauten – Eingang, Aufbahrungsgebäude, Kapelle und Pavillon – herauswachsen. Das Gelände des Friedhofes erwies sich als sehr steil. Um eine rollstuhlgängige Erschliessung zu erreichen, mußte die Mauer hochgezogen werden. Mit dieser Maßnahme konnten flachere Grabstellen eingerichtet werden.

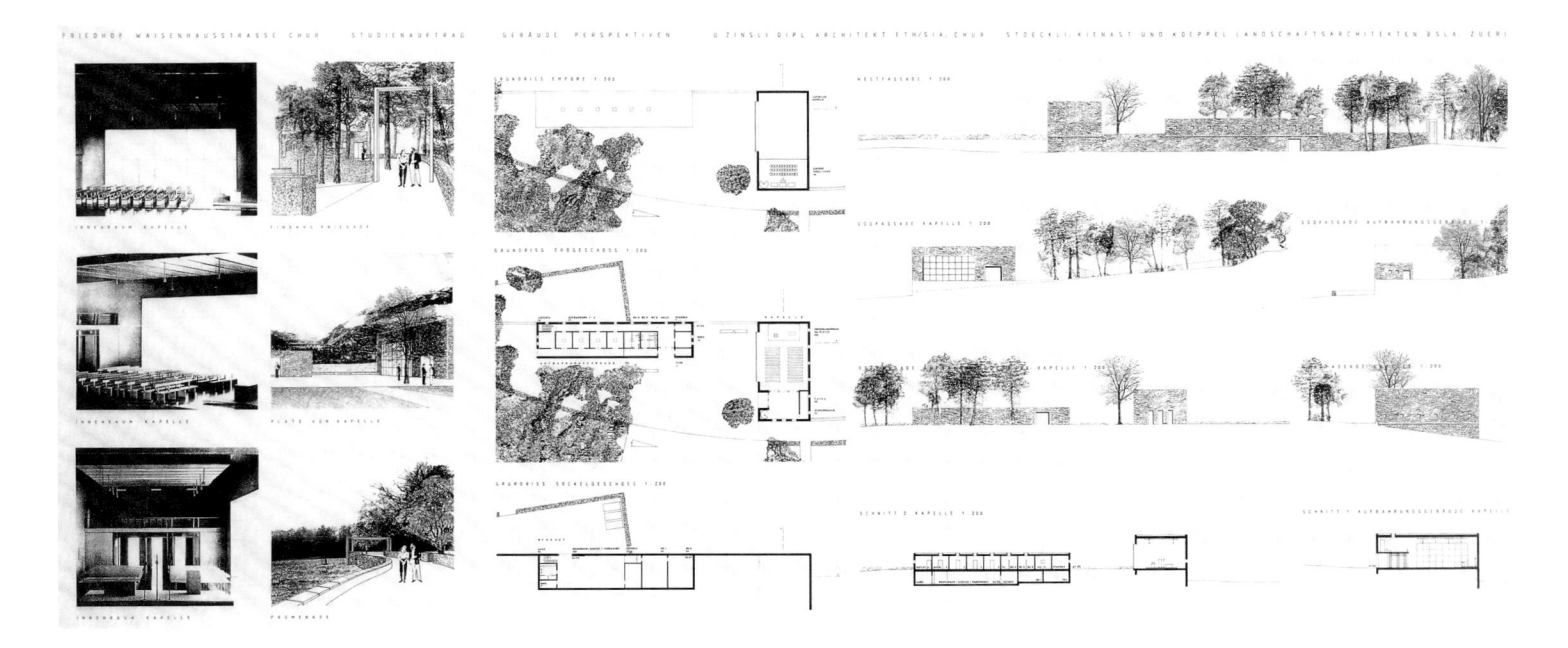

Von der Bushaltestelle her kommend, begleitet uns eine seitliche Hecke zum Eingang. Die Hecke wird geometrisch geschnitten, besteht aber aus unterschiedlichen Pflanzenarten wie Hainbuche, Liguster und Weißbuche, die wir auch im angrenzenden Wald wiederfinden. Diese Mischhecke ist ökologisch wertvoll und mit den variierenden Grüntönen gestalterisch interessant. Das Eingangstor thematisiert das Bauen in und mit der Natur weiter. In die Schalung wurden Föhrennadeln eingelegt. Damit erhält der künstliche Beton den Eindruck (im wörtlichen Sinn) von der Natur der nachbarlichen Föhren. Die Mittelschicht des Tores ist aus Holz gefertigt. Durch die lichte

sides. The boundary facing the valley is marked by the long wall; it forms a precise demarcation to the agricultural area, without obscuring the view. This wall forms the backbone of the entire cemetery complex, from which the various structures – entrance, chapel of rest, chapel and pavilion – ensue. The terrain of the cemetery was too steep. The wall had to be erected in order to make access for wheel-chair users possible. This made it possible to create more level burial plots.

The approach from the bus stop to the entrance is bounded laterally by a hedge. The hedge is clipped to create a geometrical form, but consists of such different plants as hornbeam, privet, and white hornbeam, all being plants that occur in the adjacent wood. This mixed hedge is ecologically valuable and, with its different shades of green, is of interest from the design point of view. The entrance gate takes up and continues the theme of building in and using nature. Pine needles were inserted in the formwork. This gives the artificial concrete the impression (in the literal sense) of the nature of the adjacent pines. The central section of the gate is made of wood. We enter the forecourt via the tongue of sparse pine trees. The courtyard is framed by buildings and has four lime trees at its centre.

Föhrenwaldzunge treten wir in den Empfangshof. Der Hof ist von Gebäuden gerahmt und zeigt im Zentrum vier Linden.

Mit dem horizontalen Höhenweg werden die Grabfelder einfach und direkt erschlossen. Die Grabfelder sind mit querliegenden Strauch- und Baumgürteln sowie Längshecken räumlich gefaßt. Die Baumgürtel sind in gleicher Artenzusammensetzung, wie sie im angrenzenden Wald zu finden sind, bepflanzt. In den Strauchgürteln wachsen Flieder, die im Frühjahr auffallend blühen und duften. Die Längshecken zeigen verschiedene Pflanzenarten: Von vorne nach hinten entdecken wir Buche, Hainbuche, Liguster und Linde, während die Abschlußhecke zum Gemeinschaftsgrab wieder als breite Mischhecke konzipiert ist.

Die Grabfelder sind für unterschiedliche Bestattungsarten vorgesehen. Neben den Reihengräbern für Erd- und Urnenbestattung, den Familien- und Kindergräbern ist oberhalb der Ka-

Access to the burial plots is simple and direct by means of the horizontal mountain path. Spatial definition of the burial plots is provided by transverse belts of bushes and trees as well as hedges on the long sides. The belts of trees are made up of the same trees existing in the adjacent wood. Lilacs, with their attractive springtime flowers and scent, grow in the belt of bushes. The hedges are made up of different plants: moving from front to back, we discover beech, hornbeam, privet and lime, whereas the rear hedge to the communal grave is conceived as a broad mixed hedge.

The burial plots are intented for different forms of burial. In addition to rows for graves and urns, family and child graves, a grass burial plot lies above the chapel. As the name would suggest, the site is dominated by grass. There are neither paths nor grave plants; no grave stones can be used, only horizontal memorial slabs. We ascend to the highest part of the cemetery, to

pelle ein Rasengrabfeld vorgesehen. Wie der Name sagt, dominiert der Rasen. Es gibt weder Wege noch Grabbepflanzung und als Grabstein können nur liegende Grabplatten verwendet werden. Wir steigen hinauf zum höchsten Ort des Friedhofes, zum Gemeinschaftsgrab. Auf der Hochfläche liegen – leicht zueinander verschoben – ein schmales Wasserbecken und ein Plattenband. Das Gemeinschaftsgrab signalisiert das Zusammensein, gerade auch im Tod. Die bergseitige Stützmauer ist als Urnennischenwand ausgebildet. Wie bereits beim Eingangstor, wird hier das Bauen mit Natur weiter variiert. Die Natursteinwand ist durch die Grabplatten klar strukturiert, während die «versteinerten» Äste die rationale Ordnung und Schichtung der Mauersteine und Grabplatten kontrastieren.

Der Weg führt uns den Waldrand entlang zu einer Treppe, die den Anschluß zu den Wanderwegen des Fürstenwaldes herstellt. Vorbei an Grabfeldern, die erst in der zweiten Etappe weiter ausgebaut werden, gelangen wir zur Aussichtskanzel am Ende des Höhenweges. Angelehnt an eine Waldecke und zwei alte Eichen, markiert die einfache Betonkonstruktion einen ausgezeichneten Ort: Aufbahrungsraum, Kapelle und Grabfelder sind bereits auf weite Distanz gerückt. Langsam vermischt sich das Gedenken an den Verstorbenen mit dem sinnlichen Wahrnehmen der Gegenwärtigkeit von Landschaft und Natur.

Dieter Kienast

the communal grave. There is a slender pool of water and a strip of slabs – not quite parallel to each other – on the plateau. The communal grave signals community, particularly also in death. The side of the wall facing the mountain is conceived as a wall with niches for urns. As at the entrance gate, building involving nature is further varied here. The natural stone wall is clearly structured by the grave slabs, whereas the "petrified" branches are in contrast to the rational order and stratification of the wall stones and grave slabs.

The path takes us along the edge of the wood to a flight of steps which provides a link to the Fürstenwald woodland trails. Passing the burial plots that are not to be developed further until the second stage, we arrive at the lookout platform at the end of the mountain path. Adjacent to a corner of the wood and two old oaks, the simple concrete structure marks a special place: the hall of rest, chapel and burial plots have already receded into the distance. Gradually, thoughts of the dead mingle with our experience of the immediacy of landscape and nature.

Dieter Kienast

Im Zentrum des Empfangshofs – mit Kapelle und Aufbahrungsgebäude – stehen vier Linden.

There are four lime trees in the centre of the forecourt – with its chapel and laying-in-hall.

Die talseitige Grenze wird durch eine lange Stützmauer gezogen – als präzise
Abgrenzung zum Landwirtschaftsgebiet, die aber die Sicht offenläßt.

The boundary facing the valley is marked by a long wall – it forms a precise demarcation to the agricultural area, without obscuring the view.

Die Stützmauer bildet das Rückgrat der gesamten Friedhofsanlage. The wall forms the backbone of the entire cemetery complex.

Am Ende des Höhenweges erreicht man eine Aussichtskanzel – eine einfache Betonkonstruktion an einem ausgezeichneten Ort.

The ascending path leads to a look-out platform – a simple concrete structure that marks a special place.

Die bergseitige Stützmauer dient gleichzeitig als Urnennischenwand. Wie bereits am Eingangstor, wird hier das Bauen mit Natur weiter variiert.

The side of the wall facing the mountain is conceived as a wall with niches for urns. As at the entrance gate, building involving nature is further varied here.

... die versteinerten Äste kontrastieren die rationale Ordnung und Schichtung der Mauersteine und Grabplatten.

... "petrified" branches are in contrast to the rational order and stratification of the wall stones and grave slabs.

Friedhof Oberreut Karlsruhe

Der neue Stadtteilfriedhof Oberreut muß zwischen den angrenzenden Nutzungen (Sport, Gewerbe, Verkehr) die Möglichkeit finden, seine individuelle Identität zu entfalten. Aus einem diffusen Zwischenraum soll ein besonderer Ort werden. Ein kräftiger waldartiger Rahmen aus lichten Baumarten, entnommen aus der potentiellen natürlichen Vegetation, verankert den Friedhof im Landschaftsraum und formuliert zugleich einen tragfähigen Baustein im Grünzug Schmallen.

Drei große, einfach geschnittene Grabfelder bilden stimmungsvolle Waldlichtungen im Baumbestand. Blühende und duftende Bäume und Sträucher gliedern die verschiedenen Grabfelder und verleihen jedem Grabfeld seinen eigenen einprägsamen Charakter. Dem Friedhofsbesucher bieten die introvertierten Waldlichtungen Gelegenheit, das alltägliche Treiben der Umgebung für eine Weile zu vergessen. Zugleich können Anwohner und Erholungssuchende die reizvolle Stimmung eines Waldrandes am westlichen Erschließungsweg entlang des Grünzuges genießen.

Einfachheit und meditative Introvertiertheit bestimmen auch den Charakter der Friedhofsgebäude, die ihren Standort in einem quadratisch geschnittenen Raumgefüge finden. Während eine Mauer die West- und Nordseite des Raumes umschließt, öffnet sich der Kappellenhof dem südlich und östlich angrenzenden Baumbestand. Ein Wasserbecken nimmt die Kapelle inselartig in sich auf und reflektiert das gefilterte Licht des angrenzenden Baumbestandes in den Hof, sowie in den Innenraum des sakralen Gebäudes. Der nach außen geschlossene Kubus wird im Innern differenziert durch die Raumschichten der niedrigen Eingangszone, der darüberliegenden Empore und einem arkadenartig aufgebrochenen Bereich von Wandscheiben entlang der Wasserfläche. Die Raumstimmung wird durch parallel zu den Wänden einfallendes Licht charakterisiert: an den Längswänden kommt es von oben, an der Stirnwand von der Seite. Wasserfläche und Waldrand sind optisch in den Raum einbezogen. Betriebsräume und Leichenhalle sind – gegliedert in drei Bereiche – zu einem wandartigen Baukörper gefügt, bei dem ebenso wie bei der Feierhalle Ziegelstein und Holz den Charakter bestimmen.

Oberreut cemetery in Karlsruhe

The new cemetery in the district of Oberreut needs to find a means of developing its individual identity between the adjacent forms of use (sport, industry and traffic infrastructure). The intention is to turn an indeterminate area of space into a special place. A forceful, woodland-like framework of trees with sparse foliage is in keeping with potential natural vegetation, anchors the cemetery in the landscape space, at the same time formulating a workable element in the Schmallen greenway.

Three large, simply cut sections of the cemetery form clearings with atmosphere between the stocks of trees. Flowering and fragrant trees and bushes give structure to the individual sections of the cemetery, providing each with its own distinctive character. The meditative clearings give visitors the opportunity to forget the bustle of everyday life in the surrounding area for a while. At the same time, residents and people in search of relaxation can enjoy the attractive atmosphere of the woodland fringe along the western access road that is parallel to the greenway.

Simplicity and a meditative atmosphere characterise the cemetery buildings, which are located in a square, spatial structure. While a wall encloses the western and northern sides, the chapel courtyard is open to the adjacent stocks of trees to the south and east. A water pool gives the chapel an island-like quality and reflects the filtered light of the adjoining stocks of trees in the courtyard as well as in the interior of the sacred building. The cube that is uniform on the outside is given interior spatial division by means of the low entrance zone, the gallery above, and wall elements creating the effect of an arcade parallel to the water area. The atmosphere of the space is characterised by the incidence of light parallel to the walls: on the long walls light falls from above, on the end wall it comes from the side. The water area and the woodland fringe are incorporated in the space in an ideal way. The administrative areas and the mortuary are – sub-divided into three areas – expressed as a slender volume, their character and that of the ceremonial hall being determined by brickwork and wood.

The underlying structure of the cemetery permits realisation in three building phases and does not hinder use of the ex-

1035

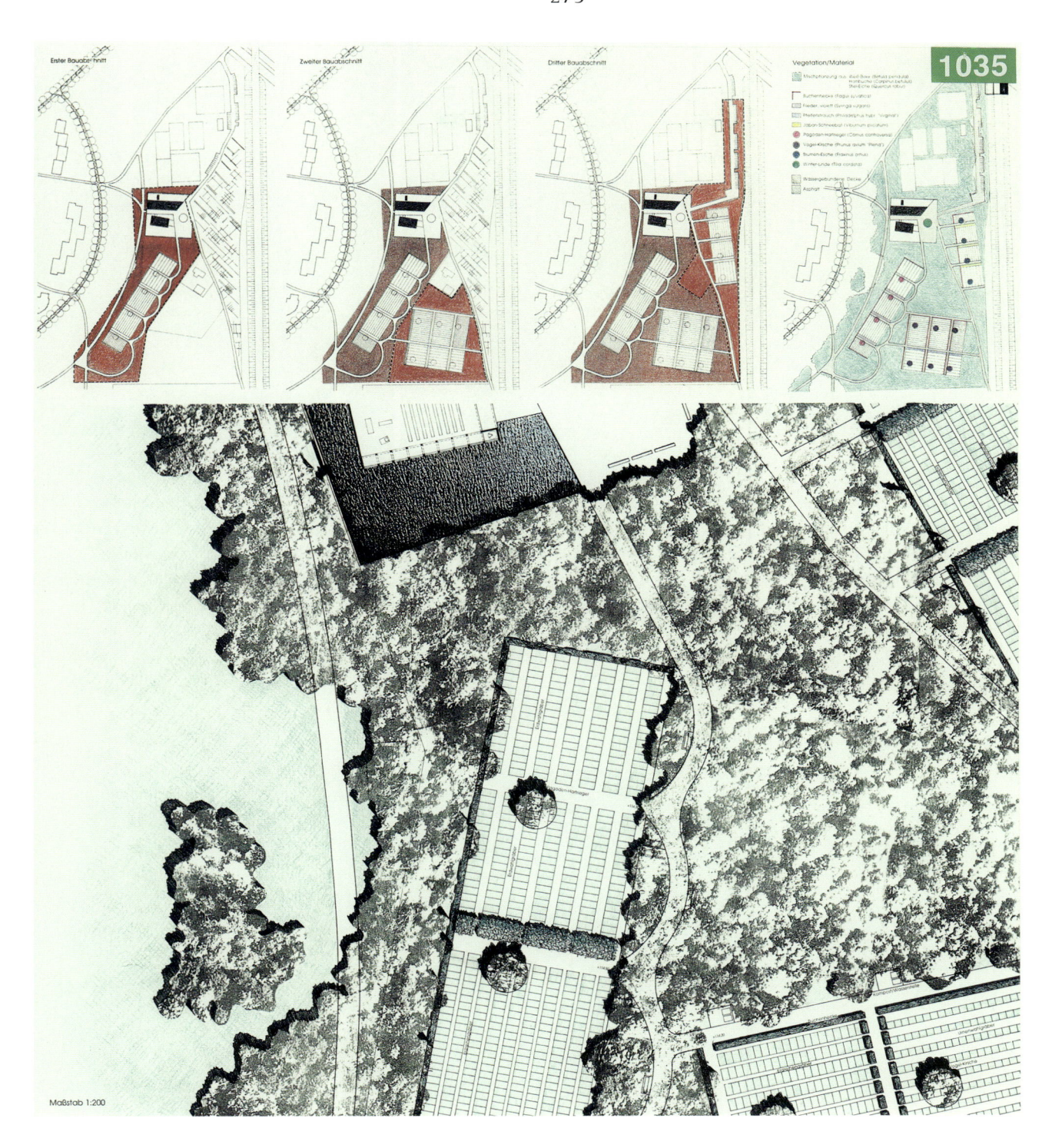

Maßstab 1:200

Die Konzeption des Friedhofes erlaubt die sinnvolle Realisation in drei Bauabschnitten und stellt sicher, daß die existierende Wohn- und Kleingartennutzung problemlos mittel- bis langfristig beibehalten werden kann. Die Waldpflanzung ermöglicht eine Verringerung des üblichen Pflegeaufwandes auf einem Großteil der Friedhofsfläche. Existierende Wegverbindungen werden beibehalten und so ergänzt, daß eine optimale Anbindung an den angrenzenden Stadtteil Oberreut gewährleistet ist.

Dieter Kienast

isting residential buildings and allotments in the medium and long term. The woodland makes it possible to reduce the typical work of upkeep over a large area of the cemetery. Existing means of access and paths are to be retained and supplemented to provide an optimal link to the Oberreut district.

Dieter Kienast

277

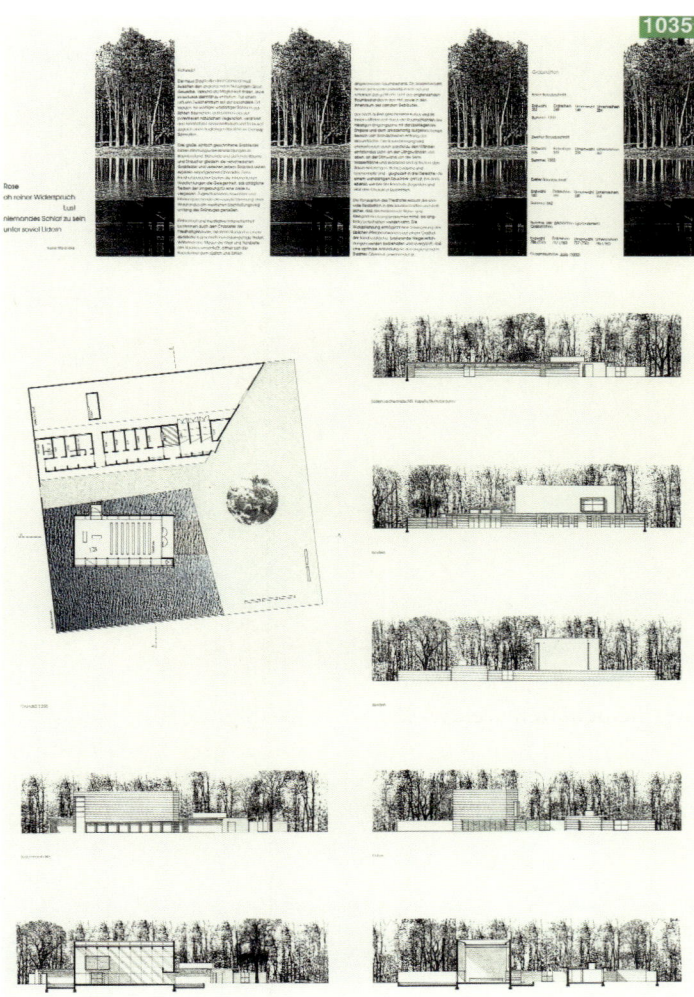

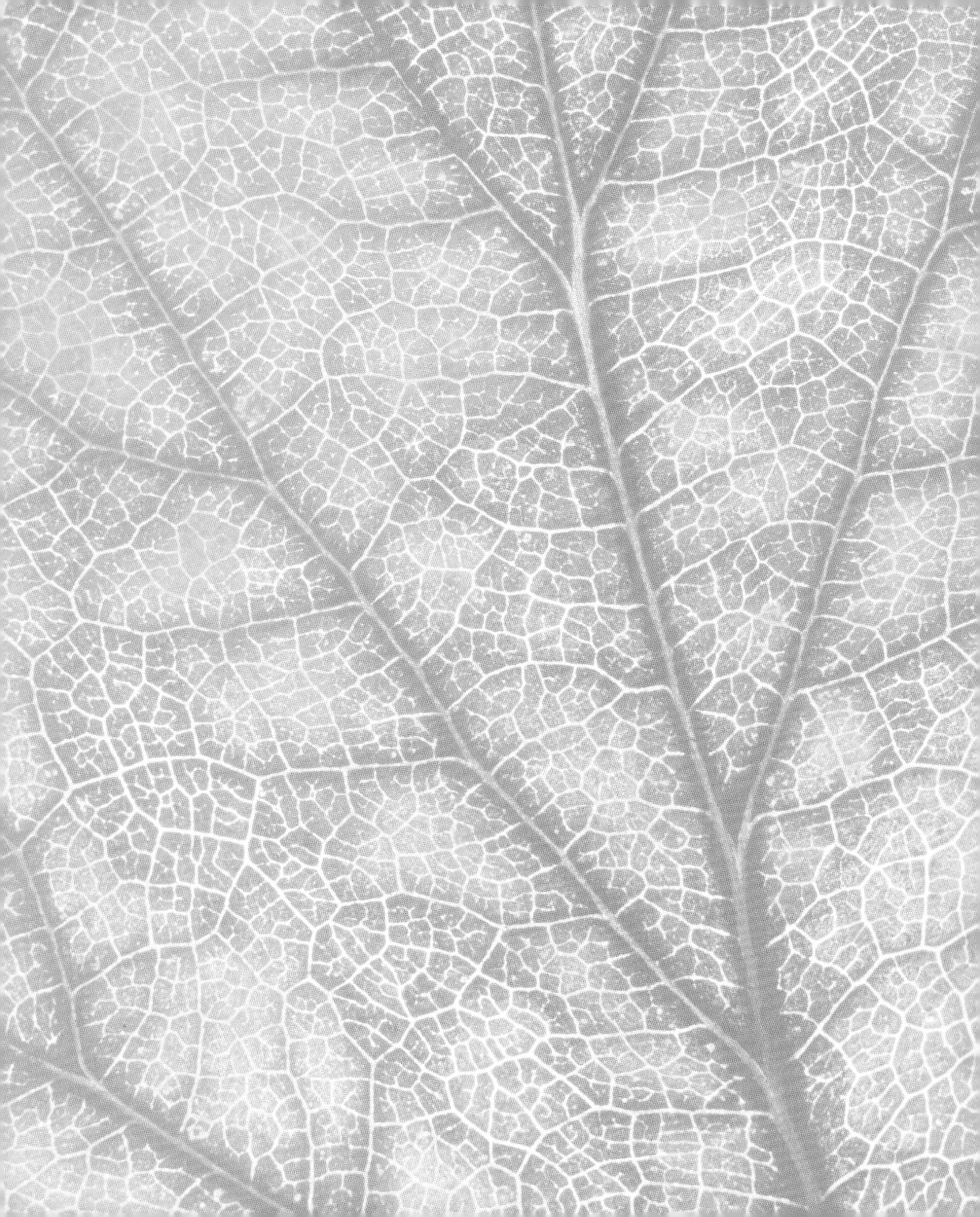

Projektdaten / Project data

Stadtpark Wettingen
Bauherr: Gemeinde Wettingen
Mitarbeiter: Paul Bauer und W. Vetsch
Wettbewerb: 1. Preis / 1981
Ausführung: 1982–1983
Seite: 26

Kurpark Bad Zurzach
Bauherr: Gemeinnützige Stiftung
für Zurzacher Kuranlagen
Wettbewerb: 1. Preis / 1983
Ausführung: 1985
Größe: 20 000 m^2
Seite: 38

Stadtpark St. Gallen
Bauherr: Gartenbauamt Stadt St. Gallen
Wettbewerb: 1. Preis
Ausführung: 1985
Größe: 16 000 m^2
Seite: 50

Moabiter Werder Berlin
Bauherr: Senatsverwaltung für Stadtentwicklung
und Umweltschutz, Berlin
Wettbewerb erste Stufe: 1. Preis / 1990
Wettbewerb zweite Stufe: 1. Preis / 1991
Ausführung: 1992–1999
Größe: 32 000 m^2
Seite: 64

Günthersburgpark und GrünGürtel Frankfurt
Bauherr: Friedhof- und Gartenamt Frankfurt
Wettbewerb: 1. Preis / 1991
Ausführung: nicht realisiert
Seite: 70

Expo 2000 Hannover
Bauherr: Expo 2000 Hannover + Deutsche Messe AG
+ Messe GmbH Hannover
Architekten: Thomas Herzog München;
Prof. Ackermann, Prof. Albert Speer, Frankfurt;
Arnaboldi Cavaldini, Lugano
Künstler: Fischli Weiss, Zürich
Masterplanung: 1992
Ausführung: 1995–2000
Grösse: ca. 450 000 m^2
Seite: 80

Parklandschaft Mechtenberg Gelsenkirchen (D)
Wettbewerb: diverse Studien 1990-1993
Ausführung: nicht realisiert
Seite: 98

Seeufergestaltung Triechter Sursee
Bauherr: Stadt Sursee und Korporation Sursee
Studie: 1993
Ausführung: nicht realisiert
Größe: 70 000 m^2
Seite: 106

Parklandschaft Barnim Berlin
Bauherr: Grün Berlin Park und Garten
Studie: 1994
Ausführung: nicht realisiert
Seite: 110

Kurpark Bad Münder
Bauherr: Stadt Bad Münder
Wettbewerb: 1. Preis / 1994
Ausführung: 1994–1997
Seite: 114

Landschaftsgestaltung Kronsberg Hannover
Bauherr: Landeshauptstadt Hannover,
Grünflächenamt
Workshop: 1994
Ausführung: 1994–1997
Größe: 34 000 m^2
Seite: 126

Tate Modern London
Bauherr: Tate Gallery London
Architekten: Herzog & de Meuron, Basel
Ausführung: 1995–2000
Größe: 20 000 m^2
Seite: 132

Parklandschaft Dreissigacker Süd Meiningen (D)
Architekten: Schnebli Ammann Menz, Zürich
Wettbewerb: 2. Preis / 1993
Überarbeitung: 1. Preis / 1994
Ausführung: nicht realisiert
Seite: 144

Seeufer Spiez
Bauherr: Einwohnergemeinde Stadt Spiez
Wettbewerb: nicht prämiert / 1995
Seite: 148

Wuhlepark Berlin
Bauherr: Land Berlin
Wettbewerb: 1. Preis / 1996
Ausführung: nicht realisiert
Größe: Nordteil 2 911 m^2, Südteil 1 958 m^2
Seite: 152

Bauherr – client | Wettbewerb – competition | Ausführung – realisation | Künstler – artist | Mitarbeit – collaboration
Größe – area | Überarbeitung – reworking | Seite – page

Conrad Gessner Park Zürich Oerlikon
Bauherr: Stadt Zürich, Garten- und
Landwirtschaftsamt
Künstler: Christian Vogt, Fotograf, Basel
Wettbewerb: 2. Preis / 1996
Seite: 156

Landschafts- und Parkgestaltung Dreieich Baierhansenwiese (D)
Bauherr: Stadt Dreieich, D-63303 Dreieich
Mitarbeiter: Thomas Goebel-Gross, Rita und
Udo Weilacher
Wettbewerb: 1. Preis / 1996
Ausführung: nicht realisiert
Größe: 11 000 m^2
Seite: 162

Freibad Bad Allenmoos Zürich
Bauherr: Amt für Hochbauten der Stadt Zürich
Architekten: Prof. Ueli Zbinden, Zürich
Ausführung: 1997–1999
Größe: 20 000 m^2
Seite: 166

Internationale Gartenschau 2000 Steiermark, Graz
Bauherr: Internationale Gartenschau 2000 Graz
Architekt: ARGE Eisenköck/Zinganel, Graz
Wettbewerb: 1. Preis / 1996
Ausführung: 1997–2000
Seite: 176

Töölönlahtipark Helsinki
Bauherr: City of Helsinki Planning Department
Wettbewerb: nicht prämiert / 1997
Seite: 200

Stockalper Schloßgarten Brig
Bauherr: Schweizerische Stiftung für
das Stockalperschloß Brig
Architekten: M. Burkhalter und Ch. Sumi, Zürich
Wettbewerb: 1. Preis / 1996
Ausführung: 1999–2001
Größe: 13 000 m^2
Seite: 206

Flughafen Tempelhof Berlin
Bauherr: Senatsverwaltung für Stadtentwicklung,
Umweltschutz und Technologie
Studienauftrag: 1998
Größe: 700 ha
Seite: 218

Museumspark Mouans-Sartoux (F)
Bauherr: Gemeinde Mouans-Sartoux
Künstler: Gottfried Honegger, Zürich und Mouans-
Sartoux, Sybill Albers-Barrier, Zürich
Wettbewerb: 1998
Seite: 226

Ausbau des Friedhofs Liebefels in Baden
Bauherr: Stadt Baden
Ausführung: 1983
Seite: 232

Friedhofserweiterung Baden-Rütihof
Bauherr: Gemeinde Stadt Baden, Tiefbauamt
Architekten: Fosco, Fosco-Oppenheim, K. Vogt,
Scherz und Zürich
Bildhauerin: E. Gisler, Zürich
Wettbewerb: 1. Preis / 1985
Ausführung: 1985
Einweihung: 1990
Größe: 9 000 m^2
Seite: 244

Friedhof Bad Ragaz
Bauherr: Gemeinde Bad Ragaz
Architekten: GAP, Zürich, Bad Ragaz
Ausführung: teilweise
Seite: 256

Erweiterung des Friedhofs Witikon
Bauherr: Garten- und Landwirtschaftsamt der
Stadt Zürich
Wettbewerb: 1. Preis / 1992
Ausführung: durch das Garten- und Landwirt-
schaftsamt der Stadt Zürich
Größe: 44 500 m^2
Seite: 258

Friedhofsanlage Fürstenwald Chur
Bauherr: Stadtgemeinde Chur
Architekten: U. Zinsli + F. Eberhard, Chur
Wettbewerb: 1. Preis / 1992
Ausführung: 1993–96
Größe: 20 000 m^2
Seite: 262

Friedhof Oberreut Karlsruhe
Wettbewerb: 1. Preis / 1994
Seite: 274

La Roche, Basel
Aaretalwerk II Belpau / Bern
Platzgestaltung Dorfzentrum Gränichen / AG
Garten Prof. W-D., Zürich, Projekt

1990
Moabiter Werder Berlin, 1. Stufe,
Wettbewerb 1. Preis
Platzgestaltung Bärenplatz / Waisenhausplatz,
Bern
Wettbewerb 1. Preis
Bärenplatz / Waisenhausplatz Bern, Überarbeitung
Friedhof Rütihof Baden, 1. Teil
Garten zu Wohn- u. Gewerbehaus, Ittingen / BE
Garten M. in Ittingen / BE, Projekt
Gutachterverfahren Frankfurter Grüngürtel
Haus der Geschichte, Stuttgart
Wettbewerb
Überbauung Südstrasse, Zürich
Spielplatz Bullingerwiese, Zürich
Gestaltung Bullingerhügel, Zürich
Sportplatz Obere Au, Chur
Jonaportstrasse Jona / SG
Kinderhort Brahmsstrasse, Zürich
Schloß Gümligen, Gümligen / BE, Projekt
Gutachten Seniorenresidenz Segeten, Zürich
Dachbegrünung Psychiatrische Klinik Bern
PKT2 Universitätsspital Bern
Garten S. in Zumikon
Schulhauserweiterung Kappelerhof, Baden
Pavillon und Teilbereiche Psychiatrische Klinik
Waldhaus, Chur
Gärten Klinik Hirslanden, 2. Teil
La Vilettte Bürogebäude Effingerstrasse, Bern
Garten M. in Baden, Beratung
Außen- und Innenraumgestaltung IBM
Bernerstrasse, Zürich

Technik und Sicherheit Inselspital, Bern
Bahnhofplatz Wengen
Bündner Kunstmuseum Chur
Imhoof-Pavillon Inselspital, Bern
Umbau ETH Hönggerberg, Zürich
Wettbewerb
Zufahrt Parkgarage Brühltor, St. Gallen
Begleitgrün Bahn 2000, Doppelspur Zürich HB-
Thalwil
Schul- u.Sportzentrum Mittelholz,
Herzogenbuchsee
Wettbewerb

1991
Moabiter Werder Berlin, 2. Stufe
Wettbewerb 1. Preis
Erweiterung Günthersburgpark, 1. Stufe
Wettbewerb 1. Preis
Moabiter Werder, BUGA 1995, Parkanlage, Berlin
Gestaltungsstudie Südliches Spreeufer /
Spreebogen, Berlin
Brunnen Psychiatrische Klinik Waldhaus, Chur
Kur- und Badezentrum Quadras, Scuol, 2. Teil
Gestaltung Bundesplatz, Bern
Wettbewerb
MC Verlagsgebäude und Wohnungen, Zürich
Wettbewerb 1. Preis
Garten E. in Uitikon / ZH, 3. Teil
Garten Dr. Sp. in Egnach
Garten Sch. in Küsnacht, Projekt
Erweiterung GIBB Lorraine, Bern, Ausführung
Pflanzgefäße / Innenbegrünung Hoffmann La
Roche, Basel
Innenbegrünung Verwaltungsgebäude Shell
Switzerland
Turnhallenneubau Gundelinger Schulhaus
Wettbewerb

Turnhallenneubau Sandgrube, Basel
Wettbewerb
Betriebsgesellschaft Brunnadern
Verwaltungsgebäude Buchenhof, Aarau
Dorfplätze in Scuol
Flachdachbegrünung PKT1 Inselspital, Bern
Wegeverbindung Bettenhochhaus Inselspital, Bern
Wohnüberbauung Vogelbach Riehen / BL

1992
Weltausstellung Expo 2000 Hannover
Wettbewerb
Expo 2000 Masterplan
Friedhof Fürstenwald, Chur
Wettbewerb 1. Preis
Friedhof Witikon, Zürich
Wettbewerb 1. Preis
Günthersburgpark Frankfurt, 2. Stufe
Wettbewerb 1. Preis
Schulhauserweiterung Bätterkinden / BE
Wettbewerb 1. Preis
Stadtplatz Rathaus, Wettingen
Wettbewerb 2. Preis
Neubau Migros Münsingen / BE
Mehrzweckhalle und Sportanlage, Deitingen / BE
Eingangsgestaltung Gottesacker, Riehen / BL
Umgebung Hotel Zürichberg, Zürich
Dachgarten Geschäftshaus Denz, Nänikon / ZH
Garten Prof. K. in Maur / ZH, 1. Teil
Garten G. in Rüschlikon / ZH
Chalet Heiniger, Burgdorf / BE
Rasenwellen Moabiter Werder, Berlin
IBA Emscher / Emscher Park, Entwurfsseminar
Dachgarten Wohnanlage Luzernerring-
Bungestrasse, Basel
ETH-Zürich Hönggerberg, 1. Etappe
Leitbild Chance Oerlikon 2001, Zürich

Polykliniktrakt II Inselspital Bern
Neubau Rosengarten Stadtdpark, St. Gallen
Bündner Kunstmuseum, Chur
Ausstellung Luzern «Zwischen Arkadien und
Restfläche»

1993

Heilbäder Centrum, Bad Wildungen
Wettbewerb
Kurpark Bad Münder, Wettbewerb 1. Preis
Verwaltungsgebäude Swisscom Worblaufen, Bern
Wettbewerb 1. Preis
Bundesgartenschau Karlsruhe 2001, Stadtteil
Süd-Ost, Wettbewerb
Dreissigacker Süd, Meiningen, 2.Teil
Wettbewerb 1. Preis
Landesgartenschau Weil am Rhein 1999
Wettbewerb
Stadt Chemnitz, «Straße der Nation», Wettbewerb
Bezirkszentrum Marzahner Promenade, Berlin
Wettbewerb
Erweiterung Schulanlage Rothenburgstraße, Berlin
Wettbewerb
Studienauftrag Dern'sches Gelände, Wiesbaden
Entwicklungsmaßnahmen für Wettbewerbs-
verfahren
Flughafen München Riem, 1. Bauabschnitt
Oberstufenzentrum Farbtechnik und Raum-
gestaltung, Berlin
Erweiterung Schulanlage Oberzil, SG
Wettbewerb
Altstadt Sursee, Wettbewerb
Überbauung Bungestrasse, Basel
FIG Swisscontrol 3. Bauetappe, Innenbegrünung
und Umgebung
Flughafen Belp, Bern

Landesbibliothek Bern, Projekt
Kantonsbibliothek und Staatsarchiv, Chur
Regierungsplatz, Chur
Gewerbegebiet Clemenssänger, Freising
Wettbewerb
Scolaire Economique Sous Bois/GE
Wettbewerb
Suva Basel Innenbegrünung
Wohnüberbauung Sihlhof Adliswil, 1. Etappe
Bachsanierung Nebelbach, Zürich
Neubau Kindergarten Gemeinde Lustenau
Brünnen, Baufeld A, 1. Etappe, Bern
Steinhof Areal Burgdorf/BE
Batiment Administratif OFS Neuchatel, Projekt,
Flachdachbegrünung
Stadt Sursee, Naturschutz-Leitplan Grünkonzept
Landschaftsgestaltung Sursee
Seeufergestaltung Sursee, Projekt
Rathausplatz Wettingen, Überarbeitung
Überbauung Südstrasse Zürich, 2. Teil
Umgebung zu Fabrikgebäude Ricola,
Brunstatt (F)
COOP Zurzach
Garten B. in Gockhausen/ZH
Garten M. in Ulm
Garten N. in Oetwil/ZH
Garten Dr. F. in Schaffhausen, Projekt
Garten Dr. P. in Moerschwil
Garten Prof. Dr. W. in Wermatswil/ZH
Garten Z. in Chur
Workshop zur Triennale Ruhr
IBA Emscher Dornröschen, Projekt
Landesbibliothek Bern, Projekt Innenhof
Expo 2000 Hannover, «Allee der Vereinigten
Bäume»
Landschaftsgestaltung/Parklandschaft
Kronsberg Hannover

1994

Neubau Madagaskarhalle, Zoo Zürich, Vorprojekt
Zooerweiterung/Madagaskarhalle, Zoo Zürich,
Projekt
Studie Parklandschaft Barnim, Berlin
Gutachterverfahren Parklandschaft Barnim, Berlin
Gutachterverfahren Buchholz Nord, Berlin Pankow
ZKM Grünzug Brauerstraße, Karlsruhe
Wettbewerb 1. Preis
Moabiter Werder «Grün Berlin», Teilauftrag neu,
Restpark
Neugestaltung Augustusplatz, Leipzig
Wettbewerb
Villa Bodmer, Rüschlikon, Wettbewerbs-
ausschreibung
Baugesellschaft Quartier in den Lachen, Chur
Integriertes Mittelzentrum, Biesdorf-Süd und
Berlin-Marzahn,
Wettbewerb 1. Preis
Deutsche Messe AG Hannover
Königstadt-Terrassen Berlin Umgebung und
Dachbegrünung
Landschaftsgestaltung Steinbruch Schollberg,
Trübbach/FL, Projekt
Neubau Kindertagesstätte, Erweiterung und
Umbau Grundschule, Neubau Sporthalle Moabiter
Werder, Berlin
Friedhof Oberreuth, Karlsruhe
Wettbewerb 1. Preis
Geschäftshaus Stadelhofen, Basler + Partner,
Zürich
SBB Zolikofen/BE Ausbildungszentrum
Löwensberg Muntelier, Projekt
Umgebungsgestaltung Neubau Frauenklinik,
Inselspital, Bern
Veranstaltungssaal Wolfurt/A
Chateau de Champvent, Parkgestaltung, 1. Teil

Swiss Re Gotthardstrasse 50-60, Zürich
Swiss Re Gotthardstrasse 43, Zürich
Wohnüberbauung Sihlhof Adliswil /ZH, 2. Etappe
Verwaltungsgebäude Tüfi Adliswil/ZH
Kindergarten Sihlhof, Adliswil/ZH
Innenbegrünung Schulhaus Rütihof, Zürich-Höngg
Allmend, Adliswil/ZH
Gesamtplanung Salet, St. Moritz
Schweizer Rück, Bürogebäude Gotthardstrasse 44
Alters- und Quartierzentrum Dorf, Schlieren/ZH, Projekt
Stationsgebäude SBB/PTT Surberg-Grossaffoltern
Aufbau auf Doppelspur Schüpfen-Lyss, Projekt
Garten am Parkring, Zürich
Garten Prof. K. in Maur, 2. Teil
Garten F. in Basel, Projekt
Garten Dr. F. in Basel, teilweise
Garten L.+ L. in Zürich
Garten Dr. R.+ K. B. in Herrliberg/ZH
Garten K. in Riehen/BL, Projekt
Garten M. in Ronco/Ti, Projekt
Garten C. in Rümlang/ZH, Projekt
Garten Wohn- und Atelierhaus R. in Laufen/BL
Garten C. in Adliswil/ZH
Casinogarten Aarau/AG, Projekt
Rathauserweiterung Gemeinde Lustenau/A
Altersgerechte Wohnungen, Glarus
Parklandschaft Kronsberg, Hannover, 2. Teil
Gestaltungsplan Bernhardswies, St. Gallen
Landis + Gyr Zug, Gesamtkonzept
Bärenplatz/Waisenhausplatz, Bern, 1. Teil
Neustädter Feld, Magdeburg
Landschaftsarchitektonisches Konzept, Studienauftrag Verwaltungsgebäude
Aargauisches Versicherungsamt Aarau
Regierungsplatz Chur, 2. Teil
Platz und Garten zu Regierungsgebäude, Chur

Bally Schuhreklame 1994, Bern
Umwandlung Parkplätze in Grün- und Freiflächen, Inselspital, Bern
Erweiterung Schulanlage Rothenbergstraße, Berlin Wettbewerb

1995
Expo 2000 Hannover «Rasenwelle»
Expo 2000 Hannover «Erdgarten»
Expo 2000 Hannover «Hermessee»
Bärenplatz/Waisenhausplatz, Bern, 2. Etappe
Grünzug ZKM, Karlsruhe, Ausführung
Stadtgarten zu Bundesarbeitsgericht, Erfurt Wettbewerb 1. Preis
Kronsberg Hannover, 3. Etappe
Erweiteter Auftrag zu Messe und Expo 2000 Hannover
Tate Modern London, Projekt
Kindertagesstätte, Erweiterung und Umbau Grundschule, Neubau Sporthalle auf dem Moabiter Werder Berlin, Ausführung
Geschäftshaus E. Basler + Partner, Zürich
Krankenhaus Buch Kaulsdorf, Berlin-Hellersdorf Wettbewerb 1. Preis
Swiss Re Garten zu Villa Bodmer, Rüschlikon/ZH
Garten Dr. L. in Riehen/BL
Garten C. in Adliswil/ZH
Garten Dr. F. in Basel, teilweise realisiert
Garten B. in Hinterkappeln/BE, Projekt
Coop Laufenburg
Gestaltung Sonnenplätzli, Schwyz
Wohnüberbauung Dettenbuehl, Wettswil
Park am Springpfuhl, Berlin-Marzahn
Verwaltungsgebäude des MDK Lahr, Projekt
Wohnüberbauung Bünteweg, Hannover, Projekt
Nordbahnhof, Berlin, Wettbewerb 3. Preis
Chateau de Champvent, 2. Teil

1996
Schweizerische Vertretung in Berlin
Erweiterungsbau Auswärtiges Amt, Berlin
Tschechische Botschaft in Berlin
Tate Modern London, Ausführung
Wuhlepark, Berlin Wettbewerb 1. Preis
Conrad Gessner Park Oerlikon, Zürich Wettbewerb 2. Preis
Landesgartenausstellung IGS 2000 Graz Wettbewerb 1. Preis
Park zum Schloß Stockalper, Brig Wettbewerb 1. Preis
Chaumont-sur Loire 5. Festival des jardins Ausstellungsgarten
Kirchenvorplatz St. Peter + Paul, Lustenau/A
Garten Dr. B. in Herrliberg/ZH
Garten Prof. Dr. J. in Küsnacht/ZH
Garten F. in Meggen/LU
Garten R. Zürich
Garten L. + L. M. in Erlenbach/ZH
Bürogebäude Prof. Dr. J. , Neumünsterallee, Zürich
Umgebung zu Mehrfamilienhaus Hochstrasse, Zürich
Waldbad Gisingen, Feldkirch/A, Projekt
Waldbad Krasnojalrsk/GUS Projekt
Wohnüberbauung Hechlenberg, Herrliberg/ZH
Swiss Re Verwaltungsgebäude Industriering, Adliswil
Bundesarbeitsgericht Erfurt, Ausführung
Airport 2000, 5. Bauetappe
Wohnhäuser Sauvin/Mahler in La Capite/GE, Projekt
Swiss Re Innenhofgestaltung Gotthardstrasse, Zürich
Swiss Re Seminar- und Ausbildungszentrum, Rüschlikon

Swiss Re, Nouveau Siège France Paris (F)
Swiss Re New York (USA)
Centre Pasquart, Biel
Freibad Allenmoos, Zürich
Sportanlage, Adliswil / ZH
Häberlimatte Zollikofen / BE
Grand Hotel National, Luzern
Vorplatzgestaltung Kursaal, Interlaken
Erweiterung Helilandeplatz, Inselspital, Bern
Umgebungsgestaltung Klinik für Radio- und
Onkologie, Inselspital, Bern
Umgebungsgestaltung EMPA, Dübendorf
Schulanlage Burg, Reichenburg / Schwyz

1997

IGS 2000 Graz, Ausführung
Töölönlahti Park Helsinki (Finnland)
Wettbewerb
Stuttgarter Platz, Berlin
Wettbewerb 1. Preis
Park Stockalper, Brig, Ausführung
Spar- und Landeskasse, Fürstenfeldbruck (D)
Wettbewerb 1. Preis
Expo 2000 Hannover, Platz zu Halle 13
Internationale Bauausstellung 1999, Berlin,
Bucholz Ost
Wohnen im Eigentum, Bauausstellung 1999, Berlin
Bankside South Road, London (TGMA)
Freie Universität Bozen (I)
Swiss Re Provisorium, Alt- und Neubau Mythenquai
50–60, Zürich
Swiss Re Schulungsgebäude SITC Seestrasse, Zürich
Swiss Re Clubhaus, Mythenquai, Zürich
Swiss Re Provisorium, Mythenquai, Zürich
Spinnerei Jona
Schanzenpromenade Altersheim Selnau, Zürich
Verwaltungsgebäude Zellweger LUWA, Uster

Mehrfamilienhaus Hochstrasse 57, Zürich
Überbauung Turnerstrasse St. Gallen
Überbauung Wartensteinstrasse St. Gallen
Achslengut, St. Gallen
Freiraumplanung Donauufer Wöhrden / Tuttlingen
Marketinggebäude Ricola, Laufen
Verwaltungsgebäude Münchner Rück, München
Garten Landhaus Sp. Vaduz / FL
Garten K. Therwil, Projekt
Garten Dr. P. in Zürich
Garten St. in Bad Wiessee
Garten Dr. G. in Riehen / BL, teilweise
Garten zur Villa R. in Küsnacht

1998

Flughafen Berlin Tempelhof, Berlin, Studienauftrag
Häftlingskrankenheim, Berlin-Buch Ausführung
Société Européennes des Satellites (Luxemburg)
Bearbeitung zu Wettbewerb, Dreieich
Rahmenplanung Stadt Tuttlingen
Sparkasse, Münster
Münchner Rück, München, 2. Teil
Klinik Beverin
Parkallee Hünenberg
Zwängiwiese, Zürich-Wollishofen
Neubühl Zwängi, Zürich-Wollishofen
Garten zu 2 Häusern Krattenturmstrasse, Zürich
Garten H. in Küsnacht / ZH
Garten G. in Zürich
Garten H. in Lustenau / A teilweise
Garten Spiegelgasse, Zürich
Garten S. in Lochau / A teilweise
Garten Dr. H. in Erlenbach
Garten zu Fondation Looser, Zürich
ETH Zentrum, Zürich, Studie
Universität Zürich
Quartierzentrum Schwamendingen, Zürich

Wohnüberbauung Tramstrasse Schwamendingen,
Zürich
Überbauung Wehrenbachhalde, Zürich
Union Rück / Credit Swiss, Uetlibergstrasse, Zürich
Garten zur Sammlung Oskar Reinhart, Am
Römerholz, Winterthur
Parkallee Hünenberg / Zug
Stammareal Landis + Stäfa, Zug
Fokolar Zentrum Baar / Zug
St. Urbanhof, Sursee
Umgebung Kindergarten HPS, Sursee
Bluemax Gewerbezentrum, Männedorf
Ziegelwiese, Altendorf
Verwaltungsgebäude Industriering, Adliswil / ZH
Expo 02 CH, Jardin de la Violence
Studie Museumspark Mouans-Sartoux (F)
Chateau de Champvent, Rosengarten
Umgebungsgestaltung Museum Liner, Appenzell
Neubau Madagaskarhalle, Zoo Zürich
Masoala Regenwaldhalle, Ausführung
Dynamisches Landschaftsentwicklungskonzept der
Stadt Bern
Entwicklungskonzept Mythenquai, Zürich
Sanierung Abwasserverhältnisse, Zürich Nord
Laufende Beratungen Stadt Sursee
Fuß- und Radweg Hofstetterfeld, Sursee
Turnhalle St. Georg, Sursee
Neubau Kantonsapotheke Rosetti, Basel
Astra Ottelfingen
Marketinggebäude SAECO Lustenau / A
Neubau Coop-Center Wetzikon
Flughafen Samedan Projekt
Spital St. Anna, Luzern
Platz in Möhringen / Tuttlingen
Garten G. in Dachsen
Garten H. in Küsnacht
Garten F-Sch. in Küsnacht

Garten H. in Erlenbach
Landhaus K. in Zürich
Garten M. in Zürich
Haus R. in Ascona
Villa Bickgut, Würenlos / AG
Villa Sch. in Stäfa
Hauptsitz CS Paradeplatz, Zürich
Umbau und Sanierung Kundenzentrum Sparkasse, Fürstenfeldbruck
Parkanlage Klostermatte, Sursee
Expo 02 CH, Jardin de la violence
Rätisches Kantons- und Regionalspital, Chur
Schweizer Rück Gotthardstrasse 44, Zürich
Laufende Beratung Schweizer Rück, Zürich
Garten G. in Zürich
Garten zu Mehrfamilienhäusern Schlossbergstrasse 29, Zollikon / ZH
Balkonerweiterung Wohnhaus W. in Zürich
Pflegi Areal, Zürich
Minigolfanlage Psychiatrische Klinik Waldhaus, Chur
Hofmatt, Schwyz
Grünplanung Gewerbegebiet an der Saegerstrasse, Lustenau / A
Umgebung Freie Universität Bozen (I)
Stuttgarter Platz, Berlin, Ausführung
Vorbereitung / Konzept Ausstellung 1999 Dieter Kienast an der ETH Zürich

Wettbewerbe / Competitions

Seeufer, Steinach/TG	1. Preis	
Friedhof Gemeinde, Ehrendingen/AG	2. Preis	
Sternenplatz, Nussbaumen/AG	1. Preis	
Schloßpark, Aarau	2. Preis	
Landwirtschaftliche Schule Rüti, Zollikofen	4. Preis	
Altersheim, Lyss	2. Preis	
Brühlpark Gemeinde, Wettingen/AG	1. Preis	
Friedhof, Entfelden/AG	3. Preis	
Limmatbrücke Baden-Siggenthal, Bereich Brücke/1.Teil	1. Preis	
Erweiterter landschaftspflegerischer Bereich/2. Teil	1. Preis	
Stadtpark, St. Gallen	1. Preis	
Neubau Sportanlage Oberes Murifeld, Bern	1. Preis	
Französische Schule und Sportanlage, Bern	1. Preis	
Überarbeitung Wettbewerb ECFL und Sportanlge	1. Preis	
Kurpark, Bad Zurzach	1. Preis	
Landwirtschaftliche Schule Zollikofen/BE	4. Preis	
Kath. Kirche St. Mauritius, Bern	3. Preis	
Friedhof Rütihof, Baden	1. Preis	
Kantonales Sportzentrum, Wohlen/AG	2. Preis	
Gewerbeschule Lorraine, Bern	2. Preis	
Schanzengraben SIA Haus, Zürich	1. Preis	
Chronisch Krankenheim Biel/Überarbeitung Regionales Krankenheim, Baden	2. Preis	
Anstalt, Hindelbank/AG		
Gemeindeplatz, Zollikon/ZH	2. Preis	
Friedhof, Bad Ragaz	1. Preis	
Areal Fischbacher, Flawil	2. Preis	
Platzgestaltung Wattspitz, Effretikon/ZH Kasernenareal Basel	3. Preis	
Haus der Geschichte, Stuttgart		
Berner Versicherungen «La Villette», Bern		
Gurten, Bern		
Gesamtplanung Richti, Wallisellen/ZH		
Moabiter Werder, Berlin 1. Stufe	1. Preis	
Platzgestaltung Bärenplatz/ Waisenhausplatz, Bern	1. Preis	
Umbau ETH Hönggerberg, Zürich		
Schul- und Sportzentrum Mittelholz, Herzogenbuchsee/BE		
Moabiter Werder, Berlin 2. Stufe	1. Preis	
Erweiterung Günthersburgpark, Frankfurt 1. Stufe	1. Preis	
MC Verlagsgebäude, Zürich	1. Preis	
Turnhallenneubau Gundelfinger Schulhaus		
Turnhallenneubau Sandgrube, Basel		
Eingeladener Wettbewerb Expo Hannover 2000		
Friedhof Fürstenwald, Chur	1. Preis	
Friedhof Witikon, Zürich	1. Preis	
Günthersburgpark, Frankfurt 2. Stufe	1. Preis	
Schulhauserweiterung, Bätterkinden/Be	1. Preis	
Stadtplatz Rathaus, Wettingen	2. Preis	
Heilbädercentrum, Bad Wildungen		
Kurpark, Bad Münder	1. Preis	
Verwaltungsgebäude Swisscom, Worblaufen	1. Preis	
Dreissigacker-Süd, Meiningen	1. Preis	
Straße der Nation, Stadt Chemnitz		
Bezirkszentrum Marzahner Promenade, Berlin	1. Preis	
Gestaltung Altstadt, Sursee		
Gewerbegebiet Clemenssänger, Freising		
Scolaire Economiqie Sous Bois		
Friedhof Oberreuth, Karlsruhe	1. Preis	
Neugestaltung Augustusplatz, Leipzig		
Städtebaulicher Realisierungswettbewerb, Biesdorf-Süd	1. Preis	
Wettbewerb Grünzug ZKM, Brauerstrasse, Karlsruhe	1. Preis	
Synchroton Lichtquelle Schweiz in Villigen (Studienauftrag)		
Städtebaulicher Ideenwettbewerb Grosshadern, München		
Nordbahnhof, Berlin	3. Preis
Wuhlepark, Berlin	1. Preis
Stuttgarter Platz, Berlin	1. Preis
Studienauftrag Oerliker Park, Zentrum Nord/ Conrad Gessner Park, Zürich	2. Preis
Park zum Stockalper, Brig	1. Preis
Töölönlahti Park, Helsinki	Ankauf
Spar- und Landeskasse, Fürstenfeldbruck	1. Preis
Schulanlage Rothenbergstrasse, Berlin	
Stadtgarten zu Bundesarbeitsgericht, Erfurt	1. Preis
Eingeladener Projektwettbewerb Umgestaltung Spiezer Bucht, Spiez	
Realisierungswettbewerb für den Gertrudenkirchhof, Hamburg	4. Preis
Städtebaulicher Wettbewerb mit Realisierungsanteil Elbschloß	
Wohnpark Hamburg Nienstedten, Hamburg	
Wettbewerb N1, Neuenhof/AG	
Landschaftsplanerischer Ideenwettbewerb Baierhansenwiesen, Stadt Dreieich	1. Preis
Nordwolle Zukunft Wohnen 2000, Delmenhorst	
Theresienhöhe, München	
Internationale Landesgartenschau Steiermark 2000, Graz	1. Preis
Ideenwettbewerb ESP, Köniz/Liebefeld	2. Preis
Landschaftsplanerischer Realisierungswettbewerb Wuhlepark Landsberger Tor, Berlin	
Stockalper Schloßgarten, Brig	1. Preis
Gesamtleistungswettbewerb Schulanlage Schönau, St. Gallen	1. Preis
Begegnungszentrum Königsfelden, Baden	
Hohenbühl, Zürich	
Bauausstellung 1999 – Elisabethaue, Berlin	3. Preis
Studienauftrag für neuen Zoo-Eingang, Zoo Zürich	
Uni, Bozen	
Biesdorf-Süd Stadtteil Wuhlegrünzug, Berlin	

Vorträge / Lectures 1992–1997

«Der Prozeß zum Entwurf»
Universität Gesamthochschule Essen,
Wissenschaftliches Kolloquium
30.1.1992

«Die Poesie der Park-Landschaft»
IBA-Emscher
Quellenbusch Bottrop
28.3.1992

«GrünGürtel Frankfurt»
Icomos / IFLA Wien
7.5.1992

«Zwischen Arkadien und Restflächen»
Universität Stuttgart, Fakultät Architektur
Schwarzbrotreihe
10.6.1992

«Die Natur der Sache - Stadtlandschaften»
Universität Karlsruhe
24.6.1992

«Vom Kirchhof zum Erholungsraum»
Luzern
24.9.1992

Bauforum «Stadt-Natur-Stadtnatur»
Stadt Weil am Rhein
30.9.-2.10.1992, Workshop
23.10.-24.10.1992, Symposium

«Gartendenkmalpflege zwischen Gartenkultur und
Gartenkunst»
ICOMOS Landesgruppe Schweiz
Kolloquium ETH
6.11.1992

Werkstattbericht «Architektur und Landschaft»
Ingenieurschule Biel
Abschluß NSD
21.11.1992

Werkstattbericht Mittwoch
Technische Hochschule Darmstadt
13.1.1993

Kunst-Triennale Ruhr GmbH in Moers
Workshop «Landmarken»
1.-2.4.1993

«Landschaftsarchitektur und Verkehrsplanung -
die ökologische Bewegung im Zwiespalt»
Deutscher Werkbund Hannover
Vortragsreihe: Holzwege
8.6.1993

Internationales Hamburger
Stadtentwicklungsforum 1993
Stadtentwicklungsbehörde Hamburg
13.8.-21.8.1993

«Landschaft - Garten - Schauen: Zwischen
Poesie und Geschwätzigkeit ‹Schau, trau wem?›
Gartenschauen»
BDLA Bund Deutscher Landschaftsarchitekten
Kongress
3.9.1993

«Werkstattbericht»
Weiterbildungstagung Fa. Deggo, Kloten
26.10.1993

«Neues Bauen in alten Gärten»
Bayerische Architektenkammer Münschen
Fachtagung: Denkmal, Landschaft und
Architektur
27.10.1993

«Werkstattbericht»
Architekturforum Biel
8.3.1994

«Werkstattbericht»
Ingenieurschule Burgdorf / Bern
10.3.1994

«Die Wiederentdeckung des Garten»
Haus der Architektur Stuttgart
16.3.1994

«Werkstattbericht»
Architekturforum Freiburg i. Br.
28.4.1994

«Öffentlicher Städtischer Raum und Medien»
ETH Lehrstuhl Oswald
Seminarwoche London
25.5.1994

Expo Hannover
Grünflächenamt Dr. Klaske
Weltausstellung / Landschaftsraum Kronsberg
Workshop
Ingenieurschule Rapperswil ITR
4.8.1994

«Grünräume der Stadt»
Baudezernat Stadt München
20.9.1994

«Die Stadt als Garten»
Symposium «Pflanze und Stadt»
Frankfurt am Main
30.9.1994

Südraum Leipzig
Teamwettbewerb Entwurfsworkshop
Gesamtleitung der Workshops:
Dipl.-Ing. Wolf Heinichen.
Regierungspräsidium Leipzig
Prof. Dr.-Ing.- G. Uhlig
Lehrstuhl für Wohnungsbau und Entwerfen
Institut ORL Universität Fridericiana Karlsruhe
Kollegiengebäude am Ehrlenhof,
76049 Karlsruhe
6.-8.10. und 21./22.10.1994

«Werkstattbericht»
Hochschulbund AK Landespflege
FH Nürtingen Fachbereich Landespflege
25.10.1994

«Werkstattbericht»
Städtebautag Burgdorf
17.11.1994

«Holzwege»
Deutscher Werkbund, Sprengel-Museum,
Hannover
7.12.1994

Deutsche Gesellschaft für Gartenkunst und
Landespflege DGGL
Landesverband Hessen
im Deutschen Architekturmuseum
Frankfurt am Main
Neue Stadtparks für Frankfurt am Main
19.1.1995

«Parks für Frankfurt»
Deutsches Architekturmuseum,
Frankfurt am Main
1.2.1995

UIA-Konferenz Wers-Stadt Europa
Metropolen im Wandel
DAZ-Förderverein Bund Deutscher Architekten,
Berlin
3.7.1995

Workshop Stadtteilzentrum Kronsberg Landeshauptstadt Hannover
Planungsgruppe Weltausstellung
Karmarstr. 43A, 30159 Hannover
1.12.1995

«Grenzen»
Technische Universität Cottbus
Fakultät für Architektur und Bauingenieurwesen

«Stadtlandschaft» Werkstattbericht
Hamburgische Architektenkammer, Hamburg
1.4.1996

«Werkstattbericht»
Fachhochschule Bochum,
Fachbereich Architektur
25.4.1996

BDLA Studientage
Deutsches Architekturzentrum
Berlin, 23.–24.2.1996

«Von Gärten zu Stadtlandschaften»
TU Dresden, Fakultät Architektur
19.6.1996

«Werkstattbericht»
International Center for Urban Studies
Berlin Project 1996
29.6.1996

«Stadt und Garten»
VI. Architektur Biennale Venedig
4.10.1996

«Landschaftsgestaltung Mecklenburg / Gelsenkirchen», Institut für Städtebau und Landschaftsplanung TU Braunschweig
13.11.1996

Zürichs Grüne Inseln», Buchvernissage, Zürich
19.11.1996

«Gestaltung des öffentlichen Raums»
Stiftung Bauhaus Dessau
29.11.1996

Internationale Städtebaulich-Landschaftsgestalterische Werkstatt «Krefeld Süd»
Oktorber 1996
Konferenz in der Architekturabteilung,
ETH Lausanne
11.12.1996

BDLA «Die Welt als Garten» Sprengel-Museum
Hannover
Außenräume der Weltausstellung Expo 2000
Hannover
13.2.1997

Podiumsgepräche Potsdam 18.4.97
Kulturlandschaft Potsdam
Kunstmuseum Kartause Ittingen
28.8.1997

Werkbericht
Architekturforum Winterthur
30.9.97

«Die Natur der Sache»
Universität Gesamthochschule Paderborn
7.11.1997

Jury-Tätigkeit / Jury member

Seeuferpark St. Friedrichshafen (D)
Gestaltung Sihlufer, Zürich
Ödenhof Wittenbach, Kammgarnareal, Schaffhausen
Kasernenareal, Zürich
Gemeinschaftsgrab Friedhof, Schaffhausen
Landesgartenschau, Böblingen
Überbauung Langstrasse / Splügen-Strasse, St. Gallen / Winkel-Süd, St. Gallen
Künftige Nutzung Flughafengelände, München-Riem
Kanalbereich «Unser Fritz», Herne (D)
Wohnüberbauung mit Kindertagesstätte und Doppelturnhalle auf dem Moabiter-Werder, Berlin
Verwaltungszentrum «Dreieck Oster-mundigen»
Fußgängerbrücke an der Kongreßhalle, Berlin-Tiergarten
Landesgartenschau Weil am Rhein 1999
Bildungszentrum Emser Straße, Berlin-Wilmersdorf
Landesgartenschau 1995, Heilbronn
Neue Messe, München
Regierungsplatz, Chur
Mauerpark und Sporthalle Friedrich-Ludwig-Jahn Sportplatz, Berlin
Neues Freibad Riehen / Basel
DBAG-Areal, Am Potsdamer Platz, Berlin
Rummelsberger Bucht, Berlin
Robert Schmidt-Preis
Quartiersplatz Prenzlauer Berg, Berlin
Hindenburgplatz, Münster
Parkhaus Viehmarkt Murten / Luzern
Erholungspark Marzahn, Berlin
Panzerwiese, München
Landesgartenschau 1998, Plochingen
Friedenstrasse, Regensburg
Bundesbahngelände, Regensburg

Johannisthal-Adlershof, Berlin-Treptow
Spreeinsel, Berlin
Rotaprint-Block, Berlin-Wedding
Anbindung Bleiche und Bahnareal an die Altstadt, Gestaltung Freiestaße und Bankplatz
Centralbahnhofplatz, Basel
BSLA Preis 1993 / 1994
Lustgarten, Berlin
Theaterplatz Stadt Baden
Hellersdorfer Graben, Berlin
IGA 2003 im großen Ostragehege, Dresden
Architekturmuseum Schwaben im Buchegger-Haus, Augsburg
Bundesautobahn A 113
BUAG-Areal, Uster
Amerikanersiedlung in Karlsruhe
Rietzschketal Stadt Rötha (D)
Entwicklungsbereich Billwerder-Ost Mittlerer Landweg, Hamburg
Innenstadt Saarlouis (D)
Laui, Tuggen
Expo- und Messebahnhof, Hannover-Laatzen
Halle 13 Messegelände Hannover
Espenhain-Mölbis-Thierbach
EXPO Ost, Hannover
Gemeinschaftsgrab auf dem Gottesacker Riehen / Basel
EXPO Plaza Hannover
Neue Wiesen, Berlin
Quartierspark Stadtteil Kronsberg, Hannover
Außenräume, Stein am Rhein
ARCHITRAY, Güterbahnhof Areal der DB AG, Basel
Spreebogen, Berlin
Landesgartenschau 2000, Wismar
Fußgängerfreundliche Zone Bieler Innenstadt
Halle 8/9 Messe- und Weltausstellungs-Gelände, Hannover

Generaldirektion Deutsche Post AG, Bonn
NOWEA 2004, Messe Düsseldorf
Schauspielhaus am Steinberg, Basel
Messe Basel
Festspielgelände, Dresden-Hellerau
Landesgartenschau 2002, Ostfildern
Städtebaulicher / Landschaftsplanterischer Ideenwettbewerb Nachnutzung Flughafen München-Riem
IBA Emscherpark Landschaftsplanterischer Realisierungswettbewerb «Unser Fritz» in Herne
Realisierungswettbewerb Bildungszentrum Emserstraße, Berlin
Landschaftsarchitektonischer Realisierungswettbewerb Landesgartenschau, Heilbronn
Ideen- und Realisierungswettbewerb Sporthallen und Mauerpark FL. Jahngelände, Berlin
Projektwettbewerb Regierungsplatz, Chur
Realisierungswettbewerb Hochhaus, Kita und Turnhallen auf dem Moabiter Werder, Berlin
Ideen- und Realisierungswettbewerb Neues Messegelände, München-Riem
Projektwettbewerb Freibad, Riehen / Basel
Realisierungswettbewerb Daimler-Benz AG, Potsdamer Platz, Berlin
Städtebauliches / Landschaftsgestalterisches Gutachterverfahren Rummelsburger Bucht, Berlin
Internationaler Studentenwettbewerb Robert Schmitt-Preis, Gelsenkirchen
Realisierungswettbewerb Quartiersplatz Prenzlauer Berg, Berlin
Ideenwettbewerb Hindenburgplatz Münster
Landschaftsgestalterisches Gutachterverfahren Erholungspark Marzahn, Berlin
Städtebaulicher Ideenwettbewerb PanzerwieseMünchen

Realisierungswettbewerb Landesgartenschau, Plochingen (D)
Städtebaulicher Ideenwettbewerb Bundesbahngelände Friederichstraße, Regensburg
Städtebauliches / Landschaftsgestalterisches Gutachterverfahren Johannistal-Adlershof, Berlin
Internationaler Städtebaulicher Ideenwettbewerb Spreeinsel, Berlin
Realisierungswettbewerb Rotaprint-Block, Berlin
Ideenwettbewerb Altstadt, Frauenfeld
Projektwettbewerb Bahnhofsplatz (Centralbahn), Basel
Landschaftsgestalterischer Ideenwettbewerb Seeufer, Luzern
BSLA-Preis 93 / 94
Internationaler Realisierungswettbewerb «Lustgarten», Berlin
Ideenwettbewerb Theaterplatz und Tiefgarage, Baden
Internationaler Landschaftsgestalterischer Ideen- und Realisirungswettbewerb Hellersdorfer Graben, Berlin
Internationaler Ideen- und Realisierungswettbewerb IGA 2003, Dresden
Realisierungswettbewerb Architekturmuseum «Bucheggerhaus», Augsburg
Gutachterverfahren Bundesautobahn A113, Berlin-Mitte
Städtebaulicher Ideen- und Realisierungs-wettbewerb Innenstadt Saarlouis (D)
Ideenwettbewerb Laui, Tuggen
Internationaler Realisierungswettbewerb EXPO-Messebahnhof Hannover
Internationaler Realisierungswettbewerb Messe Hannover, Halle 13
Städtebauliches und landschaftsgestalterisches Gutachterverfahren Billwerder Ost und Mittlerer Landweg, Hamburg
Städtebaulicher Ideenwettbewerb Rötha / Leipzig
Studienauftrag BUAG-Areal, Uster
Studienauftrag «Amerikanersiedlung», Karlsruhe
Städtebaulicher und landschaftsplanerischer Ideenwettbewerb, Espenhain (D)
Internationaler Realisierungswettbewerb EXPO - Ost Hannover
Studienauftrag Gemeinschaftsgrab Gottesacker, Riehen
Städtebaulicher Wettbewerb Expo-Plaza Expo 2000 Hannover
Landschaftsplanerischer Ideen- und Realisierungswettbewerb Neue Wiesen, Berlin
Realisierungswettbewerb Quartierspark Stadtteil Kronsberg, Hannover
Ideenwettbewerb Außenräume Stein am Rhein, Stadt Stein am Rhein
Städtebaulicher / Planerischer Ideenwettbewerb Güterbahnhof Areal der DB-AG in Basel (1. Wettbewerbsstufe)
Internationaler Landschaftsplanerischer Realisierungswettbewerb Spreebogen, Berlin, (1. Stufe 1996, 2. Stufe 1997)
Realisierungswettbewerb Landesgartenschau 2000, Hansestadt Wismar
Ideenwettbewerb Innenstadt Biel
Realisierungswettbewerb Halle 8 / 9 Messe- und Weltausstellungsgelände Hannover EXPO 2000
Realisierungswettbewerb Neubau Generaldirektion Deutsche Post AG in Bonn
Städtebaulicher Ideenwettbewerb Karlsstadt (D)
Städtebauliche Ideen- und Realisierungswettbewerb, Neue Messe Düsseldorf

Zusammenarbeit mit Architekten und Künstlern / Collaboration with architects and artists

Architekten / Architects
Michael Alder, Basel
M. Arnaboldi R. Cavadini, Locarno
ARGE SES Christian Bauer, Luxembourg
Atelier 5, Bern
Atelier für Architektur + Planung, Bern
A. Baumann, Bern
Baumschlager Eberle, Lustenau / A
Bischoff und Azzola, Zürich
Burkhard Meyer Steiger, Aarau
Burckhardt Partner, Zürich und Basel
Burkhalter Sumi, Zürich
Campi Pessina, Lugano
F. Chiaverio, Grono
Diener + Diener, Basel
Max Dudler, Berlin und Zürich
Fischer Architekten, Zürich
Frei Ehrensperger, Zürich
Hermann Eisenköck, Graz
J. + B. Fosco, Fosco-Oppenheim + Klaus Vogt, Scherz
Fugazza + Steinmann, Wettingen
Heinz Gafner, Zürich
GAP Architekten, Zürich
Christian Gautschi und Bettina Storrer, Zürich
Gigon Guyer, Zürich
Sylvia Gmür + Livio Vacchini, Basel
Häfliger Grunder von Allmen, Bern
Trix Hausmann, Zürich
Herzog & de Meuron, Basel
Thomas Herzog + Ackermann, München
L. Huber, Lustenau / A
Wilhelm Huber, Kempten
Prof. Jürgen Kramm, Darmstadt
Gret Löwensberg, Zürich
R. Lüthi, Regensberg
Marcel Meili + Markus Peter, Zürich

Miller Maranta, Aarau
Müller Reimann, Berlin
Paillard + Leemann, Zürich
Rausser + Clemenceau, Bern
Romero + Schäfle, Zürich
Arthur Rüegg, Zürich
Karljosef Schattner, Eichstätt
Schnebli Ammann Menz, Zürich
J. Staib, Zürich
Stammberger Wild, München
W. Stutz, Paris
O. Stutz Collectif, Paris
Tilla Theuss, Zürich
Marcel Thönen, Zumikon
Gesine Weinmiller, Berlin
Urs Zinsli + Franz Erhard, Chur
Peter Zinganel, Graz
Prof. Ueli Zbinden, Zürich
P. Zumthor, Haldenstein

Künstler / Artists
Sybil Albers-Barrier + Gottfried Honegger, Zürich und Mouans-Sartoux
Jürg Altherr, Zürich
Helmut Federle, Wien
Fischli Weiss, Zürich
Ian Hamilton Finlay, Schottland
Esther Gisler, Zürich
Jenny Holzer, USA
Sol LeWitt, USA
B. Siegenthaler, Leibstadt
Christian + Susanne Vogt, Basel

Mitarbeiter / Collaborators 1986–1998

Ammann, Ulrich
Balliana, Sandro
Bartholdi, Christine
Baumberger, Michael
Bosshard, David
Bucher, Liliane
Ernst, Bertram
Golz, Ingo
Heer, René
Huber, Marco
Hüsler, Peter
Illien, Rita
Janis, Michael
Kienast, Fabienne
Kienast, Nicole
Kobelt, Susanne
Kostezer, Stefan
Leimgruber, Dominique
Müller, André
Müller, Christine
Müller, Klaus
Petschek, Peter
Probst, Rita
Raderschall, Roland
Schifferli, Maurus
Schmid, André
Schöni, Simon
Schrämmli, Stefan
Signer, Daniela
Spichiger, Jitka
Tremp, Andres
Steinmann, Thomas
Vogel, Raymond
Vogt, Joachim
Zwahlen, Erich

Bibliographie / Bibliography

1976

Kienast, Dieter / Roelly, Thom: «Standortökologische Untersuchungen in Stadtquartieren – insbesondere zur Vegetation – unter dem Aspekt der freiraumplanerischen Verwertbarkeit», in: Schriftenreihe der GHK Kassel, Reihe 3 (2), Kassel 1976.

1977

Kienast, Dieter: «Die Ruderalvegetation der Stadt Kassel – Beiträge zur Vegetationskunde Nordhessens», in: Tüxen, R. / Dierschke, H. (Hg.): 50 Jahre floristisch-soziologische Arbeitsgemeinschaft (1927–1977). Göttingen 1977.

1978

Kienast, Dieter: «Pflanzengesellschaften des alten Fabrikgeländes Henschel in Kassel», in: Philippia III/5 1978; S. 408–422.

Kienast, Dieter: «Assoziationskomplexe (Sigmeten) und ihre praktische Anwendung», in: Tüxen, R. (Hg.): Berichte der Internationalen Symposien der Internationalen Vereinigung für Vegetationskunde, Vaduz 1978; S. 329–362.

Kienast, Dieter: «Die spontane Vegetation der Stadt Kassel in Abhängigkeit von bau- und stadtstrukturellen Quartierstypen», in: Urbs et Regio 10, Kassel 1978.

1979

Kienast, Dieter: «Bemerkungen zum wohnungsnahen Freiraum», in: Anthos 4/1979; S. 2–9.

Kienast, Dieter: «Wohngrün zu Mehrfamilienhäusern in Wollishofen/Zürich» in: Anthos, 4/1979; S. 10–13.

Hülbusch, Karl Heinrich / Bäuerle, Heidbert / Hesse, Frank / Kienast, Dieter: «Freiraum- und landschaftsplanerische Analyse des Stadtgebietes von Schleswig», in: Urbs et Regio 11, Kassel 1979.

Kienast, Dieter: «Vom naturnahen Garten oder von der Nutzbarkeit der Vegetation», in: Der Gartenbau 25/1979; S. 1117–1122.

1980

Kienast, Dieter: «Grün im Quartier», in: Weiss, M. / Lanz, P. (Hg.): Handbuch für Quartierverbesserer. Zürich 1980.

Kienast, Dieter: «Botanischer Garten Südteil. Naturnahe Biotope», in: Anthos 1/1980; S. 56–65.

Kienast, Dieter: Sigma-Gesellschaften der Stadt Kassel. Phytocoenologia Festband Tüxen, Stuttgart-Braunschweig 7/1980.

Kienast, Dieter: «Der Beitrag des Gartens zur Verbesserung der Wohnumwelt», in: SIA/FGA-Bulletin 2/1980.

1981

Kienast, Dieter: «Vom Gestaltungsdiktat zum Naturdiktat – oder: Gärten gegen Menschen?», in: Landschaft + Stadt 3/1981; S. 120–128.

Kienast, Dieter: o.T. («Ein Spiel ist der Weg der Kinder zur Erkenntnis...»), in: Öffentliche Baummappe der Ostschweiz, Goldach 1980/81; S. 30–34.

1982

Kienast, Dieter: «Zum Ausbau und Unterhalt des Botanischen Gartens Basel», in: Brüglinger Mosaik 5/1982, Nr.25; S. 15–23.

Kienast, Dieter / Stöckli, Peter Paul: «Grünplanung Aarau. Ein Versuch, Freiraumplanung zu betreiben», in: Anthos 3/1982; S. 29–38.

1984

Kienast, Dieter: «Ideenwettbewerb Kurpark Bad Zurzach AG», in: Anthos 1/1984.

1985

Kienast, Dieter: «Kein Platz für Zürich», in: Anthos 1/1985; S. 33–36.

Kienast, Dieter: «Der landschaftsarchitektonische Beitrag im interdisziplinären Planerteam», in: SIA-Dokumentation 87/1985. (Quelle unsicher).

1986

Kienast, Dieter: «Bemerkungen zum Wettbewerb Kasernenareal Zürich – gesehen aus landschaftsarchitektonischer Sicht», in: Anthos 3/1986; S. 42–45.

Kienast, Dieter: «Kultur oder Natur?», in: Aktuelles Bauen + Planen 3/1986.

Kienast, Dieter: «Ohne Leitbild», in: Garten + Landschaft 11/1986; S. 34–38.

1989

Kienast, Dieter: «Zur Bedeutung von Freiräumen», in: Das Kommunal Magazin, 1989; S. 1–7.

Kienast, Dieter: «Interiorscaping oder Begrünungslust im Innenraum», in: Anthos 1/1989; S. 28–31.

Kienast, Dieter: «Die Gestalt des öffentlichen Raumes», in: SWB Innerschweiz (Hg.) Stadt-Stadtraum-Raumqualität, Luzern 1989.

1990

Kienast, Dieter: «Die Sehnsucht nach dem Paradies», in: Hochparterre 7/1990; S. 46–50.

Kienast, Dieter: «Über den Umgang mit Friedhof», in: Anthos 4/1990; S.10–14.

Kienast, Dieter: «Ökologie gegen Gestalt? - oder Natürlichkeit und Künstlichkeit als Programm» in: SRL Schriftenreihe 25/1990; S. 102-107.
Kienast, Dieter / Loidl, Hans / Haag, Holger; Interview mit Robert Schäfer und K.H. Ludwig «Leidenschaft läßt sich nicht lehren», in: Garten + Landschaft 2/1990; S. 43-48.

1991
Koenigs, Tom (Hg.): Vision offener Grünräume, Frankfurt a. M. 1991.
Kienast, Dieter: «Von der Notwendigkeit künstlerischer Innovation und ihrem Verhältnis zum Massengeschmack in der Landschaftsarchitektur», in: Choreographie des öffentlichen Raumes, Vortragsreihe Nov. 1991. Selbstverlag, Fachgebiet Bauplanung Technische Universität Berlin, Berlin 1994.

1992
Kienast, Dieter: «Bemerkungen zur Natur der Stadt / Zwischen Arkadien und Restflächen», in: Gründerzeit - Grün der Zeit, öGLA/IFLA (Hg.), Wien 1992.
Kienast, Dieter: «Ein neuer Park in Berlin», in: Anthos 2/1992; S. 86-89.
Kienast, Dieter: «Vom Kirchhof zum Erholungsraum», in: Der Gartenbau 3/1992; S. 86-89.
Kienast, Dieter: «Die Poesie der Stadtlandschaft», in: Garten + Landschaft 3/1992; S. 9-13.
Kienast, Dieter: «Remarques sur la nature de la ville», in: Faces 24/1992; S. 14-17.
Kienast, Dieter: «Aussenräume der Ecole Cantonale de langue française, Bern», in: Topos 1/1992; S. 76-77.
Kienast, Dieter: «Zwischen Arkadien und Restfläche», Architekturgalerie Luzern, Luzern 1992.

1993
Kienast, Dieter / Vogt, Günther: «Die Form, der Inhalt und die Zeit», in: Topos 2/1993; S. 6-17.
Bartetzko, Dieter: «Die Natur der Großstädter - Frankfurts künftiger neu-alter Günthersburgpark», in: Stadt Bauwelt 12/März 1993; S. 594-597.
Kienast, Dieter: «Zwischen Stadtkante und Schloss», in: Garten + Landschaft 12/1993; S. 26-28.
Kienast, Dieter: «Die Natur der Sache - Stadtlandschaften», in: Koenigs, Tom (Hg.): Stadt-Parks, Frankfurt a. M. 1993; S. 10-21.

1994
Kienast, Dieter: «Begrünungslust im Innenraum», in: Der Gartenbau 16/1994; S. 34-35.
Kienast, Dieter: «Zur Dichte der Stadt», in: Topos 7/1994; S. 103-109.
Kienast, Dieter: «Zwischen Poesie und Geschwätzigkeit», in: Garten + Landschaft 1/1994; S. 13-17.
von Radziewsky, Elke: «Der Künstler ist immer der Gärtner», in: Architektur & Wohnen, 3/1994; S. 58-68.

1995
Kienast, Dieter: «Der Garten als geistige Landschaft», in: Topos 11/1995; S. 68-79.
Kienast, Dieter: «Stadtlandschaft», in: ZOLLtexte 2/1995, Wien; S. 43-46.
Kienast, Dieter: «Safari - oder wo ist Madagaskar?», in: Topos 13/1995; S. 63-72.
Bund Schweizer Architekten (BSLA) Regionalgruppe Zürich (Hg.): «Gute Gärten», Zürich 1995; S. 31, 32, 37.
Kienast, Dieter: «Un decalogo - a Set of Rules», in: Lotus 87/1995; S. 63-81.

1996
Kienast, Dieter: «La nuova città paesaggio - The New City Landscape», in: Lotus 90, 1996; S. 116-117.
Kienast, Dieter; Interview mit Udo Weilacher: «Die Kultivierung der Brüche», in: Weilacher, Udo (Hg.): Zwischen Landschaftsarchitektur und Land Art, Basel, Berlin, Boston 1999, 2. Auflage; S. 137-156.
König, Kathrin: «Ein Garten für zwei Botaniker», in: Anthos 4/1996; S. 4-7.
Marquart, Christian: «Das Wallmeisterhaus», in: Bauwelt 16/1996; S. 953-957.

1997
Kienast, Dieter: «Kienast Gärten - Gardens», Basel, Boston, Berlin 1997.
Kienast, Dieter; Interview mit Robert Schäfer: «Funktion, Form und Aussage», in: Topos 18/1997; S. 6-12.
Kienast, Dieter: «Retorno a las raíces. Jardin en St. Gallen y entorno del Inselspital en Berna», in: Arquitectura Viva 53, Marzo - Abril 1997; S. 50-53.
Danzer, Robert / Oberrauner, Helmut: «Wettbewerb: Internationale Gartenschau - Steiermark 2000», in: Architekturjournal Wettbewerb Heft 159/160, März/April 1997; S. 76-85.
Kienast, Dieter: «Madagaskar in Zürich», in: Anthos 4/1997; S. 31-85.
Valda, Andreas: «Mit Gärten gegen die Grünen», in: Tagesanzeiger 23.12.1997; S. 49.
Wormbs, Brigitte: «Satz und Gegensatz», in: Basler Zeitung Nr. 14, 5.4.1997; S. 12-13.
Kienast, Dieter: «Stadt und Natur. Gartenkultur im Spiegel der Gesellschaft», in: Archithese 4/1997; S. 4-11.

1998

Kappeler, Susanne: «Gärten als Kunstwerke – Neue Arbeiten des Landschaftsarchitekten Dieter Kienast», in: Neue Zürcher Zeitung Feuilleton, 31.01.1998.

Kienast, Dieter: «Stadt und Natur – Gartenkultur im Spiegel der Gesellschaft», in: Passagen / Passages, Nr. 24 / Frühling 1998; S. 33ff. Schweizer Kulturstiftung Pro Helvetia.

Kienast, Dieter: «Naturwandel», in: Anthos 1 / 1998; S. 10–15.

Kienast, Dieter: «Die Natur der Stadt», in: Verlag Hochparterre (Hg.): Kulturlandschaft Stadt. Architektur, Städtebau, Denkmalschutz. Texte für Ursula Koch, Stadträtin von Zürich von April 1986 bis März 1998. Zürich; S. 66–74.

Rüegg, Arthur: «Mit Natur Architektur gebaut», in: Tages-Anzeiger, 30.12.1998; S. 50.

Kappeler, Susanne: «Gartenkunst im Dialog mit der Architektur. Landschaftsarchitekt Dieter Kienast gestorben», in: Neue Zürcher Zeitung, 28.12.1998; S. 35.

1999

Otti, Gmür: «Dieter Kienast gestorben», in: Neue Luzerner Zeitung, Neue Urner Zeitung, Neue Schwyzer Zeitung, Neue Obwaldner Zeitung, Neue Nidwaldner Zeitung, Neue Zuger Zeitung, 5.1.1999.

Weilacher, Udo: «Die Sinnlichkeit architektonischer Strenge. Zum Tod des Landschaftsarchitekten Dieter Kienast», in: Archithese 1 / 1999; S. 74–75.

Stöckli, Peter: «Am Ende der Strasse – ein Nachruf auf Dieter Kienast», in: Anthos 1 / 1999; S. 58–59.

Rüegg, Arthur: «Komplexe Gärten aus der Gussform», in: Garten + Landschaft 5 / 1999; S. 18–21.

Schäfer, Robert: «Zeichen setzen», in: Garten + Landschaft 5 / 1999; S. 1.

Tremp, Andreas: «Die Allee der Vereinigten Bäume», in: Garten + Landschaft 5 / 1999; S. 22–25.

Weilacher, Udo: «Friedhof Fürstenwald bei Chur», in: Garten + Landschaft 5 / 1999; S. 14–17.

Weilacher, Udo: «Poetische Sinnlichkeit», in: ETH Intern 7.98 / 99; S. 13.

Wullschleger, Peter: «Ein letzter Garten: Zum Tod des Landschaftsarchitekten Dieter Kienast», in: Der Gartenbau 2 / 99; S. 13.

Wullschleger, Peter: «Ein letzter Garten: Zum Tod des Landschaftsarchitekten Dieter Kienast», in: BSLA Journal 1 / 1999; S. 1–2 (vgl. Der Gartenbau 2 / 1999).

Wullschleger, Peter: «Ein letzter Garten: Zum Tod des Landschaftsarchitekten Dieter Kienast», in: Werk, Bauen + Wohnen 4 / 1999; S. 62–63 (vgl. Der Gartenbau 2 / 1999).

Von Radziewsky, Elke: «Et in Arcadia Ego», in: Architektur & Wohnen, «Schweiz», Special 6, 1999; S. 104–110.

gta, ETH Zürich: «Dieter Kienast. Lob der Sinnlichkeit», Zürich 1999.

Kienast, Dieter: «Zehn Thesen zur Landschaftsarchitektur», in: disp 138, 1999, S. 4–6.

Weilacher, Udo: «Architektonische Gärten jenseits ökologischer Klischees», in: Gartenpraxis 9 / 1999; S. 38–43.

2000

Kienast, Dieter: «Kienast Vogt Aussenräume – Open Spaces», Basel, Boston, Berlin 2000.